领动时尚 编织美好生活

打造国内领先、具有卓越竞争力的时尚产业集团

2021/2022 中国纺织工业发展报告

2021/2022 CHINA TEXTILE INDUSTRY DEVELOPMENT REPORT

中国纺织工业联合会　　编著

中国纺织出版社有限公司

图书在版编目（CIP）数据

2021/2022中国纺织工业发展报告 / 中国纺织工业联合会编著. -- 北京：中国纺织出版社有限公司，2022.6
ISBN 978-7-5180-9529-2

Ⅰ. ①2… Ⅱ. ①中… Ⅲ. ①纺织工业－工业发展－研究报告－中国－2021－2022 Ⅳ. ①F426.81

中国版本图书馆CIP数据核字（2022）第080205号

责任编辑：沈　靖　孔会云　　　责任校对：高　涵
责任印制：何　建

中国纺织出版社有限公司出版发行
地址：北京市朝阳区百子湾东里A407号楼　邮政编码：100124
销售电话：010—67004422　传真：010—87155801
http://www.c-textilep.com
中国纺织出版社天猫旗舰店
官方微博　http://weibo.com/2119887771
廊坊市佳艺印务有限公司印刷　各地新华书店经销
2022年6月第1版第1次印刷
开本：889×1194　1/16　印张：18.75
字数：450千字　定价：380.00元
京朝工商　广字第8172号

《2021/2022中国纺织工业发展报告》

特约撰稿人：高　勇　孙瑞哲　李陵申

撰 稿 人：（按文章先后顺序）

牛爽欣　宁翠娟　吴文静　窦　娟　郭占军　张书勤

牛春华　刘文全　柳恩见　黄潇瑾　贾慧莹　李鹏飞

林　琳　魏　薇　瞿　静　刘　静　王　冉　白　晓

季建兵　孙少波　惠露露　赵翠琴　薛　峰　胡　晶

王晴颖　陆　健　李超群　王伟飞　郭杨承　毛燕燕

郝尚坤　王　超　蒋雅丽

中国纺织经济研究中心策划编辑

主　编：华　珊

副主编：张军胜　黄淑媛　刘　欣　程　晧　赵明霞　夏　雪

编辑部：赵明霞　吴　迪　张　倩　牛爽欣　李超群

发行部：夏　雪　姚　兰　侯晓春　刘　颖　张志斌

CNTAC

内容提要

《2021/2022中国纺织工业发展报告》集中反映我国纺织工业及其子行业年度发展现状与趋势，即“中国纺织工业白皮书”。主要内容包括：中国纺织工业现状与趋势综合分析（包括纺织工业及化学纤维、棉纺织、毛纺织、丝绸、麻纺织、长丝织造、印染、针织、服装、家用纺织品、产业用纺织品、纺织机械等12个子行业年度分析与展望）；高质量发展；“十四五”战略；行业研究；原料供求；国内外统计资料。该书主要为国内外纺织企业，金融与投资业、贸易与咨询、科研与教育等机构，以及各级政府综合管理部门和行业社团组织提供权威性指南，为相关企业、部门机构科学决策和国家宏观经济管理提供可靠依据。

Abstract:

2021/2022 China Textile Industry Development Report, the white paper for China's textile & apparel industry, is the only report that reflects the annual development trend of China's textile & apparel industry and individual sectors within the industry chain. The main contents of the 2021/2022 edition include the followings:

- The performance analysis of China's textile & apparel industry in 2021 and the development trend prospection in 2022
- Annual review and prospection of the 12 sectors within China's textile & apparel industry chain, including chemical fiber, cotton textile, wool textile, silk, bast and linen fiber textile, filament weaving, printing and dyeing, knitting, apparel, home textile, industrial textile and textile machinery manufacturing
- High-quality Development
- "14th Five-Year" Development Strategy
- Industrial Research
- Raw Material Demand and Supply
- Statistics

The target readers of the report are mainly domestic and overseas textile enterprises, agencies of finance, investment, textile trade, scientific research and education, as well as the government, textile industrial associations and organizations. The report provides an authoritative guide for all textile organizations related.

目　录 Contents

行业运行　Industries

高质量发展　High-quality Development

CNTAC

“十四五”战略　“14th Five-Year” Development Strategy

行业研究　Industrial Research

CNTAC

原料供求 Raw Material Demand and Supply

统计资料 Statistics

CNTAC

行业运行

纺织工业

中国纺织工业联合会产业经济研究院

2021年，全球经济在疫苗接种及各国宽松货币政策等因素的助推下实现底部复苏，但受到新冠肺炎疫情持续演变、市场供需周期错位以及通货膨胀压力抬升等因素影响，呈现“一季度开局疲软、二季度强劲复苏、三季度冲高回落、四季度小幅回升”的波动复苏特征。我国扎实统筹推进新冠肺炎疫情防控和经济社会发展，宏观经济实现稳步恢复，克服了国内新冠肺炎疫情散发、极端天气以及国际市场供需形势复杂等多重压力，经济增速居于全球前列。

面对百年变局与世纪疫情的艰难考验，我国纺织行业全面贯彻落实党中央、国务院决策部署，坚持稳中求进的工作总基调，持续深化转型升级，努力克服需求复苏缓慢、原料价格上涨、国际物流不畅等风险冲击，主要运行指标在2020年较低基数基础上实现反弹回升，出口规模创下历史最高水平，发展韧性和活力稳步提升，完整、优质现代产业体系的稳定运行优势更趋巩固，实现了“十四五”良好开局，为国民经济稳增长、保民生、促就业、防风险做出了积极贡献。2021年纺织行业主要运行指标增长情况详见表1。

2022年是党的二十大召开之年，也是推进“十四五”发展的重要年份。然而，全球新冠肺炎疫情影响仍在持续，世界经济复苏乏力，地缘政治冲突加剧，国内经济恢复仍不均衡，局地疫情时有发生，纺织行业面临的发展环境将较2021年更为复杂严峻。此外，纺织行业仍需积极应对化解原料价格高位波动、产业链各环节恢复不均、大中小企业发展分化等矛盾问题，努力保持经济运行在合理区间，巩固经济发展平稳向好基础，在“双循环”新发展格局下实现发展质量的稳步提升，为完成稳定宏观经济大盘、持续改善民生、保持社会大局稳定的发展目标做出新的贡献。

表1 2021年纺织工业主要经济运行指标分季度累计同比增长情况

主要指标	一季度	上半年	前三季度	全年
工业增加值（规模以上）	20.3	9.6	6.3	4.4
营业收入（规模以上）	26.9	20.3	15.6	12.3
利润总额（规模以上）	93.0	41.1	31.7	25.4
纺织品服装出口总额（美元）	43.9	12.1	5.6	8.3
我国服装鞋帽针纺织品限额以上零售额	54.2	33.7	20.6	12.7
我国穿类商品网上零售额	39.6	24.1	15.6	8.3

资料来源：国家统计局，中国海关

2021年纺织行业经济运行情况

一、行业景气度保持扩张态势

2021年，在国内新冠肺炎疫情防控常态化推进、国内外市场需求有所回暖以及我国“稳就业、保民生、促消费”系列扶持政策效果释放的共同推动下，纺织行业经济恢复基础不断巩固，行业景气度持续位于50以上的扩张区间。根据中国纺织工业联合会调查数据，2021年一、二季度纺织行业景气指数分别为57.1和65.4，进入上行轨道；三季度受国内新冠肺炎疫情散发、极端天气以及部分地区限电限产等短期因素影响，行业景气指数回落至58.7；进入四季度，随着疫情形势好转和限电限产影响逐步缓解，行业产销形势恢复稳定，企业经营信心有所改善，景气指数回升至62.3，为2018年以来同期最高水平。2021年纺织行业综合景气指数及各分项指数情况见图1。

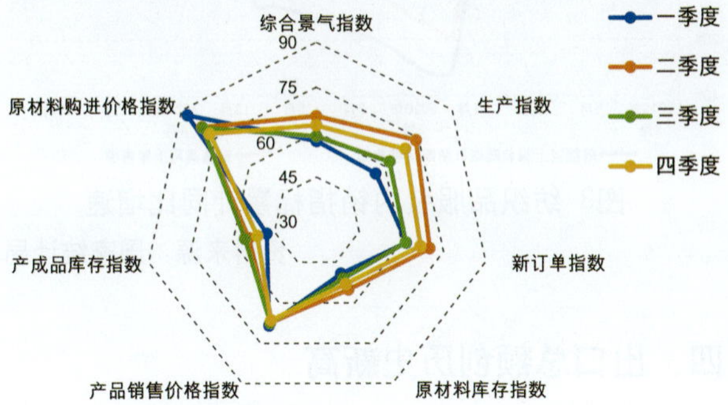

图1 2021年纺织工业景气指数及分项指数情况

资料来源：中国纺织工业联合会产业经济研究院

二、生产增速稳中加固

2021年，纺织行业产能利用率保持良好，生产增长稳中加固。根据国家统计局数据，2021年，纺织业和化纤业产能利用率分别为79.5%和84.5%，较2020年分别提高6.4和4个百分点。2021年，纺织行业规模以上企业工业增加值同比增长4.4%，增速较2020年回升7个百分点，以2019年为基期计算（下同），两年平均增长0.8%，行业生产规模超过新冠肺炎疫情前水平。全产业链超六成环节生产同比实现平稳增长，化纤、产业用、家纺、纺机等行业两年平均实现正增长。2021年纺织工业及主要分行业工业增加值增长情况见图2。

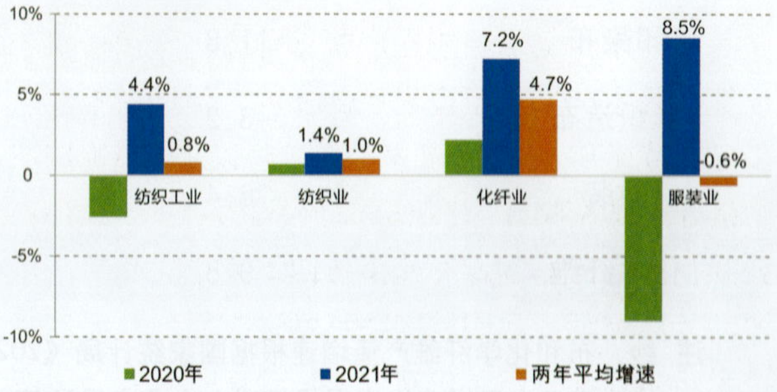

图2 2021年纺织工业及分行业工业增加值同比增速

资料来源：国家统计局

主要大类产品产量增势良好，基本恢复至新冠肺炎疫情前规模，主要大类产品产量增长情况见表2。根据国家统计局数据，2021年全社会纱、布和化学纤维产量分别为2873.7万吨、502亿米和6708.5万吨，同比分别增长9.8%、9.3%和9.5%，增速较2020年分别回升17.2、26.4和5.4个百分点，两年平均分别增长0.8%、−4.8%和6.8%；规模以上企业印染布和服装产量同比分别增长11.8%和8.4%，两年平均分别增长3.7%和0.04%。受防疫物资需求下降影响，规模以上企业非织造布产量同比减少3.2%，但由于疫情期间产能有所增加，非织造布产量两年平均增速仍达到5.9%。

三、内需市场持续恢复

2021年，我国国民经济持续恢复发展带动消费潜力稳定释放，居民衣着消费意愿较2020年有所增强。根据国家统计局数据，2021年我国人均衣着消费支出为1419元，同比增长14.6%，占居民人均消费支出的比重较2020年提高0.1个百分点至5.9%。我国纺织品服装内需市场克服新冠肺炎疫情散发、极端天气等短期因素冲击，在国家保民生、促消费良

表2 2021年规模以上纺织企业主要大类产品产量增长情况

产品名称	2021年同比(%)	较2020年变化(百分点)	两年平均增长(%)
纱	9.8	17.2	0.8
布	9.3	26.4	−4.8
印染布	11.8	15.5	3.7
非织造布	−3.2	−19.0	5.9
服装	8.4	16.1	0.04
化学纤维	9.5	5.4	6.8

注 纱、布和化学纤维产量增速根据国家统计局《2021年国民经济和社会发展统计公报》公布的全社会产品产量计算，其他产品产量增速均根据规模以上企业产量计算。

资料来源：国家统计局

好政策环境以及各类假日消费拉动下，呈现持续恢复态势，但增速随着基数效应弱化逐月放缓。根据国家统计局数据，2021年，全国限额以上单位服装鞋帽、针纺织品零售额同比增长12.7%，增速较2020年回升19.3个百分点，两年平均增长2.6%；线上消费对内需市场仍发挥较强的拉动作用，全国网上穿类商品零售额同比增长8.3%，增速较2020年提高2.5个百分点，两年平均增长7%。我国纺织品服装内销指标累计同比增速变化情况见图3。

新冠肺炎疫情发生以来，“Z世代”“千禧父母”“银发经济”等新兴消费群体更趋活跃，有力支撑了纺织品服装内销市场个性化、宽领域、多层次需求潜力的释放，直播带货、社交电商等新业态新模式快速发展，“国潮”服饰、民族品牌、户外运动服饰以及诠释了个性化、性价比、科技感的小众新锐服饰品牌获得“出圈”契机，成为2021年内需市场消费的亮点。相关数据显示，2021年安踏、李宁等运动鞋服自主品牌产品销售额持续较快增长，其中安踏品牌产品2021年零售总额同比增长25%以上；鸭鸭太空人夜光羽绒服、北极绒科技塑身衣入围抖音“2021年服饰鞋包年度爆款榜”，平台家居兴趣用户数量突破3亿，床上用品、家居布艺均成为畅销品类。

图3 纺织品服装内销指标累计同比增速

资料来源：国家统计局

四、出口总额创历史新高

2021年，受到世界经济逐步复苏带动市场复苏、出口订单回流带动采购需求等因素影响，我国纺织行业出口实现较快增长，增速明显超过新冠肺炎疫情前水平，出口总额创下历史新高，在全球物流、人流不畅的特殊条件下，展现了完整纺织产业链所具备的稳定供给优势。中国海关月报数据显示，2021年我国纺织品服装出口总额达到3154.6亿美元，同比增长8.3%，两年平均增长7.8%，见图4。

从出口产品结构来看，受防疫物资出口规模缩减影响，纺织品出口额同比减少，占行业出口总额的比重较2020年有所下滑。2021年，我国共出口纺织品1452亿美元，同比减少5.6%，在2020年高基数拉动下，两年平均增长9.9%；纺织品出口额占行业出口总额的比重由2020年52.8%的高位回调6.8个百分点至46%。其中，纺织纱线和织物出口额同比分别实现41.5%和34.3%的良好增长，口罩、防护服出口金额共计同比减少76.1%。在欧美市场需求回升、国际供应链恢复缓慢带动出口订单回流，以及原料推高产品价格等因素共同影响下，服装出口实现较快增长，对全行业出口增长的支撑作用突出。2021年，我国服装出口额达1702.6亿美元，同比增长24%，两年平均增长6.1%，出口增速达到自2015年以来的最高水平。

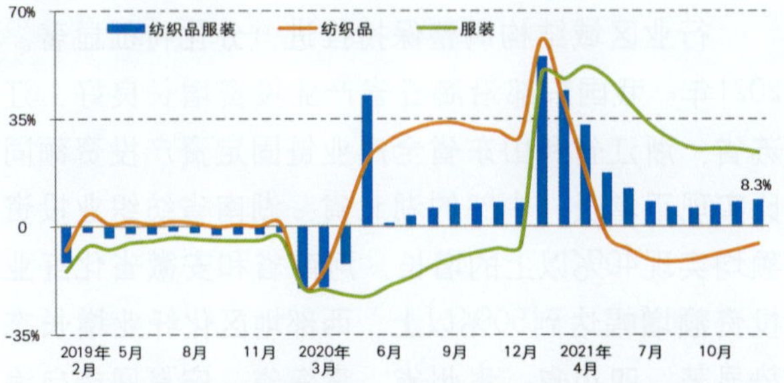

图4 纺织品服装出口额累计同比增长情况

资料来源：中国海关

从出口市场结构来看，我国对发达经济体纺织品服装出口有所减少，但美国市场仍然是拉动行业出口增长的主要动力之一。2021年，我国对美国出口纺织原料及制品（海关第11大类的50~63章产品）516.6亿美元，同比增长2.1%，其中对美国服装出口额同比大幅增长37.1%；同期，我国对欧盟、英国和日本出口纺织原料及制品金额同比分别减少12%、26.4%和7.2%，但服装出口额同比分别实现20.8%、3.1%和7.2%的增长。新兴经济体对行业出口增长起到积极支撑作用，2021年对越南、印度出口纺织原料及制品的金额同比分别增长18.2%和和63.9%。2021年我国对全球主要国家和地区纺织原料及制品出口情况见表3。

五、企业效益改善显著

2021年，在市场需求回暖带动以及国家减负政策支持下，纺织企业经济效益稳步改善。根据国家统计局数据，2021年，全国3.4万户规模以上纺织企业营业收入同比增长12.3%，增速较2020年回升21.1个百分点，两年平均增长1.2%；利润总额同比增长25.4%，增速较2020年回升31.8个百分点，两年平均增长8.3%。纺织全产业链超八成环节效益明显改善，超半数环节利润同比增幅达到50%以上。受大

表3 2021年我国对全球主要国家和地区纺织原料及制品出口情况

国家和地区	出口金额（亿美元）	同比（%）	两年年均增长（%）	出口金额占比（%）
全球	3047.9	8.6	8.2	100.0
美国	516.6	2.1	10.1	16.9
欧盟	454.9	−12.0	8.1	14.9
日本	192.8	−7.2	0	6.3
越南	177.5	18.2	8.7	5.8
英国	85.7	−26.4	13.0	2.8
印度	57.7	63.9	12.2	1.9

注 本表数据根据中国海关统计月报计算，出口金额为第50~63章数据加总。

资料来源：国家统计局

宗商品价格上涨影响，产业链前端的化纤行业效益改善尤为突出，2021年利润总额同比大幅增长149.2%，增速居全产业链之首；两年平均增速达到45.5%，明显高于新冠肺炎疫情前水平。位于产业链终端的服装行业虽然实现营业收入和利润总额同比分别增长6.5%和14.4%，增速较2020年分别回升17.8和35.7个百分点，但两年平均仍分别减少2.8%和5.1%，效益规模尚未恢复至新冠肺炎疫情前水平。

纺织企业运营效率及资金周转状况大体平稳。2021年，全国规模以上纺织企业营业收入利润率为5.2%，较2020年提高0.6个百分点，达到自2018年以来的最高水平；产成品周转率为13.6次/年，同比略放缓0.7%；总资产周转率为1.2次/年，同比加快5.5%；三费比例为6.6%，较2020年下降0.4个百分点。2021年规模以上纺织企业主要质量效益指标及增速见图5、表4。

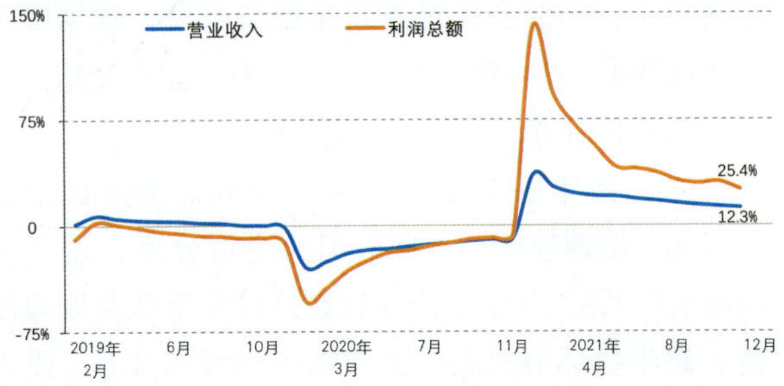

图5 2021年规模以上纺织企业主要效益指标增速

数据来源：国家统计局

六、投资信心平稳恢复

随着企业生产经营形势和质量效益的稳步改善，纺织行业发展信心持续巩固，投资规模平稳回升，见图6。根据国家统计局数据，2021年，我国纺织业、化纤业和服装业固定资产投资完成额同比分别增长11.9%、31.8%和4.1%，增速较2020年分别回升18.8、51.2和36个百分点。其中，纺织业和化纤业龙头骨干企业积极围绕技术装备升级、延伸产业链条和区域布局调整积极开展投资活动，投资额两年平均增速分别为2.1%和3.1%，投资规模已超过新冠肺炎疫情前水平。

行业区域结构调整保持推进，分化特征显著。2021年，我国东部沿海五省产业投资增长良好，江苏省、浙江省和山东省全产业链固定资产投资额同比实现正增长。中部的湖北省、湖南省纺织业投资额均实现40%以上的增长，河南省和安徽省化纤业投资额增幅达到50%以上。西部地区化纤业增长态势显著，四川省、贵州省、青海省、宁夏回族自治区以及内蒙古自治区化纤业投资额均实现3倍以上增长。

表4 2021年纺织工业及主要分行业主要运行质量指标

行业	营业收入利润率		产成品周转率		总资产周转率	
	2021年(%)	同比增减(百分点)	2021年(次/年)	同比(%)	2021年(次/年)	同比(%)
纺织行业	5.2	0.6	13.6	−0.7	1.2	5.5
纺织业	4.7	−0.2	13.2	0.3	1.2	4.4
化纤业	6.1	2.8	15.9	−3.0	1.0	14.1
服装业	5.2	0.5	12.9	−2.3	1.3	3.0

资料来源：国家统计局

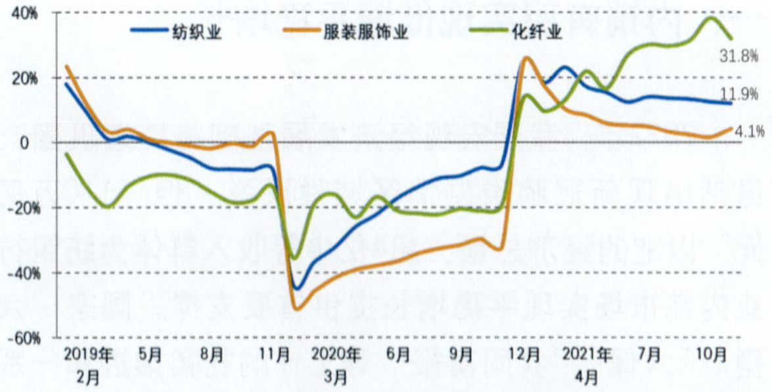

图6 纺织分行业固定资产投资增速

资料来源：国家统计局

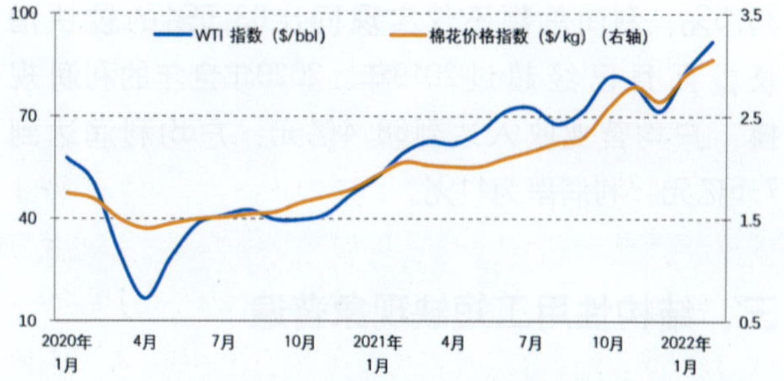

图7 国际原油和棉花价格走势

资料来源：世界银行

2021年纺织行业运行中存在的主要问题

一、原料成本传导不畅

2021年以来，受新冠肺炎疫情条件下生产、流通不稳定，以及资本、市场预期助推等复杂因素影响，全球大宗商品价格普遍大幅上行，通货膨胀压力持续抬升。国际货币基金组织（IMF）和世界银行（WB）数据显示，2021年全球大宗商品价格较2020年上涨53.3%，其中原油价格同比大幅上涨52%，见图7。在成本推动下，年末棉花和化纤主要原料PTA价格较年初分别上涨46%和30.6%。但终端市场需求支撑较为乏力，纺织产成品价格向下游传导不畅，同期纱线和坯布价格仅分别上涨21.8%和21.1%，显著低于原料价格涨幅。根据国家统计局数据，2021年12月纺织业和化纤业生产者出厂价格指数（PPI）分别为108.8和118.4，而同期服装业生产者出厂价格指数仅为100.6。另据中国产业用纺织品行业协会对350家样本企业调查结果，2021年产业用行业原材料价格指数高达87.2，而2019年、2020年分别仅为53.7、70.9，表明原料价格大幅上涨已使企业成本压力显著加大。印染企业反馈2021年分散黑、活性黑等染料价格上浮10%~50%不等，染料费用占总成本的比重已由往年的1/3上升至接近40%。

二、分化态势更趋明显

随着大宗商品价格上行，纺织产业链前端的化纤、棉纺织行业在原油、棉花价格上涨助推下，2021年利润总额分别实现140%和40%以上的超预期增长，对纺织行业利润增长的贡献率分别达到69.4%和28.9%。但在需求增长相对乏力的背景下，原料成本上涨沿产业链向消费终端传导难度明显上升，产业链中下游环节不仅产品价格难以实现同步跟涨，且面临较大的成本压力，盈利修复不及预期，呈现产业链上下游发展分化的特点。国家统计局数据显示，2021年针织和印染行业对全行业利润增长的贡献度分别仅为8.3%和6.7%；产业链终端的家用纺织品和产业用纺织品行业利润总额同比仍未扭转负增长态势，且营业收入利润率较2020年分别下滑0.7和6.1个百分点。

在复杂的外部形势下，企业间发展情况也呈现出比较明显的分化态势，中小微企业发展压力明显加大。根据中国纺联对58个重点纺织产业集群的统计数据，集群内3.8万户企业中，有3.3万户为规模以下企业，户均年营业收入仅为404万元，略高于国家制定的微型工业企业标准，仅为同期集群内规模以上企业户均年营业收入的5%，2021年合计营业收入同比减少1.9%，利润率为4.6%。而集群内4771户规模以上企业营业收入和利润总额同比分别增长6.8%和13.6%，利润率为4.9%。2021年前三季度，纺织行业171家上市公司营业收入同比增长

30.5%，利润总额不仅实现同比63.5%的较快增长，而且已经超过2019年、2020年全年的利润规模；户均营业收入达到68.4亿元，户均利润达到7.5亿元，利润率为11%。

三、结构性用工短缺现象普遍

新冠肺炎疫情发生以来，招工困难问题在纺织企业中十分普遍，年轻工人及高水平技术、管理人才缺失严重。由于高学历人才、年轻务工人员多数倾向于在城市发展，而纺织企业大部分位于县镇，专业人才短缺、一线工人老龄化等问题日益突出。根据调查了解的情况，截至2021年底，江苏、山东等地纺纱织造企业职工平均年龄已达到40岁以上，企业不断提高工资仍无法招到能够稳定工作的年轻工人及高校毕业生，缺工问题已影响到企业正常运营。

2022年纺织行业运行走势预判

展望2022年，纺织行业具备稳增长的基础，但发展压力有所加大。一方面，疫苗接种进程加快和特效药问世将带动全球经济和国内外市场需求保持增长，我国宏观经济实现稳增长的决心以及一系列政策部署提前发力，将为行业健康平稳发展提供积极支撑。但另一方面，新冠肺炎疫情持续演变、俄乌冲突加剧、通胀压力抬升以及美欧等主要经济体刺激政策退出等因素，均将导致全球经济复苏前景更加不明朗，市场环境不确定性明显上升。大宗商品价格全面上涨、居民消费能力下降、消费意愿不足、生产成本高涨也将导致产业链下游及小微企业利润空间缩减、竞争更趋激烈，“双碳”目标下行业企业加快推动转型升级任务仍然迫切，行业从恢复性增长过渡至平稳增长面临多方面压力。随着基数效应的消退，2022年纺织行业将回归至经济增长低速运行、转型升级持续深入的常态化复苏轨道。

一、内销有望实现低速平稳增长

2022年，我国宏观经济发展基础将持续巩固，虽然出现新冠肺炎疫情区域性反弹，但“110万亿元”以上的经济总量、超4亿中等收入群体为纺织行业内销市场实现平稳增长提供首要支撑。国家“六稳”“六保”“共同富裕”等工作的扎实推进和一系列保民生、促消费、扩内需的宏观政策组合也将为稳定居民消费信心带来利好。冬奥会带动“冰雪经济”保持活跃，冰雪服饰消费热度将明显提升，“国潮当道”的审美品味赋予了行业时尚变革新契机，体育运动服饰、国潮品牌服饰以及各类游戏、社交和演艺服装消费仍将保持赛道优势，国家应急体系规划发布也将促进相关产业用纺织品发展。此外，国家出台政策减轻中小企业负担，多数地方政府也加大助企纾困力度，“专精特新”企业发展环境更趋优化，有助于提高纺织企业发展信心。但是经济发展预期降低、收入预期不稳将导致居民储蓄动机增强，消费意愿相对不足，纺织品服装内销整体将保持低速平稳增长。

二、出口增长的制约因素有所增多

2022年，全球经济有望保持在复苏轨道，国际市场需求存在增长空间，我国相比周边国家的产业体系优势仍然突出，《区域全面经济伙伴关系协定》（RCEP）协议生效均将为行业出口平稳增长提供积极支撑。但纺织行业出口面临的不利因素将较2021年进一步增多，对行业发展的贡献作用恐将减弱。一季度以来，受新一轮新冠肺炎疫情反复、俄乌冲突等因素影响，全球供需失衡问题有所加剧，大宗商品价格剧烈波动引发超预期通胀和金融市场持续动荡，全球贸易和经济增长前景均受到明显拖累。联合国贸发会议（UCTAD）和经济合作与发展组织（OECD）在3月报告及评估中警告2022年全球经济增长前景有所恶化，并下调对经济增速的预测；世界贸易组织（WTO）2月发布的全球货物贸易晴雨表指数仅为98.7，自2021年11月以来持续低于100基线水平，见图8。美国、欧盟作为全球能源消费市场和纺织品服装主要消费市场，受到超预期通胀压力、能源价格大幅攀升以及经济刺激政策退出多重负面因素影响，居民可支配收入和实际购买力受到抑制，能源支出大幅增长也将挤占衣着消费支出，服装消费需求较难明显增长；日本经济复苏陷入停滞并且面临物价全面上涨压力，纺织服装消费难有起色。在经济状况尚未完全改善的情况下，主要央行加快收紧货币环境，对消费和投资的抑制作用也将更为凸显。预计2022年纺织品服装国际市场需求将整体处于复苏疲弱状态。与此同时，东南亚和南亚地区的纺织生产供应链将逐步恢复，出口订单向我国集中回流的情况将不可持续，纺织行业出口形势的不确定性有所提升。此外，新冠肺炎疫情反复、俄乌冲突、劳动力短缺仍将对国际贸易形成冲击，在“弱需求、高基数”因素影响下，预计我国纺织品服装出口增速将有所回落。

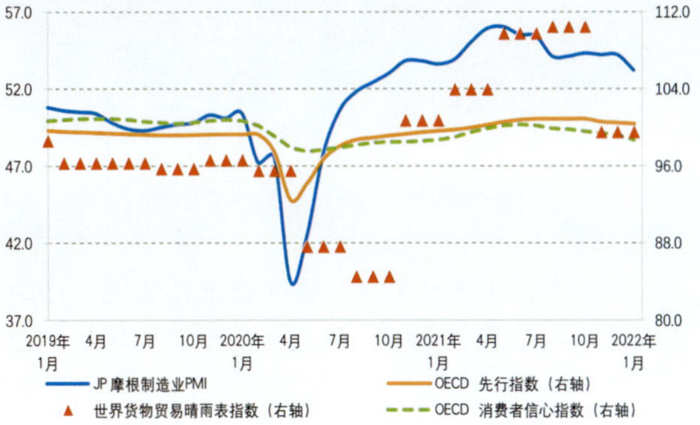

图8 全球供给端和需求端主要宏观指标变化趋势

资料来源：IHS Markit，WTO，OECD

2022年纺织行业重点发展方向

2022年是党的二十大召开之年，也是推进“十四五”发展的重要年份。在国家“六稳”“六保”工作总基调引领下，纺织行业将按照《纺织行业“十四五”发展纲要》提出的任务方向，充分展现多年深度调整转型所积累形成的发展韧性，释放高质量发展潜力，努力化解各种风险矛盾，实现行业经济在合理区间保持平稳运行，在融入“双循环”新发展格局和推进现代化建设方面展现更大作为。

一、推动产业基础高级化和产业链现代化

持续推进产业结构调整与转型升级，从供给侧发力，深度打通产业循环，助力畅通国民经济循环。以提升供给品质与效率为目标，持续提升纤维材料、专用装备及零部件、基础软件、基础工艺技术等产业基础能力，广泛开展技术升级改造，不断强化全产业链先进制造优势。发展现代服务型制造，开发更好满足市场需求的高品质、多功能纺织终端产品，以生产端高质量发展推动流通优化、消费升级。在此过程中，着力推动智能制造技术、装备及系统、模式应用，研究开发适应市场需求的智能纺织服装产品，充分发挥智能制造的生产力促进作用。

二、发挥内需市场对行业发展的主体驱动力

积极顺应消费升级的大趋势，优化产品供给体系，加强流行趋势研究、新材料技术、人工智能等数字技术在产品开发中的应用，从源头打造中国时尚的原创性优势，更好满足人民美好生活需求。以高性能纤维材料、产业用纺织品为重点，拓宽纺织产品在医疗卫生、环境保护、基础设施、安全防护、交通工具、航空航天和军民融合等领域的市场空间。进一步加强产业用纺织品行业标准化建设。树立文化自信，提升工业设计服务能力和水平，强化本土品牌软实力和时尚话语权建设。推进行业企业线上线下多渠道融合、新模式新业态规范发展，发挥好行业专业化展会平台的现有资源优势，更好打通B端与C端。继续加强社会消费宣传，引导消费者树立理性、健康、积极的时尚消费观。

三、构建竞合共赢的国际化发展新格局

主动对标高标准国际经贸规则，引导企业积极参与全球产业链供应链布局重构。坚持深化传统市场开放与新兴市场开拓并举，打造更加多元、高效的贸易市场格局和产能合作体系。充分用好《区域全面经济伙伴关系协定》（RCEP）等区域自由贸易协定生效的窗口期，引导行业企业有序开展跨国投资与国际商贸合作。围绕专业性与影响力，加强行业国际展会模式创新和内容创新，支持规范化发展跨境电子商务等外贸新业态新模式，培育新的外贸增长点。主动扩大关键原料、重点装备、核心技术、优质产品和服务引进，引导外资更多投向高端制造领域，满足国内消费升级和产业升级需要。鼓励企业通过并购、控股、战略投资等多种方式进行全球化布局。增强海外企业的社会责任建设，强化行业组织、企业间的国际交流，为产业发展营造良好国际合作氛围。

四、稳步推进“双碳”目标落实

随着国家碳达峰、碳中和战略部署深入落实，2022年在各地实施的能源消耗总量和强度“双控”措施将呈现常态化推进趋向，并最终将从能耗“双控”向碳排放“双控”转变。全面落实国家“双碳”战略决策，提高绿色低碳发展水平，是纺织行业在“十四五”时期加快推进高质量发展的重要方面。纺织行业将坚定不移地拥护国家实现“双碳”目标的决心，进一步做好结构调整、技术升级、布局优化等多重准备。加强碳排放核算体系、节能减碳标准等方面的基础系统建设；广泛应用先进的节能技术设备，优化行业用能结构，开展能源管理体系建设，实现节能增效，在绿色低碳发展道路上占据更加主动的位置。

（撰稿人：牛爽欣）

化纤业

中国化学纤维工业协会

2021年，全球经济逐步复苏，中国经济也实现了持续恢复发展，经济增速居全球前列。中国纺织品服装内外需求回暖，完整产业体系优势得到充分发挥。这一年，我国化纤行业发展与“双循环”、消费升级、能耗“双控”、产业安全等相伴而行，行业运行呈现出可喜的特点：得益于供给侧结构性改革的深入推进，行业供需格局改善；随着炼化一体化发展，产业链配套更趋完善，产业链利润分配更趋均衡；一体化龙头企业的竞争力、抗风险能力显著增强；行业产品开发持续加强，产品的差异化和高品质已能够满足国内国际市场需求……2021年，我国化纤行业进入后疫情时代的恢复阶段，整体表现出价格涨、利润增、库存稳的局面，实现了“十四五”良好开局。但值得注意的是，随着2020年低基数效应逐渐减弱，行业增长势头逐渐放缓，主要经济运行指标增速呈现明显的“前高后低”走势。

2021年化纤行业运行基本情况

一、生产情况

根据中国化学纤维工业协会统计，2021年化纤产量为6524万吨，同比增长8.29%（表1）。其中，除黏胶长丝、腈纶产量分别同比减少2.42%、11.87%外，其他主要产品的产量均实现正增长，尤其是涤纶长丝同比增长10.77%、氨纶同比增长10.08%。

二、进出口情况

2021年，化纤行业国际贸易基本恢复正常，化纤产品进、出口数量均呈增长态势。化纤进口量为83.45万吨，同比增加9.92%，但与2019年相比仍减少9.10%。除涤纶短纤进口量同比减少12.68%外，

表1 2021年中国化纤产量情况

产品名称	2021年产量(万吨)	同比(%)
化学纤维	6524.0	8.29
其中：黏胶纤维	403.1	1.93
涤　纶	5363.0	8.94
锦　纶	415.0	8.00
腈　纶	48.5	−11.87
维　纶	8.7	4.44
丙　纶	42.8	3.83
氨　纶	86.8	10.08

资料来源：中国化学纤维工业协会

其他主要产品的进口量均同比增加（表2）。化纤出口量为519.91万吨，同比增加11.55%，已经恢复到新冠肺炎疫情前2019年的水平。其中，除黏胶短纤、腈纶出口量分别同比减少13.16%、26.98%外，其他主要产品的出口量均实现正增长。

从出口市场来看，我国对东盟及“一带一路”沿线主要国家出口化纤增长明显（表3）。越南仍是我国化纤最大的出口目的地，对越南出口53.26万

表2 2021年化纤主要产品进出口情况

产品名称	进口量			出口量		
	2021年(吨)	去年同期(吨)	同比(%)	2021年(吨)	去年同期(吨)	同比(%)
化学纤维	834545.7	759222.8	9.92	5199134.2	4660622.1	11.55
其中：涤纶长丝	122881.6	87358.4	40.66	3050754.5	2743378.7	11.20
涤纶短纤	163703.2	187481.0	−12.68	947139.4	806468.7	17.44
锦纶长丝	68704.1	63145.9	8.80	335840.4	248971.3	34.89
腈　纶	74851.5	67798.7	10.40	22703.6	31052.2	−26.89
黏胶长丝	4035.9	3545.1	13.84	118111.2	73472.1	60.76
黏胶短纤	212962.7	151155.5	40.89	328612.9	378414.9	−13.16
氨　纶	36805.9	29425.7	25.08	95975.4	78498.5	22.26

资料来源：据中国海关数据整理

表3 2021年我国化纤出口市场分布情况

国家	出口量(吨)	同比(%)	占出口市场份额(%)	同比(百分点)
总计	5199134.2	11.55	—	—
其中：越南	532617.8	6.74	10.24	−0.47
巴基斯坦	498990.5	19.53	9.60	0.64
印度	435314.4	92.60	8.37	3.52
土耳其	413674.7	−12.04	7.96	−2.13
巴西	315554.1	−3.89	6.07	−0.97
埃及	305668.4	−3.24	5.88	−0.90
孟加拉国	283148.5	50.58	5.45	1.42
韩国	269990.4	4.66	5.19	−0.34
印度尼西亚	246511.6	10.54	4.74	−0.04
美国	203704.3	7.09	3.92	−0.16

资料来源：据中国海关数据整理

吨，同比增长6.74%；对印度出口43.53万吨，同比大增92.60%，占出口份额的8.37%，同比增加3.52个百分点；对孟加拉国出口28.31万吨，同比增加50.58%，占出口份额的5.45%，同比增加1.42个百分点。前十大市场中，出口量增幅最大的依次是印度、孟加拉国、巴基斯坦、印度尼西亚，反映出其纺织业开始复工复产，对原料的需求增加。

三、市场情况

2021年，在成本支撑和需求向好的逻辑下，化纤市场总体价格重心恢复至新冠肺炎疫情前的水平（图1～图5）。涤纶方面，虽然市场价格呈震荡上行趋势，但涨幅不及原料，12月末相比年初，原料PTA涨幅为34%，涤纶长丝（POY）和涤纶短纤涨幅分别为21%和17%；锦纶方面，12月末相比年初，原料CPL涨幅为22%，锦纶（POY）涨幅为18%；黏胶短纤方面，市场价格3月初达到峰值，之后回落明显，至9月下旬下探到约11800元/吨，基本回落至年初水平，四季度虽小幅上涨但很快回落，至12月底价格基本维持在12000元/吨的水平；氨纶方面，市场价格涨幅最为明显，40旦产品由年初的39000元/吨快速上涨至3月初的65000元/吨，再上涨至8月初的80000元/吨，之后虽稍有回落，但整体仍保持在75000元/吨左右。

氨纶涨幅明显主要有两方面原因。从成本端来看，PTMEG是氨纶的最主要原料，约占氨纶原料用量的80%。其原料BDO的另一个应用领域PBAT（一种可降解材料）在“限塑令”政策利好下需求大幅增长，导致BDO价格暴涨，进而推动PTMEG、氨纶价格上涨。从需求端来看，随着氨纶行业的技术进步和产品开发，氨纶已不仅仅是一种弹性材料，其还可以带来面料风格的改变，应用场景和用量大幅增加。受新冠肺炎疫情影响，居家服、运动服、弹性面料、医用氨纶等需求增加，并且部分面料中氨纶含量比例提高，氨纶已从纺织产品中的“味精”变成了一种主要原料。例如，部分瑜伽服运动服面料中氨纶添加量从10%～20%，部分提高到15%～25%，甚至部分运动内衣面料氨纶含量高达50%以上，超越锦纶成为主料；此外，口罩、防护服等用氨纶需求的贡献也很大。

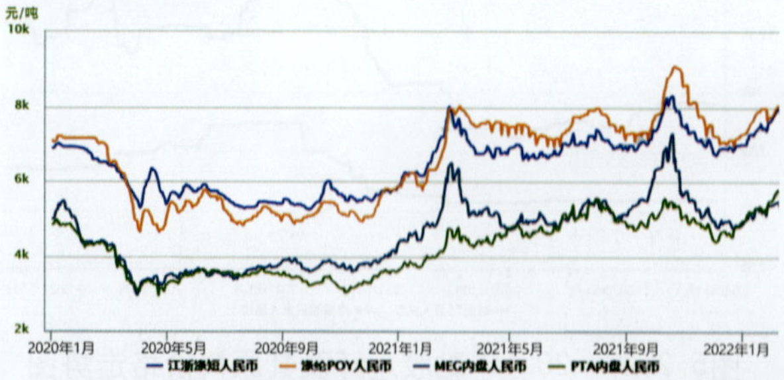

图1 2020～2021年涤纶及其原料价格走势图

资料来源：中纤网

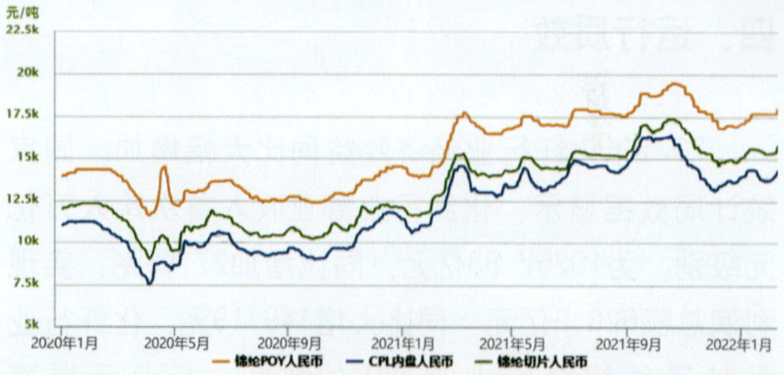

图2 2020～2021年锦纶及其原料价格走势图

资料来源：中纤网

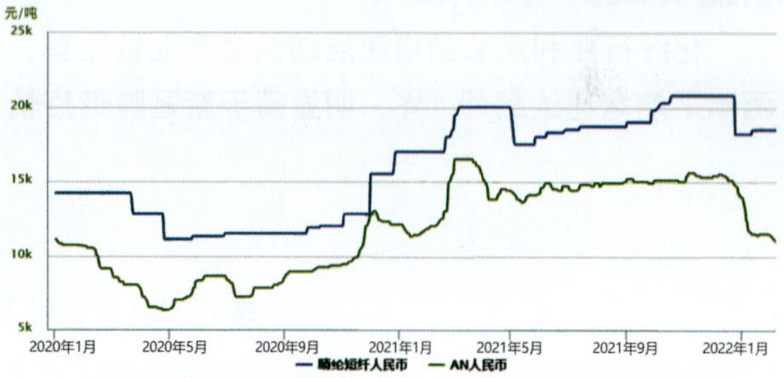

图3 2020～2021年腈纶及其原料价格走势图

资料来源：中纤网

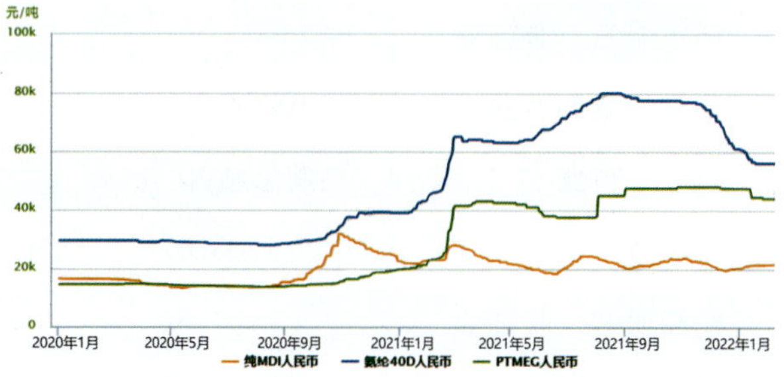

图4 2020～2021年氨纶及其原料价格走势图

资料来源：中纤网

图5 2020～2021年黏胶短纤及其原料价格走势图

资料来源：中纤网

四、运行质效

2021年化纤行业经济效益同比大幅增加。国家统计局数据显示，化纤行业营业收入首次跨入万亿元级别，为10262.83亿元，同比增加27.83%；实现利润总额628.9亿元，同比大增149.19%，化纤行业贡献了纺织全行业近25%的利润；行业亏损面17.3%，较2020年收窄11.42个百分点，亏损企业亏损额同比减少8.84%（表4）。

化纤行业利润总额增速居纺织全产业链之首，两年平均增速达到45.5%，明显高于新冠肺炎疫情前水平。分行业来看，涤纶和氨纶行业分别贡献了化纤利润总额的40%和22%。此外，碳纤维行业经过十几年的积淀，技术水平提升，2021年国产碳纤维产销量突破万吨，全行业实现赢利。

2021年化纤行业运行情况逐步修复，运行质量指标较2020年明显好转（表5）。盈利能力有较大提升，营业收入利润率为6.13%，同比增加2.83个百分点，为2008年经济危机以来的第二高点（图6）；发展能力提振，营业收入增长率同比增长38.24个百分点；营运能力较2020年同期有所改状况，除产成品周转率同比微降外，应收账款周转率、流动资产周转率及总资产周转率均同比有所提升；三费比例均同比下降，其中管理费用同比下降0.31个百分点。

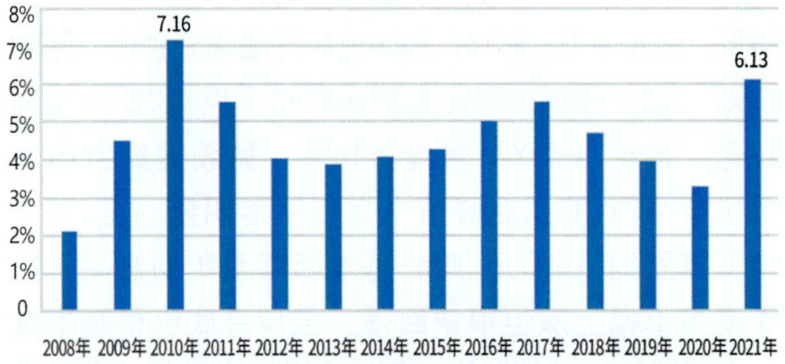

图6 2008～2021年化纤行业营收利润率变化

资料来源：据国家统计局数据整理

表4 2021年化纤及相关行业经济效益情况

行业	营业收入(亿元)	同比(%)	营业成本(亿元)	同比(%)
纺织业	25714.23	10.01	22585.33	10.31
纺织服装、服饰业	14823.36	6.51	12597.13	6.38
化学纤维制造业	10262.83	27.83	9075.92	24.13
行业	利润总额(亿元)	同比(%)	亏损企业亏损额(亿元)	同比(%)
纺织业	1203.07	4.13	119.76	−21.18
纺织服装、服饰业	767.82	14.41	109.89	11.01
化学纤维制造业	628.90	149.19	79.79	−8.84

资料来源：国家统计局

表5 2021年化纤行业运行质量情况

项目		2021年	2020年	同比(%)
偿债能力	资产负债率(%)	57.67	58.51	−0.84
	产权比率(%)	136.25	141.01	−4.76
营运能力	应收账款周转率(次)	15.48	14.64	0.85
	产成品周转率(次)	15.85	16.34	−0.48
	流动资产周转率(次)	2.30	2.06	0.23
	总资产周转率(次)	1.01	0.89	0.12
盈利能力	营业收入利润率(%)	6.13	3.14	2.98
	成本费用利润率(%)	6.62	3.28	3.34
	总资产报酬率(%)	6.19	2.78	3.41
	净资产收益率(%)	14.62	6.71	7.92
发展能力	营业收入增长率(%)	27.83	−10.41	38.24
	总资产增长率(%)	12.04	5.85	6.19
百元销售收入三项费用	销售费用(元/百元)	0.8756	1.0125	−0.1369
	管理费用(元/百元)	2.1243	2.4377	−0.3134
	财务费用(元/百元)	1.1851	1.4298	−0.2447

资料来源：据国家统计局数据整理

五、固定资产投资

企业效益情况好转带动投资信心逐步恢复。根据国家统计局数据，2021年化纤行业固定资产投资额同比增加31.8%（图7）。行业企业积极围绕技术装备升级、延伸产业链条和区域布局调整开展投资活动，固定资产投资额两年平均增速3.1%，投资规模已超过疫情前水平。

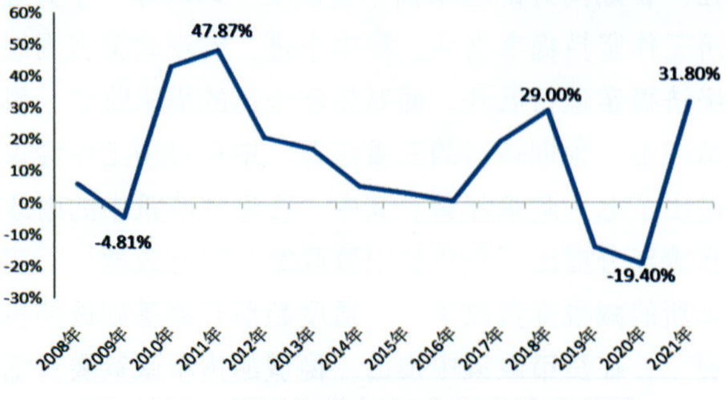

图7 2008～2021年化纤行业固定资产投资增速变化

资料来源：国家统计局

2022年化纤行业运行展望

一、行业运行背景

2022年，新冠肺炎疫情已经进入第三年，全球经济的持续复苏面临多重挑战。由于奥密克戎变异毒株迅速传播，许多国家重新采取措施限制人员流动，劳动力供给短缺现象加剧。供给扰动仍在拖累经济活动，在强劲需求和食品、能源价格高企之外，给通胀带来了更多压力。此外，创纪录的债务和不断上升的通胀限制了许多国家应对更多扰动的能力。国际货币基金组织（IMF）于2022年1月发布的《世界经济展望》预测2022年全球经济将增长4.4%，美国经济将增长4.0%，中国经济将增长4.8%，均比之前的预测值低。

目前俄乌紧张局势仍在持续，不可避免对世界经济和金融、大宗商品市场带来深刻影响。经济合作与发展组织（OCED）指出，如果影响持续下去，预计今年全球经济增速将比冲突前的预期减少1个百分点以上，整体通胀率则可能比冲突前升高至少2.5个百分点。

对于2022年的中国经济来说，外部环境依然复杂多变，外需增长或将放缓，国内消费恢复也依然面临诸多困难，经济下行压力增大，但我国经济韧性强、长期向好的基本面不会改变。2022年，中央经济工作坚持稳字当头、稳中求进，宏观政策将围绕经济稳定运行展开。面对多年未见的需求收缩、供给冲击、预期转弱的三重压力，中央经济工作会议做出了七大政策部署。其中，在宏观政策中的财政政策部分提出“积极的财政政策要提升效能”“实施新的减税降费政策”“适度超前开展基础设施投资”；在货币政策中提出“稳健的货币政策要灵活适度，保持流动性合理充裕；引导金融机构加大对实体经济特别是小微企业、科技创新、绿色发展的支持”。这些政策皆表示出经济中“有形之手”将大幅提升扩大内需的效力。近期，国务院总理李克强主持召开国务院常务会议，确定实施1.5万亿增值税留抵退税的政策安排，并部署综合施策稳定市场预期，为稳定宏观经济大盘提供强力支撑。

二、行业运行预测

2022年一季度，化纤行业运行已经遭遇了重重困难。受新冠肺炎疫情影响，化纤产业集聚地局部物流受阻，下游需求低迷，叠加国际油价持续走高，化纤成本居高不下，且难以顺利向下游传导，化纤行业开工率有所下降，经济效益大幅缩水。展望全年，化纤行业运行压力和风险增加。从供应端来看，随着产业一体化程度的提升，为消化炼化产能的增长，下游配套项目继续大幅扩产，因此原料和化纤依然处于产能扩张期；从终端市场来看，我国纺织品服装市场预期降低，内销整体可能保持低速平稳增长，外需在“弱需求、高基数、订单外流”的因素影响下，增速将逐渐回落。因此，2022年化纤行业供需格局预期转弱，同时能耗“双控”或将长期存在，行业整体开工率预计基本维持或略走低。原油的宽幅震荡和走势的不确定性，将增加化纤市场风险。此外，2021年的高基数对2022年化纤行业各项指标增速有抑制效应。

2022年是贯彻落实“十四五”规划的重要一年，伴随着政策面的调整与经济结构的转变，科技创新对经济的贡献度将逐步提升，“专精特新”也将快速发展。化纤企业要把握这一发展机遇，继续加强自主创新，增强企业核心竞争力。同时，化纤企业也要坚持走绿色可持续发展之路，大力推进节能降碳技术推广应用，积极推动清洁生产改造，广泛开展绿色工厂、绿色产品、绿色供应链建设，加强废旧资源综合利用，加快低碳转型与产业发展相互促进、深度融合。

（撰稿人：宁翠娟　吴文静　窦　娟）

棉纺织业

中国棉纺织行业协会

2021年是“十四五”开局之年，面对新冠肺炎疫情蔓延，全球大宗商品价格上涨，全球供应链出现严重瓶颈等外部严峻环境以及我国经济发展面临的需求收缩、供给冲击、预期转弱三重压力，我国棉纺织行业顶住内外部环境考验，积极主动融入“双循环”新发展格局，稳定行业运行。同时全球疫苗接种进展积极，国际主要经济体实行宽松的财政政策刺激经济，我国积极推动区域全面经济伙伴关系协定(RCEP)生效，不断深化多边经济合作应对逆全球化风险，也为棉纺织行业平稳健康发展提供了机遇和保障。棉纺织行业贯彻新发展理念，践行高质量发展，在“十四五”实现了良好开局。

棉纺织行业整体运行概况

一、延续“后疫情”复苏趋势，整体运行稳中有进

进入2021年，棉纺织行业延续了2020年下半年以来的良好复苏势头。根据中国棉纺织行业协会（以下简称“中棉行协”）跟踪企业2021年数据，主营业务收入同比增长18.43%，出口交货值同比增长14.73%。我国棉制纺织品服装占全部纺织品服装出口比重近1/4，棉纺织终端产品对出口有一定依赖度。2021年新冠肺炎疫情对我国以外以南亚及东南亚为代表的的棉纺织产业链影响较大，在这些地区投放订单风险较大，周期长，且难以保障工期。在我国新冠肺炎疫情防控取得重大战略成果的形势下，我国棉纺织行业凭借强大的产业链和供应链，凸显优势，吸引了订单回流。

盈利指标方面，跟踪企业利润总额同比增长25.66%，利润率为4.94%，同比增长0.88个百分点。企业亏损面为14.49%，较2020年同期收窄13.08个百分点。在棉纺织行业取得不错效益的同时，行业进一步巩固了高质量发展信心，坚持以研发创新推动高质量发展，持续加大研发创新投入，跟踪企业的研发投入资金同比增长29.19%，良好的行业效益为创新投入奠定了基础，研发创新进一步巩固了产业优势和国际竞争力，行业效益和创新形成了良性循环。

二、行业景气度持续恢复

中国棉纺织景气指数采集于全国近500家次棉纺织企业，参考国家制造业PMI等指数制定方式，通过对多个主要指标加权计算得出，以50为枯荣线，当指数高于50，表示棉纺织行业本月景气程度好于上月，低于50则表示本月景气程度不及上月。如图1所示，2021年前8个月，有5个月的指数处于枯荣线之上，受下游国内外终端消费持续复苏及外贸订单回流等利好，行业景气度保持稳中向好态势。自9月份后，以棉花为代表的棉纺织原料价格加速上涨，棉纺织企业成本压力陡增，产业链下游需求不及原料涨幅，价格自上而下传导困难。同期部分地区因限电因素，订单及生产受到影响。自9月起，行业景气指数连续处于枯荣线以下。

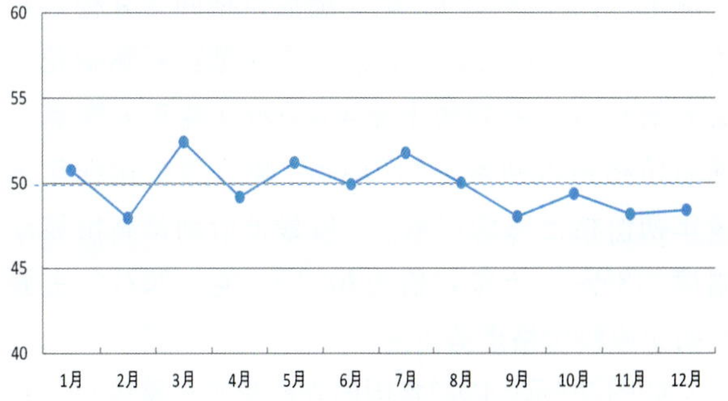

图1 2021年中国棉纺织景气指数

资料来源：中国棉纺织行业协会

棉纺织原料及产品价格走势分析

一、原材料价格走势分化，内外棉价差制约国际竞争力

棉花作为国际大宗农产品，金融属性和国内外价格联动性更强。1～8月，棉花价格整体保持稳定上涨势头，自9月份进入棉花年度采收期，由于国内棉花加工产能明显大于棉花产量，棉花抢收助推价上涨，国庆期间外棉价格亦快速上涨，内外因素形成共振，支撑棉价迅速走高，达到近10年高位，且持续到年底。2021年末较年初价格上涨幅度约45%，全年最低价到最高价波动幅度约63%，全年均价为18215元/吨。

黏胶短纤在1季度保持强势上涨态势，年初价格约12000元/吨，3月下旬已上涨至15600元/吨，期间价格一度高于棉花价格。4月后与棉花价格相比出现分化，在棉价保持持续上涨期间，黏胶短纤价格持续回落，两种原料走势形成剪刀差，至9月下旬，黏胶短纤价格回落至年初12000元/吨水平。国庆节后在棉花价格短期快速上涨带动下，黏胶短纤跟随上涨，达到14500元/吨后逐渐回落，至年底再度回落至12000元/吨水平。黏胶短纤年末较年初价格持平，年度最低价到最高价波动幅度约32%，全年均价为13573元/吨。

涤纶短纤价格走势相对独立，在年初由6000元/吨上涨至2月底约8000元/吨，随后价格回落并稳定在约7000元/吨并延续至9月底。国庆节前后随棉花、黏胶短纤有一波短暂上涨至8300元/吨年内高点，随后价格再次回落至约7000元/吨。涤纶短纤年末较年初价格上涨约17%，年度最低价到最高价波动幅度约39%，全年均价为7052元/吨。2021年主要棉纺织原料价格走势见图2。

如图3所示，2021年国内外棉花价差整体处于较大水平，全年平均价差为1938元/吨，远超我国棉纺织行业在国际竞争中能够正常承受的水平。棉花

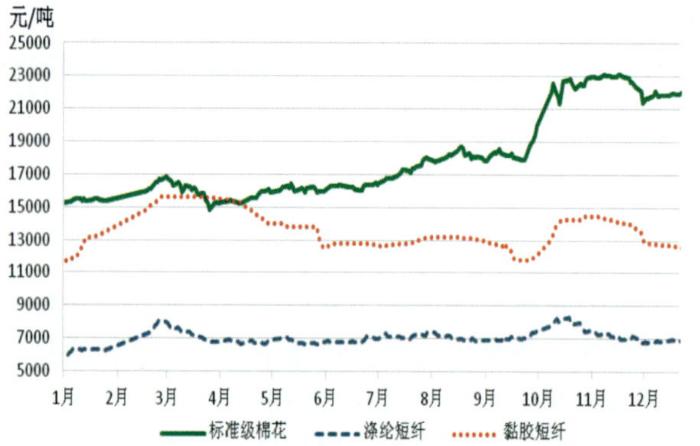

图2 2021年棉纺织主要原料价格走势

资料来源：中国棉纺织行业协会

进口配额造成的过高内外棉价差使我国棉纺织行业在国际竞争中与东南亚等国家相比，在原料成本方面处于劣势，而非棉纤维则不存在这种问题，为保证棉纺织行业的国际竞争力，从原料应用端考虑，进一步提高非棉纤维的应用比重仍将是发展趋势。

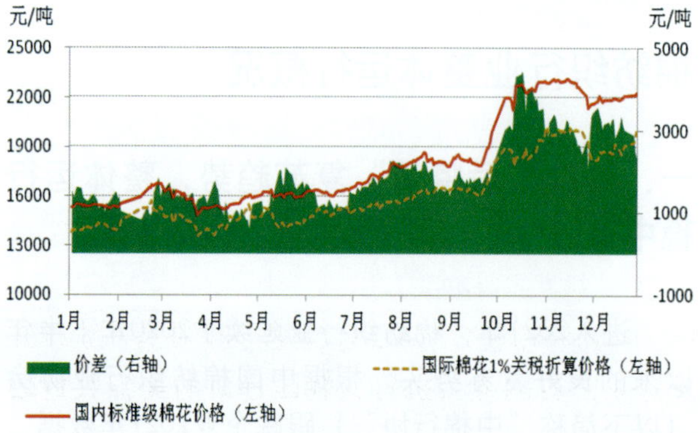

图3 2021年棉花价差走势图

资料来源：中国棉纺织行业协会

二、棉纺织产品价格向下游传导阻力大

2021年棉纺织代表产品价格走势见图4。将32英支纯棉纱和纯棉坯布（32×32 13×70 2/1 47英寸斜纹）为代表产品的价格走势与棉花原料对比可以看出，在年初下游坯布跟随上游原料、纱线有短期上涨，后续上涨力度不及上游，直到国庆节后受上游原料价格大幅上涨压力，价格被动有所上调。整个

年度棉类产品价格主要自上而下传导，而传导力度越往下游阻力越大。纺纱企业整体经营运行情况好于下游织造企业。32英支纯棉纱年末较年初上涨21.3%，纯棉坯布（32×32 13×70 2/1 47英寸斜纹）年末较年初上涨20.9%，均远低于棉花价格涨幅。

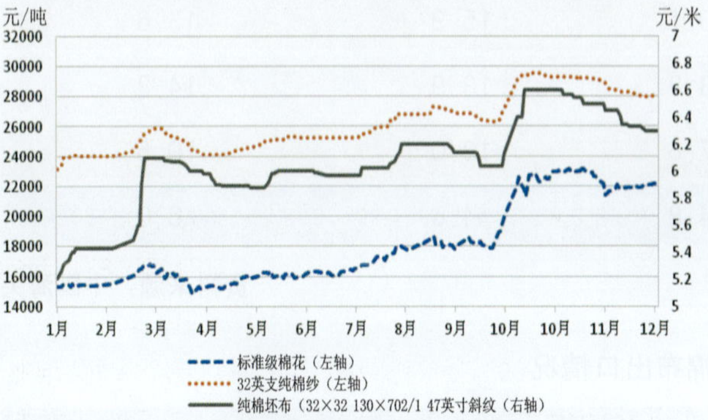

图4 2021年棉纺织代表产品价格走势

资料来源：中国棉纺织行业协会

进出口市场分析

一、棉花进口量较2020年持平略减

2021年我国共计进口棉花214.4万吨，同比下降0.6%，与2020年基本持平。在进口来源国中，美国、巴西和印度分列前三。受益于中美第一阶段经贸协议签署的继续执行，我国进口的美棉数量较2020年虽有所下降，但美棉仍以38.7%的占比成为最大的棉花进口来源。我国棉花进口受配额限制，2021年关税内配额数量为89.4万吨，滑准税配额70万吨中，40万吨限定用于加工贸易方式进口，30万吨不限定贸易方式。2021年以进料加工方式进口的棉花为22.5万吨，占限定用于加工贸易配额数量的比重仅为56%，棉纺织企业普遍反映棉花加工贸易配额监管方式不符合棉纺织企业实际生产方式，建议以总量进出进行核定，加工贸易监管改革亟待进行。棉花进口情况见表1。

二、纯棉纱进口增幅明显

我国进口的纱线以纯棉纱为主，2021年共计进口纯棉纱199.7万吨，同比增长11.1%，较2020年有较大幅度增长。在进口来源国中，越南凭借地理位置和零关税的优势，依然是第一大棉纱进口来源国，我国从越南进口的纯棉纱比重超过40%。其次印度、巴基斯坦、乌兹别克斯坦和印度尼西亚等国也是主要的纱线进口来源国。纯棉纱进口情况见表2。

三、纯棉布出口大幅增加

表3为我国纯棉布产品的出口情况。从表中可以

表1 2021年我国棉花进口情况

国别	数量（万吨）	同比（%）	占比（%）	2020年占比（%）
总计	214.4	−0.6	100.0	100.0
其中：美国	82.9	−15.1	38.7	45.3
巴西	64.4	4.2	30.0	28.6
印度	41.1	62.4	19.2	11.7
澳大利亚	3.5	70.3	1.6	5.4

资料来源：中国海关

表2 2021年我国纯棉纱进口情况

国别	数量(万吨)	同比(%)	占比(%)	2020年占比(%)
总计	199.7	11.1	100.0	100.0
其中：越南	84.8	5.9	42.5	44.6
印度	31.8	30.1	15.9	13.6
巴基斯坦	27.8	8.8	13.9	14.2
乌兹别克斯坦	25.9	37.6	13.0	10.5
印度尼西亚	9.2	−14.8	4.6	6.0

资料来源：中国海关

表3 2021年我国纯棉布出口情况

国别	数量(亿米)	同比(%)	占比(%)	2020年占比(%)
总计	11.36	20.8	100.0	100.0
其中：菲律宾	2.92	−6.9	25.7	33.3
尼日利亚	2.54	79.9	22.4	15.0
巴基斯坦	0.85	179.3	7.5	3.2
韩国	0.61	16.6	5.3	5.5
泰国	0.51	−21.5	4.5	6.9
日本	0.39	−12.0	3.5	4.7

资料来源：中国海关

看出，亚洲国家是纯棉布最主要的出口地。2021年我国共计出口纯棉布11.36亿米，同比大幅增加20.8%。在全球新冠肺炎疫情持续的情况下，我国棉织造产业为保障全球纺织供应链平稳健康发挥了重要作用。出口到菲律宾的纯棉布同比虽有下降，但绝对数量仍排在第一位。出口到尼日利亚的纯棉布数量仅次于菲律宾，且同比大幅增长79.9%。巴基斯坦近些年大力发展国内纺织业，制定了新的纺织业五年规划，作为行业激励政策范例，我国出口到巴基斯坦的纯棉布同比增幅达到179.3%。

2021年焦点回顾

一、棉花价格涨至近十年新高

2021年国际大宗商品价格持续上涨，棉花作为大宗农产品和主要的棉纺织原料，在国际供应链持续紧张和物流成本持续高企、国内加工产能抢收推高棉价的共同作用下，价格上涨至近十年新高。至2021年底，国内标准级棉花现货价格超过22000元/吨，上次棉花价格达到该位置在2011年，当年棉花价格最高点超过30000元/吨。

二、积极推动《区域全面经济伙伴关系协定》（RCEP）正式生效

2021年，我国率先对RCEP进行核准，积极推进相关技术准备工作，在积极推动RCEP实施中发挥了重要作用。RCEP自贸区的建成将为中国在新时期构建开放型经济新体制，形成以国内大循环为主体、国内国际双循环相互促进的新发展格局提供巨大助力。RCEP以实际行动支持贸易投资自由化、便利化，将提振全球经济的信心。东盟及日本、韩国等国是我国紧密的纺织服装产业链伙伴，RCEP的生效将进一步深化推动我国棉纺织业融入全球纺织产业链。

三、全球供应链受阻，海运费用暴涨

2021年由新冠肺炎疫情引发的连锁反应导致海运费居高不下。由于新冠肺炎疫情在各国暴发的程度以及反复性，生产和需求失衡，航运市场供不应求，价格随之水涨船高。港口拥堵和关闭持续造成延误，进一步降低了航运效率，推升了航运价格。棉制纺织品服装占行业出口比重近1/4，海运受阻推升了棉纺织原料及产品价格，延缓了产品交货期，对行业效益及效率造成了影响。

四、“涉疆问题”引发各界极大愤慨

2021年，拜登政府签署美国参众两院通过的排除新疆产品进入美国市场的所谓“H.R.6256涉疆法案”，部分国际品牌和国际机构基于谎言和虚假信息在其商业活动中排除新疆棉花及其制品，严重、粗暴损害中国整体利益，引发中国社会、纺织产业界和消费者的极大愤慨。中国纺织工业联合会及产业链相关行业协会发表声明表示，中国纺织产业界完全赞同中国政府相关立场，坚决反对美国单方面通过其国内立法和行政措施阻碍新疆产品进入国际供应链的贸易霸权行为。坚定支持新疆棉花的种植与生产，支持新疆棉及其制品在国内外的贸易与消费，全力支持新疆纺织服装产业的繁荣与发展。

2022年行业发展展望

一、行业的发展环境

2021年末的中央经济工作会议在部署2022年经济工作时，提出了“稳字当头，稳中求进”的工作总基调，提出了宏观政策要稳健有效、微观政策要持续激发市场主体活力等七项政策部署，这些政策部署将为棉纺织行业继续深入贯彻高质量发展创造良好的发展环境。

2022年1月1日，随着RCEP正式生效，将促进我国棉纺织行业与东盟、日韩等国家和地区的贸易合作进一步强化，有利于我国棉纺织业深度融入构建“双循环”的新发展格局。

二、面临的问题及应对

高棉价造成的行业成本压力。如前文所述，棉花价格在2021年涨至近十年新高，并在2022年1季度继续保持高位。当前的棉花价格主要由供应端支撑，向下游传导的难度较大。2022年国际主要经济体加快加息与缩表步伐，地缘政治冲突不断，都将对大宗商品供应和价格波动形成影响。行业需谨慎对待大宗原材料价格波动，提前做好风险防范，尽可能做好风险对冲。

内外棉价差削弱行业国际竞争力。由于棉花配额政策造成的内外棉价差对行业国际竞争力持续造成影响。内外棉价差有可能在2022年继续影响行业。为避免内外棉价差高企造成影响，提升行业竞争力，加大非棉纤维的推广和利用仍是发展方向。

“涉疆问题”仍要予以关注。以美国为首的部分西方国家以所谓“涉疆问题”限制新疆棉制品进入国际纺织链供应体系，相关企业仍要提高警

惕，提前做好应对预案，以应对未来可能发生的不利情形。

用工短缺问题成重要制约因素。在2022年2月人社部发布的“最缺工”的100个职业排行中，纺纱工和织布工分别位列第40位和52位。棉纺织行业工人老龄化现象严重，用工短缺已成为行业发展的重要制约因素。为克服行业用工短缺问题，推动行业生产的连续化、自动化和智能化水平，推动行业设备提升和技术改造仍将是2022年的重要内容。

三、行业发展趋势与重点方向

根据《国民经济和社会发展第十四个五年规划和 2035 年远景目标纲要》《纺织行业“十四五”发展纲要及科技、时尚、绿色发展指导意见》，为引导棉纺织行业加快转型升级，实现全产业链高质量发展，中国棉纺织行业协会编制并发布了《棉纺织行业“十四五”发展指导意见》，对于行业发展具有重要指导意义。棉纺织行业将以指导意见为纲，立足新发展阶段，进一步提升科技创新能力，创建智能制造新模式，加快绿色转型。2022年是推进“十四五”发展的重要年份，尽管棉纺织行业面临全球新冠肺炎疫情影响，复杂严峻的国际环境，国内需求收缩、供给冲击、预期转弱的三重压力，但棉纺织行业稳中向好发展的基本面不变，行业健康、韧性足和应对能力强的特征不变。

科技创新能力将持续强化。创新是保持棉纺织行业竞争力的重要手段。2021年，中棉行协跟踪重点企业的研发投入资金同比增长29.19%，预计2022年行业在研发创新方面的投入仍将保持较高增速。

先进装备水平不断提升。面对持续紧张的劳动力和效率提升需求，行业装备将继续向连续化、自动化、数字化、智能化方向发展，生产效率进一步提升。

产品结构继续优化。为应对内外棉价差影响，提升行业竞争力和产品附加值，满足终端消费者差别化、功能性需求，非棉纤维的应用比重预计将进一步提升，多纤维混纺和新结构棉纺织加工技术更多被采用。

积极践行“碳达峰”“碳中和”目标。行业将以绿色生产为重点，加快构建行业绿色发展体系。为下游产业提供更多绿色、低碳、环保的纱、布产品，以引导绿色消费。加大节能减排技术的应用，完善循环经济及绿色标准体系建设。

（撰稿人：郭占军）

毛纺织业

中国毛纺织行业协会

2021年是"十四五"开局之年，世界百年未有之大变局加速演进，新冠肺炎疫情影响依然广泛深远，经济全球化出现新趋势，制造业全球化削弱，数字全球化加速，全球产业链、价值链和供应链的布局出现改变。毛纺织行业积极调整和适应更具弹性的产供储销体系，使毛纺织业得到恢复和发展。2021年，毛纺行业受到前期市场需求强势反弹，中后期随着新冠肺炎疫情散发、原料价格波动，部分地区限电限产，国际贸易政策与局势不明朗等多方影响，行业运行回落并逐步趋于平稳，行业全年营收总体恢复至2019年水平，运行质效水平明显提升。

2021年毛纺织行业运行情况

一、生产情况

2021年，毛纺织不同产品门类生产形势分化较大。毛纺纱线累计产量同比增长2.4%，见图1。毛织物产量同比下跌20%，见图2。

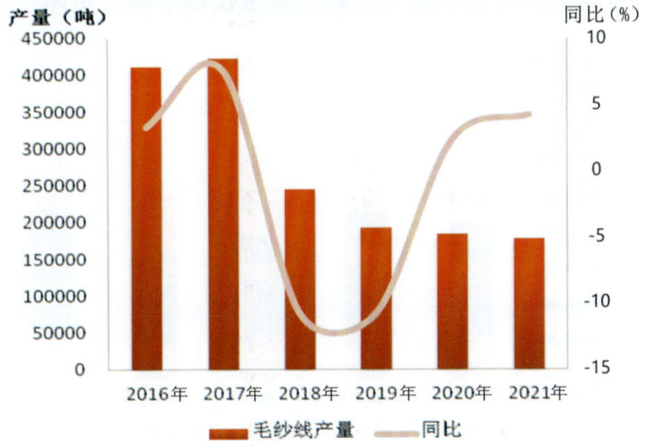

图1 2016～2021年主要毛纱线产品产量增长速度情况

资料来源：国家统计局

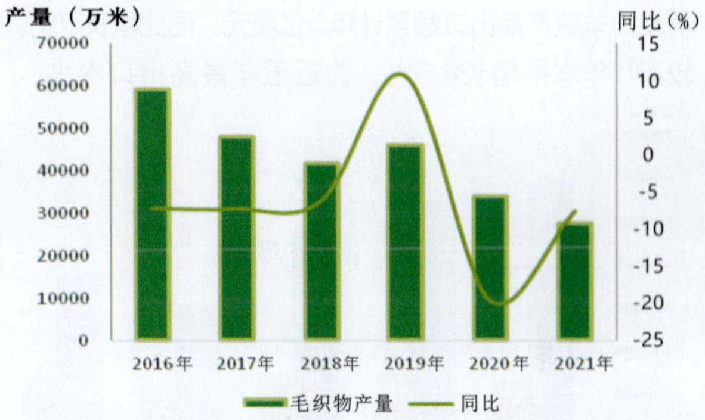

图2 2016～2021年主要毛织物产品产量增长速度情况

资料来源：国家统计局

二、出口情况

（一）毛纺织产品出口规模恢复增长

根据中国海关统计数据，2021年我国毛纺织原料与制品出口总额130.1亿美元，同比下跌27.6%，较2019年出口额增长6.0%，恢复到新冠肺炎疫情前水平，见图3。

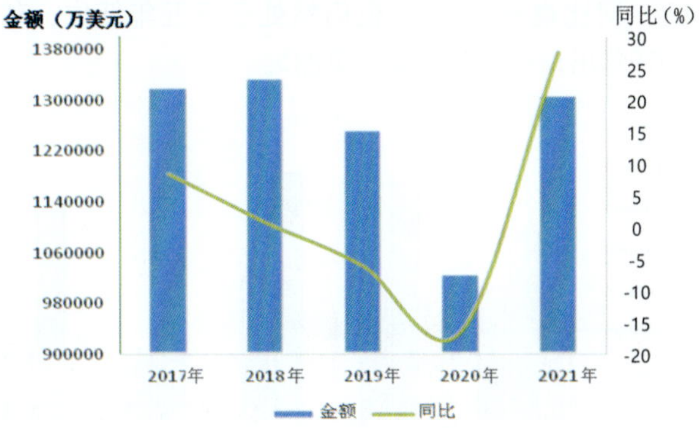

图3 2017～2021年毛纺织产品出口总金额与金额同比情况

资料来源：中国海关

不同原料的毛纺织产品出口形势则呈现了不同的态势，见图4。以羊毛为原料毛纺产品出口额仍未恢复至新冠肺炎疫情前水平，2021年羊毛原料及羊毛产品出口额累计38.3亿美元，同比增长23.01%，但仍低于2019年出口额8.1%，为近五年出口水平的第二低点；以山羊绒为原料毛纺产品出口额则呈现提升，山羊绒原料及山羊绒产品出口额累计16.5亿美元，同比增长37%，较2019年水平增长9.3%，为近五年最高出口水平。

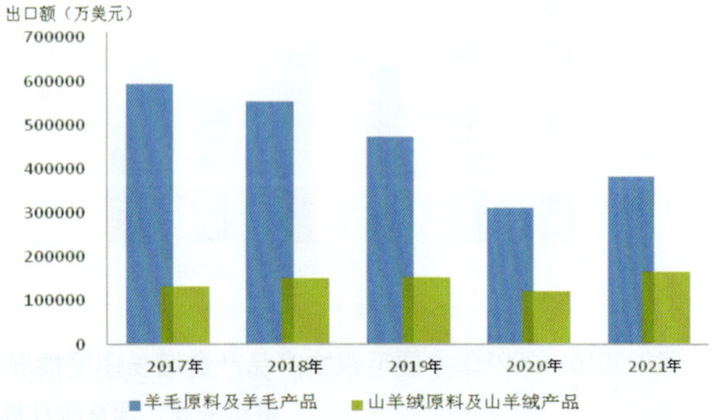

图4 2017～2021年不同原料毛纺织产品出口变化情况

资料来源：中国海关

毛纺织各类中间产品出口均呈现增长，但从中长期来看，仍处于历史相对低位。羊毛条出口4.1万吨，同比增长10.1%；出口额3.7亿美元，同比增长13.5%，较2019年出口额增长27.3%。毛纱线出口3万吨，同比18.2%；出口额9.9亿美元，同比增长23.2%，较2019年出口额仍低8.5个百分点。毛织物出口2178万米，同比增长7.1%；出口额3.6亿美元，同比增长8.1%，但仍然处于近五年低位，较2019年出口低达46.7%，见图5。

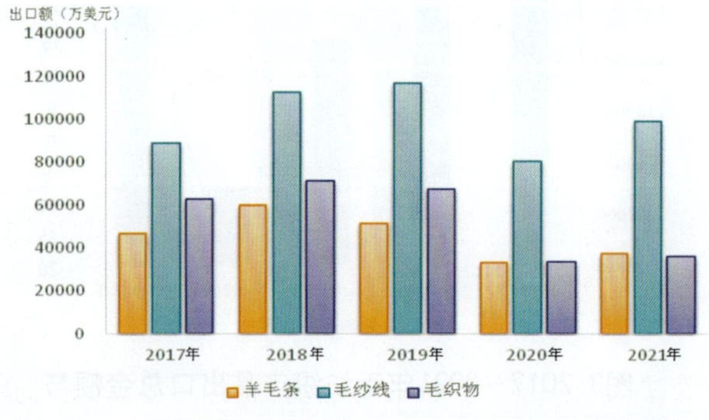

图5 2017～2021年毛纺织各类中间产品出口变化情况

资料来源：中国海关

毛纺织成品出口稳定复苏，突出反映了目前毛纺产品结构的变化。毛针织服装出口额13.7亿美元，同比增长41.2%，较2019年增长17.1%；毛毯与人造毛皮出口额累计40.2亿美元，同比增长29.5%。毛梭织服装出口额9.9亿美元，同比增长6.4%，较2019年跌幅达35.2%，见图6。毛针织服装、毛毯及人造毛皮的出口增长相对稳定，毛梭织服装出口在五年内持续下滑，反映出毛纺产品出口结构的变化，正装产品出口市场萎缩较快。

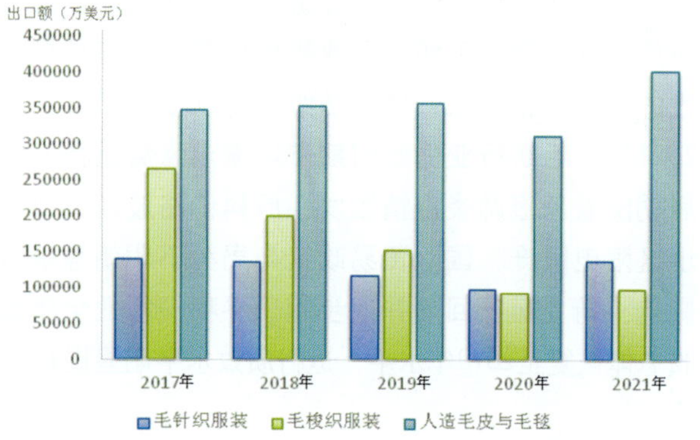

图6 2017～2021年毛纺织成品出口变化情况

资料来源：中国海关

（二）出口市场稳定和多元化发展

毛纺织产品对传统毛纺织出口目的地表现相对稳定，2021年，包括欧盟、东盟、美国、日本、中国香港、英国等地的出口占比67.6%，传统毛纺织出口目的地的出口规模和份额均基本保持平稳，见图7。

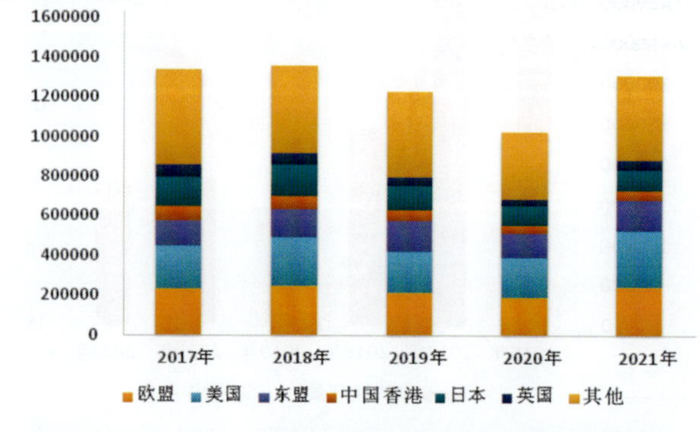

图7 2017～2021年毛纺主要出口目的地变化情况

资料来源：中国海关

毛纺织产品的出口市场多元化成效明显。2021年，中国对“一带一路”沿线地区、印度、土耳其的毛纺织产品出口增速分别达到36%，76%和60%，见图8。

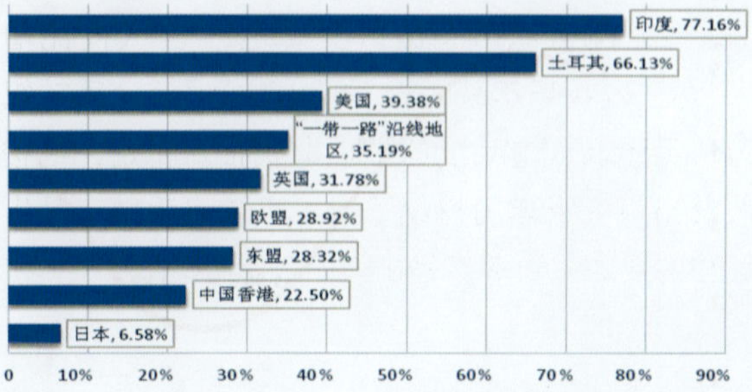

图8 2021年毛纺织产品主要出口目的地增速情况

资料来源：中国海关

三、市场趋势

（一）毛纺织消费市场规模复苏，助力构建双循环新发展格局

2021年，毛纺织市场整体规模较2020年明显复苏，国内和国际毛纺织市场恢复至接近2019年水平，成为行业最重要的驱动力。从全年来看，内销市场已从2020年的新冠肺炎疫情阴霾中恢复，规模与2019年相比增长接近10个百分点，毛纺织整体内销比例超过60%，较2020年提高6个百分点，见图9。尽管下半年内销增长呈现放缓，但国内消费市场对行业复苏的贡献度依然超过了国际市场。

其中，以羊毛为主要原料的毛纺织产品内销比例呈现持续两年提高。而以羊绒为主要原料产品的外销市场更为强势。

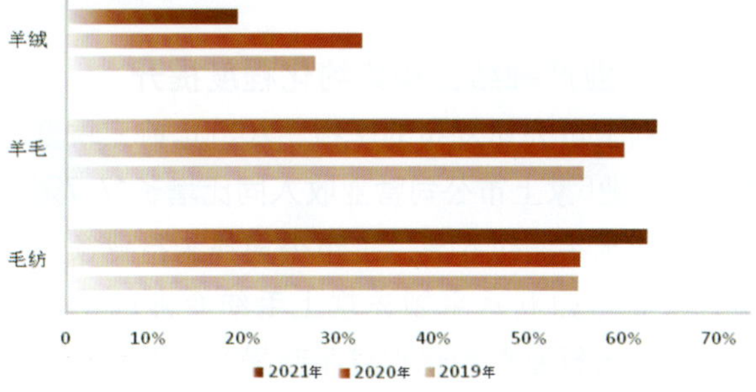

图9 2019～2021年毛纺织行业内销占比变化情况

资料来源：中国毛纺织行业协会

（二）国内消费市场总体复苏态势未变

根据国家统计局数据，2022年实体商店服装鞋帽类商品零售总额同比增长12.7%，穿类商品网上零售额增长8.3%，实体与网络服装零售两年平均增速持续较快增长，国内消费继续呈现整体的复苏态势，见图10。

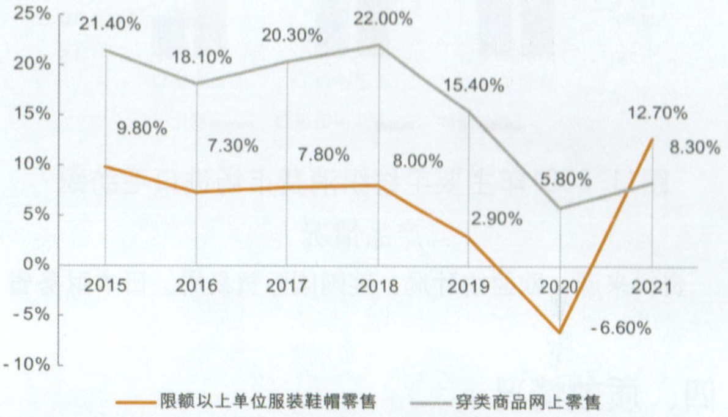

图10 2015～2021年服装零售消费增速变化情况

资料来源：国家统计局

（三）国际毛纺织消费持续恢复

全球范围内毛纺织主要消费市场呈现恢复态势。

2021年，美国毛纺织消费市场表现突出，对毛纺织服装和家纺产品的需求都呈现快速恢复，全年累计进口毛纺产品总计34.6亿美元，同比增长26.3%。其中，毛纺织类家纺产品的需求增速更快，进口增速达38.2%。

欧盟毛纺织消费处于恢复区间，2021年全年进口毛纺织产品总计约40.9亿美元，同比增长12.9%。其中，毛纺织原料、初加工与中间产品的进口快速增长，达到14.9亿美元，同比增长29.1%；毛纺织服装与家纺成品进口额共26亿美元，同比增速5.3%。

日本毛纺织市场呈现持续低迷，全年进口毛纺织产品总计12.6亿美元，同比下跌10%，但跌幅较上半年明显收窄。

随着国际毛纺织消费的恢复，中国毛纺织产品在主要消费市场的占比均呈现上升，但与新冠肺炎疫情前的市场份额相比，中国产品份额仍有进一步的上升空间，见图11。

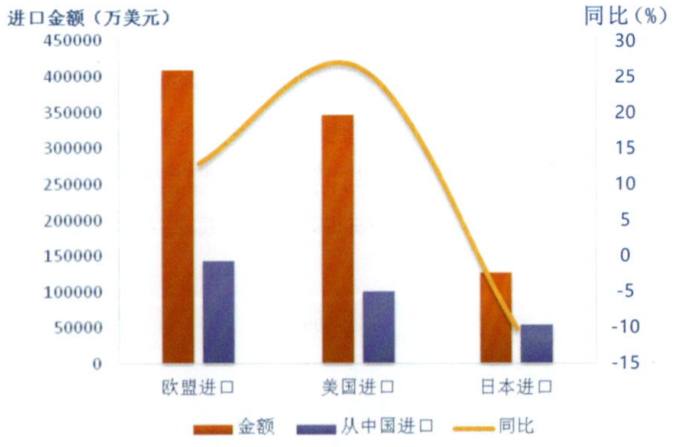

图11 2021年主要毛纺织消费市场进口毛纺织产品情况

资料来源：欧盟统计局、美国国际贸易局、日本财务省

四、质效情况

（一）毛纺织行业营收水平平稳增长

2021年，规模以上毛纺织企业营业收入同比增长8.7%，是过去五年中首次呈现行业营收规模的回升，见图12。

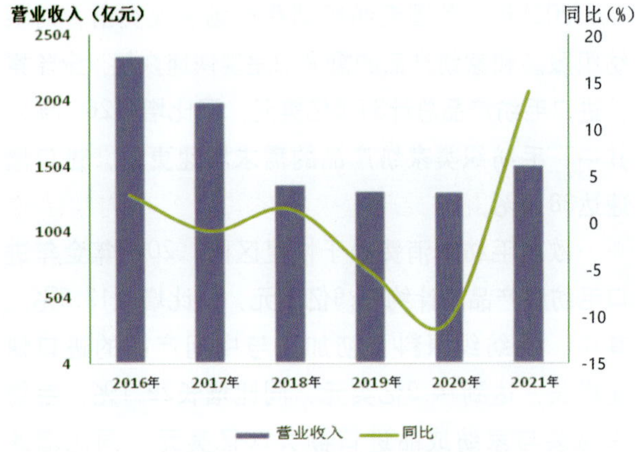

图12 2016～2021年毛纺织及染整规模以上企业营业收入变化情况

资料来源：国家统计局

（二）毛纺行业盈利能力明显恢复

2021年，规模以上毛纺织企业平均利润率接近4%，同比提高2个百分点，也为近五年来的首次回升，见图13。规模以上毛纺织企业亏损额同比回调42.3%，为近五年来首次收窄，见图14。亏损面为20.9%，较上年缩窄11个百分点；净资产收益率9.9%，较上年提高5.1个百分点。

图13 2016～2021年规模以上毛纺织及染整企业利润率变化情况

资料来源：国家统计局

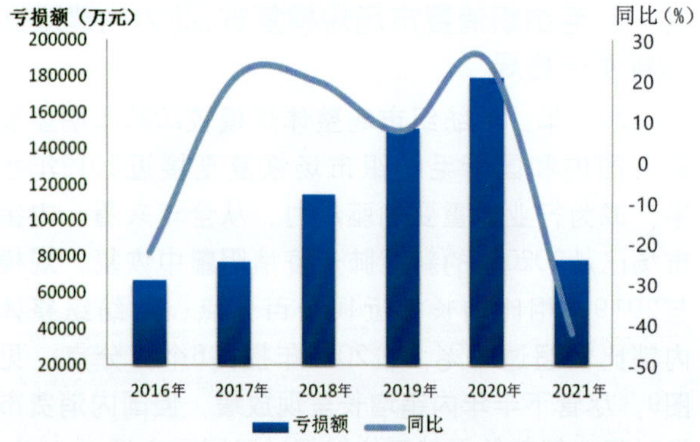

图14 2016～2021年规模以上毛纺织及染整企业亏损总额变化情况

资料来源：国家统计局

（三）行业产融结合和集约化程度提升

根据上市公司发布的季报，2021年前三季度，毛纺织行业6家上市公司营业收入同比增长47.7%，平均利润水平超过20%。上市公司作为行业领军企业，营收与盈利水平领先规上毛纺企业的平均水平，反映出行业集约化程度不断提升。2021年，毛纺织上市企业市值平均增速为62.5%，平均指数增速57.9%，增速领先纺织版块和资本市场平均市值

和指数增速，产业价值市场认可度提升。随着产业与金融市场的合作进一步深入，资本市场对毛纺织行业的了解更多，更多毛纺企业有望通过产融结合获得更有益的发展。

（四）毛纺织产品竞争力有提升空间

2021年，毛纱线、毛针织服装、毛织物和毛梭织服装产品的贸易竞争优势指数分别为0.67、0.56、0.03和0.10，较去年略有下降，毛毯和人造毛皮继续保持高度竞争力。规模以上毛纺织企业产成品周转率7.3次/年，较纺织行业13.2次/年的平均水平有一定差距，与行业自身的生产和销售周期较长有关，未来在营销渠道、模式和策略上仍有调整和改善的空间。

（五）原料价格持续波动，成本压力依然制约毛纺织企业

2021年，规模以上毛纺织企业三费比例4.4%，较上年下降0.5个百分点；两金占用比例44.7%，同比增长0.5个百分点。2021年，羊毛及动物纤维的加工量为37万吨，同比增长14.9%，但较新冠肺炎疫情前水平仍有一定差距。采用现货交易的羊毛原料与其他农业大宗商品相比，在政策、原料市场波动的形势下，价格波动对企业成本影响更大，全年羊毛原料进口平均价格为9.38美元/千克，同比增长14.3%。原料成本依然是毛纺企业主要的成本压力。

2022年毛纺织行业形势展望

在2022年，全球新冠肺炎疫情、国内外宏观政策、逆贸易全球化趋势、政治格局动荡等影响持续存在并存在诸多不确定性，将对毛纺织行业的运行存在众多不确定性影响。

内需市场将是毛纺织行业在中长期发展动力的重点。国内消费在毛纺产品的比重不断提高，需要行业积极挖掘各类产品、各级消费市场对毛纺织产品的需求空间。国产品牌与国潮文化的崛起，带来毛纺织内需发展的机遇。

国际市场与宏观经济政策仍有众多不确定性。根据国际货币基金组织（IMF）预测，2021年全球经济增速为5.9%，2022年经济增速将为4.9%。由于国家财政支持力度、疫苗接种率的差异，发达国家经济的恢复力度将好于发展中国家。毛纺织的传统消费市场以主要发达国家为主，预期毛纺织消费的复苏态势将在2022年延续。

产业结构与布局面临新的挑战。近几年，国际毛纺织业开展新的地域布局，不少老牌毛纺织国家开始在东南亚等地投资设立毛纺初加工和毛纺织工厂，这些地区也将逐渐成为毛纺织加工供应链的竞争对手。

行业自身的升级与变革将是行业与企业发展的重要内核。产业链各环节恢复程度不均，价格传导机制不畅，毛纺织加工制造面临较大的成本压力。企业发展分化更趋明显，能够抓住时代变革的趋势、融入新的发展模式，不断升级和自我变革的企业，才能把握机遇，实现发展。

（撰稿人：张书勤）

麻纺织业

中国麻纺织行业协会

随着新冠肺炎疫情的常态化发展以及各国疫苗和防疫措施的推进，2021年全球经济全面强劲反弹，出现普遍增长态势，中美成为全球经济恢复的主导力量。但由于通胀高企，供应链受阻，对今后经济的发展造成很多不确定性影响。由于我国政府的防疫措施得力，让我国经济持续稳定恢复、稳中向好，2021年中国经济增幅达到8.1%，经济发展增速依旧保持全球领先地位。

2021年，我国麻纺织行业主要经济指标稳定提高，主营业务收入平稳增长，利润总额大幅提升，呈现全面恢复、快速回升的走势。

2021年麻纺织行业运行基本情况

一、麻纺织出口拉动行业运营迅速恢复

2021年国内新冠肺炎疫情逐渐得到控制，麻纺织行业整体运行情况逐步好转，特别是营业收入和利润率全面复苏。据国家统计局数据，2021年全国规模以上麻纺织企业累计实现营业收入同比增长15.91%。从逐月累计的营业收入同比数据分析，麻纺织企业营业收入逐月好转，企业正常经济运营全面恢复（图1）。通过对企业和产品市场分析可以得出，国际市场麻纺织产品需求的快速回升，对行业运营的恢复起到关键作用。

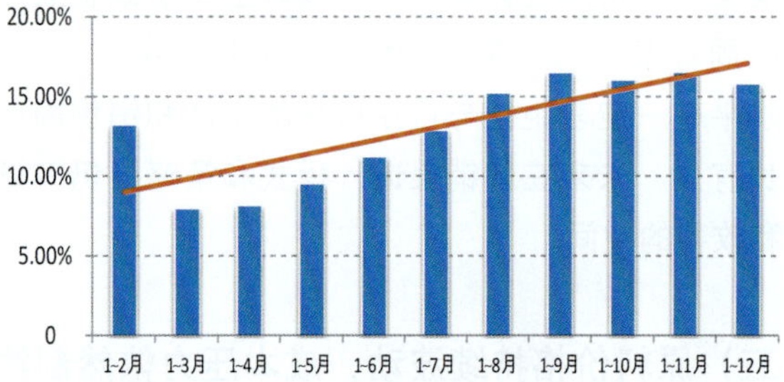

图1 2021年规模以上麻纺织企业累计营业收入累计同比增速

资料来源：国家统计局

二、行业运行质效大有改善

据国家统计局数据，2021年全国规模以上麻纺织利润总额同比增长122.80%，营业收入利润率为3.48%，同比提高1.6个百分点，盈利水平较2020年大大提高。麻纺织行业运行效益明显改善，与纺织其他行业盈利增长恢复相比也有不错的表现，见表1、图2。

表1 2021年规模以上麻纺织企业营业收入和利润总额同比增速

行业	营业收入同比(%)	利润总额同比(%)
麻纺织及染整精加工	15.91	122.80
麻纤维纺前加工纺纱	13.13	257.32
麻织造加工	18.39	66.04
麻染整精加工	15.99	−54.42

资料来源：国家统计局

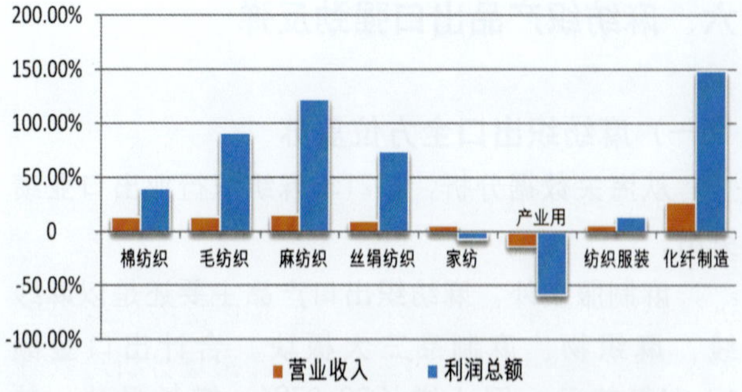

图2 纺织主要行业营业收入和利润同比增长情况比较

资料来源：国家统计局

三、规模以上麻纺织企业出口交货值大幅攀升

2021年，麻纺织及染整精加工规上企业出口交货值同比上升19.88%。其中，麻纺纱企业出口交货值同比增加48.64%，麻织造企业出口交货值同比上升11.38%。与2020年出口交货值增速同比变化反差较大，特别是麻纺纱企业出口交货值同比增幅较大（图3）。

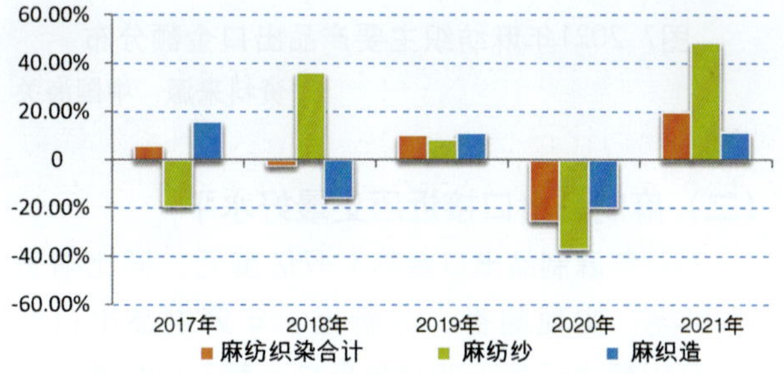

图3 2017～2021年麻纺织规上企业出口交货值同比增速

资料来源：国家统计局

四、规模以上麻纺织企业亏损面减小

根据国家统计局数据，2021年规模以上麻纺织企业亏损面为14.58%，与2020年亏损面27.57%，相比，亏损面减小（图4）。亏损企业亏损额同比减少43.81%。麻纺纱企业亏损面和亏损企业亏损额同比都大幅减少，充分表明2021年麻纺纱企业生存压力减轻，产业复苏明显。

图4 2017～2021年规模以上麻纺纱和织造企业亏损面

资料来源：国家统计局

五、麻纺织原料进口强劲反弹

据中国海关统计，2021年麻原料进口金额5.94亿美元，同比增长25.90%。亚麻原料为主要进口原料产品。

（一）亚麻原料进口数量接近历史最高

据中国海关数据，2021年亚麻原料累计进口数量20.43万吨，同比增长25.11%。其中，打成麻进口数量为14.47万吨，同比增长27.38%，创历史新高；短麻进口数量为5.89万吨，同比增长35.09%。从近几年海关数据统计分析可以看出，2021年亚麻原料累计进口数量，与2019年的20.73万吨历史最高进口数量基本持平（图5）。麻纺织产品出口市场的回暖，带动了国内亚麻原料需求的上升。

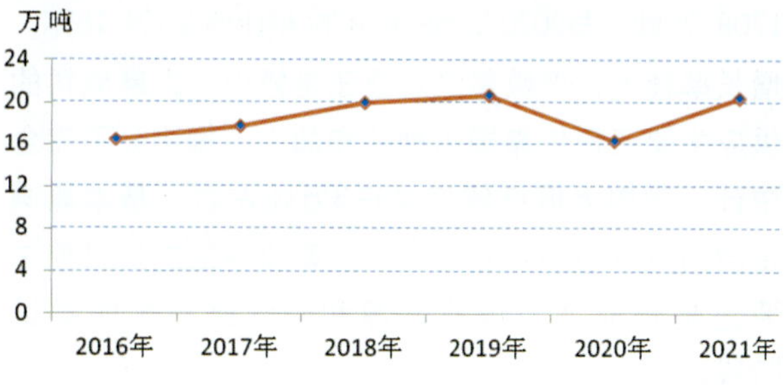

图5 2016～2021年亚麻纤维及短纤维进口数量

资料来源：中国海关

（二）亚麻短纤维进口数量回归正常

2021年亚麻短麻进口数量为5.89万吨，同2020年的4.36万吨相比增加较大，但与2019年的5.64万吨接近。

进口亚麻短纤维自从2019年发生“固废”问题以来，亚麻短纤维进口数量减少，要达到2018年亚麻短纤维进口7.28万吨的峰值比较困难。

（三）黄麻原料进口数量继续下滑

2021年黄麻原料累计进口数量为1.85万吨，同比下降28.30%，累计进口金额1735.64万美元，同比减少4.85%。黄麻进口已是数量连续下降，单价连续升高，且升幅较大（图6）。从原料进口量也反映出黄麻产业还在困境中爬行。

图6 2016～2021年黄麻纤维及短纤维进口数量

资料来源：中国海关

（四）大麻原料进口数量不断攀升

据中国海关数据，2021年大麻原料累计进口数量1708.79吨，与2020年的836.87吨相比增长104.18%。增长率较大，但数量绝对值还是较小。大麻原料的供应主要还是依靠国内种植和加工。据协会不完全统计，国内大麻纤维产量在3万吨左右，基本能满足国内大麻纺织企业需求，大麻原料的进口目前主要还是企业调节原料来源和新纤维品种的尝试阶段。

六、麻纺织产品出口强劲反弹

（一）麻纺织出口全方位复苏

从海关数据分析，2021年麻纺织行业出口业绩突出。

麻制服装外，麻纺织出口产品主要还是以麻纱线、麻织物、麻制品三大板块，合计出口金额17.24亿美元，同比增长60.37%，增长强劲。其中，麻纱线出口金额3.10亿美元，同比上升64.02%，麻织物出口金额10.67亿美元，同比上升47.17%，麻制品出口金额3.47亿美元，同比上升115.53%，增长迅猛。麻织物出口额占比依然较大，占比达到62%；麻制品在出口额中比例占20%，比2020年占比提高5百分点，麻纱线出口额占比近几年基本保持不变（图7）。

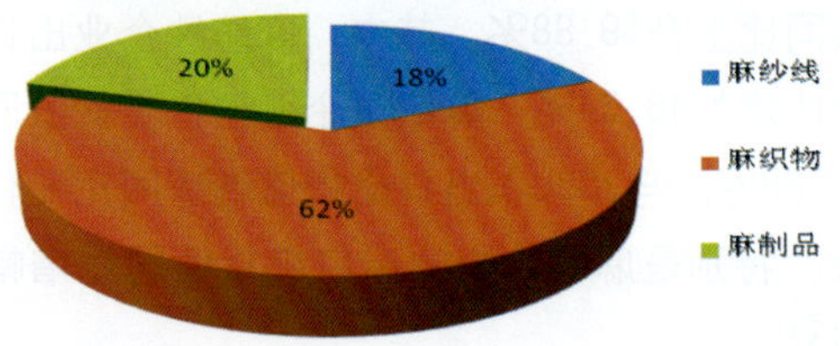

图7 2021年麻纺织主要产品出口金额分布

资料来源：中国海关

（二）麻制品出口接近历史最好水平

2021年麻制品出口金额3.47亿美元，同比增长115.53%，实现翻番。分析近十年麻制品出口情况，可以看出已接近2014年出口金额3.64亿美元最好水平。其中，麻制床上用品出口占麻制品出口额的近70%，从2020年的6975万美元，飙升到2021年的2.43亿美元，麻制床上用品出口额增加3倍多（分别见图8、图9）。分析原因，一是新冠肺炎疫情所致居家时间增加，对高品位麻制床上用品的刚性消费需求增加所致，二是新冠肺炎疫情导致的部分海外订单回流现象。

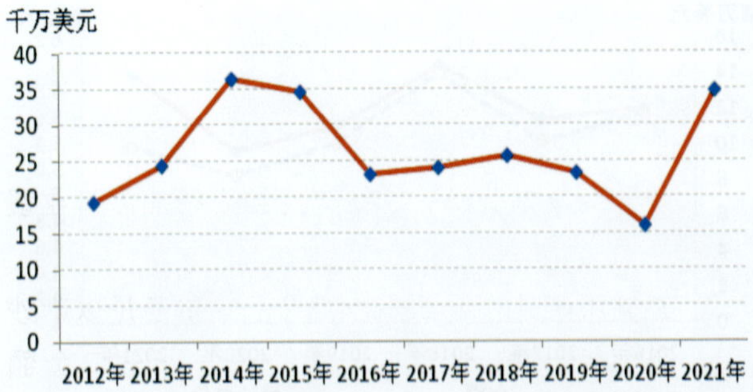

图8 2012～2021年麻制品出口金额比较

资料来源：中国海关

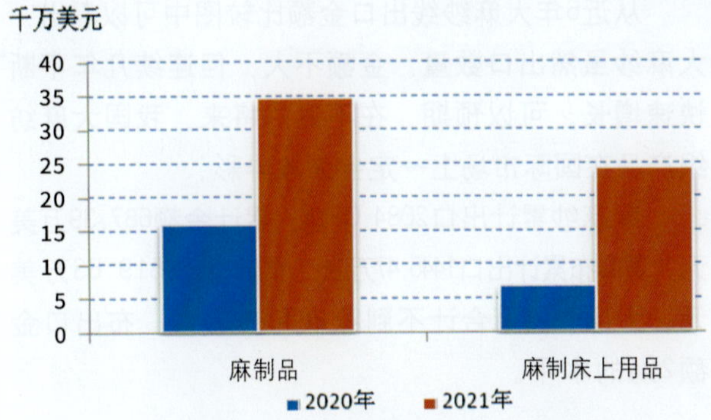

图9 2020年和2021年麻制品和麻制床上出口金额比较

资料来源：中国海关

（三）亚麻纱、布合计出口金额创近十年新高

从中国海关数据分析，2021年我国亚麻产品出口数量和金额占绝对优势。2021年我国亚麻纱线累计出口2.71万吨，金额2.66亿美元；亚麻布累计出口3.17亿米，金额9.12亿美元，较2020年大幅增加（分别见图10、图11）。亚麻纱、布合计出口金额11.78亿元，同比增加59.71%，较五年前的亚麻纱、布合计出口增长57.71%，出口金额创下近十年新高。

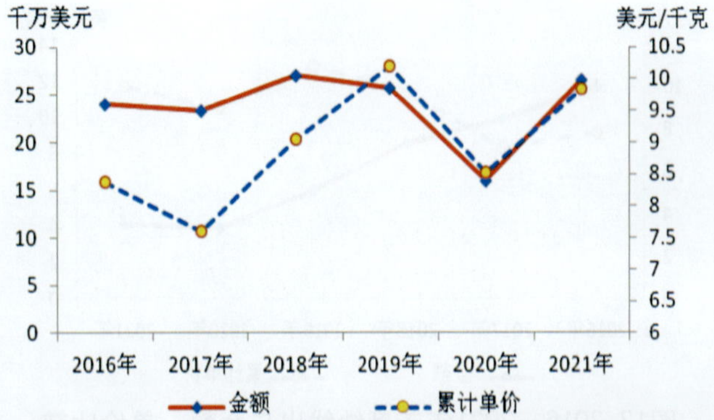

图10 2016～2021年亚麻纱线出口金额、单价比较

资料来源：中国海关

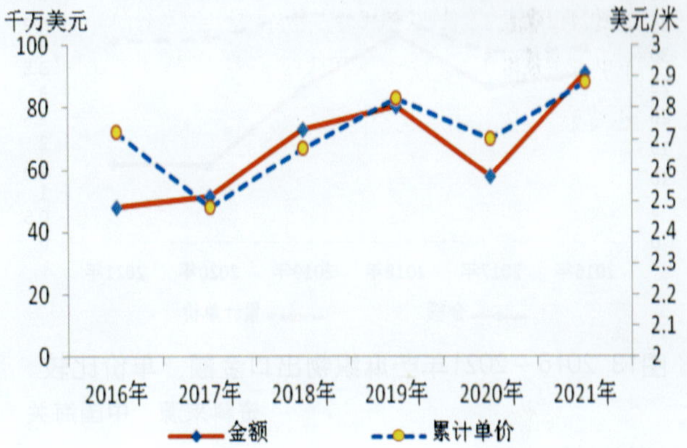

图11 2016～2021年亚麻织物出口金额、单价比较

资料来源：中国海关

（四）苎麻纱、布出口金额连续下滑后趋于平稳

2021年苎麻麻纱线累计出口301.94吨，金额354.03万美元；苎麻布累计出口3099.46万米，金额1.26亿美元（分别见图12、图13）。2021年苎麻纱、布合计出口金额1.29亿美元，与2020年的1.18亿美元相比趋于平稳，但与五年前相比下滑了近50%。

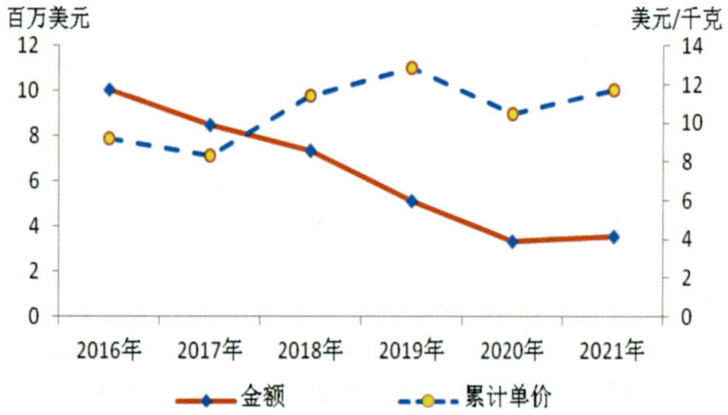

图12 2016～2021年苎麻纱线出口金额、单价比较

资料来源：中国海关

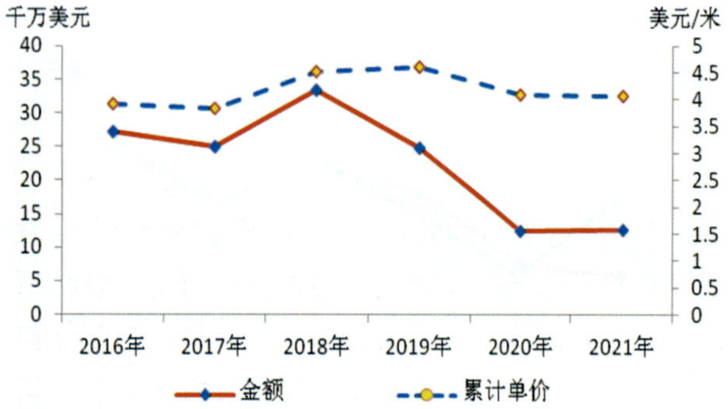

图13 2016～2021年苎麻织物出口金额、单价比较

资料来源：中国海关

（五）大麻纱、布合计出口金额增长较快

大麻纱、布合计出口金额相对较小，黄麻纱、布合计出口金额更是不到大麻的一半。2021年大麻纱累计出口1250.74吨，金额1304.50万美元；大麻布累计出口261.02万米，金额1398.70万美元（分别见图14、图15）。

图14 2016～2021年大麻纱线出口金额、单价比较

资料来源：中国海关

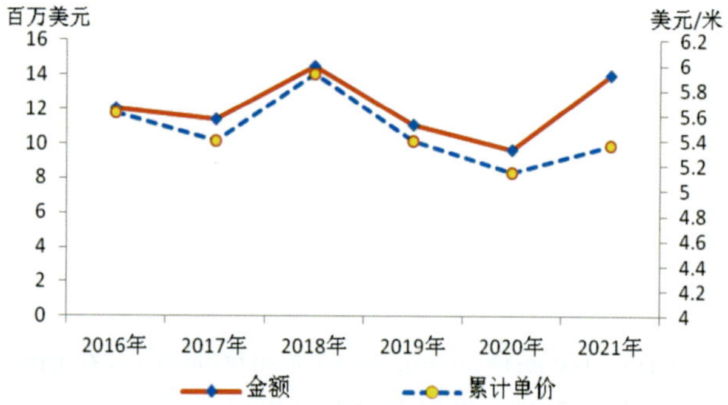

图15 2016～2021年大麻织物出口金额、单价比较

资料来源：中国海关

从近6年大麻纱线出口金额比较图中可以看出，大麻纱虽然出口数量、金额不大，但连续几年不断快速增长。可以预期，在不远的将来，我国大麻纺织产品在国际市场上一定会大放异彩。

黄麻纱累计出口2084.09吨，累计金额687.39万美元；黄麻布累计出口1445.47万米，累计金额519.63万美元。大麻和黄麻合计不到亚麻和苎麻纱、布出口金额2%的水平。

行业面临的主要问题

世界经济在疫情的阴霾下缓慢复苏。美国贸易保护主义蔓延、国际大宗商品价格高位波动和地缘政治动荡加剧，给全球经济增长带来不稳定影响。IMF在2022年1月《世界经济展望》发布的最新报告，预测2022年全球经济增长4.4%，较之前预测下调了0.5个百分点，主要原因之一是对中国增长预期值下调。我国宏观经济运行下行压力也确实增加，但我国经济持续稳定恢复、稳中向好大趋势不会改变。在新的经济形势下，多种因素将对麻纺织行业下一阶段的发展造成影响。

一、纺织出口贸易环境因素

目前全球疫情仍在持续，经济复苏又面临着通货膨胀高企的压力，发达经济体货币政策预期收紧，中美贸易摩擦会不断发生，都对纺织品国际贸易形成制约。另外，随着国际纺织生产订单回流的逐步减少，货物运输渠道不确定因素很多，国际采购格局可能逐步调整，贸易环境不确定性明显提升。同时，疫情对产业链、供应链稳定性造成的不利影响未完全消除，纺织行业身处深度调整转型阶段，需化解原料、人工、环保成本的增加以及国际市场竞争加剧等诸多困难问题。

从大环境来看，麻纺织企业受原料价格大幅度上涨、汇率波动、出口市场动荡的影响更大。全球通胀压力促使发达经济体加快收紧货币政策，对消费信心的恢复产生负面影响，国际市场麻纺产品消费需求将会呈现走弱趋势，对麻纺国际市场平稳回升产生抑制作用。

纺织行业面临的国际环境虽然复杂，但仍不乏新发展契机。区域全面经济伙伴关系协定（RCEP）的生效，其覆盖22亿人口，约占世界总人口的30%；GDP规模达32万亿美元，占全球GDP的32%，是涵盖了15个国家的庞大市场。RCEP将为纺织行业进一步挖掘区域市场潜力和构建跨国资源配置提供有利条件，麻纺织行业必将由此受益。

二、国际新冠肺炎疫情发展和控制因素

新冠肺炎疫情已进入第三年，我国采取“动态清零”措施控制有力，人民生产、生活逐步稳定。但当前国际新冠肺炎疫情依处在不同阶段，各国采取的措施各不相同，前景不确定性仍然很高。虽然现在对新冠肺炎疫情的发展有较为乐观的看法，但仍然是各国面临的重要问题。特别是对整个麻纺行业出口市场影响巨大。一方面东南亚新冠肺炎疫情得到有效控制后，海外产能逐渐恢复，海外订单回流至国内的现象将不复存在，产业链和供应链布局将在产业恢复中发生变化；二是欧洲新冠肺炎疫情发展情况，深度关联着亚麻原料的品质、数量、价格和安全。

三、绿色制造和环保因素

在国家碳达峰、碳中和目标导向下，纺织行业推动绿色低碳循环发展、促进行业全面绿色转型将成为大势所趋。国家对环境治理愈发重视，各项措施将逐步跟进。麻纺企业也普遍存在水资源有效利用和节能减排、绿色制造体系和可持续发展建设，这都需要企业进行技术改进和装备升级。并且在企业绿色材料采购，绿色产品销售，引导绿色消费等方面，也都需要麻纺企业增加投入以增强产品绿色竞争力。

四、麻纺原料因素

亚麻、黄麻等优质原料大部分需要进口，2021年亚麻原料进口数量又接近历史新高，麻纺原料国际依赖度偏高；品质、数量、价格都受到外部制约。黄麻行业由于原料问题和产品市场问题，给企业造成的巨大困扰还在延续。

苎麻种植和纤维加工依旧面临问题，原料品质、纤维加工、环保要求等都需要逐步解决。大麻种植也面临着政策导向和产业链理顺，而且大麻种植面积受政策影响的波动较大，市场开发和大麻绿色生态建设还远远不够。但工业大麻的发展必将会带来新的机遇，给麻纺织行业注入新的活力。

随着麻纺织品市场的快速增长，对各类麻纺原料还将保持相对旺盛的需求。因此寻求各种途径解决麻纺原料稳定供需状况还是我们急需解决的重要问题。

2022年行业运行趋势预测

2021年，我国纺织行业迈入了“十四五”高质量发展新阶段，在复杂多变的环境中体现了行业产业链完整的配套能力和风险抵御能力，保持了纺织行业平稳运行。

IMF预测，2022年中国经济增长5.6%。如果要经济保持稳步提高，经济增速还必须有所提升。2021年强劲的经济增长数据，可能会掩盖全球经济仍然深受新冠肺炎疫情拖累的事实。我国经济增速下行压力继续加大，中国经济工作首要任务还是稳字当头、稳中求进。

2022年整个纺织行业所面临外部形势不会有大的改变。2021年纺织出口保持了高速增长，但全球大宗商品价格的迅猛上涨，海运费的狂飙，摊薄了企业利润，而且出口市场未来的形势依然充满变数，2021年我国纺织服装出口已创新高，在高基数上继续保持高速增长可能性不太大。而在国内，投资与消费都增长乏力，未来经济形势还是比较严峻。

从国家统计局数据看，2021年规模以上纺织行业增加值同比增长4.4%，两年平均增长了0.8%，都远低于全国规模以上工业增加值同比增长9.6%，两年平均增长6.1%的水平，纺织行业发展已明显放缓。

2022年麻纺织行业总体将保持相对平稳的运行态势。麻纺织企业运营质量虽有改善，但经营压力仍然较大，麻纺织产品国际市场走势将会在较弱区间波动，国内外的货币政策和汇率稳定性，都会对行业产生巨大的影响。麻纺织企业如何扩大麻制品内需市场，融入双循环战略，抵御出口变化带来的风险；如何在新形势下提高生产效率、提升产品品质，如何快速融入绿色制造、引导绿色消费、打造绿色麻纺生态，麻纺织企业如何平稳增长、打造新增长点是我们面临的重大考验。

2022年麻纺织行业发展谨慎乐观。

（撰稿人：牛春华）

丝绸业

中国丝绸协会

2021年丝绸业经济运行情况

2021年以来，面对世界百年未有之大变局和世纪疫情的交织影响，丝绸行业克服重重困难，持续推进供给侧结构性改革，努力化解了各种风险，工业生产基本稳定，经济效益持续改善，内外贸易恢复性增长，市场活力不断显现，实现了“十四五”良好开局，为稳经济、保民生、促就业、防风险发挥了重要的作用。

一、工业生产情况

据国家统计局统计，2021年，规模以上企业主要产品产量基本稳定，其中，丝产量同比下降7.83%，绸缎产量同比下降2.33%，蚕丝被产量同比增长21.31%，见表1。各省市丝绸主要产品产量增长情况见表2~表4。

从各省市主要产品产量情况看，广西的生丝产量虽然同比下降14.73%，但仍占据全国总产量的

表1 2021年全国规模以上丝绸企业产量增长情况

主要产品	同比(%)
丝类	−7.83
绢丝	1.60
绸缎	−2.33
蚕丝被	21.31

资料来源：国家统计局

表2 2021年各省市丝（含绢丝）产量增长情况

序号	地区	同比(%)	序号	地区	同比(%)
1	广　西	−14.73	9	陕　西	31.82
2	四　川	2.33	10	贵　州	17.25
3	江　苏	1.69	11	重　庆	−54.22
4	浙　江	1.97	12	山　东	−8.89
5	云　南	−6.68	13	辽　宁	12.15
6	安　徽	−31.58	14	湖　北	54.69
7	江　西	−29.30	15	广　东	17.24
8	河　南	26.21	16	山　西	2.40

资料来源：国家统计局

表3 2021年各省市真丝绸缎产量增长情况

序号	地区	同比(%)	序号	地区	同比(%)
1	四　川	−12.43	6	广　西	−0.42
2	浙　江	4.63	7	安　徽	−24.90
3	江　西	49.24	8	山　东	−1.24
4	重　庆	0.55	9	云　南	−2.15
5	江　苏	5.07	10	陕　西	32.33

资料来源：国家统计局

表4 2021年各省市蚕丝被产量增长情况

序号	地区	同比(%)	序号	地区	同比(%)
1	江　苏	2.52	9	广　西	27.27
2	浙　江	4.37	10	湖　北	−46.04
3	河　南	271.07	11	四　川	−65.74
4	江　西	46.50	12	安　徽	−74.89
5	湖　南	63.58	13	福　建	152.27
6	广　东	38.50	14	云　南	−37.55
7	山　东	17.41	15	上　海	13.06
8	陕　西	−51.58	16	重　庆	−2.73

资料来源：国家统计局

1/3，牢居生丝主产省首位；四川、江苏、浙江等三省生丝产量略有增长；河南、陕西的生丝产量则大幅提高，同比分别增长26.21%、31.82%。绸缎产量前五位的省份中，占比最大的四川同比下降12.43%，其余四个省市实现正增长，其中江西增长幅度最大，同比增长达到49.24%。蚕丝被年产量在100万条以上的江苏、浙江、河南、江西、湖南等五省，同比都实现不同程度增长，河南、江西、湖南增长幅度较大，分别增长271.07%、46.5%和63.58%。

二、经济效益情况

（一）工业经济恢复性增长

据国家统计局统计，2021年，全国规模以上丝绸企业营业收入同比增长10.45%，利润总额同比增长74.3%。其中，缫丝加工营业收入同比增长9.14%；利润同比增长238.79%。丝织加工营业收入同比增长7.69%；利润同比增长29.64%。丝印染加工营业收入同比增长29%；利润同比增长42.91%。

从2021年月度丝绸行业营业变化情况看，增速走势基本平稳，全年增速较2020年同期提高22.98个百分点，见图1。行业利润方面，受出口市场复苏向好，内销市场有效恢复，以及生丝价格持续上涨等影响，2021年上半年行业利润增速呈现出快速增长态势。尽管下半年有所回落，但年底利润增速较年初仍然增长50.28个百分点，全年增速较2020年提高111.94个百分点，见图2。

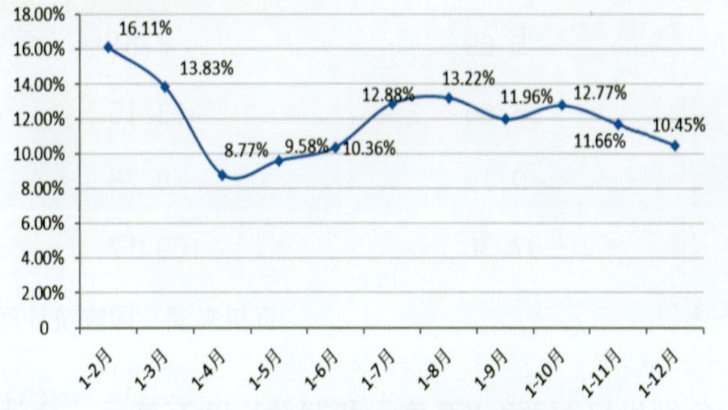

图1 2021年丝绸业营业收入增速情况

资料来源：国家统计局

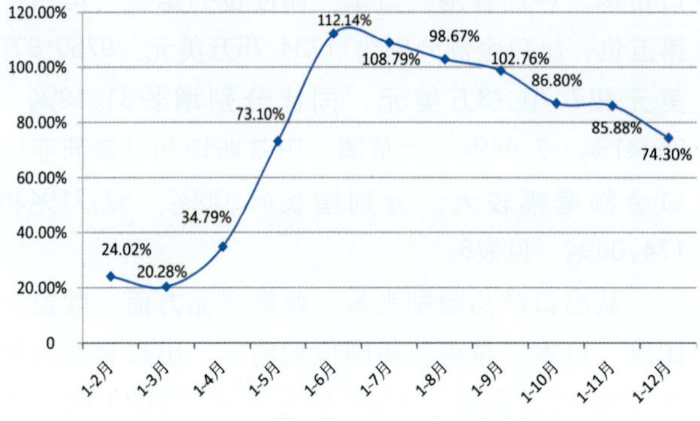

图2 2021年丝绸业利润增速情况

资料来源：国家统计局

（二）行业运行质效持续改善

2021年，丝绸行业规上亏损企业较2020年减少97家，亏损企业亏损总额同比下降62.81%；亏损面23.51%，较2020年同期下降13.15个百分点，亏损面明显收窄，但仍高于纺织行业平均水平6.38个百分点。企业存货同比增长12.18%；企业销售费用同比下降5.29%；管理费用同比增长5.37%；财务费用同比下降11.71%。2021，年丝绸企业三费比例6.63%，同比下降0.7个百分点；产成品周转率8.27次/年，较2020年加快了1.4%；总资产周转率1.07次/年，较2020年加快了2.25%。

从全年情况看，随着国内外疫苗接种逐步推进，市场供需关系日益改善，企业生产经营持续好转，行业质效水平逐步提升。但由于出口货柜紧张、运费飙升，生产成本不断增加，企业流动资金短缺等不利影响，行业经济运行仍面临较大压力。丝绸业主要经济指标对比情况见表5。

三、丝绸贸易情况

（一）丝绸内销市场稳步回暖

据商务部监测，2021年全国50家丝绸样本企业销售额为31.35亿元，同比增长24.91%。其中，真丝绸缎销售额12.28亿元，同比增长46.15%；家纺产品销售额11.81亿元，同比增长14.72%；真丝服装销售额3.79亿元，同比增长9.57%；服饰销售额2.23亿元，同比增长3.54%；其他产品销售额1.25亿元，同比增长56.57%。从月度销售数据看，除2月份销售额1.79亿元之外，其余月份的销售额都在2.5亿元以上，2021年月平均销售额同比增长24.91%，显示出丝绸内销市场得到逐步恢复，见图3。

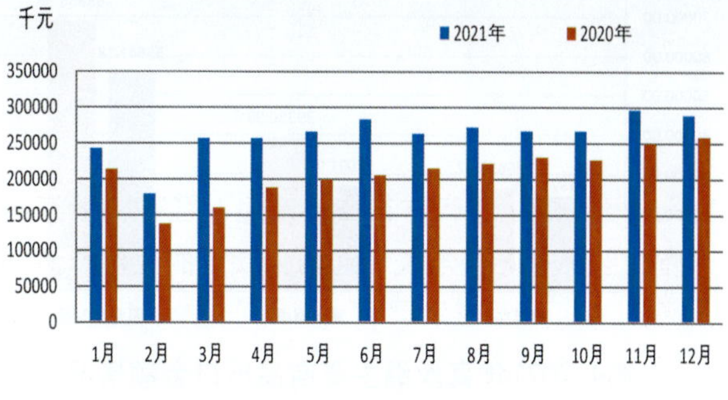

图3 2021年丝绸内销金额月度情况

资料来源：商务部

（二）真丝绸商品出口强劲反弹

据中国海关统计，2021年，全国真丝绸商品出口金额13.49亿美元，同比增长25.95%。相对于过去三年连续下滑，丝类、绸缎和丝绸制成品等三大

表5 2021年茧丝绸业主要经济指标变化情况

序号	主要经济指标	2021年同比(%)	2020年同比(%)	同比变化(百分点)
1	利润总额	74.3	−37.65	111.95
2	营业收入	10.45	−12.53	22.98
3	营业成本	8.72	−12.23	20.95
4	三费支出	−1.18	−5.69	4.51
5	亏损面	23.51	36.66	−13.15
6	负债合计	8.59	−0.19	8.78
7	亏损企业亏损总额	−62.81	97.36	−160.17

资料来源：国家统计局

类商品出口金额均实现止跌回升。其中，丝类产品出口金额2.67亿美元，同比增长9.52%；真丝绸缎出口金额3.94亿美元，同比增长45.25%；丝绸制成品出口金额6.89亿美元，同比增长23.75%，见图4。在出口单价方面，丝类产品和真丝绸缎的出口单价也都实现不同程度增长，丝类的出口单价46.41美元/千克，同比增长5.53%；真丝绸缎的出口单价6.12美元/米，同比增长24.39%。

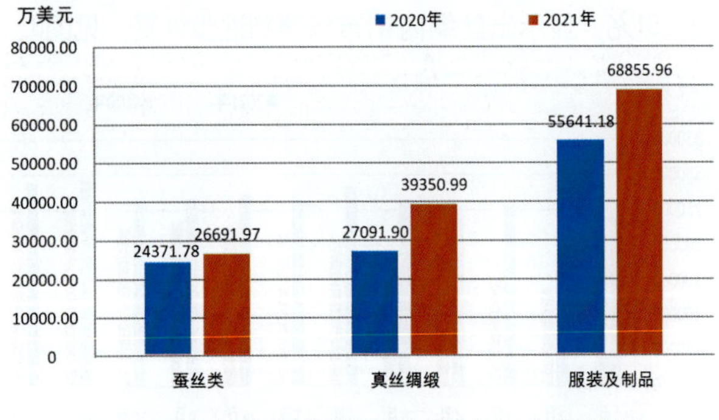

图4 2021年真丝绸主要商品出口金额情况

资料来源：中国海关

1.对主销市场出口逐步回暖。2021年二季度以来，国内真丝绸商品出口形势开始明显回暖，对欧盟、美国等主销市场出口增幅不断扩大，加上2020年出口基数较低，排名前十位的出口市场出口金额基本都实现两位数增长。其中，对欧盟和美国分别出口37263.8万美元和24751.95万美元，合计出口金额占总额比重为45.97%，同比分别增长20.98%和34.88%，仍然是中国真丝绸商品主要出口市场。中国香港、日本、印度位列第三、第四、第五位，出口金额分别为11734.75万美元、9750.8万美元和7470.73万美元，同比分别增长31.19%、25.41%、7.94%。对英国、巴基斯坦和马来西亚出口金额增幅较大，分别增长47.05%、52.71%和174.06%，见表6。

从出口产品类别来看，丝类产品方面，欧盟、印度、日本、越南、美国位列前五，出口金额分别为10981.2万美元、4434.51万美元、3679.48万美元、1050.3万美元、919万美元；欧盟、日本和美国同比分别增长13.13%、39.17%、13.07%，印度和越南同比分别下降10.79%、11.2%。绸缎类产品方面，排名前五位的国家和地区为欧盟、中国香港、巴基斯坦、印度和斯里兰卡，出口金额分别为1012.32万美元、5171.05万美元、4637.87万美元、3007.11万美元和2284.96万美元，同比分别增长41.07%、47.4%、60.58%、59.81%、68.28%。除土耳其同比下降4.81%外，其他国家和地区同比均实现大幅增长。丝绸服装及制品方面，美国、欧盟、中国香港、英国和日本排名前五位，对美国出口金额23133.34万美元，同比增长19.08%；对欧盟出口16159.44万美元，同比增长16.09%；对中国香港出口6402.26万美元，同比增长21.16%；对英国出口4832.45万美元，同比增长42.87%；对日本出口4739.8万美元，同比增长16.73%。

2.主要省市出口复苏向好。2021年，全国各省市真丝绸商品的出口金额同比普遍增长，排名情况见表7。在出口金额前十的省（区、市）中，浙江、江苏、广东、上海、山东等省市的出口金额超过

表6 2021年中国真丝绸商品主销市场出口情况

排名	国家和地区	出口金额（万美元）	同比（%）	占总额比重（%）
1	欧盟27国	37263.80	20.98	27.62
2	美国	24751.95	19.47	18.35
3	中国香港	11734.75	31.19	8.70
4	日本	9750.80	25.41	7.23
5	印度	7470.73	7.94	5.54
6	英国	5767.46	47.05	4.28
7	巴基斯坦	5605.25	52.71	4.16
8	韩国	4430.72	23.52	3.28
9	澳大利亚	3448.03	34.23	2.56
10	马来西亚	3086.55	174.06	2.29

资料来源：中国海关

表7 2021年真丝绸商品各省市出口情况

排名	省市	出口金额（万美元）	同比（%）	占总额比重（%）
1	浙　江	47199.16	20.15	34.99
2	江　苏	23008.46	23.69	17.06
3	广　东	14942.51	16.42	11.08
4	上　海	11134.72	9.72	8.25
5	山　东	11053.68	55.29	8.19
6	四　川	7756.22	58.18	5.75
7	福　建	4042.71	270.37	3.00
8	河　南	2487.54	120.98	1.84
9	青　海	1768.17	208.88	1.31
10	辽　宁	1680.96	92.38	1.25

资料来源：中国海关

1亿美元。其中，浙江仍然稳居首位，出口金额47199.16万美元，同比增长20.15%，总额占比34.99%；江苏位列第二，出口23008.46万美元，同比增长23.69%，总额占比17.06%；广东出口金额14942.51万美元，同比增长16.42%，总额占比11.08%。排名第7、第8和第9位的是福建、河南和青海三省，真丝绸商品出口金额较2020年实现大幅增长，同比分别增长270.37%、120.98%和208.88%。

四、茧丝交易市场情况

2021年初以来，随着全球新冠肺炎疫情整体趋于缓和，国内外丝绸市场刚性需求逐渐恢复，加上部分地区蚕茧产量减产和企业囤货惜售影响，原料供应持续偏紧，茧丝价格稳步攀升。到5月底，干茧和生丝的价格分别达到14.84万元/吨和44.97万元/吨，较2020年底分别上涨36.90%和36.89%。5月31日，商务部发布公告，公开放储900.49吨储备厂丝，及时抑制了国内茧丝价格的非理性上涨。下半年，干茧和生丝价格横向窄幅波动，走势相对平稳。截至12月底，干茧、生丝价格分别为14.85万元/吨和45万元/吨，较年初分别增长25.53%、24.07%，市场活力不断显现，见图5、图6。

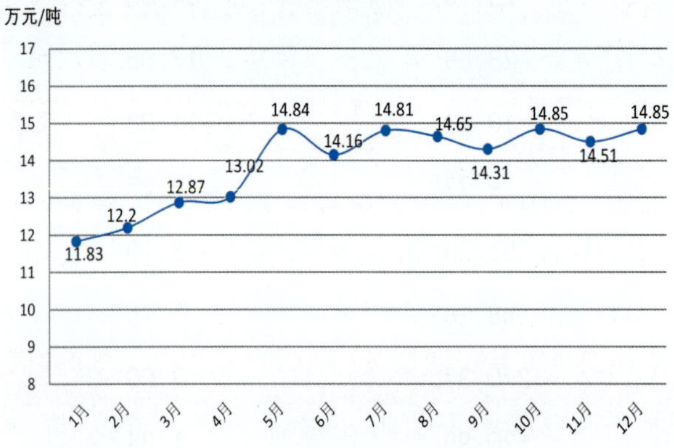

图5 2021年干茧价格走势

资料来源：中国茧丝绸交易市场

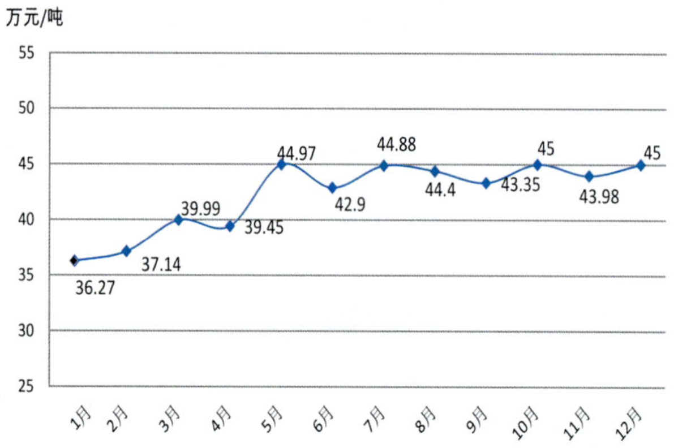

图6 2021年4A级生丝价格走势

资料来源：中国茧丝绸交易市场

2022年丝绸行业发展趋势展望

2022年是全面贯彻落实“十四五”规划的重要一年。尽管2021年丝绸行业已经开始呈现出稳中向好的发展态势，但由于连续两年新冠肺炎疫情对上下游产业链和供应链的冲击尚未得到完全修复，行业经济实现全面复苏基础仍不牢固，国内外各种不确定性不稳定因素依然存在。全行业要充分估计外部形势的复杂性和严峻性，切实增强危机意识和风险意识，做好应对更大困难和挑战的充分准备。

一、全球经济复苏存在诸多不确定性

2022年，全球新冠肺炎疫情防控形势依然相当严峻，各国疫苗接种现状呈分化态势，加之新变异病毒的出现和传播，新冠肺炎疫情未来走势存在巨大变数，对全球经济的影响仍具有相当程度的不确定性和复杂性。根据国际货币基金组织报告，预计2022年全球经济将增长4.4%，较此前预测下调0.5个百分点。受新冠肺炎疫情反复和俄乌冲突等因素影响，国际金融市场波动加剧，全球供需失衡问题更加凸显，货物贸易增速放缓。特别是全球供应链中断、海运资源紧张及海运费高企等状况短时间难以缓解，推动大宗商品价格屡创新高，全球性通胀进一步加剧，导致大众购买力和消费需求下行，进而拖累各国经济复苏。据权威机构预测，2022年上半年，全球经济仍具有较大的不确定性和下行风险，大概率处于经济放缓后的触底回升周期，下半年随着新冠肺炎疫情明显缓解、各国经济刺激政策较快发力，全球经济有望再度进入强劲复苏态势。

二、国内政策“组合拳”护航工业经济稳增长

今年《政府工作报告》明确指出，要着力稳定宏观经济大盘，保持经济运行在合理区间，继续做好“六稳”“六保”工作。宏观政策有空间有手段，要强化跨周期和逆周期调节，为经济平稳运行提供有力支撑。要加大稳健的货币政策实施力度，发挥货币政策工具的总量和结构双重功能，为实体经济提供更有力支持。要着力稳市场主体保就业，加大宏观政策实施力度，通过完善减负纾困等政策，夯实经济稳定运行、质量提升的基础。实施新的组合式税费支持政策，坚持阶段性措施和制度性安排相结合，减税与退税并举。要坚定实施扩大内需战略，推进区域协调发展和新型城镇化，畅通国民经济循环，打通生产、分配、流通、消费各环节，增强内需对经济增长的拉动力。要多措并举稳定外贸，扩大出口信用保险对中小微外贸企业的覆盖面，加强出口信贷支持，优化外汇服务，加快出口退税进度，帮助外贸企业稳订单稳生产。另外，国家发展改革委、工业和信息化部会同有关方面联合出台了《促进工业经济平稳增长的若干政策》，从财政税费、金融信贷、保供稳价、投资引导等方面提出一揽子政策措施，将为提振需求、增强供给、稳定市场提供有力支撑。

三、国家和地方产业政策红利集中释放

2021年9月，商务部发布的《关于茧丝绸行业“十四五”发展的指导意见》指出，要立足新发展阶段，贯彻新发展理念，构建新发展格局，以推动高质量发展为主题，以深化供给侧结构性改革为主线，坚持科技创新驱动，打造国际竞争新优势，加快构建现代化产业体系，促进茧丝绸一二三产业链协同创新发展。该指导意见明确了“十四五”行业发展主要目标、重点任务及保障措施，将为未来行业高质量发展提供战略支撑。11月2日，广西农业农村厅发布《关于印发广西蚕桑产业发展“十四五”规划的通知》提出，到2025年广西将把蚕桑产业打造成为800亿元产业；11月21日，重庆市商务委等八部门发布《重庆市蚕桑丝绸产业发展“十四五”规划》及《关于推动蚕桑丝绸产业高质量发展的意见》提出，将着力推进丝绸产业稳链强链补链。11月30日，四川省商务厅发布《四川省茧丝绸行业“十四五”发展的指导意见》提出，将推动蚕桑产业向攀西、川南、川中北三大茧丝优势产业带、30个蚕桑重点县集聚发展。随着国家和地方相关配套措施的出台，未来几年行业有望进入各种政策规划红利集中释放的窗口期和机遇期。

四、行业经济全面复苏基础不稳固

尽管2021年茧丝原料价格持续上涨，但由于流动资金紧张、市场订单不足等原因，企业实际开工普遍不足。为防范市场风险，多数企业甚至采取主动压缩产能，导致规上企业全年生丝、绸缎产量较2021年出现不增反降。据调查，2021年下半年受各省市“能耗双控”政策持续加码影响，部分主产区缫丝、织绸、印染等用电量大的企业不得不减少开工时间，开机率达到80%的企业仅占72%，25.6%的企业因开工问题出现订单减少，23.2%的企业订单交货时间延长。2022年初以来，国内新冠肺炎疫情出现再次抬头，陕西、江苏、广西、浙江、广东、山东、吉林、上海等省区市先后出现严重新冠肺炎疫情，当地丝绸企业停工停产抗击新冠肺炎疫情，影响生产至少20天以上，打乱了企业正常的生产秩序，企业保生产、稳生产任务变得更加

艰巨。另外，在国内常态化疫情防控条件下，目前各地聚集性消费活动仍然受到一定制约，特别是服装批发市场、商超等人员流动密集场所，防控措施更加严格，临时性关停歇业时有发生，直接影响了企业产品销售。受部分地区疫情管控升级影响，大量物流运输停摆受阻，导致企业货运成本大幅攀升，交货周期延长，可见茧丝绸产业链、供应链恢复到新冠肺炎疫情前水平仍有待时日。

综合以上情况研判，鉴于上半年国内外市场消费需求整体疲软，企业内外销订单不足，加上茧丝价格持续回落，市场观望情绪浓厚，弱势行情或将延续，企业去库存压力不断增大。预计2022年上半年，丝绸行业经济下行压力较大，下半年有望得到逐步改善。全年主要丝绸产品产量稳中有升，丝绸内销市场逐步回暖，丝绸商品出口延续小幅增长态势，行业主要经济指标逐步回归至中低速增长区间。

（撰稿人：刘文全　柳恩见）

长丝织造业

中国长丝织造协会

2021年，面对复杂严峻的国内外形势和诸多风险挑战，我国统筹新冠肺炎疫情防控和经济社会发展，经济增速居全球前列，实现了“十四五”良好开局。在此背景下，2021年我国长丝织造行业呈现出较好的修复发展态势，主要运行指标回升，产销形势恢复稳定，企业效益得到改善。综合研判国内外形势，2022年我国长丝织造行业面临着新的下行压力，但是持续发展具有多方面有利条件，行业韧性强劲，全年有望平稳健康发展。

2020年长丝织造行业经济运行情况

一、行业效益持续修复

2021年，我国长丝织造行业运行质效逐步改善。据国家统计局统计，2021年全年，我国规模以上化纤织造及印染精加工业营业收入同比增长18.5%，利润总额同比增长45.2%，利润率为3.6%，较去年同期提高0.7个百分点。其中，化纤织造行业（规模以上）营业收入同比增长18.3%，利润总额同比增长38.7%，利润率为3.2%，较去年同期提高0.5个百分点；化纤染整行业（规模以上）营业收入同比增长19.7%，利润总额同比增长65.7%，利润率为5.3%，较去年同期提高1.5个百分点（表1）。

值得注意的是，尽管2021年全年我国规模以上化纤织造行业利润总额同比增长近40%，但与2019年同期相比，利润总额却下降1.4%，利润率下滑0.3个百分点，盈利能力尚未恢复至新冠肺炎疫情前同期水平。从国家统计局数据来看，2021年全年，规模以上化纤织造企业亏损额比2019年增长14.7%，负债额增长19%；企业三费增长9.3%，其中销售费用增长9.3%，管理费用增长8.2%，财务费用增长11.8%；应收账款增长7.4%，产成品存货增长12.1%。企业赊销比例偏高，库存高位，存在一定的财务风险，盈利能力不足。

综上可知，我国长丝织造行业经济效益仍处于严重冲击后的恢复发展中。2021年以来，受新冠肺炎疫情反复、原材料价格波动、海运费价格上涨和能耗“双控”、用工成本增加的影响，企业利润空间遭到挤压，盈利能力未能恢复至新冠肺炎疫情前同期水平，行业整体运营受到较大挑战。

表1 2021年我国化纤织造及印染精加工业主要经济指标同比增速（%）

指标名称	营业收入	营业成本	三费合计	利润总额
化纤织造及印染精加工	18.53	17.48	13.45	45.24
化纤织造	18.26	17.30	13.10	38.71
化纤织物染整加工	19.68	18.27	14.48	65.69

资料来源：国家统计局

二、生产形势逐渐恢复

2021年，我国长丝织造行业生产形势全面恢复。据中国长丝织造协会（以下简称“协会”）统计，2021年全年我国化纤长丝织物总产量为557亿米，同比增长7.1%。受能耗“双控”和产业结构调整影响，2021年三季度部分集群化纤长丝织物产量出现小幅下滑，但随着限电限产政策的逐步调整和取消，全年产量实现正增长，且恢复到新冠肺炎疫情前水平。

从产业规模来看，据协会统计，2021年底我国长丝织造行业织机规模达到79.5万台，其中喷水织机73万台，同比增长7.4%。传统产业集群规模基本稳定，正处在提高产量，调整产品结构、提升产业附加值的关键时期；新建集群规模仍处于扩张期，产能还未完全释放。

三、原料价格高位震荡

图1显示了我国化纤长丝、棉花、PTA期货及布伦特原油等一系列原料的价格走势。2021年以来，受国际政治因素、全球通胀、新冠肺炎疫情等影响，原油价格上半年一路高歌猛进，三季度短暂回落后，继续快速上涨，年内最大涨幅一度突破了70%，油价达到7年来的高位。在原油价格的影响下，1～10月，我国化纤长丝价格波动上涨，11～12月，随着织造市场行情偏淡，原料续涨乏力，价格有所回落。

2021年全年，受原材料价格大幅波动影响，下游织造企业经营压力明显增大。对于织造企业来说，化纤长丝价格的上涨短期内很难传导到坯布及终端成品上，同时原料采购不能欠款，而成品交货又不能及时回款，承受了更多成本负担，利润空间受到挤压，生产经营压力突出，行业发展韧性再次受到考验。据协会调研，超半数受访企业反映2021年企业经营成本上升，原料价格上升是导致成本增加的最主要原因；42%的企业认为当前主营产品价格偏低，可见原料成本未能在产品价格中充分传递。

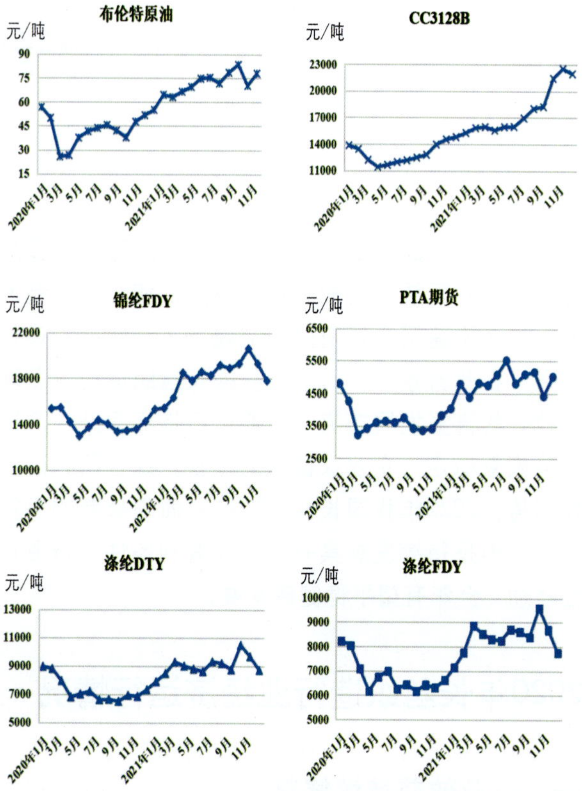

图1 2020～2021年我国化纤长丝、棉花及布伦特原油价格走势图

资料来源：中国绸都网

四、内销市场稳定恢复

2021年以来，国民经济处于稳定恢复中。根据国家统计局数据，2021年全国限额以上单位服装鞋帽、针纺织品零售额同比增长12.7%，增速较2020年回升19.3个百分点；线上消费对内需市场拉动效果明显，全国网上穿类商品零售额同比增长8.3%，增速较2020年提高2.5个百分点。

长丝织造内需市场也表现出稳定恢复的态势。据协会调研，受访企业中2021年内销订单与2020年同期持平或同比增长的企业比重达84%，订单量同比增长20%以上的企业占比达27%。

具体到面料品种，从中国轻纺城的交易数据来看，上半年长丝坯布市场表现亮眼，三季度面料市场热度下降，四季度市场活跃度再次提高，成交量逐月增加。其中，窗帘布、窗纱等机织涤纶装饰布成交量呈稳定上升态势，遮光大提花窗帘类面料长期占据畅销面料排行榜首位，受到广泛关注；各类色织布、里子布和箱包里辅料下半年市场表现良好，出货量平稳增加。进入四季度，多地出现明显雨雪和大风降温天气，叠加冬奥“冰雪经济”的带动，尼丝纺、胆布等防寒服面料和茄克时装休闲面料受到普遍关注，出货量不断走高；进入11月，春夏服装开始生产备货，仿真丝面料市场回暖明显。

五、外贸市场运行稳健

（一）出口增势良好

2021年，受到世界经济逐步复苏带动市场回暖、出口订单回流带动采购需求等因素影响，我国纺织行业出口实现较快增长，出口总额创下历史新高。受口罩、防护服等防疫物资的出口回落的影响，纺织品出口额同比下降；服装出口形势明显回暖，对行业出口增长的支撑作用突出。据中国海关数据，2021年我国纺织品服装出口总额达到3154.6亿美元，同比增长8.3%，其中纺织品出口1452亿美元，同比下降5.6%；服装出口1702.6亿美元，同比增长23.9%。

2021年，面对全球新冠肺炎疫情反复、海运费飙升和原材料价格持续上涨、限电限产等不利因素，我国化纤长丝织造行业表现出较好的抗风险能力，出口增势不减。如表2所示，2021年，我国化纤长丝织物累计出口金额173.6亿美元，同比增长37.3%，较2019年同期增长12.8%；累计出口数量194.5亿米，同比增长30.4%，较2019年同期增长13.3%。平均价格为0.9美元/米，同比增长5.3%。

据中国海关数据，2021年，锦纶长丝织物累计出口5.3亿米，同比增长30.2%，较2019年同期下降6.8%；涤纶长丝织物累计出口166.8亿米，同比增长29.2%，较2019年同期增长12.0%。数据表明，涤纶长丝织物出口数量已高于新冠肺炎疫情前水平，锦纶长丝织物出口量略有萎缩，但出口单价达1.6美元/米，同比增长4.9%，较2019年同期增长22.2%，说明我国锦纶出口产品正向中高端转变。

由图2可知，在国际市场需求回暖和海外订单回流等因素影响下，2021年上半年，我国化纤长丝织物累计出口数量保持大幅增长，2021年1～6月出口增速达到最大值50.1%。下半年以来，出口增速虽有放缓，但是外贸市场需求客观存在，出口增速仍维持在较高水平。2021年全年，我国化纤长丝织物出口增速为30.4%。

表2 2021年我国长丝织物累计出口情况表

名称	出口金额			出口数量			平均价格		
	数值（亿美元）	同比（%）	较2019年（%）	数值（亿米）	同比（%）	较2019年同期（%）	数值（美元/米）	同比（%）	较2019年（%）
长丝织物	173.61	37.33	12.83	194.52	30.41	13.28	0.89	5.31	–0.40
锦纶长丝织物	8.44	36.61	13.90	5.28	30.18	–6.76	1.60	4.94	22.16
涤纶长丝织物	144.31	35.78	10.57	166.81	29.21	11.97	0.87	5.09	–1.25

资料来源：中国海关

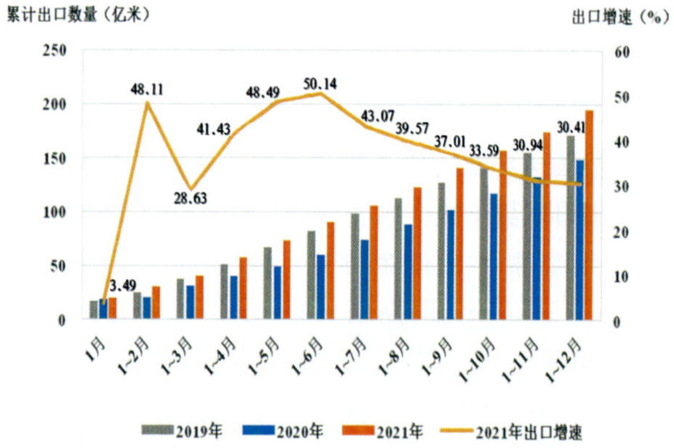

图2 我国化纤长丝织物累计出口数量及增速

资料来源：中国海关

（二）进口持续恢复

长丝织物进口量价齐升，但仍未恢复至新冠肺炎疫情前水平。如表3所示，2021年，我国化纤长丝织物累计进口11.2亿美元，同比增长16.9%，较2019年同期下降18.3%；累计进口数量为5.0亿米，同比增长1.7%，较2019年同期下降32.5%。平均价格为2.3美元/米，同比增长15.0%。

与2020年相比，我国化纤长丝织物进口量持续恢复，但与2019年同期相比，进口数量降幅达32.5%，进口单价却上涨21.1%。这说明我国中高端长丝织物生产能力已基本可以满足国内需求，仅部分尖端产品仍需进口。

2022年长丝织造行业运行展望

2021年以来，全球新冠肺炎疫情反复、原材料和海运价格上涨、经济通胀明显，为我国长丝织造行业生产经营带来风险与挑战，但整体来看，我国长丝织造企业表现出了较好的风险抵御能力和发展韧性。2022年，国际政治经济格局加速演变，世界经济复苏动力不足，外部环境更趋复杂严峻和不确定，国内消费恢复也面临诸多困难，经济下行压力增大。2022年，长丝织造行业存在疫情波动、成本压力交织叠加、市场需求走弱等风险，但我国长丝织造产业持续发展具有多方面有利条件，制造优势仍然存在，新冠肺炎疫情防控常态下，企业也积累了应对风险挑战的丰富经验，行业韧性将进一步增强。

2022年一季度，国际新冠肺炎疫情持续蔓延，我国国内也是多点反弹，导致多个产业园区封闭、员工隔离、公路封闭、物流运输不畅等，长丝织造行业企业被迫停工、停产、停运现象频发，原辅材料供应、产品销售均受到影响，预计对一季度行业运行情况产生一定冲击，行业全年“稳增长”仍面临一些不确定因素。展望全年，企业面临着物流成本居高不下、原材料价格高企和人民币汇率坚挺等多重挑战。预计成本压力仍将持续。

从需求端来看，一方面，我国宏观经济总量已

表3 2021年我国主要长丝织物累计进口情况表

名称	进口金额			进口数量			平均价格		
	数值（亿美元）	同比（%）	较2019年同期（%）	数值（亿米）	同比（%）	较2019年同期（%）	数值（美元/米）	同比（%）	较2019年（%）
长丝织物	11.23	16.92	−18.26	4.98	1.69	−32.52	2.25	14.98	21.1
锦纶长丝织物	3.26	22.56	−19.36	1.86	−4.62	−36.87	1.76	28.49	27.7
涤纶长丝织物	4.91	14.95	−19.94	1.98	15.62	−29.73	2.48	−0.57	13.9

资料来源：中国海关

突破110万亿元大关，长期向好的基本面和构建“双循环”新发展格局的有利条件没有改变，长丝织造行业将立足于强大多元的内需市场，不断巩固先进制造优势，积极把握“全民健身”“冰雪经济”等发展契机，在不断满足人民对美好生活的需要等方面进一步发挥重要作用。另一方面，从出口市场来看，受海外新冠肺炎疫情和全球政治经济形势的影响，外贸市场不确定性增大，海运压力仍在，我国原有市场份额或将受到挑战，需谨慎对待；但随着RCEP正式生效，有望扩大我国同东盟十国的合作力度，为长丝织造行业进一步挖掘区域市场潜力，优化外贸结构带来利好。

面对复杂环境和激烈竞争，长丝织造企业要坚定发展信心，加强科技创新和产品开发，增强核心竞争力，推动数字化改造和绿色生产，积极挖掘新需求、开发新产品、拓展新应用，不断夯实产业基础，实现行业高质量发展。

2022年长丝织造行业发展趋势与重点方向

2022年是贯彻落实“十四五”规划的重要一年，国家密集出台了一系列支持制造业发展、支持中小企业发展、培育“专精特新”企业等政策措施，长丝织造行业将充分利用这些利好政策，把握发展机遇，继续加强科技创新，增强核心竞争力，坚持走绿色可持续发展之路，实现高质量发展。

一、提升科技创新能力

行业企业需明确自身创新主体地位，主动、持续推进关键核心技术攻关，加大研发投入，深化企业主导的产学研合作体系，促进科技成果转移转化，加强知识产权保护和运用，走“专精特新”发展之路。积极推进先进纺织制品、智能制造等关键共性技术及装备的研发与应用，发展高效、低能耗、自动化、数字化、智能化纺织装备，重点研发高速喷水织机、特种纤维织造装备等机织设备，研发节水型喷水织机引纬系统、断经自停机构等关键装置，解决行业关键技术难题。

二、加快产业数字化进程

长丝织造企业要积极采用电子送经、电子卷取、共轭凸轮开口、电子多臂开口、电子大提花开口、永磁直驱电动机、高速电子储纬器等装备以及全自动穿经、整经自动上纱等一些运行成本低、加工质量好、品种适应能力强的先进技术。同时通过与高等院校、设备生产企业及信息技术企业等产业链上下游的合作，突破关键技术，在生产设备自动化、数字化水平进一步完善的基础上，开发数字化生产管理系统，形成长丝织造领域智能制造系统化解决方案。注重数字化配套人才的培养与引进，补齐数字化人才短板。汇聚人才、技术、资本等要素，实现长丝织造产业数字化、信息化、智能化转型，为行业高质量发展赋予新动能。

三、坚持走绿色发展道路

全行业要继续全面无死角地落实喷水织机污水处理和不断提高中水回用率，并按照绿色生产要求，积极推广和倡导企业采用清洁生产技术，采用无害或低害的新工艺、新技术，开发应用新型绿色纤维、绿色染化料和助剂等，大力降低原材料和能源消耗，实现少投入、高产出、低污染的目的。鼓励企业开发再生资源主题产品，积极推广使用再生纤维和再生能源。主动建设绿色工厂，引导绿色生产，发展绿色园区，实现生产过程集约化、清洁化和智能化，打造绿色供应链，构建从原料、生产、营销、消费到回收再利用的全产业链绿色循环生产体系，推动全行业可持续发展。

四、筑牢人才基础

当前，中小企业发展仍面临人才缺乏的困境，一线工人老龄化、青黄不接，“一线工人断供、技术工种断代”风险正在加大。因此，企业需做好建立健全人才引进机制和培训制度的工作，以股权激励、住房补贴等政策加快人才引进力度，吸引一批顶尖创新型人才为企业所用。建立科学公正的人才评价机制，持续改善高层次创新型科技人才的科研工作环境和生活质量。完善岗位晋升体系和职工保障体系，创建利于人才留存的机制。利用信息化技术，结合自身实际，创新教学方法与手段，加强校企合作，利用高校教育资源、线上课程等资源，进行员工培训，培养更多管理型、复合型、技能型、数字型人才，注重员工素质综合提升，增加企业竞争软实力。

五、加大产品开发力度

加大绿色化、功能化、差别化、时尚化和个性化产品的研发力度，拓展纤维素类纤维与合成纤维的交织物、非氨纶弹性纤维织物的开发与生产，稳步推进校企联合，促进产品创新。深入时尚流行趋势研究，提高原创设计产品比例，以国际性的视野高瞻远瞩，生产高质量、高附加值、专业化的产品，实现从满足需求向创造市场需求转变。企业要加强自主品牌培育，力争培育出具有国际影响力的长丝面料品牌或企业品牌，必要时可到海外设立产品研发与销售中心，实施国际化品牌战略。

六、加强产业协同

化纤长丝织物的创新高度依赖于原料、织造、印染后整理、服装设计与加工以及销售与服务各环节的优势整合与协同合作。供应链任何一环只要具备技术、营销、设计、品牌、管理等明显优势，就可以以此为核心发起设立供应链产品创新联盟，整合资源优势，实现信息共享、技术互补，使产品创新效率更高，生命更长，利益更大，并共享创新成果。通过信息整合、协调与资源共享、组织互连等方式，加快推动产业链协同发展，持续畅通产业循环、市场循环、国内国际循环，全面提升产业基础高级化、产业链现代化水平。

“十四五”时期，长丝织造在纺织工业发展中占有重要地位，是纺织工业规模化优势的基础支撑，是纺织工业全球化优势的重要组成，是纺织工业智能化优势的重要环节，是纺织工业集约化优势的重要体现。2022年是实施“十四五”规划关键之年，面对新的形势和任务，长丝织造行业需要立足新发展阶段、贯彻新发展理念、构建新发展格局，坚定信心，抓住机遇，坚持创新驱动，加大产品研发投入，完善工艺装备，提高应对市场波动和风险挑战的能力，以优异成绩开创行业进一步推进行业“科技、时尚、绿色”的高质量发展新局面，以实际行动迎接党的二十大胜利召开。

（撰稿人：黄潇瑾　贾慧莹）

印染业

中国印染行业协会

2021年是“十四五”开局之年，也是全面建设纺织强国、加速奔向2035年远景目标的新起点。对印染行业来说，这一年依然是充满风险和挑战、激荡和变化的一年。百年变局下，新冠肺炎疫情交织中，大国博弈和地缘政治持续演进，主要原材料价格高位波动，国际物流成本高涨，部分地区实施限电限产政策，企业正常运营面临诸多现实压力。面对复杂严峻的发展环境，印染企业在国家政策的引导下，积极调整发展战略，多措并举化解外部冲击，全年行业经济运行保持总体平稳、稳中有进的发展态势。在市场需求逐步回暖拉动下，行业生产形势保持良好，出口规模稳步增长，运行质效持续改善，主要经济指标在2020年较低基数的基础上实现反弹回升，行业展现出强大的发展韧性和活力，实现了“十四五”良好开局。

2021年印染行业经济运行情况

一、生产形势保持良好

根据国家统计局数据，2021年，印染行业规模以上企业印染布产量605.81亿米，同比增长11.76%，两年平均增长6.15%（两年平均增速是以2019年相应同期数为基数，采用几何平均的方法计算的增速，下同），印染布产量和增速均创近十年新高，见图1。

一季度，在各地政府和企业出台多项政策措施鼓励员工就地过年的情况下，春节后企业较快恢复

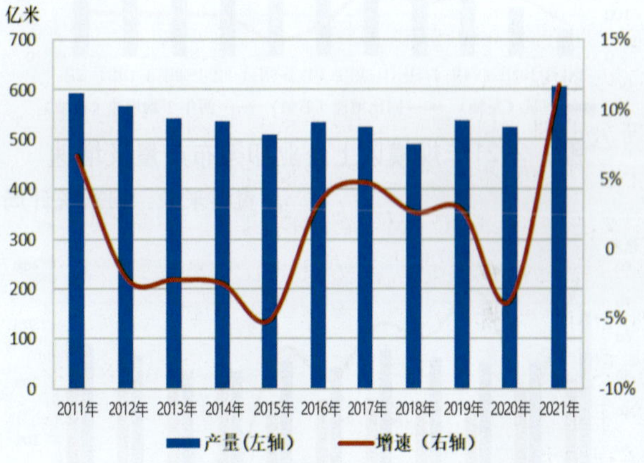

图1 2011～2021年规模以上企业印染布产量及增速

资料来源：国家统计局

正常生产，产能逐步释放。二、三季度面临新冠肺炎疫情、汛情的多重冲击，叠加原材料价格大幅上行、部分省份实施能耗“双控”政策等因素，印染企业生产受到一定影响，但印染布产量仍保持在相对较高水平。四季度随着限电限产政策的调整及国内外重要节假日对消费市场的拉动，印染企业生产企稳回升，产量逐月走高。

2021年印染布产量累计同比增速随着2020年同期基数的抬升逐步回落，两年平均增速则呈现波动态势，上半年在波动中走高，下半年在波动中趋于平稳，见图2。从月度数据来看，2021年，规模以上企业印染布当月产量均保持在50亿米以上，延续了2020年9月以来的良好生产态势，但同样随着基数效应减弱，当月产量同比增速在波动中逐渐走低，见图3。

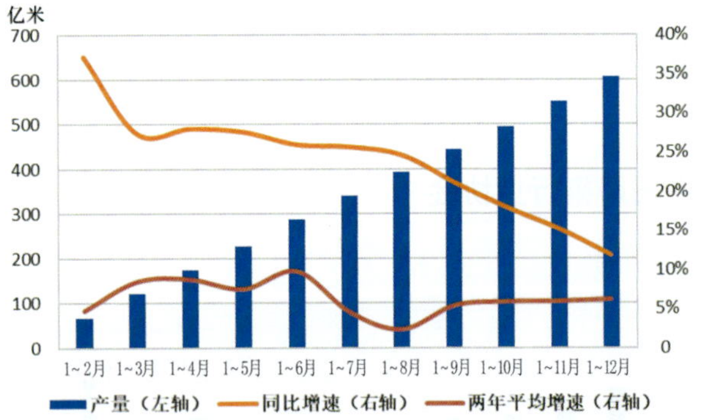

图2 2021年规模以上企业印染布产量及增速

资料来源：国家统计局

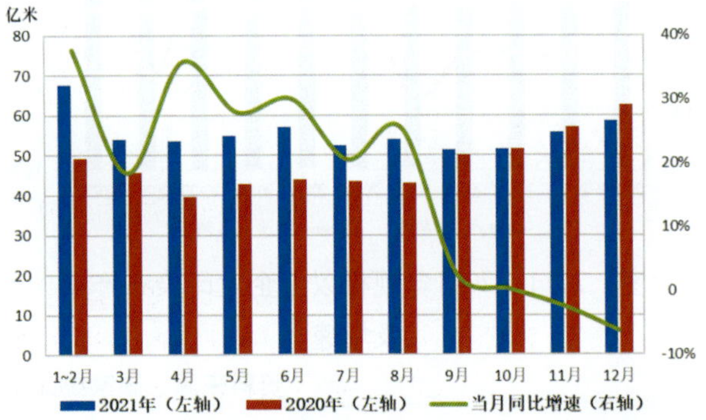

图3 2021年规模以上企业印染布当月产量及增速

资料来源：国家统计局

二、出口实现较快增长

2021年，随着新冠肺炎疫苗接种率的不断提高，全球经济活动逐步恢复，市场消费活力持续释放，我国印染行业主要产品出口呈现“量价齐升”态势，全年出口规模超过2019年同期水平。根据中国海关数据统计，2021年，我国印染八大类产品出口数量282.30亿米，同比增长22.11%，两年平均增长2.59%；出口金额287.43亿美元，同比增长28.83%，两年平均增长2.39%；出口平均单价1.02美元/米，同比增长5.50%，较2019年微跌0.39%，印染产品直接出口实现较快增长。2021年，我国家纺产品出口金额479.26亿美元，同比增长29.36%，两年平均增长10.77%；服装及衣着附件出口金额1702.63亿美元，同比增长24%，两年平均增长7.7%，创2016年以来同期服装出口规模新高，反映出我国印染行业通过服装、家纺等产品的间接出口也表现良好。

（一）主要产品出口情况

2021年，我国印染八大类产品出口数量和出口金额均实现正增长，且出口金额增速均高于出口数量增速，见表1。其中，合成长丝织物出口数量193.01亿米，占印染八大类产品出口总量的68.37%，同比增长30.81%，高出印染八大类产品平均增速8.70个百分点，对行业出口增长的贡献率达88.92%；棉混纺染色布、棉混纺印花布、涤纶短纤织物三类产品出口数量均实现两位数的增长。出口单价方面，棉混纺产品附加值较高，其出口单价明显高于其他产品，为出口平均单价的两倍以上；涤纶短纤织物出口单价同比提高16.99%，增幅较2020年同期扩大14.40个百分点，是印染八大类产品中唯一连续两年单价提高的产品，反映出国际市场对该类产品的需求较为旺盛。

（二）主要出口市场情况

2021年，我国印染八大类产品对主要市场的出口情况见表2。尼日利亚、越南、孟加拉国、印度尼西亚和巴西是2021年我国印染八大类产品出口前五大市场，占出口总量的30.24%，对各市场出口规模较2020年明显扩大，出口数量均在10亿米以上，同比增速除越南外均超过20%。其中，对孟加拉国和印度尼西亚出口数量同比分别大幅增长46.71%和49.40%，反映出这两个国家对我国印染产品需求增长强劲；对巴西出口数量同比增长27.27%，巴西超过巴基斯坦成为我国印染八大类产品出口第五大市场。从出口金额看，越南仍是我国印染产品出口金额最大的市场，多年来稳定保持在30亿美元以上。作为全球第二大服装出口国，越南对我国印染面料需求较大，我国印染产品对越南的出口平均单价居主要出口市场之首。

日本和美国是我国印染行业传统出口市场，

表1 2021年我国印染八大类产品出口情况

品种	出口数量（亿米）	同比（%）	出口金额（亿美元）	同比（%）	出口单价（美元/米）	同比（%）
纯棉染色布	15.21	4.32	30.30	17.53	1.99	12.66
纯棉印花布	15.78	4.23	19.17	10.43	1.21	5.95
棉混纺染色布	3.92	14.96	8.34	29.50	2.13	12.65
棉混纺印花布	0.63	21.15	1.29	22.86	2.05	1.41
合成长丝织物	193.01	30.81	171.30	37.45	0.89	5.07
涤纶短纤织物	11.86	10.12	11.53	28.83	0.97	16.99
T/C印染布	13.48	4.25	17.47	17.25	1.30	12.46
人纤短纤织物	28.41	8.11	28.03	16.79	0.99	8.04
合计	282.30	22.11	287.43	28.83	1.02	5.50

资料来源：中国海关

2021年对这两个市场的出口表现截然不同。对日本出口呈现明显复苏态势，出口数量和出口金额同比分别增长15.30%和26.36%，出口规模已超疫情前同期水平。对美国的出口则延续近两年的下滑态势，全年对美国出口数量同比下滑19.52%，较2019年大幅减少34.37%；出口金额同比下滑7.99%，较2019年减少19.51%。对美国市场出口持续下滑，与近年来美国发起的中美贸易摩擦及2021年美国通过的涉疆法案禁止新疆产品进入美国市场有关。2021年，我国纯棉染色布、纯棉印花布、棉混纺染色布、棉混纺印花布和T/C印染布等五大类棉相关产品对美国的出口数量同比分别大幅减少50.05%、61.31%、28.66%、19.35%和56.06%。

表2 2021年我国印染八大类产品主要出口市场情况

国家	出口数量（亿米）	同比（%）	出口金额（亿美元）	同比（%）	出口单价（美元/米）	同比（%）
尼日利亚	26.32	20.11	18.86	25.11	0.72	4.16
越南	20.97	4.52	34.80	14.72	1.66	9.76
孟加拉国	15.40	46.71	22.37	57.60	1.45	7.43
印度尼西亚	12.01	49.40	11.76	58.25	0.98	5.92
巴西	10.67	27.27	7.68	36.58	0.72	7.32
美国	3.93	−19.52	4.57	−7.99	1.16	14.32
日本	1.74	15.30	1.40	26.36	0.80	9.59

资料来源：中国海关

三、发展质效稳步提升

2021年，随着国内外市场供需关系逐步改善，印染行业主要运行质效指标持续修复，部分指标已好于2019年同期，各指标增速整体呈现“前高后低”的走势。

（一）运行质量逐步修复

根据国家统计局数据，2021年，全国规模以上印染企业三费比例6.68%，同比降低0.13个百分点，其中，棉印染精加工企业为6.52%，化纤染整精加工企业为7.86%；产成品周转率18.31次，同比提高0.46次；应收账款周转率8.22次，同比提高0.23次；总资产周转率1.04次，同比提高0.10次。与2019年相比，2021年印染行业规模以上企业三费比例降低0.04个百分点，产成品周转率和总资产周转率分别降低3.41次和0.06次，应收账款周转率提高0.05次，见表3。

2021年，随着全球经济活动逐步恢复，国际集装箱运输需求保持高位，多数出口型企业面临“一箱难求”的困境，全球新冠肺炎疫情的反复进一步阻碍了供需两端的有效衔接，产品交货周期被迫延长。国家统计局数据显示，2021年全年印染行业规模以上企业存货达349.70亿元，同比增速逐月走高，累计同比增长12.78%，较2020年同期提高13.79个百分点。

（二）运行效益持续改善

2021年，全国规模以上印染企业营业收入同比增长15.06%，两年平均增长2.07%；实现利润总额同比增长25.60%，两年平均增长0.25%；成本费用利润率5.84%，同比提高0.54个百分点；销售利润率5.39%，同比提高0.45个百分点；亏损企业户数331户，亏损面20.90%，同比收窄6.36个百分点；亏损企业亏损总额17.48亿元，同比减少5.37%；完成出口交货值388.19亿元，同比增长12.30%，两年平均下降3.25%。与2019年同期相比，规模以上印染企业成本费用利润率降低0.22个百分点，销售利润率降低0.20个百分点，亏损面扩大1.98个百分点，亏损总额增长2.17%，见表4。

2021年以来，原材料价格持续高位波动，叠加国际物流不畅、货运价格高企等因素，印染企业经营成本明显增加。根据国家统计局数据，2021年，印染行业规模以上企业成本费用总额同比增长14.01%，成本的上升使得企业在盈利端承受较大压力，企业利润总额两年平均增速均低于同期营业收入两年平均增速，见图4。随着国家“六稳”“六保”工作有序推进和一系列保民生、促消费、扩内需政策组合拳的持续发力，国内消费市场逐步回暖，同时全球经济复苏带动国际市场消费活力持续释放，印染行业主要经济指标逐步改善，企业盈利水平不断提升，全年规模以上印染企业营业收入两年平均增速较上半年、前三季度分别提高2.80、

表3 2021年印染行业主要运行质量指标

主要指标	数值	同比增减	较2019年变化
三费比例(%)	6.68	−0.13(百分点)	−0.04(百分点)
产成品周转率(次)	18.31	0.46	−3.41
应收账款周转率(次)	8.22	0.23	0.05
总资产周转率(次)	1.04	0.10	−0.06

资料来源：国家统计局

表4 2021年印染行业主要运行效益指标

主要指标	数值	同比(%)	两年平均增速(%)	较2019年(%)
营业收入	—	15.06	2.07	4.18
利润总额	—	25.60	0.25	0.49
出口交货值	—	12.30	-3.25	-6.39
成本费用利润率(%)	5.84	0.54(百分点)	—	-0.22(百分点)
销售利润率(%)	5.39	0.45(百分点)	—	-0.20(百分点)
亏损面(%)	20.90	-6.36(百分点)	—	1.98(百分点)
亏损总额(亿元)	17.48	-5.37	—	2.17

资料来源：国家统计局

1.15个百分点，利润总额两年平均增速在年末实现由负转正，销售利润率较上半年、前三季度分别提高1.53、1.16个百分点。

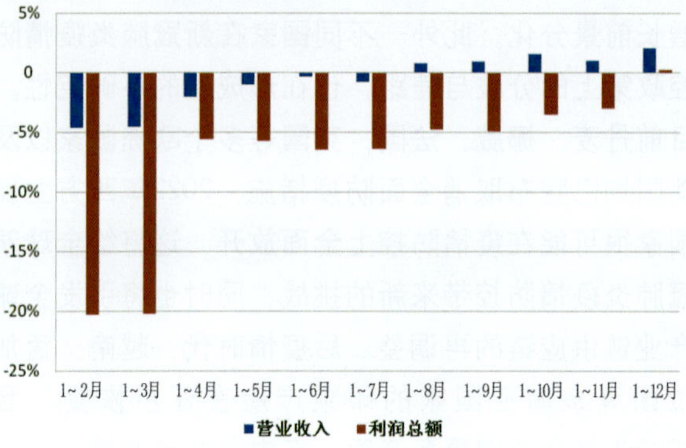

图4 2021年规模以上印染企业营业收入和利润总额两年平均增速

资料来源：国家统计局

2021年印染行业运行中存在的主要问题

一、市场需求增长动力不足

市场需求不足是行业面临的现实压力。从内销市场看，受新冠肺炎疫情散发影响，市场需求尚未完全恢复。2021年，我国人均衣着消费支出占人均消费支出的5.9%，较2019年下滑0.3个百分点；网上穿着类商品零售额增速较2019年下滑7.1个百分点。国家统计局12月公布的中国制造业采购经理指数（PMI）中的新订单指数自8月以来连续5个月位于收缩区间，反映出包括纺织品服装在内的国内市场需求总体偏弱。从国际市场看，三季度以来，新型变异毒株在全球范围内迅速蔓延，各国重新开始采取措施限制人员流动，导致下半年世界经济复苏进程受阻。在能源价格上涨和供给扰动的影响下，欧美及许多新兴市场面临严重的通胀压力，全球经济增长承压。国际货币基金组织（IMF）在2021年10月发布的《世界经济展望》中将2021年全球经济增长预期下调0.1个百分点至5.9%，将发达经济体经济增长预期下调0.4个百分点至5.2%，经济前景面临风险对市场消费能力和消费信心形成负面制约。

二、企业整体盈利压力较大

2021年，印染企业在生产端的良好增长态势并未带动企业在盈利端的同步提升，全年规模以上印染企业利润总额两年平均增速低于印染布产量两年平均增速5.90个百分点，企业盈利能力偏弱主要是因为高成本难以向下游传导。国家统计局数据显示，2021年12月，工业生产者出厂价格中，生产资料上涨13.4%，其中原材料价格上涨19.7%，上游原材料价格普遍上涨推升了企业生产成本。新冠肺炎疫情影响下，国际货运运力不足导致产品流通环节效率降低，企业物流成本上升。印染企业经营成本大幅增加，而加工费的涨幅不及综合成本涨幅，成本向下游传导不畅导致企业利润空间受到挤压。同时，2021年人民币兑美元的汇率仍处于上升通道，全年小幅升值2.3%，这也增加了出口型企业的结汇损失和订单风险。

三、行业绿色低碳转型面临挑战

2021年，能耗“双控”对印染行业来说是一场较大的考验。9月，国家发改委印发了《完善能源消费强度和总量双控制度方案》，明确了能耗“双控”制度的总体安排、工作原则和任务举措，指出将进一步促进各地区各部门深入推进节能降耗工作。随后，浙江、江苏、山东、广东、福建等印染企业集中的省份陆续出台了能耗“双控”相关政策，对企业用电总量、用电时段等进行限制，印染企业正常生产短期内受到较大影响。10月下旬，地方政府逐步调整了相关政策，企业生产经营虽然逐渐恢复常态，但电力、蒸汽价格大幅提高，企业用能成本明显上涨。能耗“双控”政策对行业的深刻影响反映出当前在社会经济发展中，我国印染行业绿色低碳发展整体水平有待提高，印染行业绿色低碳转型面临较大压力。

2022年印染行业发展形势

展望2022年，印染行业发展面临的不确定不稳定因素依然较多。新冠肺炎疫情在一定时期内对企业正常生产经营活动仍会带来影响，地缘政治对产业的影响将更加深刻，发达经济体货币政策收紧将对新兴市场和发展中国家造成更大冲击，俄乌冲突对国际经济与政治格局带来新的不确定性。全球各种风险相互交织、相互作用，行业外部发展环境依然复杂严峻，但行业长期向好的基本面没有改变。一方面我国经济发展韧性强，宏观经济政策稳健有效，这为行业稳定发展提供了重要支撑；另一方面我国印染行业规模优势、技术装备优势及产业配套优势依然明显，产业链衔接高效顺畅，行业仍具备稳中向好的条件和基础。

一、全球新冠肺炎疫情形势仍面临不确定性

新冠病毒的变异、疫苗的短缺与不均，增加了全球经济复苏的脆弱性，印染行业复苏前景面临诸多不确定性。据统计，截至2021年11月底，发达经济体和新兴市场经济体分别有70%和44%的人口完成疫苗接种，而低收入国家疫苗接种率仅为13%，疫苗接种和政策支持差异导致发达和发展中经济体增长前景分化。此外，不同国家在新冠肺炎疫情防控政策上的分歧与差距，也在形成新的不确定性。目前丹麦、挪威、法国、英国等多个欧洲国家以及美国均已宣布取消全面防疫措施，2022年西方主要国家很可能在疫情防控上全面放开，这将给全球新冠肺炎疫情防控带来新的挑战，同时也将引发全球产业链供应链的再调整。后疫情时代，越南、孟加拉国等东南亚国家的印染产能在逐步恢复，且2022年将会新增更多产能，在中美贸易摩擦持续演进的背景下，东南亚地区印染规模的扩张及其在人工成本、环保政策、税收政策等方面的比较优势，将在一定程度上削弱我国印染行业的国际市场竞争力。

二、世界经济环境日趋复杂

新冠肺炎疫情期间各国宽松的货币政策使得全球债务风险、信用风险不断累积，主要经济体面临的通胀压力不断上升，加息缩表预期逐渐加大，这将对全球供应链稳定、市场信心造成冲击。俄乌之间的地缘政治冲突正在通过能源、贸易、金融三大

传导渠道对全球经济产生重大影响，石油、天然气等大宗商品价格突破前期高位，进一步增加了全球通胀风险。世界经济环境的错综复杂使行业出口面临的不确定性增加，国际市场竞争压力进一步加大。1月，国际货币基金组织将2022年世界经济增速预期下调0.5个百分点，世界经济复苏预期转弱将对市场消费产生抑制作用，对我国印染产品出口造成压力。同时，在2021年出口高基数的影响下，预计2022年我国印染产品出口增速将放缓，但整体将依然保持增长。

三、国内宏观经济政策将促进行业平稳运行

2月，国家发改委等12部门联合发布《关于促进工业经济平稳增长的若干政策》，将从财政税费、金融信贷、保供稳价、投资和外贸外资、用地、用能和环境等方面，以更大的力度、更有效的举措继续促进工业经济平稳增长。2022年政府工作报告强调，要把稳增长放在更加突出的位置，要着力稳市场主体保就业，坚定实施扩大内需战略，增强内需对经济增长的拉动力。在国家一系列政策组合拳的作用下，印染企业经营压力将得到缓解，盈利水平有望逐步改善，行业经济稳定运行、质量提升的基础将进一步夯实。此外，区域全面经济伙伴关系协定（RCEP）已于2022年正式生效，其成员国中，东盟是我国印染行业最大的直接出口市场，日本、韩国、澳大利亚等是全球重要的纺织服装研发中心和消费市场，RCEP的落地实施将为我国印染行业扩大区域贸易规模、优化资源配置、稳定供应链提供机遇。

2022年印染行业重点发展方向

一、践行“双碳”战略，加快绿色低碳转型

碳达峰、碳中和是工业经济高质量发展的内在要求和硬性约束，要坚定不移贯彻新发展理念，加快形成节约资源和保护环境的产业结构、生产方式和空间格局，促进行业发展全面绿色转型。充分认识“双碳”对高质量发展的支撑和引领作用，平衡好当前发展与长远发展，有序推进“双碳”工作。进一步加快绿色低碳技术的开发应用，优化能源结构，减少能源消耗和碳排放，推进绿色低碳发展。

二、坚持创新发展，着力提高质量效益

新一轮科技革命和产业变革蓄势待发，我国印染行业的发展条件、比较优势正在发生深刻变化，必须加快从要素驱动转向创新驱动，以创新把握机遇、以创新驱动发展。加快科技创新和技术改造，运用先进适用技术改造提升技术、装备和管理水平，提高生产效率和产品质量，降低综合成本，提高经济效益。持续优化产品结构，以市场需求为导向，加快产品开发和结构优化，通过技术创新开发出能够满足需求和创造需求的新产品，持续提升产品附加值。通过深入实施创新驱动，着力培育行业发展新动能、拓展发展新空间，加快形成以创新为引领的产业体系和发展模式。

三、加快智能化转型，培育产业竞争新优势

数字化、智能化是构建现代化产业体系的重要抓手和主要内容，将推动形成新的创新体系、生产方式和产业形态。5G、人工智能等新技术在印染行业的加速落地，助推行业驶入智能化发展的快车道。继续推进生产装备数字化改造，提高生产数控水平。进一步拓展ERP、MES等系统的应用场景，推进设计研发、生产制造、现场管理、运营决策等环节的智能化转型，将5G、工业互联网、人工智能等新技术融入生产和运营中，培育行业竞争新优势。

（撰稿人：李鹏飞　林　琳）

针织业

中国针织工业协会

2021年针织行业经济运行情况

一、运营明显回升，行业发展韧性增强

在经历了2020年新冠肺炎疫情以来的调整后，2021年中国针织行业经济运营明显回升。根据国家统计局统计，2021年针织行业规上企业完成主营业务收入同比增长13.30%，2020年、2021年两年复合平均增速为1.99%，比2019年的增速提高1.89个百分点（图1）。反映出我国针织行业积极应对全球新冠肺炎疫情影响，不断加快转型升级的步伐，推进高质量发展，企业应对外部环境变化的能力不断提升，行业发展韧性明显增强。

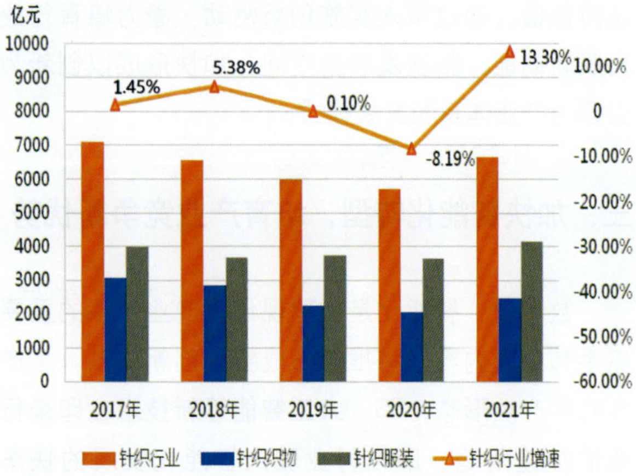

图1 2017～2021年针织行业规上企业营业收入及增长情况

资料来源：国家统计局

其中，针织织物行业规上企业完成主营业务收入同比增长19.62%，两年平均增长4.4%，增速高于针织行业平均水平。针织服装3762家规上企业完成主营业务收入同比增长9.84%，两年平均增长0.64%，增速低于针织行业平均水平。

另据国家统计局统计，2021年规模以上企业针织服装产量同比增长10.86%，两年平均增速为1.75%。从月度产量数据看，针织服装产量增速均超过纺织服装产量增速，针织服装占服装总产量比重达60.05%，比上年提高2.03个百分点，反映出市场对针织服装需求的增长态势（图2）。

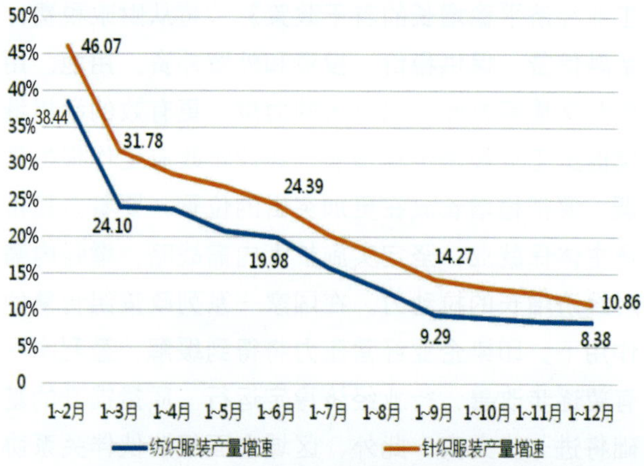

图2 2021年针织服装产量和纺织服装产量增长对比图

资料来源：国家统计局

二、财务指标向好，行业效益稳步提升

2021年，针织行业规模以上企业实现利润总额占全国规模以上纺织企业利润总额的12.53%，同比增长39.43%，两年平均增长4.12%；利润率为5.05%，为近三年最高水平（表1），比2020年提高0.94个百分点。利润总额增速全年走势波动较大，客观反映出原料价格振动的影响（图3）。

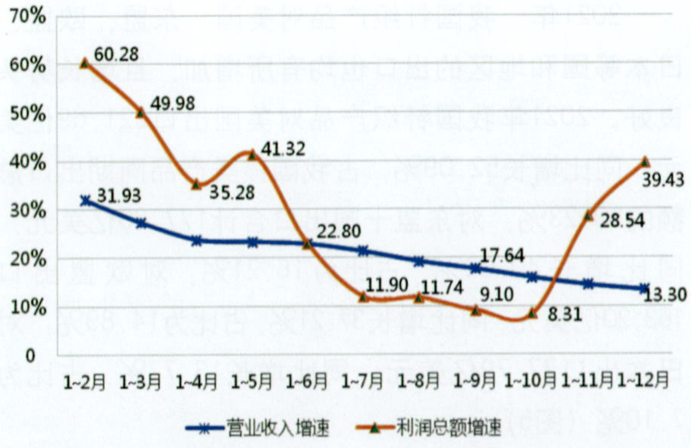

图3 2021年针织行业规上企业利润增速与营业收入增速对比图

资料来源：国家统计局

2021年，针织织物规上企业实现利润同比增长50.27%，两年平均增长10.23%；利润率为5.42%，比2020年提高1.1个百分点。针织服装规上企业实现利润同比增长33.01%，两年平均增长0.54%；利润率为4.83%，比2020年提高0.84个百分点。

2021年行业运行效率提升，运行效益向好。针织行业规模以上企业2021年总资产周转率和产成品周转率分别为1.42次/年和15.24次/年，分别比2020年提高10.08%和5.54%；三项费用占比为7.68%，比2020年降低0.3个百分点（表2）。

其中，2021年针织织物规模以上企业总资产周转率和产成品周转率分别为1.46次/年和15.09次/年，分别比2020年提高13.18%和3.14%；三项费用占比为5.7%，比2020年降低0.4个百分点。

2021年针织服装规模以上企业总资产周转率和产成品周转率分别为1.39次/年和15.33次/年，分别比2020年提高7.75%和6.98%；三项费用占比为8.86%，比2020年降低0.16个百分点。

表1 2019～2021年针织行业规上企业利润率情况（%）

项目	2019年	2020年	2021年
针织行业	4.78	4.11	5.05
针织织物	4.92	4.32	5.42
针织服装	4.70	3.99	4.83

资料来源：国家统计局

表2 2020～2021年针织行业规上企业财务指标情况

项目	总资产周转率(次/年)		产成品周转率(次/年)		三费占比(%)	
	2020年	2021年	2020年	2021年	2020年	2021年
针织行业	1.29	1.42	14.44	15.24	7.98	7.68
针织织物	1.29	1.46	14.63	15.09	6.10	5.70
针织服装	1.29	1.39	14.33	15.33	9.02	8.86

资料来源：国家统计局

三、出口强势增长，出口额再破千亿大关

出口方面，在海外消费需求反弹、部分订单回流等因素支撑下，针织行业出口增长势头强劲。据中国海关数据统计，2021年我国出口针织织物和针织服装共计1095.82亿美元，占全国纺织品服装出口总额的34.73%，同比增长39.57%，较新冠肺炎疫情前的2019年同期增长21.74%，两年平均增长10.34%，为2015年以来最好水平。其中，针织织物累计出口额为231.10亿美元，同比增长42.1%，比2019年同期增长23.86%，两年平均增长11.29%；针织服装累计出口864.72亿美元，占全国服装全年出口额的50.78%，同比增长39.0%，比2019年同期增长21.19%，两年平均增长10.09%（图4）。

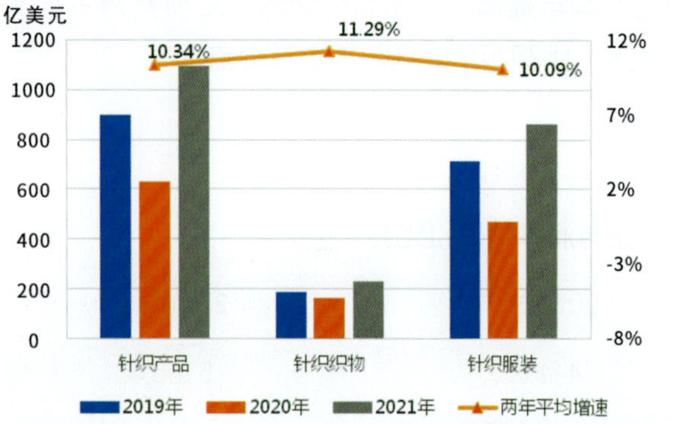

图4 针织产品三年同期出口额对比及两年平均增长幅度图

资料来源：中国海关

2021年，我国针织产品对美国、东盟、欧盟、日本等国和地区的出口也均有所增加，且增长势头良好。2021年我国针织产品对美国出口221.69亿美元，同比增长52.09%，占我国该类产品同期出口总额的20.23%；对东盟十国出口合计177.60亿美元，同比增长40.06%，占比为16.21%；对欧盟出口163.20亿美元，同比增长37.21%，占比为14.89%；对日本出口77.79亿美元，同比增长13.77%，占比为7.10%（图5）。

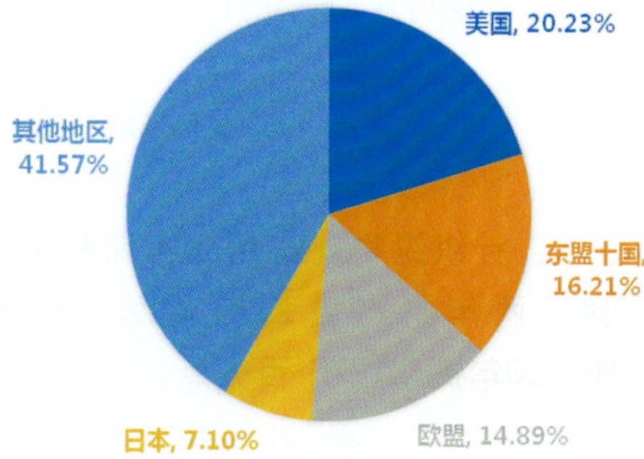

图5 2021年我国针织产品出口主要国家和地区金额比重

资料来源：中国海关

纵观我国针织产品出口的总体情况，针织服装出口额始终大于针织织物出口额。2021年出口东盟的情况有所不同，2021年我国对东盟十国出口的针织产品中针织面料占到56.2%，这即说明东盟国家对针织织物有较大需求，同时体现出以服装加工为主的东盟纺织服装产业及贸易方式（表3）。

表3 2021年我国针织产品部分出口情况

出口地区	针织产品（亿美元）	针织织物（亿美元）	针织服装（亿美元）	织物:服装（比例%）
全球	1095.82	231.10	864.72	21.1:78.9
东盟十国	177.60	99.86	77.74	56.2:43.8
RCEP成员国	317.60	101.89	215.71	32.1:67.9

资料来源：中国海关

由于RCEP成员国还包括了日本、韩国、澳大利亚和新西兰，2021年仅对日韩的针织服装出口总额就达到107.44亿美元。所以我国对RCEP成员国出口针织织物和针织服装的比重大致与全球情况保持一致。

四、国内经济向好，内需市场稳定发展

随着国内经济的平稳发展，内需潜力不断释放。从规上企业统计数据看，2021年针织行业规上企业内销占比为75.67%，较2020年提高0.28个百分点。其中，2021年针织织物规上企业内销占比为86.79%，针织服装规上企业内销占比为69.05%。

据国家统计局公布，2021年，全国居民人均可支配收入3.51万元，比上年名义增长9.1%（扣除价格因素，实际增长8.1%），比2019年增长14.3%，两年平均增长6.9%。

随着人均收入的增加，2021年全国居民消费水平实现大幅度提高。据国家统计局数据显示，2021年社会消费品零售总额440823亿元，比上年增长12.5%。其中，限额以上服装鞋帽、针纺织品类商品零售总额为13842亿元，比上年增长12.7%，其增速基本与社会消费品零售总额的增速持平。全年实物商品网上零售额108042亿元人民币，比上年增长12.0%，占社会消费品零售总额的比重为24.5%，比上年下降0.4个百分点。在实物商品网上零售额中，穿类商品同比增长8.3%。

从海关进口数据来看，2021年我国进口针织织物和针织服装共计58.1亿美元。其中，针织织物进口11.47亿美元，同比增长12.6%；针织服装进口46.63亿美元，同比增长32.7%。近年来，针织服装进口一直保持较快增长，进一步佐证国内终端消费市场对高端针织产品需求的渴望，也为针织服装生产企业提出更多可开拓的空间及信息。

行业发展的外部环境既有挑战，更有机遇

2022年行业运行仍然是机遇与挑战并存，既有挑战，更有机遇。一方面，2022年行业仍面临较复杂的外部环境，新冠肺炎疫情的反复使得全球供需能力仍未得到完全恢复，全球经济复苏和国际贸易修复受到干扰。逆全球化趋势、地缘政策格局、资源民族主义意识抬头、汇率波动等终将导致全球产业链和供应链的结构调整。另一方面，我国经济持续呈现强有力的发展韧性，国内大市场潜力不断释放，我国产业能力和国际影响力日益增强，均为我国针织行业的后续发展创造出了有利条件。

一、我国经济持续稳定发展，消费需求不断扩张

我国保持经济平稳健康可持续发展，2021年我国GDP超过114万亿元，全国规模以上工业企业实现利润总额8.7万亿元，同比增长34.30%，巨大的经济总量显示出综合国力显著提升，说明我国新冠肺炎疫情防控工作取得了显著成效，也说明我国经济抗风险、抗冲击能力增强。从要素条件看，我国不仅产业体系完备，产业可控程度较高，而且国内主要产业链上下游供求关系基本进入日益优化与良性循环状态。消费方面，2021年国内社会消费品零售总额超过44万亿元，针织内销稳定增长，消费升级趋势愈发分明，民众建立起了乐观消费预期，国内消费市场潜力巨大。

二、随着产业的发展，针织应用领域不断拓宽

随着我国纺织产业的发展及针织产品开发能力的不断提高，针织产品的应用领域不断拓宽，产品种类不断丰富。针织业与纺织三大终端产业的交融

度也愈发深入，针织产品亦从传统的穿类领域逐渐渗透到生产生活中的各个方面。

三、健康消费、运动消费不断形成新消费热潮

随着北京冬奥的成功举办，国内兴起了冰雪运动的热潮，数据显示，中国已实现“带动三亿人参与冰雪运动”的目标，全国冰雪运动参与人数达到3.46亿人，居民参与率达到24.56%，全国已有654块标准冰场，803个室内外各类滑雪场，相关的运动服装和纺织品需求大增，我国冰雪运动服装装备企业迎来重大的发展机遇。而后疫情时代消费场景和消费环境的变化促使国内针织产品消费市场需求也有所改变。消费者对健康、防护、安全等意识的提升，更加追求健康向上的生活方式，体育用品、运动服装、运动护具的需求量大幅度提升，针织类运动休闲服装有了进一步提升的发展空间。

四、时尚消费和品质消费不断催生消费升级

随着国内居民生活水平的提高，消费水平不断提升，消费者对高品质产品、时尚特色产品的需求不断增加。近年来我国针织产业加快转型升级，不断开发生产出高质量、高附加值的针织面料和服装产品，扩大中高端产品供给，满足居民对美好生产的追求。

五、RCEP生效实施将有利我国针织品对外贸易的拓展

2022年1月1日，《区域全面经济伙伴关系协定》（RCEP）陆续在15个成员国正式生效，这标志着全球人口最多、经贸规模最大、最具发展潜力的自由贸易区正式落地。使得区域合作不断深化，并对全球价值链重塑产生深刻影响。2021年我国针织产品对RCEP成员国出口317.60亿美元，占我国该类产品同期出口总额的28.98%，出口额同比增长30.26%，比2019年同期增长28.48%。由此可见，RCEP成员国是我国针织产品的重要出口市场。RCEP生效后在关税和非关税措施上均会有突破，有利于进一步扩大贸易往来和国际产业链的合作，关税减让、原产地累积规则都将增强纺织服装市场竞争力，有利于针纺织品出口长期向好。

全面推进“科技、时尚、绿色”为核心高质量发展

2022年是“十四五”时期的第二年，行业将坚持“十四五”发展目标，立足新发展阶段、贯彻新发展理念、构建新发展格局，进一步加快产业结构调整和转型升级步伐，推进以“科技、时尚、绿色”为核心的高质量发展进程。

一、科技推进产业升级

新一轮的科技和产业革命加快了我国针织产业的现代化建设，技术的交叉融合使得针织产品内涵不断丰富，应用场景不断拓展。在新的发展时期，针织企业要将继续加大科技投入，推进企业转型升级。

在生产制造运营方面深化两化融合，加强智能工厂建设，建立针织智能生产系统，通过数字化设计、数字化生产和数字化物流的应用实现全产业链的数字化、智能化管控，节约时间和成本，高效高质的完成生产运营，促进产业链高端化发展。

在装备技术方面重点突破高速经编机、立体成型装备、多针床纺织技术、全成形编织技术与复合针技术、基于虚拟现实（VR）技术的横机制片系统等。

在产品开发方面注重先进技术的交叉融合，不断采用功能纤维、高端用纤维、前沿纤维等新材料；密切关注纺丝与纺纱的最新技术发展，实现针

织产品差别化、组合化、功能化的发展；积极应用生态染色、数码印花、立体印花等新型印染技术，以及保健、安全等功能性高附加值后整理技术，更好地实现针织产品从内衣到外衣，从运动休闲装到正装，从服装、家纺到产业用领域的不断发展。

二、绿色践行先进生产

在“后疫情”和“双碳目标”双重推动下，应推进产品全生命周期绿色化管理，发展循环经济，应对全球气候变化。加快采用新技术、新装备和新工艺，建设绿色工厂和绿色园区。强化生态设计，加大绿色针织产品的开发与生产。同时，充分利用新媒体、网红经济等途径加大对绿色产品的宣传力度，倡导绿色消费，形成绿色生产和消费的良性循环。

大力推进针织平幅连续染色技术的研究与应用，优化轧染固色装备与技术，筛选适合的高配伍性染料，研究完善有关染色工艺，降低设备投资成本。积极推广应用涤纶少水连续式染色等先进技术及装备，探讨纳米分散染料、相关助剂、工艺和生产设备的整体技术路线，改善织物手感，提高产品品质，实现节能减排绿色生产。

三、时尚引领产品创新

随着针织行业设计大赛、流行趋势等研发创新工作的不断展开，有力促进了针织产业和产品的时尚化发展，青年设计师队伍不断壮大，时尚创新能力不断增强。同时，随着数字提花技术的不断完善，结构提花、色彩提花、结构+色彩提花等新产品不断涌现，针织产品花纹越来越多样化，加上具有针织特点的智能技术、3D编织、一体成型、个性定制等优势，均为针织产品的时尚化创造了有利条件。通过开发功能性、智能化等特色时尚产品，引导消费升级，激活市场潜在消费，不断满足人们品质化、多样化的消费需求，为创造美好生活做出更多的贡献。

（撰稿人：魏　薇　瞿　静）

服装业

中国服装协会

2021年，面对错综复杂的外部发展环境，中国服装行业克服了新冠肺炎疫情冲击，综合成本上涨、能源供应紧张、国际物流不畅等叠加交织的困难和压力，展现出强大韧性和良好的高质量发展潜力，行业经济持续恢复发展，数字化转型全面深入推进，在智能制造、模式创新、品牌升级、产业集约发展等多个领域取得了积极进展，“十四五”实现了良好开局，为稳经济、惠民生、促就业、增活力做出了突出贡献。

2021年中国服装行业经济运行情况

一、服装生产持续恢复

在国内外市场需求复苏向好、海外订单回流等积极因素的有力推进下，我国服装行业生产稳定恢复，产量基本恢复至新冠肺炎疫情前规模。根据国家统计局数据，2021年，我国服装行业规模以上企业工业增加值同比增长8.5%，增速比上年同期提高17.5个百分点，两年平均下降0.6%（以2019年相应同期数为基数，采用几何平均的方法计算，下同）；规模以上企业完成服装产量235.41亿件，同比增长8.38%，增速比上年同期提高16.03个百分点，两年平均微增0.04%，见图1。

图1 2021年服装行业生产增速情况

资料来源：国家统计局

二、内销市场逐渐改善

随着新冠肺炎疫情防控更加精准有效，在宏观经济稳步恢复、促消费政策持续发力以及网络购物节等因素的带动下，消费潜力持续释放，我国服装市场销售明显改善，线上消费对内需市场拉动作用持续凸显。根据国家统计局数据，2021年，我国限额以上单位服装类商品零售额累计9974.6亿元，同比增长14.2%，两年平均增长2.4%，仍低于2019年增速0.2个百分点，见图2。

线上服装零售保持较快增长。根据国家统计局数据，2021年，穿类商品网上零售额同比增长8.3%，增速比2019年提高2.5个百分点，两年平均增长7.0%，低于2019年增速8.4个百分点，实体销售明显改善。根据中华全国商业信息中心的统计，2021年，全国重点大型零售企业服装类商品零售额同比增长9.22%，增幅比上年同期提升29.93个百分点，两年平均下降6.9%，两年平均降幅比一季度收窄5.4个百分点。

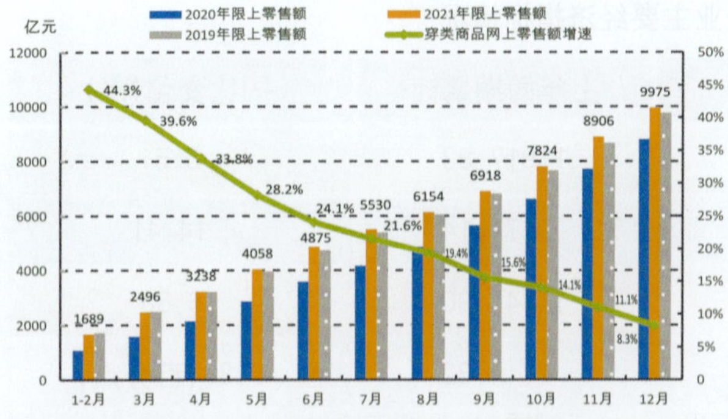

图2 2021年国内市场服装销售情况

资料来源：国家统计局

三、出口保持较快增长

2021年，我国服装出口企业克服了物流不畅、运费飙升、原材料价格上涨等诸多困难，表现出强大的发展韧性，服装出口保持较快增长，创2016年以来同期服装出口规模的最高纪录。根据中国海关数据，2021年，我国累计完成服装及衣着附件出口1702.63亿美元，同比增长24%，两年平均增长7.7%，见图3。其中，针织服装及衣着附件出口增势强劲，出口金额为864.72亿美元，同比增长38.96%，两年平均增长10.09%；机织服装及衣着附件出口保持稳定增长，出口金额为701.15亿美元，同比增长12.59%，两年平均增长2.56%。

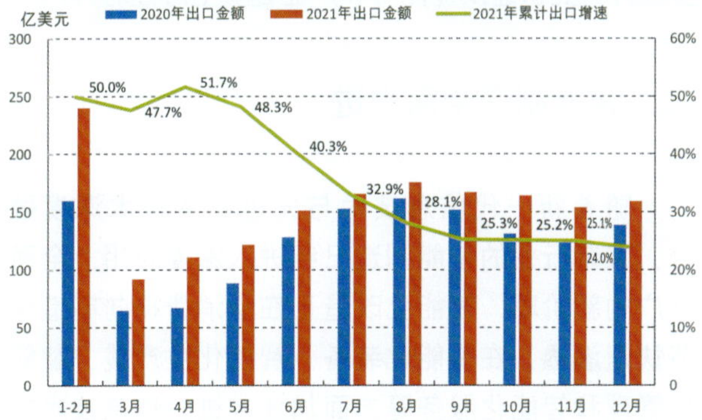

图3 2021年我国服装及衣着附件出口情况

资料来源：中国海关

传统市场对我国服装出口起到主要拉动作用。受益于美国经济政策刺激市场需求补偿性增长，叠加越南等国家新冠肺炎疫情对出口的冲击，我国对美国服装出口金额为395.55亿美元，同比增长36.22%，我国服装出口增长7.66个百分点；我国对欧盟、日本和东盟服装出口同比分别增长21.32%、6.31%和27.29%，以上四大市场合计占我国服装出口总额的58.89%，拉动服装出口增长14.57个百分点。另外，我国对“一带一路”沿线国家和地区服装出口占我国服装出口总额的24.33%，同比增长28.46%，拉动服装出口增长6.68个百分点。

四、运行质效逐步好转

2021年以来，在国内新冠肺炎疫情防控形势总体平稳、国内外市场需求复苏向好的支撑下，我国服装行业经济效益持续恢复，产业循环畅通稳定。根据国家统计局数据，2021年，我国服装行业规模以上（年主营业务收入2000万元及以上）企业12653家，实现营业收入14823.36亿元，同比增长6.51%，增速比上年同期提高约17.85个百分点；利润总额767.82亿元，同比增长14.41%，增速比上年同期提高约35.7个百分点；营业收入利润率为5.18%，比上年同期提高0.36个百分点，见表1。与2019年相比，服装行业营业收入和利润总额两年平均降幅约为2.8%和5.1%，分别比一季度收窄2.7和4.9个百分点，行业仍处于恢复阶段。

五、投资规模小幅回升

随着企业效益逐步好转以及国家“稳投资”相关政策显效，我国服装行业固定资产投资恢复正增长，但由于受新冠肺炎疫情影响，服装企业资金周转压力依然较大，投资意愿和投资能力受限，加之上年基数逐渐抬升，服装行业投资增速呈现持续放缓态势。根据国家统计局数据，2021年，我国服装行业固定资产投资完成额同比增长4.1%，增速比上年同期提高36个百分点，仍低于纺织业和制造业整

表1 2021年规模以上服装企业主要经济指标情况

指标名称	本年累计	上年同期累计	同比变化(%)
营业收入(亿元)	14823.36	13917.83	6.51
利润总额(亿元)	767.82	671.14	14.41
营业成本(亿元)	12597.13	11841.90	6.38
营业收入利润率(%)	5.18	4.82	0.36(百分点)
亏损企业亏损总额(亿元)	109.89	98.99	11.01
三费比例(%)	9.15	9.14	0.01(百分点)
产成品周转率(次/年)	12.95	13.25	-2.28
应收票据及应收账款周转率(次/年)	8.08	7.85	3.01
总资产周转率(次/年)	1.29	1.25	3.04

资料来源：国家统计局

体水平7.8和9.4个百分点，见图4。与2019年相比，服装行业固定资产投资完成额两年平均下降15.8%，尚未恢复至新冠肺炎疫情前水平。

图4 2021年服装行业固定资产投资增速情况

资料来源：国家统计局

2021年中国服装行业运行特点

一、数字化转型加速深化

随着国内市场消费复苏和以数字技术为支撑的新型消费快速发展，我国服装行业持续深化转型创新，积极推进产业数字化变革，设计智能化、生产自动化、管理精益化水平逐步提高。通过数字技术赋能链接设计研发、生产销售、物流仓储等各环节资源，线上线下多渠道协同融合发展，推动企业组织方式与市场连接方式的数字化转型，大力发展互联制造、大规模个性化定制等智能制造新模式，进一步提升行业快速反应能力和产业链安全可控能力。

二、智能制造全面推进

随着新一代信息技术与先进制造技术深度融合，服装行业的智能制造已经进入深度应用、全面推广的新阶段，智能化改造正在从消费端向制造环节快速渗透，在智能化装备、智能化生产线、智能化管理和智能化服务等方面加速推进。信息技术的广泛应用为服装企业提供了日益丰富的解决方案，包括工业互联网平台、智能化物流系统、协同设计系统等应用领域，两化深度融合水平大幅提升，工业互联网平台建设逐步进入实质性阶段。

三、新零售新模式加速演进

新一代数字技术的深入应用持续促进传统电商向线上线下一体化的全渠道数字化运营模式加速演进。服装企业积极优化线下布局，打造超级体验店、智慧门店的同时，加快拓展多元化的社交媒体、快闪店、直播电商等新零售渠道，实现全域会员通、货通、信息通，满足消费者全方位、全天候的购买需求。服装跨境电商快速发展，企业通过入驻电商平台、开设独立站、布局直播+视频营销平台、社交电商等方式开展海外营销，成为服装出口增长的新动能和企业转型升级的新渠道。

四、国货崛起助推品牌升级

国产品牌消费强势崛起，国风文化为品牌升级赋能。服装企业持续强化品牌建设、零售运营、供应链能力和数字化改造，通过差异化、高端化和国际化的产品以及线上线下一体化营销模式助推国货崛起，持续放大产品优势、累积品牌势能。尤其是内涵东方传统文化和中国特色的国风品牌、原创设计品牌、休闲运动品牌，以及融入了传统元素、国潮元素、跨界元素的潮流单品，深度挖掘时尚元素，助推服装产品和品牌的市场认可度和关注度持续提升。

五、产业集群创新发展

服装产业集群在提升集约化水平和区域品牌影响力的同时，也在不断推动数字经济与集群的融合创新，产业集群数字化转型进程持续加快。基于新技术、新业态的快速发展，各产业集群通过对产业公共服务平台的数字化、智能化改造，提升产业带的数据流、信息流、交易流反应效能，带动产业全链条企业“上云赋能”，并积极推广智能工厂、数字车间示范应用，助推龙头企业与产业链上下游中小微企业深度互联、协同转型，提升产业集群和企业的核心竞争力。

2021年中国服装行业运行主要影响因素

一、国际市场需求增长动力趋弱

自三季度开始全球经济复苏步伐整体放缓，新变异毒株对经济走向构成威胁，通货膨胀压力促使发达经济体加快收紧货币政策，对消费能力及消费信心的恢复产生负面制约，国际市场服装消费需求增长呈现收缩趋势。美国市场消费需求增势走弱，服装零售增速明显放缓，1～12月美国服装和配件零售额同比增长47.3%，增速比1～6月回落20.1个百分点；欧盟消费复苏缓慢，服装零售表现低迷，12月，欧盟纺织服装鞋类商品零售同比增长11.9%，环比则下降3.5%；日本市场恢复更为曲折，1～12月日本纺织服装及附件零售额同比增长0.94%，增速比1～6月回落1.17个百分点，零售额比2019年同期下降约21.65%，见图5。

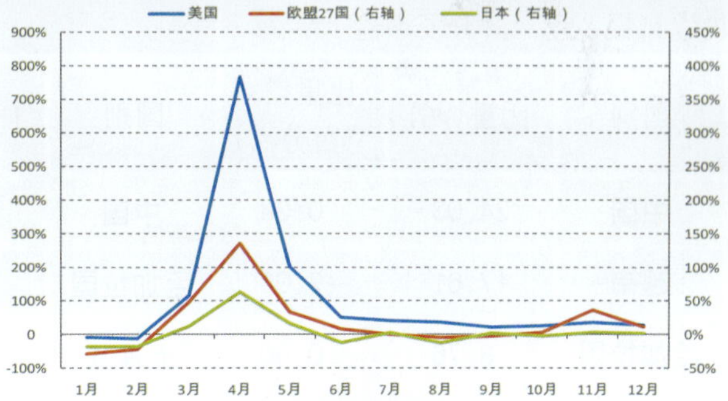

图5 2021年美国、欧盟和日本服装类商品零售额增速情况

资料来源：美国商务部、欧盟统计局、日本财务省

二、新冠肺炎疫情加速全球供应链布局调整

受新冠肺炎疫情及全球供应链瓶颈影响，海外采购商、零售商正在将订单转回中国或转至本国及其他国家，加速推进“中国+多个国家”的全球采购策略。从各主要市场的服装进口数据来看，

2021年，中国在美国市场份额仅增加0.38个百分点，而孟加拉国、印度、洪都拉斯、巴基斯坦分别增加0.60、0.43、0.41和0.53个百分点；中国在欧盟市场份额微增0.26个百分点，而孟加拉国、土耳其和马来西亚分别增加1.33、0.74和1.31个百分点；越南、印度尼西亚、缅甸在日本的市场份额合计减少3.32个百分点，除中国的份额增加1.71个百分点外，孟加拉国、柬埔寨和马来西亚的份额分别增加0.47、0.2和1.19个百分点，见表2。

三、国内消费复苏内生动力不足

在国内新冠肺炎疫情反复、极端天气等因素作用下，国内消费市场复苏进程受到一定影响，销售和投资增速均有所放缓，总体呈现弱复苏的态势。根据国家统计局数据，2021年，社会消费品零售额两年平均增速为3.9%，低于2019年增速4.1个百分点；固定资产投资额两年平均增速为3.9%，低于2019年增速1.5个百分点。同时，居民收入提升速度放缓，导致消费复苏难度加大。2021年，我国人均居民收入和人均消费支出同比分别增长8.1%和12.6%，比上半年放缓3.9和4.8个百分点；人均衣着消费支出同比增长14.6%，比上半年放缓6.8个百分点。

四、多重因素影响加剧企业经营压力

首先，新冠肺炎疫情在国内局地散发、在国外持续蔓延，增加了市场复苏的不确定性，对服装企业的生产、销售以及产业链供应链造成严重影响。其次，制造成本和出口成本压力加大。一方面，能源供应紧张、原材料价格上涨推高中间产品价格，服装企业生产成本上涨加剧，工业生产者购进价格

表2 2021年美国、欧盟和日本服装主要进口国份额变化情况

美国			欧盟			日本		
国别	比重(%)	比重增减(百分点)	国别	比重(%)	比重增减(百分点)	国别	比重(%)	比重增减(百分点)
中国	24.03	0.38	中国	31.50	0.26	中国	55.86	1.71
越南	17.61	-2.01	孟加拉国	17.69	1.33	越南	14.10	-1.94
孟加拉国	8.76	0.60	土耳其	11.58	0.74	孟加拉国	4.60	0.47
印度	5.14	0.43	印度	4.62	0.28	柬埔寨	4.31	0.20
印度尼西亚	5.08	-0.41	越南	3.95	0.03	马来西亚	3.63	1.19
柬埔寨	4.15	-0.25	马来西亚	3.77	1.31	印度尼西亚	3.26	-0.24
墨西哥	3.48	0.04	巴基斯坦	3.56	0.42	意大利	3.05	-0.06
洪都拉斯	3.26	0.41	摩洛哥	3.09	0.43	缅甸	2.63	-1.15
巴基斯坦	2.72	0.53	柬埔寨	2.99	-0.27	泰国	1.99	-0.14
尼加拉瓜	2.45	0.27	突尼斯	2.30	0.05	印度	0.93	0.00

资料来源：美国商务部、欧盟统计局、日本海关

指数与出厂价格指数之间的差距不断扩大，12月差值攀升至9.2个百分点，企业盈利空间严重收窄，见图6；另一方面，港口拥堵、集疏运体系不畅，导致国际货运价格成倍数增长，加之人民币汇率和美元指数同时走强，出口企业面临汇兑损失、物流不畅、结款周期延长等问题，给企业正常生产经营带来较大风险。

图6 服装行业相关购进价格指数和出厂价格指数变化情况

资料来源：国家统计局

2022年中国服装行业发展趋势展望

一、2022年服装行业面临的发展环境

（一）全球经济复苏势头将有所减弱

2022年全球经济和贸易仍将处于持续修复阶段，但是全球经济形势更加错综复杂，不确定、不稳定因素明显增多，世界经济增长动能持续减弱。世界银行在最新发布的《全球经济展望报告》中预测2022年全球经济增长4.1%，比前期预测下调0.2个百分点；国际货币基金组织最新预测2022年的全球经济增速为4.4%，比前期预测下调0.5个百分点；世界贸易组织（WTO）预测2022年全球商品贸易增速将从2021年的10.8%放缓至4.7%。

（二）国内消费进入高质量发展新阶段

中央经济工作会议在消费方面提出了实施好扩大内需战略、增强发展内生动力的大方向，尽管面临需求收缩、供给冲击、预期转弱三重压力，但我国经济将继续保持复苏向好态势，国内消费市场将展现出强大的消费引领力，成为构建新发展格局的重要支撑。文化自信、国潮崛起、定制爆发让消费回归本土品牌，电商直播、社群拼团、内容营销等新业态新模式助推消费潜力进一步释放，内销市场的提质扩容、创新重塑成为我国服装产业转型升级、高质量发展的重要支撑。

（三）数字经济引领技术变革和产业升级

以数字化、网络化、智能化为核心的新科技革命正在推动新产业、新业态、新模式蓬勃发展，网络互联的移动化、泛在化以及新一代信息技术的高速化、智能化，也将推动数字技术与产业全要素、全产业链、全价值链融合发展，全面重塑产业发展模式和产业生态。我国服装产业要紧紧抓住新科技革命的战略机遇，持续提升产业链数字化水平，全面推进互联网、大数据、人工智能等信息技术与产业深度融合，以全新的制造方式、商业模式为产业发展注入新活力。

（四）绿色转型成为产业发展刚性要求

国家“十四五”规划中明确提出我国将力争在2030年前实现碳达峰，争取在2060年之前实现碳中和的“双碳”目标，以政策形式对绿色转型进行了全面部署，将促进我国加快构建绿色低碳循环发展经济体系。在国内消费变革的大趋势引领下，以可持续发展为特征的“绿色时尚”价值理念正在加速形成，越来越多的消费者开始倡导简约适度、绿色低碳的生活方式，从环保、社会责任等维度审视产品价值。绿色时尚正在成为市场需求变革的重要趋势，服装行业绿色转型刻不容缓。

二、2022年服装行业发展趋势预测

2022年，全球经济复苏进程和国际市场需求恢

复速度将有所放缓，国内经济也将面临较大的下行压力，但宏观经济韧性强、长期向好的基本面不会变。在此发展背景下，我国服装行业经济运行具备平稳向好的条件和基础，基于2021年行业恢复性增长的高基数效应和市场复苏力度减弱，预计2022年服装行业经济总体将呈低速运行态势，回归至常态化复苏轨道。

从国内市场来看，由于上年基数升高，宏观经济环境更趋复杂，网络渠道渡过新冠肺炎疫情带来的红利集中释放期，服装内销市场将继续保持恢复性增长，但增长速度将呈现边际放缓态势。我国坚定实施扩大内需战略部署，将持续推动新业态、新场景、新产品、新品牌蓬勃发展，从供需两端助力国内服装市场呈现产品创新、品质提升、品牌升级的高质量发展态势。冬奥会的举办也将进一步激发冰雪运动服装、户外装备用品的消费潜力。

从国际市场来看，在国家出台多项稳外贸政策、海外需求回暖、区域贸易协定实施等积极因素的支撑下，2022年我国服装出口有望在高基数上继续保持平稳运行，但不确定因素和下行风险增加。一方面，变异病毒加速新冠肺炎疫情蔓延，发达国家财政刺激政策的退出叠加货币政策收紧，居民收入增长预计将放缓，给服装消费需求恢复增加不确定性；另一方面，随着东南亚、南亚供应链逐步恢复，海外订单回流形势或将逐渐消退，国际采购订单布局的再调整将进一步加剧我国服装出口的竞争压力。此外，服装出口仍将面临国际物流不畅、运费上涨、地缘政治、人民币汇率波动等诸多风险和挑战。

三、2022年服装行业重点发展方向

（一）新消费主张崛起，加速服装市场细分

Z世代接替80～90后成为主导消费市场的中坚力量，具有更强的自我表达意识、个性化需求以及愿意为喜好和品质付费的消费心理等特征深刻影响着服装消费市场，将进一步加剧市场细分与品牌竞争。面对消费新变化，服装行业将继续深入推进新零售业态和品牌样式蓬勃发展，通过时装周发布、跨界合作、社交电商拓展与私域流量开发等方式加强品牌文化和价值理念的传播，推动企业和品牌向个性化、年轻化、高端化转型，更好地满足新一代消费群体健康舒适与个性时尚兼顾的消费需求。

（二）深化数字技术融合，引领产业转型升级

物联网、云服务、大数据、人工智能、数字孪生、区块链等新一代信息技术加速融合发展，将在服装行业的各个领域发挥创新引领作用，驱动服装智能制造朝着数字化、网络化、智能化方向并行推进。行业将继续以智能制造作为主攻方向，大规模推广智能制造技术和装备，持续增强研发设计、生产制造、组织管理、售后服务等产业各环节的升级改造，同时将进一步加快5G、工业互联网、大数据中心等新型信息基础设施建设，积极推广基于工业互联网的智能化生产、网络化协同、个性化定制、服务化延伸、数字化管理等新模式、新业态。

（三）强化文化赋能，提升品牌核心竞争力

数字文化已经成为产业时尚的重要来源，虚拟偶像、NFT（非同质化代币）时尚产品、数字时装的涌现使时尚生态更为丰富。面对新一代消费主力的时尚趋势，服装行业将持续加强对消费升级的研究和消费者洞察，融合优秀中华传统文化、当代美学和流行趋势以及前沿科技进行产品创新，聚力提升品牌的产品开发设计能力、时尚创意能力和品牌营销策划水平，进一步深入推动渠道创新和商业模式升级，借助数字化赋能做到对客户可连接、可识别、可触达、可运营，全方位提升品牌的用户黏性，从而推动中国服装产业价值创造力提升。

（四）建设现代智慧供应链，促进产业跨界协同发展

随着信息技术的发展，服装行业将进一步完善从研发设计、生产制造到售后服务的全链条供应链

体系，推动精益管理、感知技术、智能交互、智能工厂、智慧物流等数字技术和智能装备在供应链关键节点的应用，促进全链条与互联网、物联网深度融合，提高供应链信息实时共享能力和敏捷制造能力；产业集群跨界协同将进一步融入区域发展战略，加快构建优势互补、错位发展的区域产业发展新格局；企业将加快向上、下游拓展协同研发、仓储物流、金融信贷等服务性项目，推动产业制造供应链向协同化、服务化、智能化转型。

（五）践行绿色理念，推动产业可持续发展

更好适应消费市场的变化，推动产品全生命周期的绿色转型，成为新发展阶段服装企业赢得未来的关键。服装行业将积极强化绿色制造，加快绿色工厂和绿色园区建设，积极发展绿色产品和绿色供应链，把绿色技术深度融入从原材料、能源、制造到循环回收等产业价值链的各个环节，深入推进企业社会责任和产品全生命周期绿色管理，加速构建绿色材料、绿色工艺、绿色生产、循环发展的全产业链绿色制造体系。

（撰稿人：刘　静）

家用纺织品业

中国家用纺织品行业协会

2021年，经过上年国家统筹防控工作及行业积极恢复，国内经济稳中加固、稳中向好，为家纺行业经济运行提供有利宏观环境。行业内外销市场总体保持稳定，行业生产稳定有序。与此同时，国际贸易环境不确定性风险犹存，行业成本压力高企，国内外新冠肺炎疫情反复持续挑战着行业企业的抗压应变能力。在党和国家对实体产业的高度重视，各级政府对家纺产业的政策扶持与行业企业勇于探索的共同努力下，家纺行业继续以高质量发展为主要目标，继续深挖行业潜力，践行以“科技、时尚、绿色”为发展理念，严格把控行业产品质量与行业标准，在保证行业健康有序发展的同时，继续深耕行业品牌化发展道路并积极拓展跨界合作新模式，使家纺行业在2021年综合实力持续提高，总体实现了行业“十四五”良好开局。

家纺行业整体运行状况

2021年我国家纺行业运行总体平稳，基于上年新冠肺炎疫情原因导致的产业基数变动，行业增速逐月放缓，全年仍然保持在合理的增长区间。据国家统计局数据测算，2021年全国规模以上家纺企业营业收入同比增长6.45%，利润总额同比下降6.85%。出口增势迅猛，出口额同比增长29.36%，且量价齐增；内销市场总体稳定，行业全年实现平稳运行。

一、行业增速由高趋缓

2021年我国家纺行业运行总体平稳，经过上年积极应对及消解新冠肺炎疫情冲击影响，产业链上下游均已逐渐恢复，生产衔接顺畅。大部分企业营业额已经恢复至新冠肺炎疫情前水平。由于2020年行业基数较低，一度拉高了今年上半年的增速，随着国内新冠肺炎疫情防控形势良好，行业消费、生产恢复态势不断巩固，逐渐摆脱新冠肺炎疫情的负面影响，形成前高后低态势，总体保持了稳中有进的增长局面，见图1。据国家统计局数据测算的全国规模以上家纺企业的两年平均营业收入增速为2.87%。

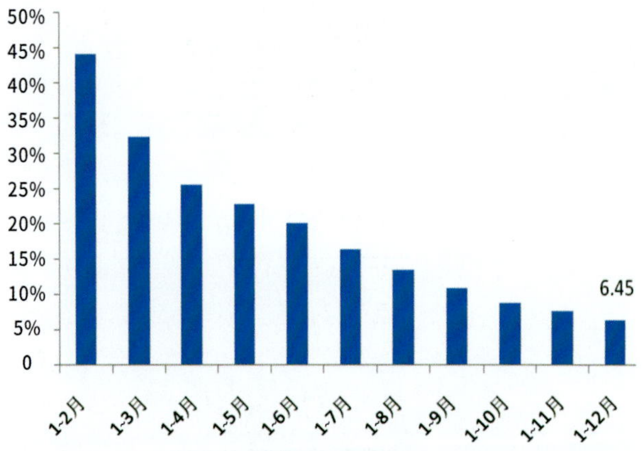

图1 2021年全国规模以上家纺企业累计营业收入增幅

资料来源：国家统计局

二、出口增势明显

2021年，我国家纺产品出口规模达到历史高位。据海关数据统计，我国全年累计出口家纺产品479.25亿美元，同比增长29.38%，较2019年增长22.69%，两年平均增长10.77%，实现飞跃式增长。其中出口数量同比增长19.29%，出口单价同比增长8.44%，见图2。但随着世界贸易秩序的恢复，低基数效应和订单回流红利的消失，我国家纺产品出口规模或将恢复正常区间。

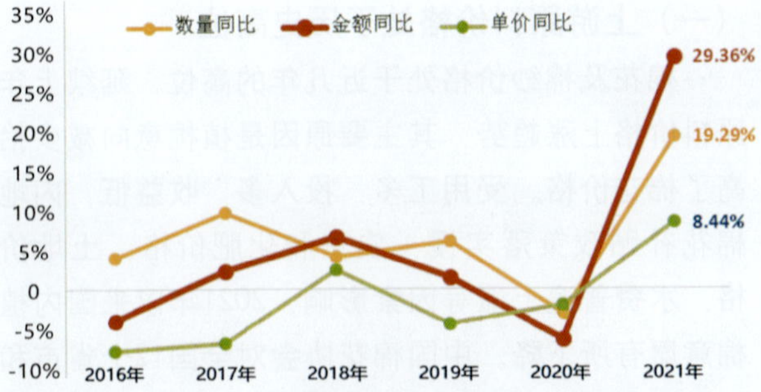

图2 2016～2021年我国家纺产品出口金额、数量、单价同比

资料来源：中国海关

大类产品均实现显著增长。2021年，床上用品、布艺、毛巾、地毯、毯子和餐厨用纺织品6大类家纺产品出口额均实现显著增长，除毛巾产品外，出口规模均达到历史最高值，见图3。

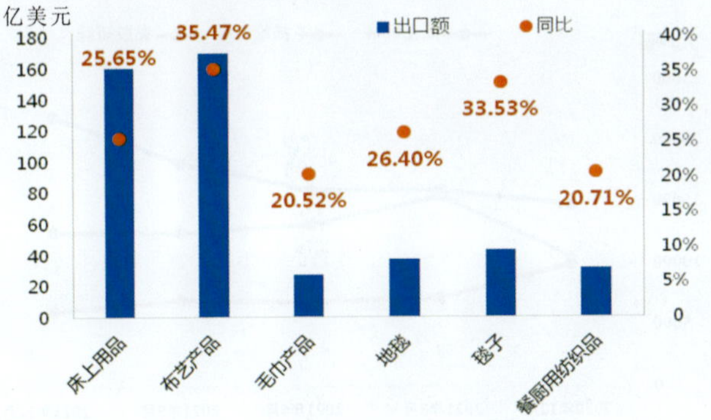

图3 2021年我国家纺大类产品出口额及同比

资料来源：中国海关

出口产品以化纤制为主，其次为棉制。2021年出口化纤类家纺产品340.09亿美元，占出口总量的71%，同比增长31.57%，高于棉类家纺产品4.03个百分点；出口棉类家纺产品57.68亿美元。

六大洲家纺出口市场均得到不同程度的增长，其中以亚洲、北美洲、欧洲为主要市场，占我国总出口的80%以上，同时出口额同比增速显著，极大带动我国家纺产品整体出口形势。另外，拉丁美洲在2021年得到飞速恢复发展，出口额同比增长高达73.61%，见图4。

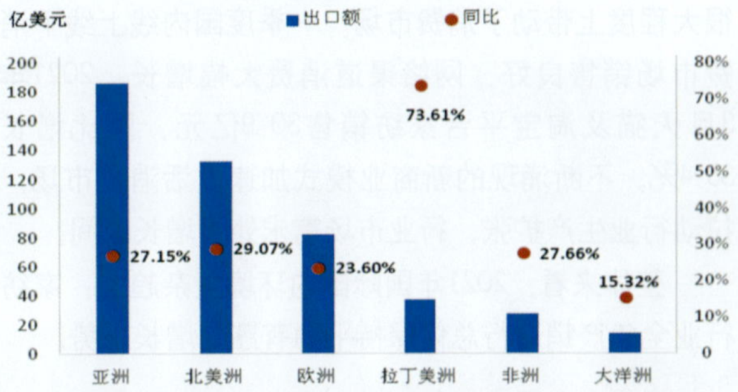

图4 2021年我国对六大家纺市场出口情况

资料来源：中国海关

三、内销缓中趋稳

从内销情况来看，家纺三大子行业总体保持缓中趋稳的运行态势。床上用品行业全年运行质量相对较好，规模以上企业各月内销产值均保持正增长。布艺行业近年来一直处于高速增长区间，至2021年三季度出现回调，进入11月以后由于上游化纤原料价格回落，规模以上企业内销产值降幅逐渐收窄，全年内销产值同比下降4.91%，见图5。毛巾行业今年来规模略有收缩，规模以上企业内销与上年基本持平且有小幅增长，可见毛巾企业在下行压力下及时调整并注重转型升级方面取得一定成效。

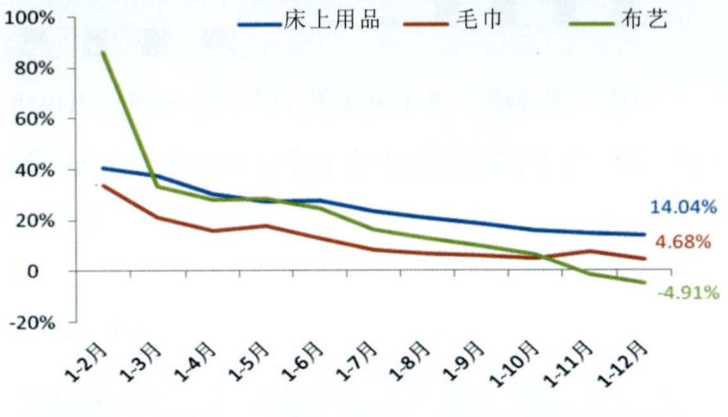

图5 2021年床上用品、毛巾、布艺三大子行业内销产值增长趋势

资料来源：国家统计局

另一方面，收入增长带动消费支出，增强市场活力。2021年全国居民人均可支配收入增长，其中衣着消费支出一季度同比增长18.4%；上半年同比增长21.4%，

很大程度上带动了消费市场。一季度国内线上线下消费市场销售良好，网络渠道消费大幅增长：2021年3月天猫及淘宝平台家纺销售30.9亿元，同比增长36.4%。不断涌现的新商业模式加速激活消费市场，拉动行业生产扩张，行业市场需求处于增长区间。

整体来看，2021年国际国内环境复杂趋好，家纺行业全年产销运行总体保持平稳有序的增长态势。

四、行业成本压力加大

2021年，家纺行业成本大幅上涨，据国家统计局数据测算，全年规模以上家纺企业营业成本增幅为6.94%，略高于营业收入增幅，行业利润受到较大影响。其原因一方面是由于行业上游主要原料价格均处于历年高位，给终端家纺企业带来压力；另一方面，受国际形势复杂、汇率波动及国际海运受阻等因素影响，行业成本压力普遍增大。全年规模以上家纺企业利润增幅情况见图6。

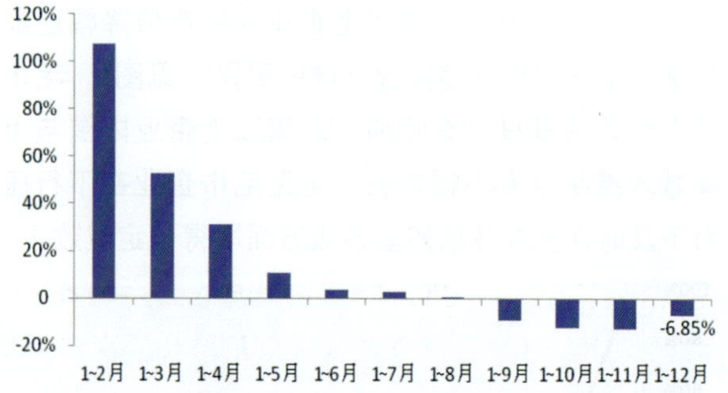

图6 2021年全国规模以上家纺企业累计利润总额增幅

资料来源：国家统计局

（一）上游原料价格处于历史高位

棉花及棉纱价格处于近几年的高位，延续上年原料价格上涨趋势，其主要原因是植棉意向减少抬高了棉花价格。受用工多，投入多，收益低，内地棉花补贴政策落实慢，农资和化肥价格、土地价格、水费普遍上涨等因素影响，2021年以来国内植棉意愿有所下降。中国棉花协会对全国12个省市和新疆自治区相关农户进行的全国植棉意向调查结果显示：全国植棉意向面积同比下降4.99%。国内棉花供给规模紧缩，导致棉花市场价格快速上涨。主要原料价格走势见图7。

上游原料价格持续高位抬高了化纤价格，见表1。2021年以来，由于国际原油价格以及PTA、MEG等主要化纤原料价格持续上涨，致使家纺行业的主要化纤原料涤纶短纤和黏胶短纤的价格始终维持高位，增加了家纺企业的原料成本。

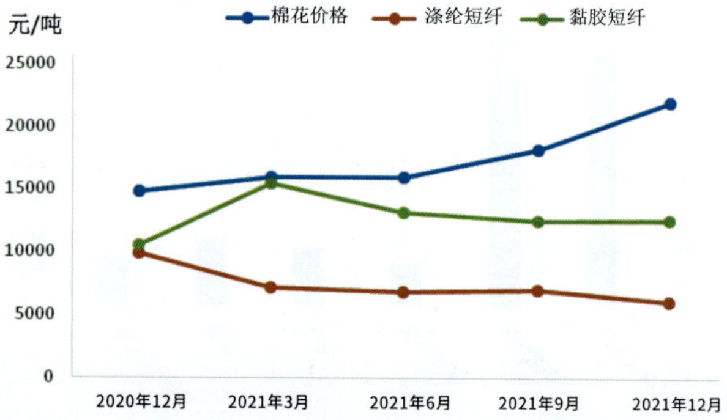

图7 2021年家纺主要原料价格走势

资料来源：中国纺联

表1 2021年化纤主要原料价格

时间	国际WTI原油（美元/桶）	PTA（元/吨）	MEG（元/吨）
3月	62.3	4835	5210
6月	70.9	5150	4995
9月	70.7	4862	5418
12月	71.4	4632	4870

资料来源：中国纺联

（二）产业链需求传导刺激原料价格

由于处于产业链终端的家纺产品需求上涨，导致家纺企业备货积极性提高，对上游原料的需求相应增加，短期内出现原料供应紧张，一定程度上刺激了原料价格上涨。2020年四季度以来，家纺市场需求大幅提升，据《纺织服装企业经营管理者调查问卷》结果测算，2021年各季度家纺行业的新订单指数一直保持较高水平，对原材料的购进数量也处于扩张区间，分别见图8、表2。

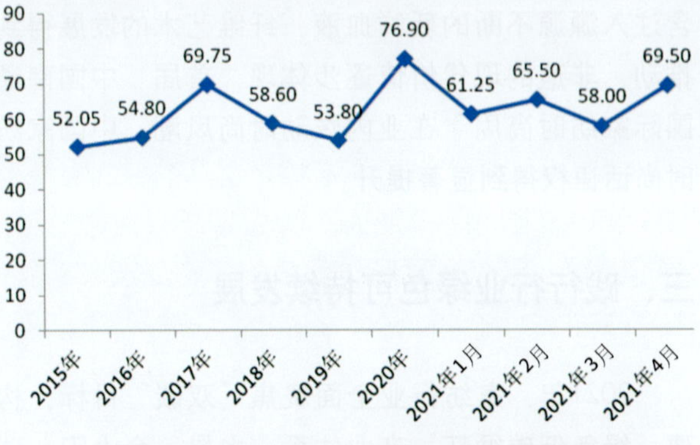

图8 近几年家纺企业新订单指数走势

资料来源：纺织服装企业经营管理调查问卷

（三）外贸风险增加企业压力

2021年，由于新冠肺炎疫情仍在全球肆虐，国际经济复苏步伐缓慢，国际贸易不确定因素增加。同时，受海外航运事故连锁反映影响导致的货仓紧张，货柜价格陡增，给出口企业带来风险压力。加之汇率波动，中美贸易摩擦升级等因素影响，对原有的外贸格局产生了极大的变化，尤其对于中小型企业来说，除了新冠肺炎疫情影响和原材料等制造成本的压力之外，国际市场需求不足成为其关注的重点。

五、四季度运行质量有所回升

2021年下半年我国经济运行延续了恢复态势，但受国际环境复杂严峻、国内新冠肺炎疫情和汛情冲击，以及原材料价格持续上涨、能源动力紧张等影响，家纺行业运行压力仍然较大。三季度由于国内新冠肺炎疫情多源多点发生，居民出行和消费减少；国际市场需求疲软，运输成本上涨；订单不足成为企业最关注的问题。加上去年同期基数升高，影响了新订单增长趋势。三季度行业景气指数有所回落，但主要原因之一与上年前低后高的基数影响有关，总体看生产仍保持平稳增长。

进入四季度以后，随着国内新冠肺炎疫情控制较好，我国经济继续保持恢复态势，国内生产总值增长4.0%，全年GDP增长8.1%。国庆假期、“双十一”电商促销、过年商品大促等积极因素带动消费市场持续恢复，规模以上家纺企业当月利润总额降幅持续收窄，至12月增速恢复正增长；两年平均增速为7.08%，见图9。

表2 2021年各季度家纺企业原材料购进数量比上期

单位：%

时间	增加	持平	减少
一季度	37.5	45.0	17.5
二季度	46.5	44.2	9.3
三季度	44.0	40.0	16.0
四季度	40.0	48.9	11.1

资料来源：纺织服装企业经营管理调查问卷

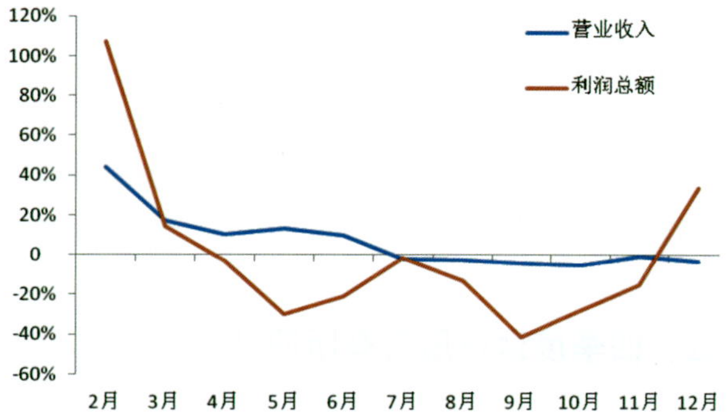

图9 2021年规模以上家纺企业主要经济指标走势

资料来源：国家统计局

行业全面践行高质量发展取得突出成果

一、以科技创新打造行业内生动力

坚持科技创新驱动发展，打造产业内生动力，是行业保持旺盛生命力和市场活力的必选项。2021年，家纺行业高度重视科技发展，众多家纺企业斩获多项行业科技荣誉，是行业科技进步、产业技术升级的重要体现。华纺、梦洁、愉悦及东方地毯四家家纺企业获评工信部国家级工业设计中心；万斯、梦洁、博洋等家纺企业的39件产品获评“2021年度十大类纺织创新产品”；孚日、华纺、红柳、罗莱生活、愉悦等企业获评“纺织行业创新示范科技型企业”；魏桥、华纺、孚日及亚光4家企业获评“中国纺联优秀专利奖”；愉悦、悦达和水星3家企业获评“中国纺联科技进步奖”，其中愉悦获一等奖；博洋、魏桥嘉嘉及水星3家企业获评中国纺联“产品开发贡献奖”；水星家纺获评中国纺联“纺织行业创新平台”。

在行业科技创新的背后，离不开生产装备的加速发展。近年来，家纺行业在技术装备、智能制造方面发展也非常快。行业在芯被自动化生产线、套件自动化生产线、毛巾自动化生产线以及窗帘连续化生产线方面，都有着不同程度的探索。家纺行业在智能化、自动化生产方面，已取得较大进步。

二、注重时尚研发提升行业软实力

2021年，在中国家纺流行趋势基础之上，中国家纺床品流行趋势、中国家纺布艺流行趋势首次发布，展现多维突破，领航时尚。三大家纺赛事“震泽丝绸杯”“海宁家纺杯”“张謇杯”鼎足而立，创新变革。大量的优秀作品为家纺产业的时尚文化内含注入源源不断的新鲜血液。纤维艺术的发展得到推动，非遗的现代价值逐步体现，首届“中国南通国际家纺时尚周”在业内炫动时尚风潮。中国家纺时尚话语权得到显著提升。

三、践行行业绿色可持续发展

2021年，家纺行业全面聚焦“双碳”目标，构建“绿色低碳循环”产业体系。水星、金太阳、瑞爱福等企业秉持“零碳”概念，打造低碳环保的优质面料产品。愉悦家纺立足纺织全生态链，整合内外资源，实现了从“纺织”到“纺织+健康”产业结构转型。行业共同推动家纺产业绿色升级，将可持续发展理念做深做实。

四、质量、标准体系建设取得新成果

2021年，行业加快标准化进程，围绕产品质量提升，发布了《中国家纺质量白皮书(2017—2020年)》以及多项行业团体标准，用“标准化+家纺”打造行业高质量发展新引擎，为实现行业高标准、高质量发展“补短板”“填空白”，见表3。

五、品牌化与跨界合作取得新进展

（一）继续深耕品牌化道路

2021年，随着真爱美家、玉马两家家纺企业成

表3 2021年中家纺团标项目一览表

序号	项目名称
1	学生宿舍/公寓配套床上用品
2	养老机构用床上用品
3	被子舒适度使用温度测定方法
4	再生涤纶缝纫线
5	户外家具用纺织品
6	运动巾
7	压缩巾

资料来源：中国家纺协会

功上市，家纺行业已集孚日、罗莱生活、富安娜、水星家纺、梦洁股份、梦百合、众望布艺、西大门等10家上市公司以及更多制造品牌进入资本市场。

行业品牌建设以及研发能力的提升，为推动行业出口做出了较大贡献。据中国家纺协会对“外贸企业的问卷调查”结果显示：从行业分布来看，床上用品外贸企业研发创新能力比较突出，拥有自主品牌和ODM营销模式所占比重较高，且跨境电商模式占比相对较高。中小型外贸企业拥有自主品牌销售模式的占比最高，其中2000万元规模以下的企业中自主品牌占比高达57%。

与此同时，行业借助中国国际家纺展等优质平台进一步提高品牌影响力。通过以品牌爆款运营实战攻略为出发点开设跨境电商论坛，助推品牌打通跨境电商路径；开启家纺购物节活动，把企业特色产品推向终端，扩大企业品牌在终端消费者中的影响力。品牌化建设极大提高了行业软实力。

（二）渠道拓展与开放合作是应对之策

2021年，受新冠肺炎疫情等因素影响，国际形势依然不断变化，机遇与挑战并存。家纺行业通过中国国际家纺展平台等的渠道优势、客户优势、资源整合优势，利用线上小程序、线上推介会、直播带货等云端渠道的开放，打破了展会的空间和时间限制，在数字技术、媒介的推动下，助力家纺企业通过新渠道“走出去”。

另外，家纺行业积极开展不同领域的跨界合作。通过家具&家纺TOP品牌直洽会、软装设计师带你云逛展直播等活动，与家居企业平台跨界融合；加强与地方省市装饰协会、家具协会、专业市场等的合作，开展展会互动、实地调研、研讨交流等活动，实现跨界合作共赢。

2022年家纺行业预判与趋势展望

新的一年，在我国经济发展面临的需求收缩、供给冲击、预期转弱三重压力下，世纪疫情持续，百年变局加速演进，外部环境更趋复杂严峻和不确定。家纺行业预期保持平稳运行，积极探索稳中求进，按照高质量发展的总体方向，围绕科技、时尚、绿色为主题，推进行业标准化与品牌化建设，促进行业逐步实现转型升级。

一、行业运行稳字当头

2022年，在我国宏观环境总体向好，国内国际

“双循环”协同发展的新格局下，内需市场还将拥有广阔的发展空间和丰富的创新源动力。国际环境方面，随着《区域全面经济伙伴关系协定》（RCEP）生效及高标准自由贸易区网络建设持续推进，家纺行业在进一步挖掘区域市场潜力和构建跨国资源配置体系中将拥有更多有利条件。行业总体预期将保持平稳发展，同时还应积极探索，推动稳中求进。

二、全面推进行业高质量发展

增强科技含量。围绕新型纤维材料、功能性面料和产品、智能家纺加工技术和产品、节能减排和资源循环再利用技术等展开创新突破。重点通过科技创新推动家纺制造产业数字化、智能化转型发展，把科技创新作为应变局、开新局的发力点和突破口。

提升行业软实力。得益于家纺原创设计力量的崛起，依托于强劲的设计创新动力，家纺行业将加速营造区域时尚生态，树立家纺文化自信。

践行绿色发展责任。继续推进家纺产业绿色发展新模式，推行生态设计，开发绿色家纺产品，提高产品能效环保低碳水平。致力建设绿色工厂、绿色园区，构建从原料、生产、营销、消费到回收再利用的高端家纺产业循环体系。

标准化工作提出更高要求。一是要加强标准宣贯力度，多举措促进团体标准有效实施；二是要加强标准调研工作，提高团体标准制修订水平；同时团标要不断开拓新领域，进一步在养老、户外、交通、宠物用等领域布局，进一步加大消费引导的研究，为完善行标、国标体系打好基础，为实现人们对美好生活的新期待作出家纺人的贡献。

三、继续优化产业布局

深入构建多层次的品牌建设立体格局。强化品牌基础能力的提升，壮大做强一批制造品牌；强化软实力建设与国际化运营，壮大做强一批终端消费品牌；强化内部协同与特色构建，壮大做强一批区域品牌；强化品牌国际化发展，力争我国自主品牌国际影响力取得重大突破。

继续优化产业布局，在“双循环”的发展格局下不断激活国内潜在市场，优化建设多元化国际市场。发展共享经济，推进共享制造、共享资源、跨界融合发展。以高质量发展作为建设现代化家纺产业的基本路径，推进产业转型升级和供给侧结构性改革，系统性构建高质量发展的新格局。

（撰稿人：王　冉）

产业用纺织品业

中国产业用纺织品行业协会

2021年产业用纺织品行业经济运行情况

2020年，由于防疫物资需求的推动，我国产业用纺织品行业经历了一轮高速增长，为2021年行业发展积累了较大的基数。2021年，外部环境更趋复杂严峻，大宗商品价格和海运费用的上涨改变了行业的成本结构，防疫物资需求下降和较大的产能导致行业竞争加剧，虽然非防疫物资领域反弹势头强劲，但整个行业呈现深度调整的态势，主要经济指标增速大幅下降。

根据中国产业用纺织品行业协会（以下简称“协会”）对360家样本企业的调研，行业2021年的景气指数为73.8，与2020年同期（80.4）相比下降明显，但仍处于较高的景气区间（图1）。

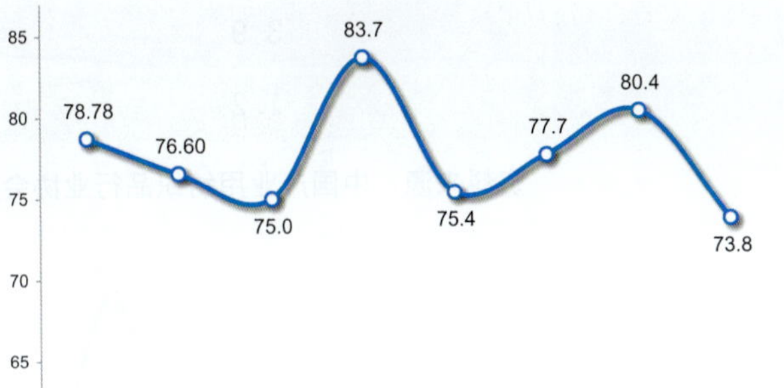

图1 近年来我国产业用纺织品行业景气指数

资料来源：中国产业用纺织品行业协会

一、生产保持平稳运行

“十四五”开局之年，我国产业用纺织品行业继续坚持高质量发展理念，努力克服新增产能释放、市场需求下降、国内能耗“双控”以及限电限产政策等不利因素影响，主要产品的生产基本保持稳定。根据协会对样本企业的调研，2021年设备利用率达到70%以上的企业比例接近七成，约30%的样本企业设备利用率超过90%，仅2%的样本企业设备利用率不足50%。

根据协会统计，2021年我国产业用纺织品行业纤维加工总量达到1938.5万吨，同比增长1.2%（表1）。作为产业用纺织品的主要原材料，我国非织造布的产量为820.5万吨，同比下降6.6%。

二、经济效益下滑明显

根据国家统计局数据，2021年产业用纺织品行业规模以上企业（非全口径）的营业收入同比下降13.3%，两年平均增长13.9%；利润总额同比下降58.7%，两年平均增长19.2%；营业利润率为5.5%，同比下降6.1个百分点。

2021年，随着防疫物资相关产品销售及价格的回落，行业的盈利水平出现明显下滑，与此同时，营业成本的增加也是导致行业盈利能力下降的另一个重要原因。根据国家统计局数据，尽管2021年产业用纺织品行业规模以上企业的营业成本同比下降7.5%，但营业收入的降幅也达到13.3%，并且行业的三费比例同比增加0.4个百分点。此外，行业主要原材料价格的持续上涨、国际海运价格居高不下也推高了行业的营业成本，根据协会统计，2021年样本企业的原材料价格指数达到87.4，相比2020年（70.9）和2019年（53.7）涨幅明显；样本企业中60%的出口企业表示海运费的上涨对其生产经营产生较大影响。

表1 2021年中国产业用纺织品行业纤维加工量（按应用领域计算）

产品类别	纤维加工量(万吨)	同比(%)
医疗与卫生用纺织品	381.2	−11.3
过滤与分离用纺织品	170.3	5.3
土工用纺织品	124.7	6.9
建筑用纺织品	95.5	8.5
交通工具用纺织品	73.8	2.9
安全与防护用纺织品	50.2	12.6
结构增强用纺织品	139.5	0.5
农业用纺织品	87.8	2.5
包装用纺织品	122.7	4.9
文体与休闲用纺织品	46.9	3.8
篷帆类纺织品	281.0	4.9
合成革用纺织品	107.5	−0.8
隔离与绝缘用纺织品	52.2	4.4
线绳（缆）带类纺织品	92.9	9.6
工业用毡毯（呢）类纺织品	56.3	10.4
其他	56.0	3.9
合计	1938.5	1.2

资料来源：中国产业用纺织品行业协会

但从历史数据来看，行业的营业利润率仍处于健康平稳的运行区间。2011年以来，行业的营业利润率一直保持在5.5%左右，2020年在防疫物资需求的推动下达到11.4%的历史高点；进入2021年，随着防疫物资需求退潮，市场恢复理性，行业的营业利润率逐步回归新冠肺炎疫情前的运行区间，全年营业利润率为5.5%（图2）。

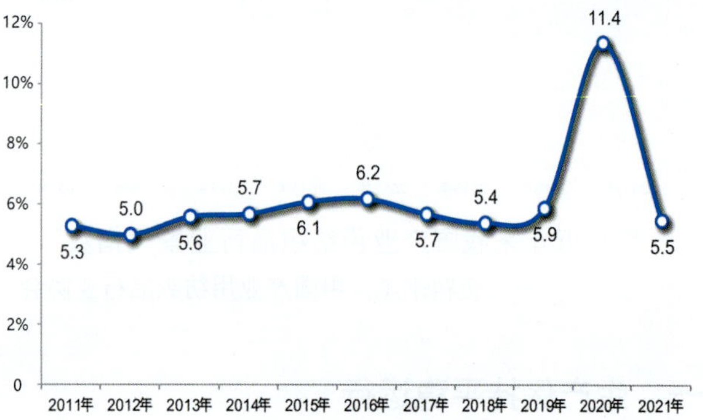

图2 我国产业用纺织品行业规模以上企业利润率情况

资料来源：据国家统计局数据整理

分领域看，与防疫物资相关的领域受市场需求下降和2020年高基数的影响，主要经济指标出现明显下降。根据国家统计局数据，2021年我国规模以上非织造布企业的营业收入和利润总额分别同比下降22.2%和69.8%，毛利润率和利润率分别为16.4%和5.5%，分别同比下滑7.7个百分点和8.7个百分点；医疗卫生、过滤、土工用纺织品所在的其他产业用纺织品规模以上企业的营业收入和利润总额分别同比下降20.2%和62.5%，毛利润率和利润率分别为17.0%和5.5%，分别同比下降5.1个百分点和6.2个百分点。

与防疫物资关联度不高的领域复苏势头明显。绳、索、缆规模以上企业的营业收入和利润总额分别同比增长8.8%和19.1%，毛利润率和利润率分别为14.3%和4.9%，分别同比增长0.9个百分点和0.4个百分点；纺织带、帘子布规模以上企业的营业收入和利润总额分别同比增长18.2%和72.7%，毛利润率和利润率分别达到15.3%和5.1%，分别同比提高2.4个百分点和1.6个百分点；篷、帆布规模以上企业的营业收入和利润总额分别同比增长23.0%和38.7%，毛利润率为16.6%，与2020年同期持平，利润率达到6.4%，同比增加0.7个百分点（表2）。

受市场竞争、供给冲击等因素的叠加影响，2021年行业企业间的经营分化继续扩大。根据国家统计局数据，产业用纺织品行业规模以上企业的亏损面达到20.4%，亏损企业的亏损额同比增长129.1%。

三、投资逐渐回归理性

2020年初，由于新冠肺炎疫情的暴发推动非织造布行业产能大幅扩张，进入2021年后，行业的投资热度有所降低，部分企业取消了2020年确定的产能投资计划。根据协会统计，2021年中国非织造布行业企业的固定资产投资额同比下降63%。另据不完全统计，2021年，我国新增纺粘及熔喷非

表2 2021年我国产业用纺织品行业主要经济指标增速（规模以上企业）

项目	单位	产业用纺织品	非织造布	绳、索、缆	纺织带和帘子布	篷、帆布	其他产业用
营业收入	%	−13.3	−22.2	8.8	18.2	23.0	−20.2
营业成本	%	−7.5	−14.3	7.7	15.0	23.0	−15.0
毛利率	%	16.3	16.4	14.3	15.3	16.6	17.0
	百分点	−5.3	−7.7	0.9	2.4	0	−5.1
利润总额	%	−58.7	−69.8	19.1	72.7	38.7	−62.5
利润率	%	5.5	5.5	4.9	5.1	6.4	5.5
	百分点	−6.1	−8.7	0.4	1.6	0.7	−6.2
产成品周转率	%	17.6	17.8	19.2	15.9	13.7	21.1
总资产周转率	%	1.2	1.1	1.2	1.3	1.4	1.1

资料来源：据国家统计局数据整理

织造布生产线约60条、水刺非织造布生产线约100条、针刺非织造布生产线约200条，合计新增产能超过110万吨。

企业在环境友好产品、绿色生产和智能制造领域的投资非常活跃。2021年，企业在高速纺熔复合生产线、熔喷木浆复合非织造布生产线、木浆水刺非织造布生产线等方面的投资较为活跃。在国家大力加强基础设施与生态文明建设的背景下，高端土工合成材料、高性能过滤材料也是行业投资的重点，国内3条聚丙烯纺粘针刺土工布生产线目前已全部投产。

关于2022年的固定资产投资计划，协会调研显示，在有新投资意向的样本企业中，对于既有设备升级改造、厂房建设以及环保改造方面的投资比例超过60%，企业将更关注产品附加值的提升、生产条件的改善以及产品结构的优化升级。未来，行业投资将逐步回归理性，有效投资趋势将进一步加强。

四、防疫物资进出口大幅回落

（一）出口情况

根据中国海关数据，2021年我国产业用纺织品行业的出口额（海关8位HS编码统计数据）达到538.7亿美元，同比下降44.9%，两年平均增长40.4%。

从出口金额来看，未列名纺织制成品（主要为口罩）是目前行业最大的出口产品，出口额129.4亿美元，但因国际市场对口罩需求的大幅回落，其出口额已较2020年下降75.2%；海外市场对毡布/帐篷、产业用涂层织物、线绳（缆）带纺织品、合成革及革基布、产业用玻纤制品等传统产品的需求旺盛，出口额分别达到44.0亿美元、42.7亿美元、30.6亿美元、23.5亿美元、21.2亿美元，分别同比增长49.6%、34.9%、23.4%、42.2%、32.3%。

非织造布及相关制品的出口呈现不同走势。2021年，我国出口非织造布卷材138.9万吨，价值45.4亿美元，分别同比下降1.3%和10.0%，出口数量与2020年历史高点基本持平，表明全球对中国非织造布的需求依然比较旺盛；一次性卫生用品出口25.2亿美元，同比增长11.3%；非织造布制防护服（含医用防护服）出口21.8亿美元，同比下降80.3%；出口药棉、纱布、绷带价值9.8亿美元，同比下降2.1%。

当前，行业的出口受价格因素影响较大，主要产品的出口价格呈现出不同的变化趋势。其中，未列名纺织制成品（主要为口罩）和非织造布制防护服（含医用防护服）等防疫物资的出口均价分别同比下降71.5%和59.6%，非织造布作为其主要原材料，出口均价下降8.9%；合成革及革基布、产业用玻纤制品、包装用纺织品的出口均价在海外市场需求的持续修复下回升明显，分别同比增长12.5%、16.8%、234.9%（表3）。

2020年，由于全球对口罩、防护服等防疫物资的需求激增，拉动我国产业用纺织品行业的出口额大幅增长，产能的供不应求也直接推高了防疫物资的出口均价，其中口罩和防护服的出口额占行业出口总额的比重超过七成。而随着各国进口防疫物资的需求降温以及相关产能的逐步恢复，2021年产业用纺织品行业主要产品的出口额和出口均价已基本回归至新冠肺炎疫情前水平。

（二）进口情况

2021年，随着防疫物资进口需求大幅下滑，海外产业用纺织品产能逐步恢复，行业进口产品结构也发生变化。根据中国海关数据，2021年，我国产业用纺织品行业的进口额（海关8位HS编码统计数据）为72.2亿美元，同比下降11.4%。

在主要进口产品中，非织造布的进口需求最大，进口额达到10.6亿美元，同比下降5.9%，进口量同比下降17.0%；国内市场对于产业用玻纤制品、产业用涂层织物和结构增强用纺织品等传统产品的进口需求依旧旺盛，进口额分别为8.4亿美元、6.9亿美元和6.0亿美元，分别同比增长10.4%、25.7%和15.2%；近年来，随着国内卫生用纺织品

表3 2021年产业用纺织品行业及主要产品出口情况

产品名称	出口额(亿美元)	出口额增速(%)	出口量增速(%)	出口价格增速(%)
产业用纺织品行业	538.7	-44.9	-6.2	-41.3
未列名纺织制成品(含口罩)	129.4	-75.2	-13.1	-71.5
非织造布	45.4	-10.0	-1.3	-8.9
毡布、帐篷	44.0	49.6	96.2	-23.7
产业用涂层织物	42.7	34.9	23.7	9.0
线绳(缆)带纺织品	30.6	23.4	18.9	3.8
尿裤卫生巾	25.2	11.3	6.7	4.4
帆布	24.6	29.3	18.9	8.8
合成革、革基布	23.5	42.2	26.4	12.5
非织造布制防护服(含医用防护服)	21.8	-80.3	-51.1	-59.6
产业用玻纤制品	21.2	32.3	13.3	16.8
包装用纺织品	18.4	22.6	-63.4	234.9
医用敷料	13.0	10.6	4.3	6.1

资料来源：据中国海关数据整理

企业的竞争力不断提高，消费者对于国产品牌的接受度越来越高，我国对一次性卫生用品的进口需求持续下降，2021年的进口额降幅达到21.3%（表4）。

新冠肺炎疫情暴发以来，我国公共卫生应急物资保障体系不断健全和完善，目前国内防疫物资储备充足，因此对于口罩和防护服的进口需求大幅下降，未列名纺织制成品（主要为口罩）和非织造布制防护服（含医用防护服）的进口额分别同比下降79.6%和93.0%。

2021年产业用纺织品行业重点领域发展情况

一、医疗与卫生用纺织品

我国是医疗用纺织品的生产大国，近年来性能优异、种类丰富的新型纤维及改性纤维使医疗用纺织品的产品品类和应用领域不断拓展，不仅满足国内市场的需求，还大量出口欧美日等发达国家和地

表4 2021年产业用纺织品行业及主要产品进口情况

产品名称	进口额(亿美元)	进口额增速(%)	进口量增速(%)	进口价格增速(%)
产业用纺织品行业	72.2	−11.4	−11.4	0.0
非织造布	10.6	−5.9	−17.0	13.4
产业用玻纤制品	8.4	10.4	5.6	4.6
产业用涂层织物	6.9	25.7	13.3	10.9
尿裤卫生巾	6.3	−21.3	−27.3	8.2
结构增强用纺织品	6.0	15.2	3.4	11.4
安全气囊	5.8	7.8	7.3	0.4
医用敷料	2.9	19.1	−33.5	79.2
线绳(缆)带纺织品	2.9	21.2	6.5	13.8
合成革、革基布	2.5	−0.1	−2.7	2.6
未列名纺织制成品(含口罩)	2.5	−79.6	−61.4	−47.1
安全带	2.3	8.4	−1.4	9.9
线绳（缆）带纺织品/线	2.2	−9.3	−9.2	−0.1

资料来源：据中国海关数据整理

区。新冠肺炎疫情的暴发使医疗用纺织品市场受到了前所未有的关注，并直接推动了相关产品的出口。新冠肺炎疫情发生以来，我国已向国际社会提供了约3500亿只口罩、超过40亿件防护服；2021年，我国出口药棉、纱布、绷带等医用敷料价值13亿美元，同比增长10.6%。

卫生用纺织品方面，我国女性卫生用品的市场渗透率较高，每年能够保持3%左右的增长速度，产品结构升级成为市场发展的主要驱动力之一；我国婴儿尿裤市场渗透率约80%，但受新出生婴儿数量下降的影响，市场规模与销售量有所下滑，随着三孩生育政策的落地、新型城镇化建设的持续推进以及国产品牌的崛起，未来我国婴儿尿裤的市场渗透率将进一步提升，但市场规模将基本保持稳定；成人失禁用品市场潜力巨大，年均增长超过20%，消费观念的转变、人口老龄化的加剧以及政策红利的不断释放，都将推动成人失禁用品市场持续发展。我国卫生用品的出口一直保持着较高的增速，2021年，我国出口尿裤、卫生巾、成人失禁用品25.2亿美元，同比增长11.3%，增速相比2020年继续提高，美国、菲律宾、越南、俄罗斯和韩国是我国卫生用品的主要出口市场。

非织造布制湿巾、干巾等擦拭产品近年来的发展十分迅速，在新冠肺炎疫情影响下，卫生湿巾和消毒湿巾的需求也在不断提升，成为人们日常生活中的必需品。近10年来，擦拭材料行业呈现出高速发展态势，年均增长率保持在15%以上。2021年，我国擦拭材料消耗的非织造布约70万吨。在数量增长的同时，擦拭材料行业的质量提升和产品创新也非常活跃，功能性、环保型和满足差异需求的产品不断涌现。

二、土工与建筑用纺织品

随着我国社会的快速发展，基础设施建设与我国经济发展、民生福祉以及生态保护之间的关系变得越来越紧密。土工用纺织品作为一种新型的岩土工程材料，广泛应用于水利、交通、环保、市政、矿业、军工等工程领域，其市场与国家的基础设施建设密切相关。2021年，我国铁路固定资产投资完成额为7489亿元，新线投产4208公里；交通运输固定资产投资完成约3.6万亿元，比2020年增长4.0%。"一带一路"市场已成为我国土工用纺织品发展的新驱动。我国是对外工程承包大国，土工用纺织品通过中国公司承接的国外工程出口到世界各地。2021年，我国企业在"一带一路"沿线的60个国家新签对外承包工程项目合同6257份，新签合同额8647.6亿元，占同期我国对外承包工程新签合同额的51.9%。

目前，我国土工用纺织品行业主要以生产非织造土工布的中小企业为主，集中分布在山东和江苏两省。其中，山东省形成了多个土工用纺织品的集聚地区，如德州、潍坊、莱芜、泰安等，具备较为完整的产业链条，一批重点企业得到快速成长。根据协会统计，2021年，行业骨干企业的营业收入和利润总额分别同比增长14.2%和4.3%。

随着我国城镇化速度的加快以及房地产业的发展，建筑防水材料的应用越来越广泛，推动中国防水行业快速发展。据统计，2021年我国沥青和改性沥青防水卷材的产量增长18%，对防水卷材胎基布继续保持了较为旺盛的需求。

三、过滤与分离用纺织品

过滤与分离用纺织品作为产业用纺织品的重要领域之一，应用市场主要包括工业除尘、空气净化和液体过滤三个子领域。

工业除尘主要面向钢铁、水泥、火力发电、垃圾焚烧等领域提供高性能的袋式除尘产品。据初步统计，2021年，袋式除尘行业总产值预计约200亿元，利润约19.5亿元，利润率近10%，在新冠肺炎疫情常态化防控下，行业产值和利润均在逐步回升。袋式除尘受政策驱动明显，目前超低排放已经常态化，特别是以钢铁行业为首的非电行业的超低排放改造呈加速推进态势，全国钢铁、水泥企业超低排放改造接近70%，有色、玻璃、陶瓷行业超低排放改造接近50%，同时，越来越多的行业企业开始践行"减污降碳"的新要求。

空气净化滤料有着非常广泛的用途，主要面向室内空气过滤、楼宇空气过滤以及洁净车间的空气过滤。由于居民对空气质量的要求日益提高，新风系统、中央空调净化市场呈现快速增长趋势；与此同时，重雾霾天气使得空气净气材料使用周期缩短、更换频次增加，楼宇新风、洁净厂房、汽车滤清器、机器进气净化系统受空气质量影响，更换时间缩短。暖通空调市场是空气净化滤料另一个重要的应用领域，在工业、交通运输以及基础设施建设快速发展的推动下，暖通空调市场对空气净化滤料的需求正在快速增长。

液体过滤材料在污水处理、饮用水净化和海水净化、食品、石油冶炼、化工、医疗等领域都有重要的应用，其中压滤领域主要以机织、针织和编织为主；非织造过滤材料的三维结构，具备洁净高效、寿命持久的优势。近年来，静电纺丝纳米纤维因具有较高的比表面积、孔隙率和通透性，容易吸附微小粒子，已成为高性能液体过滤材料的潜在候选者，未来将拥有更广泛的应用前景。

根据协会统计，2021年，过滤与分离用纺织品行业骨干企业的营业收入和利润总额分别增长15.3%和11.4%，利润率在8%左右。

四、安全与防护用纺织品

安全与防护用纺织品经过多年的发展已经形成较为完整的产业链。据不完全统计，全国个体防护装备重点生产企业约800家，主要集中在江苏、山东和浙江三省，其中江苏如东集聚了包括世界500强企业强生、霍尼韦尔在内的百余家安防产品生产企业。从企业规模看，行业以小型企业居多，约占80%以上。

安全防护产品面向各种不同的应用场景和复杂的危险因素，对产品的原料、加工工艺、标准和认证都有非常严格的要求。现阶段，我国安全与防护用纺织品产业虽已取得了一定发展，但对于安全防护产品领域的基础性研究仍然比较薄弱，新材料、新产品的应用还面临标准、认证等方面的挑战。

随着以人为本、安全发展的理念深入人心，全民安全意识显著增强，我国安全与防护用纺织品也获得了良好的发展空间，新材料、新技术、新产品不断涌现，在阻燃、抗静电、防刺防割、防弹等领域取得了较多成果。根据协会统计，2021年，安全与防护用纺织品行业骨干企业的营业收入和利润总额分别同比增长10.4%和2.5%。

我国是全球个体防护装备产业规模增长最快的国家，国内个体防护装备产业规模每年以15%左右的速度增长。但与发达国家相比，我国个体防护装备在标准、检测和配备等方面还存在明显差距和不足。为此，市场监管总局、应急管理部于2021年11月22日共同出台《个体防护装备标准化提升三年专项行动计划（2021—2023年）》（简称《行动计划》），《行动计划》提出，到2023年底，个体防护装备标准体系进一步完善，重点个体防护装备产品标准水平持续提升，主要性能指标与国际、国外发达国家保持基本一致，个体防护装备国际标准取得重点突破。推出一批重点行业个体防护装备配备标准，配备标准对生产经营单位个体防护装备的规范作用初步显现。随着一批防护服装国家强制性标准的陆续发布与实施，个体防护装备标准化助力行业高质量发展的作用将进一步凸显。

当前，我国安全应急产业年经济规模已超万亿元，正成为各地产业结构调整和工业转型升级的热门方向之一。未来，随着国家加大对国防建设、公众健康、社会治安、防震减灾、安全生产的投入，将进一步推动安全与防护用纺织品市场的持续发展。

五、交通工具用纺织品

交通工具用纺织品是产业用纺织品行业中应用最广的领域之一。纺织材料相比于传统材料，在重量、隔音隔热性能、舒适性能和环保性能等方面均具有很强的优势，主要应用于汽车的各类内外饰件和声学零部件。汽车用纺织品行业的技术门槛较高，进入周期较长，因此企业能够与汽车厂家形成比较稳定的合作关系，行业内大企业多，集中度比较高。除汽车外，纺织材料在高铁和飞机中的应用范围也在扩大，不仅包括传统的座椅面料，还有一些新型的蜂窝材料、门板材料、过滤材料等。国产汽车品牌的崛起和新能源汽车的发展，带动了汽车内饰的高档化、绿色化和智能化发展，为纺织行业配套汽车工业提供了更多机会。

2021年，我国汽车产销量持续回升，产销分别完成2608.2万辆和2627.5万辆，分别同比增长3.4%和3.8%，结束了自2018年以来连续三年下降的趋势。相应地，交通工具用纺织品生产企业的收入和利润也明显回升，根据协会统计，2021年交通工具用纺织品行业骨干企业的营业收入和利润分别同比增长9.6%和12.5%。根据中国海关数据，2021年，安全带和安全气囊的出口额分别同比增长39.3%和6.7%。

六、结构增强用纺织品

我国碳纤维技术的进步和产业政策的积极引导，以及国内风电产业尤其是海上风电的快速发展，持续推动着我国结构增强用纺织品的高速发展。

碳纤维拥有非常优秀的性能，近年来成为复合材料中重要的增强材料之一，在如今的体育用品、土木建筑、航空航天和军工等领域都有着十分广泛的运用。当前，我国约有15家聚丙烯腈基碳纤维生产企业，其中运行产能千吨以上的企业有6家，实际产量约1.8万吨。

2021年，我国进口碳纤维及复合材料3.3万吨，价值8.3亿美元，分别同比增长26.0%和9.2%。玻璃纤维主要应用于低功率风电叶片中，2021年，我国玻璃纤维增强复合材料制品总产量约584万吨，同比增长14.5%。

应用市场方面，风电产业是结构增强用纺织品的重要应用领域，同时也是碳纤维最主要的应用市场。2021年，全国新增风电装机容量4757万千瓦，其中海上风电全年新增装机1690万千瓦，带动热固类玻璃纤维增强复合制品的产量达到310万吨，同比增长约3.0%，风电领域的碳纤维消耗量约2万吨。

新能源汽车和轨道交通是未来能够大规模使用碳纤维复合材料的领域，轻量化能够显著降低能源消耗，提高电动汽车续航里程。目前，碳纤维复合材料在轨道车辆的应用仍受成本、材料、设计、工艺等限制，未来应从降低高性能纤维成本、加强基础性研究和结构设计研究、优化复合材料成型加工工艺等方面，持续推进碳纤维复合材料在交通领域的应用。

2022年产业用纺织品行业发展展望

2022年是党的二十大召开之年和实施“十四五”规划承上启下之年。当前，变异新冠病毒持续扩散、刺激政策边际退出以及供应链瓶颈修复缓慢等多重因素使全球经济复苏仍不稳定，国内经济发展也面临需求收缩、供给冲击、预期转弱三重压力。展望2022年，我国产业用纺织品行业将面临更为复杂的环境，但推动行业发展的积极因素没有改变，扩大内需、生态环保、健康中国等战略深入实施，均将给产业用纺织品行业带来巨大发展空间，行业将走出调整期重入增长通道。

2022年，产业用纺织品行业将继续坚持新发展理念，以高质量发展为主题，以满足国民经济各部分对高性能纺织品的需求为宗旨，扩大优质供给、保持供需平衡，推进行业科技创新、产业链升级、数字化改造、绿色发展和质量提升，推动高品质非织造布、安全防护与应急救援用纺织品、航空航天用高性能纺织品、海洋产业与渔业用纺织品、医疗健康用纺织品、交通运输用纺织品、土工建筑用纺织品和过滤用纺织品八大重点领域的技术升级、产能升级、品牌升级，向高端化、数字化、绿色化持续前进。预计，2022年我国产业用纺织品行业的生产和销售将会恢复至3%～5%的平稳增长，盈利能力保持基本稳定；行业的固定资产投资，特别是扩充产能的投资行为将趋于谨慎，但在智能化改造、绿色生产方面的投资将会继续保持一定增长；行业的出口增速有望小幅恢复。

（撰稿人：白　晓　季建兵）

纺织机械制造业

中国纺织机械协会

2021年是“十四五”的开局之年，面对百年变局和新冠肺炎疫情的冲击，我国纺机行业克服了原材料价格上涨、海运物流不畅、能耗双控带来的限电限产等诸多不利因素，生产经营稳健恢复，国内纺机市场总体保持较为旺盛的发展态势，行业主要经济指标回升明显，出口金额创历年新高，自2015年出现顺差以来，对外贸易延续了顺差态势。同时行业在技术创新和智能制造领域不断取得新成果，行业不断推进转型升级和科技进步。

2021年行业经济运行情况

一、行业运行呈现恢复性增长态势

（一）行业效益稳定恢复

据国家统计局统计，2021年，全国规模以上纺机企业资产总额同比增长12.94%，行业营业收入同比增长27.28%，以2019年1～12月为基期计算（下同），两年平均增长7.61%。利润总额同比增长38.38%，两年平均增长14.58%。行业营业收入、利润等指标全面恢复至新冠肺炎疫情前水平。2021年企业营业收入、利润均大幅增长，各月累计营业收入、利润同比均保持两位数的增长，但增幅逐渐减缓。“十三五”以来我国纺机行业营业收入及利润增速情况如图1所示。2021年，亏损企业亏损额同比减少0.53%，亏损面较上年同期减少7.76个百分点。

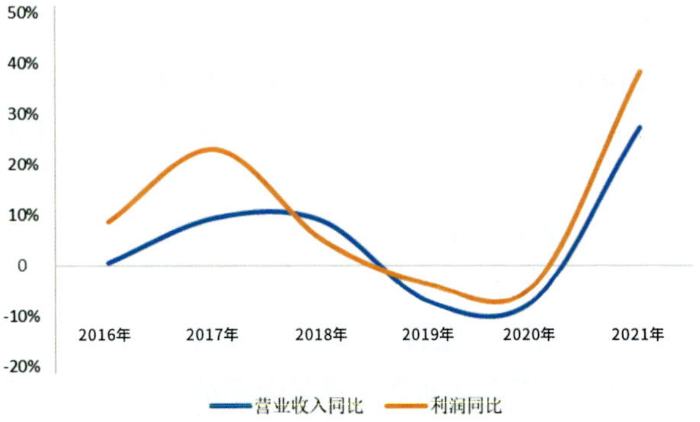

图1 “十三五”以来我国纺机行业营业收入及利润增速情况

资料来源：国家统计局

（二）行业成本费用增幅小于营业收入增幅

据国家统计局统计，2021年规模以上纺机企业成本费用总额同比增长25.99%，增幅小于营业收入增幅1.29个百分点。营业成本同比增长27.32%；全行业三费比例为9.75%，较2020年减少1.02个百分点，其中，销售费用同比增长28.57%，管理费用同比增长12.78%，财务费用同比减少26.34%。2021年纺机行业各项费用占总费用的比重见图2。

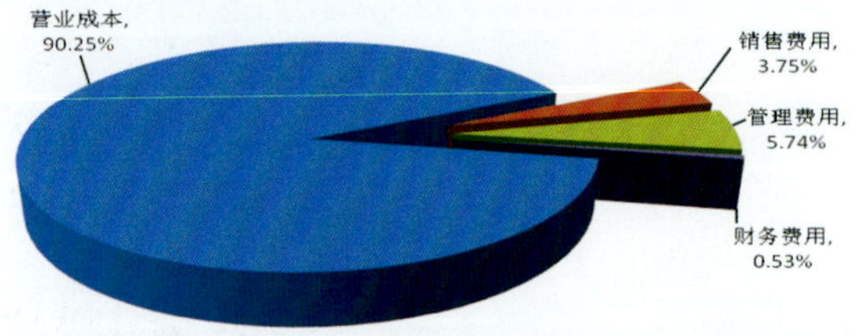

图2 2021年纺机行业各项费用占比情况

资料来源：国家统计局

（三）行业资产负债率略增

据国家统计局统计，2021年规模以上纺机企业资产负债率59.49%，与2020年相比增加1.65个百分点，高于规模以上工业企业56.1%的资产负债率。

（四）行业产成品存货增长明显

据国家统计局统计，2021年规模以上纺机企业应收账款同比增加8.24%，较2020年同期减少5.90个百分点。纺机企业产成品同比增长25.11%，较2020年同期增加19.19个百分点，产成品存货增长明显。

二、行业对外贸易延续了顺差态势

据中国海关统计，2021年我国纺织机械进出口（不含8443品目）累计总额为84.42亿美元，同比增长13.26%。其中：纺织机械进口36.36亿美元，同比增长26.00%；出口48.06亿美元，同比增长5.22%。对外贸易延续了顺差态势。图3反映了近几年我国纺机行业进出口情况。

图3 2016～2021年我国纺机行业进出口情况

资料来源：中国海关

（一）出口额创历年新高

2021年随着全球纺织服装需求回暖，全球纺机贸易呈现良好恢复态势，纺机行业出口市场表现亮眼，出口额创历史新高。

出口产品中，针织机械出口额为11.89亿美元，同比增长45.21%，占比24.75%，位居第一，其后依次为印染后整理机械、辅助装置及零配件、非织造布机械、纺纱机械、织造机械和化纤机械。纺纱机械出口同比增幅最大，非织造布机械在2020年的高速增长后增速回落明显。2021年纺织机械产品出口情况见表1。

表1 2021年我国纺织机械产品出口情况

产品类别	累计金额(美元)	所占比重(%)	金额同比(%)
总额	4805990042	100.00	5.22
针织机械	1189428716	24.75	45.21
印染后整理机械	874281452	18.19	−7.90
辅助装置及零配件	870033260	18.10	65.38
非织造布机械	617811967	12.86	−56.62
纺纱机械	531651044	11.06	94.04
织造机械	521778597	10.86	54.20
化纤机械	201005006	4.18	−15.12

注 印染后整理机械不含8443品目，非织造布机械不含8445119001品目（下同）。

资料来源：中国海关

2021年我国共向全球191个国家及地区出口纺织机械。出口到印度、越南、巴基斯坦、土耳其及孟加拉国的合计金额占全部出口金额的52.42%，是我国纺织机械出口的主要国家和地区。2021年我国对全球主要国家和地区出口纺织机械情况见表2。

（二）进口额同比由负转正

2021年，我国自全球70个国家和地区进口各类纺织机械，进口金额共计36.36亿美元，同比增长26%。

纺织机械进口的产品中，化纤机械进口仍然排在第一位，进口总额为9.50亿美元，同比减少10.39%；七大类产品除化纤机械外，均有不同幅度增长。非织造布机械进口贸易额同比增长最大，化纤机械近五年来进口金额一直保持增长态势，2021年首次出现负增长。2021年纺织机械产品按产品类别进口情况见表3。

表2 2021年纺织机械出口国家和地区情况

国家/地区	累计金额(美元)	所占比重(%)	金额同比(%)
总额	4805990042	100.00	5.22
印度	913291910	19.00	79.75
越南	492226778	10.24	10.22
巴基斯坦	421437421	8.77	115.94
土耳其	417646606	8.69	21.80
孟加拉国	274741264	5.72	30.73
其他国家和地区	2286646063	47.58	−20.18

资料来源：中国海关

表3 2021年纺织机械按产品类别进口情况

产品类别	累计金额(美元)	所占比重(%)	金额同比(%)
总额	3636233606	100.00	26.00
化纤机械	949833889	26.12	−10.39
辅助装置及零配件	934257208	25.69	35.44
纺纱机械	609453213	16.76	76.26
织造机械	392947792	10.81	52.59
印染后整理机械	357927583	9.84	11.62
针织机械	196154482	5.39	69.42
非织造布机械	195659439	5.38	102.94

资料来源：中国海关

2021年，日本、德国、意大利、法国和中国台湾是我国纺织机械进口的主要国家和地区，自上述5个市场进口贸易额为30.07亿美元，同比增长23.57%，占进口总额的82.69%。自2020年，我国自日本进口贸易额超过德国跃居进口首位以来，2021年继续保持首位。前五个市场中进口额同比均正增长，从法国进口贸易额同比增幅最大。2021年纺织机械按国别和地区进口的情况见表4。

三、2021年纺机各细分行业市场情况

2021年全球纺织服装需求回暖，国内新冠肺炎疫情防控优势凸显，纺织品订单饱满，拉动对纺机装备需求，多数纺机企业迎来订单增长。

纺纱机械整体运行呈大幅上升趋势。2021年纺纱机械各类主机产品销售均已达到或超过2019年同期水平，纺纱设备中环锭细纱机超过新冠肺炎疫情前水平，转杯纺纱机和喷气涡流纺纱机销售达到历史最好水平，带动了前纺设备尤其是梳棉机和并条机的爆发式增长。随着短流程设备的高速、高效及适纺性和纱支的提高，预计短流程设备依旧保持相当热度，部分替代环锭纺的趋势不变。

织造机械2021年产销量呈前高后低的增长态势。产业用纺织品如纺织带和帘子布、蓬、帆布等产销量增长迅速，但受机织服装销量下降的影响，剑杆织机销售增速放缓；家用纺织品如窗帘布、窗纱等机织涤纶装饰布等销量呈稳定增长态势，加之四季度秋冬季服装长丝面料市场需求旺盛，喷水织机销量持续增加；受设备持续更新升级影响和品种适应性不断扩大的影响，喷气织机销量稳步增长。

针织机械中圆纬机行业2021年经济运行态势“前高后低”。上半年，由于部分面料产品市场需求旺盛，下游织造企业不断扩大产能，圆纬机产销量大幅增长。下半年，随着圆纬机机台保有量的持续增加、下游库存消化逐渐变缓，圆纬机市场运行趋于平稳。经编机行业经济运行形势总体向好。高速经编机市场需求旺盛，销量实现大幅增长。双针床经编机受益于绒类、鞋材等产品的广泛应用，销量持续增长。花边机积极拓展产品应用领域，在家纺领域呈现新亮点，全年销量稳步增长。多轴向经编机受风电材料、基建工程等下游市场影响明显。横机行业经济运行呈现较大波动，上半年，随着毛衫、鞋材产品部分订单回流国内和智跑式纱嘴、耙式牵拉等新技术的推广使用，横机市场经历了阶段性复苏。下半年，随着市场趋于新的饱和，横机产销量有所回落。

印染机械行业中，2021年连续式前处理设备延续近几年增长的态势，一方面由于下游用户集中搬迁带来设备更新热潮，另一方面针织物的连续式前处理逐渐被用户接受，带来新的增长点。作为印花

表4 2021年纺织机械按国别/地区进口的情况表

国家/地区	累计金额(美元)	所占比重(%)	金额同比(%)
总额	3636233606	100.00	26.00
日本	1157944259	31.84	6.72
德国	1147902060	31.57	24.00
意大利	308810790	8.49	64.76
法国	210527912	5.79	81.54
其他国家和地区	629471395	17.31	39.07

资料来源：中国海关

的主流设备，2021年江浙、广东等地的用户企业集中搬迁，带来了设备的更新换代，推动圆网印花设备的需求增长，而平网印花机多以毛绒类等厚织物印花需求为主，竞争优势和市场需求持续减弱。数码印花机仍延续近几年的增长态势。拉幅定形机市场情况良好，下游印染布产量的提升、企业节能减排要求提升、企业搬迁入园带来的设备更换需求等因素的叠加，带动了定形机销售量的快速增长。

2021年化纤纺丝机生产销售依旧保持上升趋势，新增产品多以差别化纤维产品设备为主。受化纤市场影响，加弹机市场销售增长迅速，加弹机生产企业继续维持满负荷生产。

非织造布机械行业面对防疫物资需求放缓，熔喷、纺粘和纺粘熔喷等设备的需求已回落至正常水平。水刺非织造布装备市场具有较好的发展趋势，但由于近两年新上产能的不断增加，市场已经呈现饱和趋势。针刺非织造布装备呈现较大增长，目前交通、水利、建筑等基础设施建设对土工用纺织品市场的需求量成倍增加，能适应极端环境、不同用途、多种功能的基础设施配套用的针刺非织造土工布，推动了其装备的市场发展。

2021年行业发展特点

2021年，面对原材料价格的大幅上涨、能耗双控带来的限产等不利因素的扰动，同时人民币的持续升值、新冠肺炎疫情限制海外市场开拓的空间，纺机行业表现出了强大的韧性，呈现了以下几个主要特点。

运行状态良好，主要经济指标回升态势强劲。2021年随着纺织服装需求回暖，纺机市场需求复苏，上半年，国内新冠肺炎疫情冲击减弱，叠加2020年同期低基数，推动经济增速大幅反弹，下半年增速有所减缓，但仍延续了复苏态势。

国内国际市场"双循环"互相促进。国际市场上，纺机出口金额创历年新高，中国纺织机械出口金额2019年以来跃居全球第一。在国内市场方面，围绕存量市场的升级与调整，在包括兰溪智改升级在内的纺织集群和企业的高质量转型中，纺机行业提供了重要的装备技术支撑。此外，国内市场新增项目方面，成套国产系列设备同样大放光彩。

智能制造有序推进。"十三五"期间，行业推进了"6+1"智能制造示范线建设，2021年纺机单机智能化、软硬件系统同步和车间、工厂整条线的数字化等应用场景得到了持续拓展。

2022年纺织机械行业发展展望

一、纺机行业发展形势

当前，国际政治经济环境仍然严峻复杂，新冠肺炎疫情防控存在不确定性，通货膨胀、能源危机、供应链短缺等一系列的问题都制约了世界经济复苏。中国经济也面临需求收缩、供给冲击、预期转弱三重压力。总体来说，行业发展面临的风险挑战较多，形势复杂多变。

不过，中国经济能够从新冠肺炎疫情中率先实现反弹和复苏，供应链、产业链运行相对平稳有序，2021年国内生产总值达114.4万亿元，同比增长8.1%，这充分说明中国市场潜力足够大、经济韧性足够强，内生性增长动力和全球竞争优势凸显。2021年12月中央经济工作会议提出"明年经济要稳字当头、稳中求进"，我国经济形势保持恢复发展的态势不会改变。在2022年政府工作报告中，设立了国内生产总值增长5.5%左右的预期目标，充分体现了中国经济在高基数的基础上，继续保持稳定增长的强大信心。我国货币和财政政策的空间相对宽裕，积极的逆周期调控政策将有助于经济的企稳复苏。国家对市场主体尤其是中小微企业的支持，也有利于提振市场信心。国家这些年通过供给侧改革以及"双循环"新发展格局的大力实施，我国经济的内生性增长动力不断增强，产业结构升级转型速度加快，为行业高质量发展提供了保证。

从纺织行业来看，随着国际纺织生产供应链逐步恢复，海外纺织品订单回流的情况可能会逐渐放缓，纺织外需支撑拉动作用可能会逐渐减弱。但国内纺织行业的产业持续升级、海外新冠肺炎疫情好转后的产业恢复都将持续提升设备需求，纺织行业在解决用工、增效和提质方面需求依然迫切，必将对纺机装备的连续化、自动化、智能化和绿色化及大规模的定制化等提出不同层次的需求。科技创新、智能制造、绿色节能仍是纺机行业补短板锻长板、实现可持续发展的关键。总体来看，2022年行业运行将由恢复性增长转入常态化发展轨道。

二、纺机行业发展重点

2022年是“十四五”发展的第二年，纺机行业将继续贯彻和落实《纺织机械行业“十四五”发展指导性意见》（简称《意见》）提出的任务和目标，主要从三个方面推动《意见》提出的6项重点工程、60项科技攻关项目与50项先进适用技术推广项目。

一是建立先进纺织装备联盟，推动纺机装备和关键技术创新。在已有行业平台的基础上，产学研用深度合作，成立先进纺织装备公共创新平台，共同推进纺织重大技术装备和关键技术等创新与突破。

二是开展纺织技术装备攻关。攻关纺织绿色生产装备，为实现碳达峰、碳中和提供强有力的支撑；攻关纺织智能化技术与装备，推动纺织机械、纺织企业的智能化改造；攻关高技术纺织品装备，扩大纺织装备的应用领域；攻关纺织装备控制系统及关键基础零部件，提升纺机产业基础。

三是推广国产纺织装备应用。鼓励和推动新技术、新装备在纺织行业示范应用，推动纺织装备企业研发与用户企业示范应用相结合，形成纺织装备批量化推广。

（撰稿人：孙少波）

CNTAC

高质量发展

大力推动纺织行业高质量发展，稳步推进“双碳”目标落实

中国纺织工业联合会党委书记兼秘书长　高勇

生态文明建设是关系中华民族永续发展的千年大计，在百年变局和双循环新发展格局背景下，中国提出力争2030年前实现碳达峰、2060年前实现碳中和，是基于推动构建人类命运共同体的责任担当作出的重大战略决策，对于推动纺织行业全面向绿色低碳转型和夯实可持续纺织强国发展根基也指明了方向。

落实“双碳”目标是新时期纺织行业的核心发展使命

一、实现高质量碳达峰是落实“双碳”目标的核心路径

与部分发达国家碳排放自然达峰不同，我国国民经济总量还处于增长周期，必须在高质量发展的基础上实现碳达峰。联系纺织行业来看，在需求端，目前我国人均纤维消费量超过20公斤，与发达国家相比还有一定差距，纤维新材料在国民经济各个领域的应用空间也仍有拓展潜力；与此同时，受到技术条件、产业链配套等多重因素影响，国际化纤产业的生产布局调整速度较之下游纺织产业明显更为缓慢，在未来相当长一段时间里，我国仍是国际化纤供应链上的核心制造方，我国的纤维加工能力仍有升级发展潜力。从约束端看，国家落实“双碳”目标，实施能源消耗强度和总量双控，对于工业企业产生较大影响，与此同时，国家深入打好污染防治攻坚战的力度并未减弱。在此形势下，必须促进纺织行业及企业有机统筹经济发展与节能减碳、绿色转型的关系，通过进一步推动高质量发展，按时完成碳达峰目标。

二、促进产业绿色转型是落实“双碳”行动的直接动力

实现碳达峰、碳中和将带动经济社会的重大变革，科技革新与经济结构调整将带动投资、消费等经济活动发生重要改变。政策、金融等资源将更多流向与实现“双碳”目标相关的新材料、清洁能源、污染防治等领域。由“双碳”目标驱动的消费结构与消费理念升级，对于工业产业升级发展将形成新的支撑作用。在骨干企业的带动下，产品生命周期和供应链绿色管理能力不断提升，低碳、绿色的生态纺织品供给能力增强将成为产业转型升级的重要表现。满足低碳绿色要求和实现清洁生产将成为投资建设项目的约束性前置条件，科技创新和技术升级改造在经济效益之余将带动产生更多的生态效益和社会效益。

三、优化能源消费结构是落实“双碳”目标的重要手段

从目前世界各国提出的碳中和时间表来看，发达国家从碳达峰到碳中和预留了70～80年时间，而我国从提出“双碳”目标到实现碳中和，仅预留40年时间，从碳达峰到碳中和仅有30年左右，发展任务更加紧迫，必须从用能、生产、排放等多端口

多路线共进推动，确保顺利实现目标。从用能端看，调整纺织行业能源消费结构势在必行。纺织行业目前一次能源消费占比为27.5%，以煤炭、天然气等化石能源为主，虽然比重总体不高，但仍有提升空间。下一步，行业要大力推动煤改气、非碳能源替代，进一步提高二次能源比重，同时积极实施可再生能源替代，推动煤炭高效清洁利用，构建更加清洁低碳的能源消费体系。

高质量、稳妥推动纺织行业落实“双碳”目标

碳达峰和碳中和已纳入我国生态文明建设整体布局，成为重要的国家战略任务。全面落实“双碳”目标，提高绿色低碳发展水平，是纺织行业在“十四五”时期加快推进高质量发展的重要方面。全行业要从思想上充分认识到国家对于实现“双碳”目标的态度是坚定不移的，秉持科学和开放态度，积极引导更多力量广泛参与，从长远考虑，系统分析，逐步推进，落到实处。

从具体措施上，要加强碳排放核算体系、节能减碳标准等方面的基础系统建设；广泛应用先进的节能技术设备，优化行业用能结构，开展能源管理体系建设，实现节能增效。

一、稳妥有序部署、落实“双碳”目标

自从“双碳”目标重大战略决策部署以来，社会各界积极响应，已经形成了持续关注、重点研究、多方推进的局面。纺织行业在坚决落实好“双碳”任务的过程中，要避免“口号减碳”“概念减碳”的现象，同时充分考虑纺织行业在满足内需、保障民生、支撑国民经济稳定运行等方面的产业基础功能，防范脱离行业科技进展和发展实际激进减碳的现象，避免出现因盲目减碳造成产业链、供应链稳定性下降，引发市场供给和产品价格大幅波动，影响行业平稳运行发展。目前，我国纺织行业大约每年排放2.6亿吨二氧化碳，要在充分考虑市场及行业发展需求，立足科技进步条件的基础上，合理测算行业碳排放趋势，规划制定碳达峰及后续减碳方案，避免出现碳达峰易、碳中和难的情况。

二、加强碳排放核算方法研究

碳核算是碳达峰和碳中和所有工作的基础，要深化碳排放核算方法学研究，结合企业技术革新与管理创新情况，在行业、企业、项目、产品等各层面形成较为精准的碳排放核算标准。提高国内标准与国际标准协调统一性，研究碳排放实测技术在纺织生产领域的应用，提高碳排放数据的可获取性和数据质量可靠性。强化行业基础性服务能力，搭建面向中小企业的碳排放核算、监测公共服务平台。

三、积极适应碳排放价格机制

碳交易和碳税作为碳价格机制，已在全球46个国家和32个地区得到积极应用，覆盖了22%的全全球温室气体排放量。我国碳交易市场已经在电力行业开始试点，全国自愿减排交易市场建设也已启动。同时，对于参与国际产能合作及纺织品服装国际贸易的纺织企业，碳税的征收及由此引发的贸易摩擦也将成为需要应对的情况，行业和企业需要持续加以关注。

“十四五”时期是我国实现碳达峰的关键期、窗口期，纺织行业要把握时机，主动作为，通过进一步推进行业高质量发展，在绿色低碳发展道路上占据更加主动的位置，确保全行业在2030年前顺利实现碳排放达峰，为工业率先达峰做出积极贡献，达峰后实现碳排放稳中有降，合理落实碳中和要求，推进共建“美丽中国”。

（本文根据高勇书记在2021中国纺织绿色发展大会上的发言整理）

全面提升科技创新能力，加快实现纺织科技高水平自立自强

中国纺织工业联合会副会长　李陵申

纺织科技创新工作面临的新形势和新机遇

一、纺织科技创新工作面临的新形势

当前，新冠肺炎疫情对全球经济产生深刻影响，百年未有之大变局加速演进，世界各国纷纷将科技创新作为经济复苏和社会发展的强劲动力，在科技前沿领域加快战略布局，积极抢占未来科技创新的制高点，科技之争已成为国家间主导权之争、国运之争。同时，在国际力量对比发生深刻调整的背景下，重大原创性突破前夜各种力量之间的“角逐博弈”日益凸显，国际科技创新治理规则制定主导权之争已进入白热化阶段，科技同经济、社会、文化、生态深度协同发展，对人类文明演进和全球治理体系发展产生深刻影响。

“十三五”以来，在党中央、国务院的领导下，我国科技事业加快发展，创新能力大幅提升，在基础前沿、战略高技术、民生科技等领域取得一批重大科技成果，全球创新指数排名、全社会研发经费支出、全国技术合同成交额取得显著进步，科技创新成为我国应对国内外环境变化并取得系列发展成就的重要支撑。在“十四五”时期甚至更长的发展阶段，针对基本实现现代化，建成富强民主文明的社会主义国家的第二个百年奋斗目标，针对新一轮科技革命和产业变革深入发展的现实趋势，针对国际环境日趋复杂，不稳定性不确定性明显增加的外部环境，针对创新能力不适应高质量发展要求等阶段性矛盾，坚持创新在我国现代化建设全局中的核心地位仍将是新发展阶段的必然选择。

二、重视技术创新对纺织行业实现“双碳”目标的新机遇

“十四五”时期，纺织行业确立了“国民经济与社会发展的支柱产业、解决民生与美化生活的基础产业、国际合作与融合发展的优势产业”的新定位。为更快地适应深刻变化的行业内外部环境，更好地迎接新时代的机遇与挑战，推动行业发展与升级，建立新时代纺织产业创新体系，行业应坚定不移地强化科技创新工作。

气候变化是全球挑战，以实现碳达峰、碳中和为目标，推动社会、经济、生态的可持续与平衡发展已成为世界各国的战略选择。虽然“双碳”目标的切入点是气候履约，但其核心是新一轮的产业竞争，产业必将面临从要素配置、绿色产品供给、市场规则、发展路径模式的系统性改变。

“十四五”时期，中国生态文明建设进入以降碳为重点战略方向，推动减污降碳协同增效、促进经济社会发展全面绿色转型、实现生态环境质量改善由量变到质变的关键时期。与过去以环境污染防治为核心内容的生态文明建设任务相比较，以碳达峰、碳中和为重点战略方向的新时期生态文明体系涉及范围更广、影响程度更深、时间跨度更长。以2060年碳中和为目标的新技术、新产业、新路径，将给中国市场带来更大的想象空间和更多的创新活力。在整个过程中，围绕能源革命、产业转型、技术升级，突出原创性、突破性、颠覆性、引领性的

创新，聚焦新能源、新材料以及碳融合等颠覆性技术的科技攻关，建立以促进经济增长为目标的低碳科技创新体系至关重要。

在中国纺联编制的《纺织行业“十四五”绿色发展指导意见》中，提出了“以绿色技术创新引领全局”的基本原则，并在节能减排、清洁生产、资源节约与综合利用等重点工程中指明了行业下一步需要聚焦的关键技术。我国纺织行业要在新一轮绿色低碳产业革命中站得稳、行得远，必须要充分发挥科技创新的引领和支撑作用，在提升效率、降低排放，推动产品全生命周期绿色变革上发力，实现降碳、减排与产业增长的协同推进。

把握科技创新“四个面向”战略方向，加快实现纺织科技自立自强

2020年9月11日，习近平总书记在科学家座谈会上强调，坚持面向世界科技前沿、面向经济主战场、面向国家重大需求、面向人民生命健康，不断向科学技术广度和深度进军。这“四个面向”既体现科技工作的问题导向又凸显领跑思维，进一步标定了我国科技事业发展的主攻方向，是纺织行业“十四五”以及更长一个时期推动创新驱动发展、加快科技创新步伐的根本遵循和行动指南。

一、面向世界科技前沿，实现应用基础研究领域多点突破

基础研究和应用基础研究是科技创新的源头，近年来纺织行业面临的诸多卡脖子问题，根子是基础理论研究跟不上，源头和深层的东西没有搞清楚。建设纺织科技强国，首先要面向世界科技前沿，厚植行业科学基础，把原始创新和应用基础研究能力的提升摆在行业更加突出位置。充分发挥行业产业链配套完备的优势，将发展过程中积累的工艺创新、生产优化、协作经验等实践优势转化为理论优势，提升行业基础研究和原始创新能力。坚持需求导向和问题导向，面向行业科技前沿的基础地位和牵引作用加强前瞻部署，聚焦行业应用基础和共性关键技术研究，激活行业科技创新内生动力。

二、面向经济主战场，支撑、引领行业高质量发展

面向经济主战场，关键是要抓好科技成果转化应用“最后一公里”，推进科技创新和产业发展特别是实体经济发展深度融合。纺织行业在纤维新材料、绿色加工、先进纺织制品和智能制造与高端装备等领域已产出了一批标志性成果，有力支持了行业持续健康发展。2021年中国纺联科技奖15个一等奖项目近三年累计新增销售额近300亿元，累计新增利润24亿元，重点科技成果转化取得显著的经济和社会效益。2021年中国纺联评选的14项金奖专利，截至2020年底累计新增销售额222亿元，累计新增利润20亿元，高值化专利技术的利用和推广取得显著成效。开启新征程，纺织行业要不遗余力加大科技成果转移转化力度，多措并举推进基础研究、科技创新和实体经济深度融合，以科技创新支撑引领行业高质量发展。

三、面向国家重大需求，加快开展关键核心技术攻关

近年来，新型纺织材料及高技术纺织品正在逐步扩大其在航空航天和国防军工等国家重大需求领域应用的广度和深度，与此同时，由航空航天和国防军工需求催生的纺织新技术和新产品正在重新定义纺织品的未来，为纺织品贴上“高科技”标签。航空航天和国防军工产业亦是军用与民用密切结合的产业，由此推动并发展起来的纺织新技术与民用领域深度融合，已为纺织行业的发展创造了显著的

经济与社会效益。未来新型纺织材料及纺织品的开发应立足于高性能化、多功能化、结构功能一体化、复合化、智能化及低成本化的技术创新方向，主动融入多领域和多行业协同创新发展模式，为解决国家重点需求提供材料支撑。

四、面向人民生命健康，更好满足人民美好生活新期待

随着经济社会不断发展，人民对美好生活的新期待日益上升，这就要求纺织行业要更加关注与重大疾病防控、生态环保、养老保健等民生领域问题，加快推出更多民生领域科技创新新产品，不断提高人民生活品质。新冠肺炎疫情期间，纺织科技创新成为抗击新冠肺炎疫情的制胜力量，行业在抗疫斗争中坚持向科学要答案、要方法，不断提升医疗与卫生用纺织品自主与集成创新能力，满足了新冠肺炎疫情防控不同应用场景的防护需求，有效地保护了人民生命健康。未来行业将坚持面向人民生命健康，更加自觉地践行“绿水青山就是金山银山”理念，围绕碳达峰、碳中和，尽快调整优化产业结构和能源结构，为更好满足人民美好生活新期待贡献纺织力量。

系统提升科技创新能力，加快建设纺织科技强国

《纺织行业“十四五”科技发展指导意见》明确了纺织行业科技创新的主攻方向，为加快推进纺织科技强国建设提供了有力指导。未来行业要进一步强化科技力量与市场主体的统筹协同和融通创新，协同部署产业链与创新链，畅通创新价值链的关键环节，加快推进行业科技成果转移转化，形成各类创新主体功能互补、良性互动的协同创新新格局，提高创新链整体效能。

一、全面加强党的领导，为纺织科技自立自强提供强大政治和组织保证

充分发挥党领导的政治优势，确保纺织科技工作在政治立场、政治方向、政治原则、政治道路上同以习近平同志为核心的党中央保持高度一致，全面推进党中央关于科技创新的重大决策部署落地见效。将行业党建工作与科技创新工作同谋划、同部署、同推进，做到深度融合、同频共振，把党的全面领导优势转化为行业科技创新的巨大力量。

二、把握科技发展趋势，努力实现产业体系自主可控

纺织行业的科技创新必须坚持自主原始创新与全球开放合作相结合，必须坚持需求牵引拓展与产业链自主安全可控相结合，必须坚持关键核心技术突破与产业基础高级化相结合，以应用倒逼基础研究，以基础研究支撑应用，为关键核心技术突破提供知识和技术基础。同时要聚焦国家战略需求，在行业智能转型、绿色制造和其他关键领域、卡脖子的地方下大功夫，集中精锐打好科技攻关主动仗，尽快打通关键领域技术的堵点、断点，努力实现技术体系自主可控，有效解决产业链供应链面临的威胁。

三、靶向畅通科技成果转移转化通路，构建质量和效率优先的科技创新体系

进一步完善行业科技成果转化机制，促进资金、技术、应用、市场等要素对接，努力解决科学研究“最先一公里”和成果转化、市场应用“最后一公里”有机衔接问题。同时行业发展需遵循科技发展规律，树立质量和效率优先的科技发展理念，强化高质量、高效率科技创新，把科技创新的规模优势更好更快地转化为质量优势，构建适应行业科

技发展规律、能够有力支撑行业科技自立自强的科技创新模式。

四、强化企业创新主体地位，促进各类创新要素向企业集聚

高质量发展必定是创新链与产业链深度融合的发展，高水平创新体系必须是能促进创新链和产业链双向互嵌、协同升级的体系，围绕产业链部署创新链、围绕创新链布局产业链，是激发科技创新动力，影响经济新动能转化速度和潜在经济增长率的关键。产学研深度融合的关键是强化和突出企业的主体地位，并能够真正发挥主导作用。要推动企业成为技术创新决策、研发投入、科研组织和成果转化的主体，积极引导和鼓励大企业牵头组建创新联合体，打造共性技术平台，推动产业链上中下游、大中小企业融通创新，在协同互促中释放乘数效应。

五、夯实科技创新能力基础，推进高层次科技创新平台建设

科技创新的高质量发展，离不开完善的创新体系和高水平条件平台的支撑保障。要进一步加强纺织行业标准体系建设，推动标准化与科技创新互动发展，提升标准的有效性、先进性和适用性。加强检验检测技术、方法和装备研发，提升检验检测认证能力。完善重点领域知识产权布局，在关键领域形成一批高价值核心专利，持续提升知识产权创造、运用、保护和管理能力。同时依托国家制造业创新中心、国家重点实验室、国家工程研究中心等纺织行业国家级平台，强化多学科交叉融合，提升承担和完成国家重大科技任务的能力。

六、坚持人才引领发展，加快建设高水平科技创新人才队伍

结合行业发展特色和市场需求，加快引进、吸引和培养一批具有深厚科学素养、前瞻判断能力、超强组织能力和跨学科整合能力的战略科学家，打造一流科技领军人才和创新团队，造就、壮大卓越工程师和高技术技能人才队伍，努力培养一批规模宏大的青年科技人才和高水平创新团队，为科技自立自强不断提供高水平、可持续的人才支撑。

大时代呼唤大作为，大作为需要大情怀。站在新的历史起点上，把握好科技创新这一应对百年未有之大变局和实现纺织科技自立自强的“关键变量”，是时代赋予行业科技工作者的使命和担当。纺织行业科技工作者要更加紧密地团结在以习近平同志为核心的党中央周围，坚持以习近平新时代中国特色社会主义思想为指导，心怀“国之大者”使命担当，弘扬科学家精神，矢志不渝、追梦不止，坚持攻坚克难，做科技高峰攀登者，坚持科技报国，做高质量发展推动者，为早日实现高水平纺织科技自立自强贡献力量。

2021年中国纺织服装品牌发展报告

中国纺织工业联合会品牌工作办公室

站在迈向第二个百年奋斗目标的新起点，在“科技、时尚、绿色”的纺织行业发展导向下，中国纺织服装品牌不断开拓新思路、焕发新生机、迈向新高度，对于创造人们物质领域和精神领域美好生活、推进共同富裕的支撑引领作用更加凸显。

品牌发展的机遇环境更加利好

2021年是“十四五”开局之年，也迎来了中国共产党新的百年征程。实现中华民族伟大复兴的中国梦，是每一个中国人共同奋斗的目标，成为新时代最伟大的梦想。在此背景下，中国文化受到更加广泛、深刻的关注，加之国内消费市场逐步恢复，营商环境持续向好，中国品牌迎来更加良性、积极的成长环境。

一、民族复兴大计打开更广阔的品牌市场空间

《中华人民共和国国民经济和社会发展第十四个五年规划和2035年远景目标纲要》提出，要“传承弘扬中华优秀传统文化，深入实施中华优秀传统文化传承发展工程，强化重要文化和自然遗产、非物质文化遗产系统性保护，推动中华优秀传统文化创造性转化、创新性发展”。2021年3月22日，习近平总书记在福建考察时指出，“要推动中华优秀传统文化创造性转化、创新性发展，以时代精神激活中华优秀传统文化的生命力。”中华民族伟大复兴的根本是文化复兴，品牌是文化的载体。新发展格局对于“国内大循环”主体地位的确定，为自主品牌、自主创新打开了更大的空间，为国内市场激发了更强的活力。

二、国内消费市场恢复韧性继续显现

国家统计局数据显示，2021年最终消费支出对国内生产总值增长的贡献率达到65.4%，消费在新发展格局中的作用进一步凸显。社会消费品零售总额44.1万亿元，比上年增长12.5%，两年平均增速为3.9%。其中，限额以上单位服装鞋帽、针纺织品类商品零售额1.38万亿元，占限额以上单位商品零售的9.0%，零售额比2019年、2020年分别增长2.4%、12.7%，纺织服装消费市场呈现活跃态势（图1）。

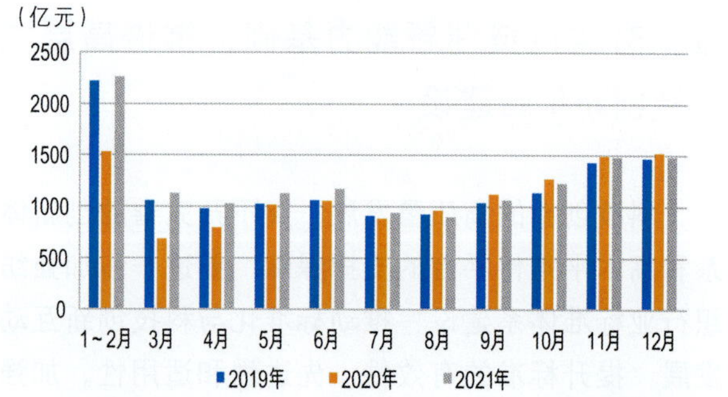

图1 近三年服装、鞋帽、针纺织品类商品零售额走势

资料来源：国家统计局，中国纺织工业联合会

三、国货国潮受到更广泛关注

中国文化日益走近世界舞台中央，人民多元化、高品位的文化需求逐步提升，美好生活需要日益广泛。在年轻人群成为消费主流、居民收入水平提升、民族文化认同感提高、人们消费理念革新等多因素的共同支撑下，国潮兴起成为标志性社会现

象。百度发布的《2021国潮骄傲搜索大数据报告》显示，近五年中国品牌和境外品牌的关注度发生巨大变化，2016年分别为45%和55%，2021年已调整为75%和25%，其中服饰品牌关注度提升56%。B站发布《bilibili年度国风数据报告》显示，2021年B站国风爱好者人数超1.77亿。

四、营商环境持续向好

我国营商环境改革持续深化，营商环境进一步优化。2021年5月，七部委联合发布《网络直播营销管理办法（试行）》；8月，文化和旅游部发布《网络表演经纪机构管理办法》；同月，市场监管总局等14家单位联合发布《关于印发2021网络市场监管专项行动（网剑行动）方案的通知》，于9～12月中旬开展2021网剑行动；9月，《电子商务直播基地管理与服务规范》行业标准发布；同月，国家税务总局办公厅发布通知，加强文娱领域从业人员税收管理；10月，《国务院关于开展营商环境创新试点工作的意见》印发，明确在北京、上海等6个城市开展营商环境创新试点，提出首批改革事项清单共101项举措。

中国纺织服装品牌焕发新生机

在经历了因2020年新冠肺炎疫情影响带来的下降之后，2021年纺织服装品牌运营整体保持持续回暖态势。从受到冲击到主动应对，中国纺织服装品牌迎来深度调整，品牌竞争力逐步提高，2021年中国纺织工业联合会确定的55家“中国纺织服装品牌竞争力优势企业”品牌价值超过50亿元，总价值达1.3万亿元，其中24家企业品牌价值超过百亿。

一、品牌运营整体回暖

从工业和信息化部“重点跟踪培育纺织服装品牌企业”（以下简称“重点品牌企业”）数据来看，2021年上半年“重点品牌企业”营业收入同比增长16.3%，其中消费品牌增长13.5%，制造品牌企业近几年波动更加明显，增长20.7%（图2）。部分企业高速增长，四成企业增幅超过25%，16.9%的企业增幅超过50%（图3）。

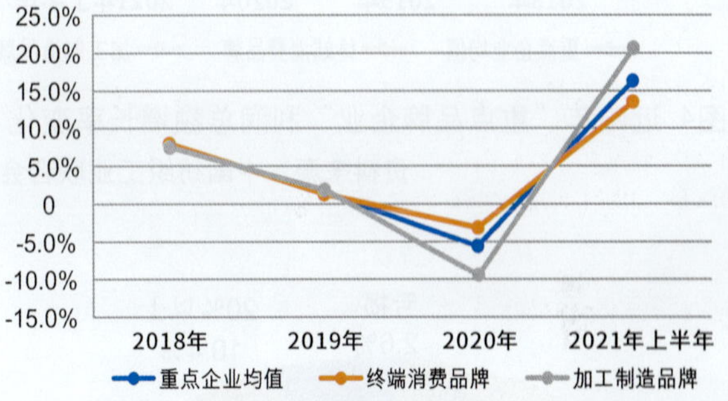

图2 近四年“重点品牌企业”营业收入增长率变化

资料来源：中国纺织工业联合会

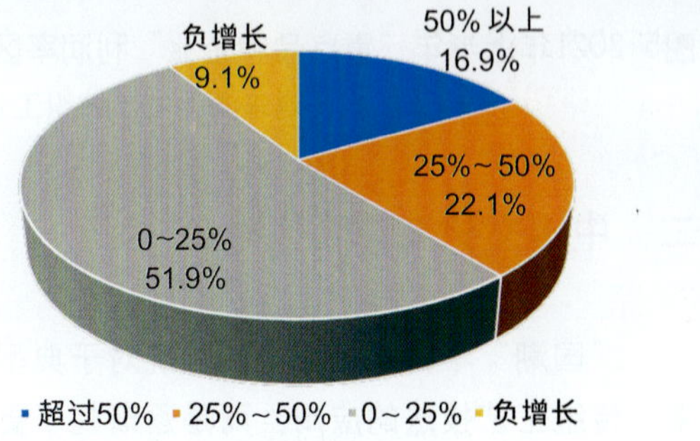

图3 2021年上半年“重点品牌企业”营业收入增长率区间分布

资料来源：中国纺织工业联合会

品牌竞争力优势凸显，盈利能力大幅度回升。2021年上半年“重点品牌企业”利润总额同比增长59.4%，其中消费品牌增长58.3%，制造品牌企业近几年波动更加明显，增长60.8%（图4）。部分企业高速增长，四成企业增幅超过50%，27.3%的企业增幅超过100%。利润率为10.2%，明显高于2020年7.2%的水平（图5）。

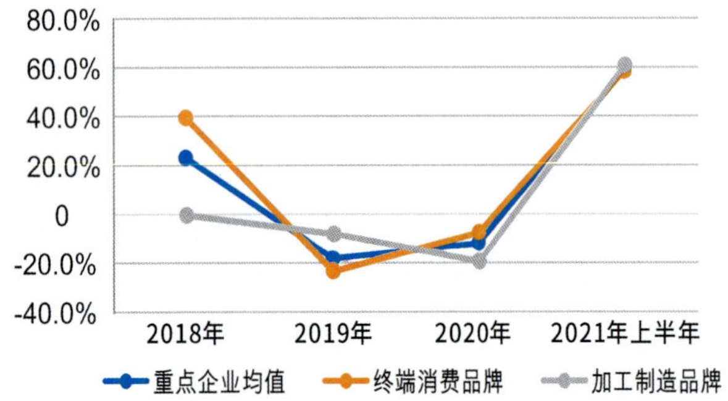

图4 近四年“重点品牌企业”利润总额增长率变化

资料来源：中国纺织工业联合会

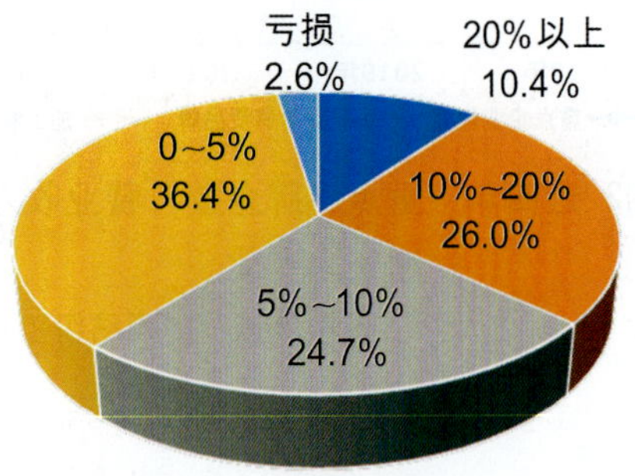

图5 2021年上半年“重点品牌企业”利润率区间分布

资料来源：中国纺织工业联合会

二、中国文化支撑当代时尚

“国潮”不再拘泥于产品外观对于典型实体元素、传统工艺技法的应用，而是逐渐趋于更加富有文化内涵、创意支撑、价值导向的多元化深度呈现，让品牌更加富有生命力、感染力，更加年轻化、生动化。

（一）品牌定位国潮化

注重“国”与“潮”的融合，将中国传统文化与时尚消费方式相结合进行品牌定位，倡导“天人合一、自然舒适、绿色健康、时尚生活”等理念，延续传统文化精髓而又不止于传统，将民族文化注入品牌鲜活的思想与灵魂，将品牌文化植入消费理念、价值追求，从而与消费者产生心灵深处的共鸣，讲求品牌态度、个性与思想主张，提升国内消费者对于本土品牌、中国文化的认可度，在弘扬民族文化的同时，构建多元包容的现代文化体系，树立提升大国文化自信。

（二）品牌设计国潮化

在品牌产品外观造型、制作工艺、包装设计、门店设计、陈列设计等方面，更加注重对中国文化元素、民族精神、当代时尚的融合运用。例如，借助传统手工艺与当代技法融入产品设计，对传统工艺进行传承创新；运用中国元素，借鉴艺术手法，跨界融合进行创新性变化，表达美好寓意与个性主张；以及不拘泥于代表中国文化的传统的有形的元素，将文化精髓与新时代价值主张植入创意设计中。

（三）品牌营销国潮化

品牌营销的国潮化包括以下几种典型方式：第一，将品牌文化、区域文化、民族文化相结合，丰富品牌内涵，讲好品牌故事，赋予深厚文化底蕴，实现品牌升级焕新；第二，通过跨界联名，打造具有中国元素特征的强有力IP，达到借力发力的效果，表征与升级品牌形象与价值导向；第三，借助中国传统节日与礼仪文化，选择凝聚浓厚中国文化底蕴的建筑文化场所、代表时代潮流的时尚地标等进行展演，满足消费者对于中国文化的深层次需求。

三、科技创新铸强中国力量

后疫情时代人们消费与生活方式发生巨大改变，全民健康意识与环保意识明显增强，健康、舒适、环保、休闲成为消费主旋律，与品牌加大创新变革形成互促。2021年上半年，“重点品牌企业”专职研发设计人员平均为327人，同比增长4.2%，48.6%的企业研发人员超过200人；研发设计投入额增长19.7%，投入强度平均达2.04%，高于2020年1.96%的水平（图6）。

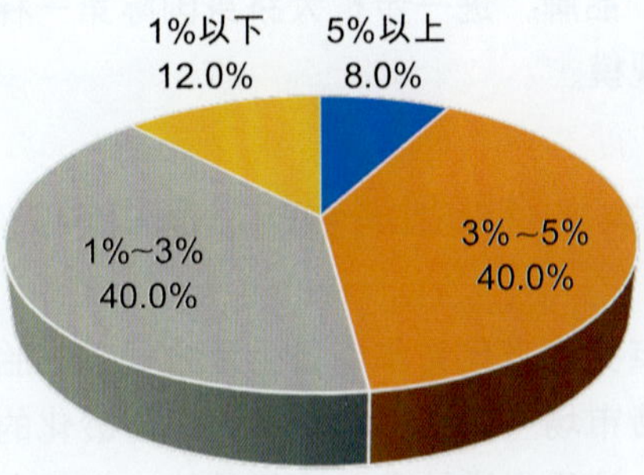

图6 2021年上半年“重点品牌企业”研发投入强度区间分布

资料来源：中国纺织工业联合会

（一）功能性纤维面料应用更加广泛化

新产品、新技术加快研发应用，健康、舒适、易护理、防护、控温等功能性纤维面料开发应用更加广泛，例如，长效抑菌、抗菌、抗病毒、除螨、玻尿酸美容、氨基酸护肤、太极石唤能健康、竹炭纤维消臭等健康类面料；储能保暖、火山岩羊毛、发热牛仔、太极石远红外发热等保暖类面料；无氟防水、防泼水、防污、防蚊、阻燃、储能发光、冰感防晒莱赛尔纤维等防护类面料；吸湿排汗、抗静电等舒适类面料领域；免烫、易清洁、可机洗毛纺、微胶囊芳香等易护理类面料。

（二）制造环节新技术应用愈加纵深化

行业数字化、信息化、智能化水平逐步提高。国家工业信息安全发展研究中心、中关村信息技术和实体经济融合发展联盟数据显示，截至2021年9月底，纺织行业数字化研发设计工具普及率达71.6%，关键工序数控化率为53.1%，生产设备数字化率为54.1%，智能制造就绪率为12.3%，比上年分别提升1.3、3.4、2.0、1.9个百分点。“重点品牌企业”中，42.4%的制造品牌企业已实现关键工序全数控化，21.2%的企业实现供应链管理全信息化，51.5%、69.7%的企业分别实现部分数控化、部分信息化。

（三）品牌营销数字化、信息化应用趋于普遍化

线上销售比重持续增加。2021年全国实物商品网上零售额同比增长12.0%，其中穿类商品增长8.3%。天猫2021年“双11”总交易额达5403亿元，创下新高，同比增长8.45%；京东“双11”累计下单额超3491亿元，增长28.58%。从“重点品牌企业”来看，2021上半年消费品牌企业线上销售额占22.6%，同比提高1.2个百分点，其中43.2%的企业占比超过30%，13.5%的企业线上销售额超过线下（图7）。

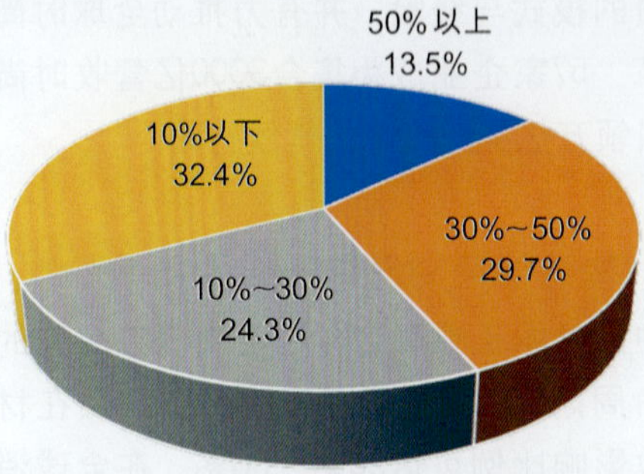

图7 2021年上半年重点消费品牌企业线上销售额比重分布

资料来源：中国纺织工业联合会

数字化技术手段得到普遍运用。借助抖音、快手、京东、天猫、微信小程序、公众号等平台，通过网络直播、公号推文等新模式，充分发挥粉丝经济、社群营销的优势，构建多维度、广覆盖、即时、高效的推广体系，提升品牌营销推广的即时性、精准性、高效性，展示品牌建设新面貌。网络直播高速增长，中国互联网络信息中心数据显示，截至2021年底，我国网络直播用户规模达7.03亿，较上年增长8652万，占网民整体的68.2%。部分品牌开始借助虚拟偶像直播，有数据显示，预计2021年虚拟偶像市场可达60亿元规模。

四、责任发展点亮中国态度

纺织服装品牌企业责任发展意识不断提升，从“重点品牌企业”来看，近90%的企业开展了社会

责任相关工作，24.7%的企业已建立社会责任体系。

（一）行业气候行动有序推进

中国纺织工业联合会于2021年6月启动“中国时尚品牌气候创新碳中和加速计划”，推动一批中国纺织服装行业竞争力500强企业、优先支持30家重点品牌企业和60家重点制造企业开展气候创新行动，并引导重点产业集群气候创新行动碳中和先行示范，助力实现国家自主减排目标，探索可持续生产与消费的模式与经验，并有力推动全球时尚产业绿色变革。57家企业成为集合3000亿营收时尚产业领跑者引领万亿美元市场的气候行动。

（二）构建绿色制造体系成为共识

中国纺织工业联合会社会责任办公室的纺织品全生命周期评价LCA研究表明，纺织品在材料端的碳排放影响比例可达30%～50%。在全球消耗的纤维中，化学纤维占65%，天然纤维只占35%。可持续材料成为大势所趋，天然环保、可再生纤维面料越来越受到青睐，莱赛尔、莫代尔等再生纤维应用逐渐提升。越来越多的企业开始关注生产过程中的环境污染问题，更多采用污染排放低的印染原材料。未来可持续材料将朝着低碳、零碳、负碳的方向不断迈进，推动可持续、可循环时尚。

品牌建设重点关注与发展方向

一、系统提升中国纺织服装品牌竞争力

注重提升消费品牌的文化承载力、时尚引领力与国际认可度，提升制造品牌的产业链协作能力、新产品新技术开发能力与快速响应能力，持续提升重点区域品牌的区域协作与联动辐射全行业的能力，进一步推动企业品牌与区域品牌协调发展；培育一批品牌价值百亿以上的制造品牌和消费品牌，以及品牌价值千亿以上的区域品牌；制定实施“国潮品牌培育计划”，培育一批中国文化特色明显的“国潮”品牌，进一步扩大跻身国际第一梯队的品牌企业规模。

二、加大培育新型消费的品牌引领力

重点关注当代青年消费生活方式、三胎政策带来的消费市场空间，同时重视人口老龄化的相应消费需求；注重先进技术、流行趋势、多元文化、跨界融合等在产品设计的融合体现，满足健康功能、自然舒适、时尚创意、环境友好等不断升级的新消费需求；注重中华文化的引领应用，引导支持基于中华优秀文化的礼仪服饰设计与着装应用；依托新技术手段，不断提升全链路运营、快速响应、内容营销、话题营销、社群营销等水平。

三、着重强化品牌的可持续发展力

开展绿色产品评价，发布绿色产品目录，促进绿色生产与绿色消费良性互动；实施品牌绿色发展战略，加快绿色化改造提升，促进品牌主体环境信息公开，构建从采购、生产、物流、销售、回收等环节的绿色供应链管理体系；加快落实生产者责任延伸制度，建立重点产品全生命周期追溯机制；引导公众践行绿色生活理念，引导绿色消费，推动构建全民参与的生态环境保护新格局。

四、注重发挥专业化平台的支撑力

注重发挥纺织服装创意设计试点示范园区对于培育自主品牌、提升创意设计能力、服务行业提质增效的支撑作用，加大对创意园区共同服务平台建设水平提升与培育力度；借助中国品牌日、品牌消费节、时装周、博览会、时尚节以及优势网络平台的作用，设立纺织服装优势、特色品牌专区，不断增加中国品牌拉动消费、共建美好生活的重要作用。

（撰稿人：惠露露）

纺织行业4个项目荣获2020年国家科学技术奖

项目名称：高曲率液面静电纺非织造材料宏量制备关键技术与产业化

完成人（完成单位）：覃小红（东华大学）、王荣武（东华大学）、何建新（中原工学院）、刘玉军（北京钧毅微纳新材料科技有限公司），王浦国（苏州九一高科无纺设备有限公司）、费传军（中材科技股份有限公司）

获奖等级：国家技术发明奖二等奖

提名单位：中国纺织工业联合会

项目针对微纳米纤维及高端制品产业化加工技术瓶颈，构建了高品质微纳米纤维静电纺成形控制理论，突破了宏量制备核心技术，在国际上首次实现了纤维直径离散分布小于15%微纳米纤维及其制品的量产，为高附加值、功能性微纳米非织造材料产业化提供解决方案。

项目实现了静电纺微纳米纤维的宏量制备和产业化生产，成果已实现推广应用，建成微纳米纤维非织造材料生产线10条，经济和社会效益显著，满足了国家战略和重要民生领域的重大需求，推动了我国纺织技术的发展与产业结构的升级。

项目名称：有机无机原位杂化构筑高感性多功能纤维的关键技术

完成人（完成单位）：朱美芳（东华大学）、孙宾（东华大学）、周哲（东华大学）、相恒学（东华大学）、成艳华（东华大学）、杨卫忠（上海德福伦化纤有限公司）

获奖等级：国家技术发明奖二等奖

提名单位：上海市

项目创新性地提出了有机无机原位杂化构筑高感性多功能纤维的新思路，发明了聚酯聚合过程跨尺度微纳结构功能相的原位构筑及其均匀分散新方法，建立了双螺杆限域空间和多外场诱导下聚合物与功能无机颗粒复合体系相结构的调控机制，研发了功能纤维微细化、异截面、复合加工“多相纺丝成形”新技术，构筑了多功能纤维的全链条设计与一体化实施新策略。

项目建立了高感性多功能纤维全流程产业化技术体系，在多家合作单位成功实现产业化，建立了5大类功能纤维生产线，开发了高感性多功能聚酯、再生聚酯和聚酰胺6短纤维、长丝及复合纤维等5大系列30多类产品，在国内外知名品牌获得成功应用，并延伸应用至高端运输和国防军工等领域，取得了突出的经济和社会效益。

项目名称：固相共混热致聚合物基麻纤维复合材料制备技术及应用

完成单位：长春博超汽车零部件股份有限公司、军事科学院系统工程研究院军需工程技术研究所、吉林大学、天津工业大学

完成人：刘雪强、李志刚、潘国立、窦艳丽、王春红、张长琦、杨涵、严自力、马继群、王瑞

获奖等级：国家科学技术进步奖二等奖

提名单位：中国纺织工业联合会

项目针对麻纤维复合材料存在的界面性能差、复杂形状和结构承载部件成型难、挥发性有机化合物（VOC）含量高等技术弊端，提出了共混热致制备聚合物基麻纤维复合材料的方法，研制出低成本、高性能的麻纤维复合材料，建立了产业化加工技术体系，实现了麻纤维复合材料绿色可循环生产应用。

项目已获授权发明专利10件、实用新型22件。项目解决了交通工具内饰环保和健康危害问题，满足了车船环保和轻量化需求，提高了麻纤维复合材料的制造水平，使中国成为拥有完整自主知识产权的先进麻纤维复合材料生产国，对促进纺织和新材料行业的技术进步具有重要意义。

项目名称：高性能无缝纬编智能装备创制及产业化

完成单位：浙江理工大学、浙江恒强科技股份有限公司、浙江日发纺机技术有限公司、泉州佰源机械科技有限公司

完成人：胡旭东、彭来湖、吴震宇、向忠、袁嫣红、何旭平、汝欣、史伟民、胡军祥、傅开实

获奖等级：国家科学技术进步奖二等奖

提名单位：中国纺织工业联合会

项目主要针对针织数字化车间智能生产关键技术进行研究，开发通用性针织智能控制系统平台，研发针织机械典型执行器件的智能驱动器，设计基于云服务的针织数字化车间信息管理系统平台，开发车间数据采集服务器软件和终端应用软件以及信息模型解析和编译器，编制针织设备智能控制系统行业标准，将数字化车间联网通信协议和智能控制技术标准化。

项目实现针织数字化车间针织设备智能化控制以及车间设备、产品、人员、订单的协同管理，减少了劳动力，提高了生产效率，已在常熟国盛、晋江智创、福建源达等著名纺织企业应用，提高了产品附加值。

2020年度国家科学技术奖获奖项目

序号	项目名称	主要完成单位	主要完成人	获奖等级	提名单位
1	高曲率液面静电纺非织造材料宏量制备关键技术与产业化		覃小红（东华大学）、王荣武（东华大学）、何建新（中原工学院）、刘玉军（北京钧毅微纳新材科技有限公司）、王浦国（苏州九一高科无纺设备有限公司）、费传军（中材科技股份有限公司）	国家技术发明奖二等奖	中国纺织工业联合会
2	有机无机原位杂化构筑高感性多功能纤维的关键技术		朱美芳（东华大学）、孙　宾（东华大学）、周　哲（东华大学）、相恒学（东华大学）、成艳华（东华大学）、杨卫忠（上海德福伦化纤有限公司）	国家技术发明奖二等奖	上海市
3	固相共混热致聚合物基麻纤维复合材料制备技术与应用	长春博超汽车零部件股份有限公司、军事科学院系统工程研究院军需工程技术研究所、吉林大学、天津工业大学	刘雪强、李志刚、潘国立、窦艳丽、王春红、张长琦、杨　涵、严自力、马继群、王　瑞	国家科学技术进步奖二等奖	中国纺织工业联合会
4	高性能无缝纬编智能装备创制及产业化	浙江理工大学、浙江恒强科技股份有限公司、浙江日发纺机技术有限公司、泉州佰源机械科技有限公司	胡旭东、彭来湖、吴震宇、向　忠、袁嫣红、何旭平、汝　欣、史伟民、胡军祥、傅开实	国家科学技术进步奖二等奖	中国纺织工业联合会

2021年度中国纺织工业联合会科学技术奖授奖情况及授奖名单

2021年，中国纺织工业联合会科学技术奖共授奖72项成果和4位科技工作者。72项科技成果中，一等奖15项，二等奖57项，总授奖比例为40%。中国纺联在坚持优中选优的原则下，不断降低授奖比例，提升授奖项目的质量。授奖项目中既有面向产业巨大需求的，也有直接服务于生产、民生和国家战略的，为纺织行业的持续健康发展贡献了强大的科技力量。颁授的15项一等奖项目中有7项是高端纤维及制品制备关键技术，5项是纺织智能制造与装备关键技术，3项是纺织绿色加工关键技术，体现了我国纺织行业以高端制造推动行业转型升级、以数字经济赋能产业创新变革、以绿色制造推动行业可持续发展的特点，说明了行业科技奖励对于促进纺织领域自主创新具有较强的引导和促进作用。获得本年度特别贡献奖——桑麻学者的有丁彬、丁彩玲、郭玉海和张清华，都曾获得过国家科技奖或国家级顶尖人才荣誉称号，在我国纺织行业相关领域都取得了卓越的创新性成就，对推动纺织科学技术创新发展作出了杰出贡献。

一、技术发明奖

具体获奖项目名单见表1、表2。

表1 壹等奖

序号	项目名称	主要完成单位	主要完成人
1	多级结构纤维集合体柔性压力传感材料与器件制造关键技术	武汉纺织大学、东华大学、武汉飞帛丝科技有限公司、山东安琪尔生活科技有限公司、重庆小爱科技有限公司	王　栋、钟卫兵、成艳华、贾康昱、王兴彦、龙汝倩
2	新型低能耗环保砂型铸造技术	东华大学、义乌云溪新材料科技有限公司、山东渲和新材料科技有限公司	朱世根、胡菊芳、骆祎岚、董威威、白云峰、丁　浩

表2 贰等奖

序号	项目名称	主要完成单位	主要完成人
1	高活性PTA氧化催化剂绿色制备关键技术及产业化应用	浙江上虞利星化工有限公司、济南朝晖科技有限公司、杭州金海湾化工有限公司	曹善文、李德经、李朝晖、包苏春、包玉莲、曹晓晴
2	功能性纳米纤维纱的宏量制备关键技术及在智能服装中的应用	苏州大学、南通纺织丝绸产业技术研究院、苏州工业园区正大针织有限公司、长胜纺织科技发展（上海）有限公司、江苏鑫缘丝绸科技有限公司	潘志娟、闫　涛、田　龙、李　杰、汪一奇、李　惠
3	基于定向纳米纤维的生物医用材料结构设计及产业化研究	西安工程大学、云帆（天津）仪器有限公司	刘呈坤、孙润军、郝鹏辉、李博昱、贺海军、毛　雪

二、科技进步奖

具体获奖项目名单见表1、表2。

表1 壹等奖

序号	项目名称	主要完成单位	主要完成人
1	数字化全成形经编装备及智能生产管理系统	五洋纺机有限公司、东华大学、常州机电职业技术学院	陈　革、王敏其、周其洪、孙志宏、王　水、王云良、高　燕、单鸿波、王菡珠、程　凌
2	基于数据流的智能纺纱工厂关键技术及产业化	魏桥纺织股份有限公司、东华大学、经纬纺织机械股份有限公司、青岛环球集团股份有限公司	程隆棣、张红霞、张　洁、魏家坤、和杉杉、王晓芸、汪俊亮、赵素华、吕佑龙、李　杰、张玉清、马法红、王森栋、赵宏伟、张海忠
3	高端羊绒纱线制造智能工厂关键技术研发	康赛妮集团有限公司、浙江理工大学	薛惊理、钱　淼、金　光、薛正利、秦保新、陈文浩、沈春娅、韩庆锋、殷小锋、牟黄波、张武辉、汝　欣、池　祥、黄象杰、邱定坤
4	涡流纺经弹牛仔面料制备关键技术及产业化	东华大学、浙江鑫兰纺织有限公司、德州华源生态科技有限公司、百隆东方股份有限公司、浙江九舜纺织有限公司	王荣武、权震震、黄景明、李向东、覃小红、杨卫国、季东晓、金友谊、黄　敏、景慎全、刘　力、杨耀斌、刘　琳、黄友洪、朱晓英
5	数字化纺织品染色染料与助剂自动配送系统	杭州开源电脑技术有限公司、杭州开源科派思智能科技有限公司、浙江理工大学	汪斌荣、徐海江、向　忠、许光明、王际明、李诚恺、陈志华、郑志成、刘　杨、汪浩洋、崔志军、胡志龙、王彦达、景印武、戴　冰
6	功能性聚酯纤维智能制造系统关键技术与应用模式创新	桐昆集团股份有限公司、东华大学、浙江理工大学、浙江中控技术股份有限公司、浙江大学、联想（北京）有限公司、浙江力太工业互联网有限公司、嘉兴学院、浙江恒云智联数字科技有限公司、桐昆集团浙江恒腾差别化纤维有限公司	许金祥、孙燕琳、王华平、徐伟强、郝矿荣、肖顺立、谢锐敏、吕汪洋、冯毅萍、许燕辉、骆淑云、江经国、林雪燕、周鑫波、季　玉
7	高品质有色原位聚合聚酰胺6切片和纤维产业化关键技术及成套装备	海阳科技股份有限公司、苏州大学、福建省恒新纤维材料有限公司、江苏海阳锦纶新材料有限公司、长乐力恒锦纶科技有限公司、江苏同欣化纤有限公司、海阳科技（江苏）研究院有限公司	封其都、陈建新、陈国强、吉增明、陈鹏飞、陈　亮、李若欣、丁　锋、刘茂华、刘荣喜、梅　震、陈立军、常广涛、陆灯红、王冬晟

续表

序号	项目名称	主要完成单位	主要完成人
8	对位芳纶规模化制造关键技术与装备国产化	东华大学、中芳特纤股份有限公司、上海工程技术大学、邯郸宏大化纤机械有限公司	余木火、孔海娟、范志平、李平威、张学永、滕翠青、韩克清、潘宏宇、于安军、张宏波、韩郡丰、武强强、孙泽玉、马臣习
9	共聚型阻燃聚酰胺66纤维产业化关键技术及其应用	军事科学院系统工程研究院军需工程技术研究所、东华大学、浙江台华新材料股份有限公司、浙江理工大学、德州华源生态科技有限公司、中国兵器装备集团兵器装备研究所	冯新星、张　华、李发学、梁高勇、施清岛、张华鹏、李向东、周　岚、马　天、王学利、吴德群、马训明、张长琦、刘雪强、安　东
10	无锑环保型聚酯熔体直纺关键技术及产业化	浙江恒逸石化有限公司、浙江恒澜科技有限公司、海宁澜钛新材料有限公司	王松林、王　文、杜玮辰、李院院、胥荣威、朱莎莎、梁希慧、孙妍妍、饶　雷、林耕宇、刘　雨、张庆喜
11	高强粗旦双组份纺粘非织造布生产关键技术与装备研究及产业化	大连华阳新材料科技股份有限公司、武汉纺织大学、大连华阳百科科技有限公司、南京盈福科技实业有限公司、天津市远景环保科技有限公司	曾世军、王　桦、王罗新、李昱昊、关跃跃、杨诗文、贾迎宾、叶锡平、倪　岩、吕大鹏、智来宽、姚宁秋、刘　鹏、史敬月、隋晓玲
12	纳米碳素复合纤维与功能产品产业化成套技术及应用	愉悦家纺有限公司、青岛大学、新材料与产业技术北京研究院、山东黄河三角洲纺织科技研究院有限公司	房宽峻、伍丽丽、房　磊、宗宪波、赵秀婷、李　涛、刘　迪、申春苗、高洪国、刘成禄、任燕飞、赵　珍、于志辉、李田田、张国清
13	微创介入用高强低蠕变线材制备关键技术与产业化	杭州锐健马斯汀医疗器材有限公司、东华大学、中国石化仪征化纤有限责任公司、上海香海织带机械有限公司	王　璐、蒋冠森、王富军、李凌晨、林　婧、杨　勇、陈　烨、汪剑平、毛吉富、李超婧、徐胜军、祖江平、胡程程、张　倩、刘来俊

表2　贰等奖

序号	项目名称	主要完成单位	主要完成人
1	智能化高产高质清梳联	青岛宏大纺织机械有限责任公司	王丽霞、倪敬达、李界宏、贾　坤、姚　霞、徐丰军、詹华春、宋钦文、何洪柱、梁　航

续表

序号	项目名称	主要完成单位	主要完成人
2	HCP2025智能组合式粗纱机	赛特环球机械（青岛）有限公司、徐州天虹时代纺织有限公司、青岛环球集团股份有限公司	王　震、崔桂华、曹友常、孙　旭、孙　杰、李建霞、王森栋、马　敏、赵天洁、王沛伟
3	三维多层立体智能织造装备及其应用技术	吴江万工机电设备有限公司、苏州大学	张　岩、谢　靖、王　萍、周玉峰、李媛媛、田秀峰
4	立体毛圈织造关键技术与数字化毛巾织机研发及产业化	山东日发纺织机械有限公司、浙江理工大学	何旭平、李子军、迟连迅、应志平、李雪清、程晓颖、吴震宇、刘　伟、韩景荣、马素芬
5	纺纱生产数字化关键技术研究及其产业化应用	郑州轻工业大学、安徽华茂纺织股份有限公司、郑州天启自动化系统有限公司、山东华兴纺织集团有限公司、商丘市方舟棉业有限公司	王永华、杨圣明、江　豪、张保威、孙伟光、王士合、赵素娜、张伟伟、丁莉芬、宋凯迪
6	基于虚拟现实和混合现实技术的面料与服装协同设计系统研发与应用	中国纺织信息中心、北京商询科技有限公司	李斌红、邬　浩、李　鑫、李　波、齐　梅、朱建祥、曹潇文、宋富佳、马　磊、谢　然
7	基于人工智能（AI）的纺织纤维成分分析技术研究及应用	中国纺织工程学会、佛山中纺联检验技术服务有限公司、广州冠图视觉科技有限公司、重庆大学、天津工业大学	伏广伟、杨知方、张珍竹、王　文、余　娟、刘建勇、刘　雍、王　军、毕兴忠、林佳鹏
8	水刺法非织造布智能工厂关键技术装备及工程化应用	济南永信新材料科技有限公司、山东大学、恒天重工股份有限公司、山东建筑大学、山东深蓝机器股份有限公司、山东华特天维新材料有限公司、浪潮通用软件有限公司	朱　波、史成玉、于　宽、王　晶、汤水利、蔡　珣、史晓慧、张德亮、刘凤莲、宋东鹏
9	基于工业互联网的医疗卫生用纺织品韧性产业链协同技术及推广应用	北京航天智造科技发展有限公司、东华大学、中国纺织信息中心、上海嘉麟杰纺织科技有限公司	王文宣、鲍劲松、崔红斌、王俊丽、刘佩全、曹　凯、杨　芸、翟燕驹、纪丰伟、李　婕
10	GB 50425—2019《纺织工业环境保护设施设计标准》	上海纺织建筑设计研究院有限公司、东华大学、浙江省生态环境科学设计研究院、上海纺织节能环保中心	武文翔、金平良、尹振文、杨　波、梅荣武、顾震宇、李　健、龚成晨
11	基于表面等离子体共振技术的轻纺类消费品部分有害物质检测技术标准化研究	东华大学、上海海关工业品与原材料检测技术中心	费　静、薛文良、刘　芳、丁　亦、魏孟媛、马颜雪、刘敏华、沈　华

续表

序号	项目名称	主要完成单位	主要完成人
12	服装用数字化人体图形要求	苏州大学、苏州市质量和标准化院	祁　宁、尚笑梅、张克勤、沈俊杰、薛哲彬、赵　兵
13	T/CNTAC 21—2018《纤维中石墨烯材料的鉴别方法 透射电镜法》	上海市质量监督检验技术研究院、东华大学、享野（上海）实业发展有限公司	李卫东、庄园园、高建国、雒　香、麻同君、陆华富、诸佩菊
14	FZ/T 93098—2017《清梳联合机》	青岛宏大纺织机械有限责任公司、郑州宏大新型纺机有限责任公司、青岛东昌纺机制造有限公司、卓郎（常州）纺织机械有限公司、青岛东佳纺机（集团）有限公司	倪敬达、李瑞霞、邵长新、许小平、纪合聚
15	基于REACH法规的纺织品中禁限用物质检测技术与标准的研究与应用	福建省纤维检验中心	朱　峰、刘　贵、潘行星、薛建平、连秋燕、林宁婷、林金美
16	纺织行业取水定额标准研究与应用	中国纺织经济研究中心、中国标准化研究院、中国化学纤维工业协会、中国毛纺织行业协会、中国长丝织造协会、中国麻纺织行业协会	程　晧、白　雪、董廷尉、胡梦婷、李增俊、吴砚文、王加毅、戎中钰、洪　军、吕思晨
17	纺织品测定用控制织物国家标准样品（5项）的研制	中纺标检验认证股份有限公司、深圳市北岳海威化工有限公司、宁波纺织仪器厂	李贤雯、李　静、许　磊、于　龙、洪　雁、邹练锋、胡君伟
18	纺织印染行业重点企业碳排放评价及控制关键技术研究	东华大学、中国纺织经济研究中心、广州弘禹环保科技有限公司、常州市宏大电气有限公司、互太（番禺）纺织印染有限公司、山东如意科技集团有限公司	李　戎、张中娟、程　晧、杨爱民、顾金华、黄　刚、赵　辉、康小战
19	植物染色纺产品关键技术及产业化	德州恒丰纺织有限公司、青岛大学、山东锦润嘉植物染色科技有限公司、华纺股份有限公司、青岛即发集团股份有限公司、山东恒丰新型纱线及面料创新中心有限公司	姜　伟、苏建军、孙传芳、王思社、徐维敬、金凯震、刘春国、张明耀、孙红玉、许德涛

续表

序号	项目名称	主要完成单位	主要完成人
20	鸟羽色彩仿生设计技术研究及其在纺织品中的应用	达利丝绸（浙江）有限公司、浙江理工大学、浙江敦奴联合实业股份有限公司、浙江嘉欣丝绸股份有限公司、杭州新天元织造有限公司、御秀实业控股股份有限公司、德清金丝源纺织品有限公司	祝成炎、丁圆圆、金肖克、张红霞、林　平、李启正、雷　斌、王浙峰、孙　伟、郑贤静
21	功能性纱线制备关键技术研发及产业化	德州华源生态科技有限公司、浙江锦峰纺织机械有限公司、德州富华生态科技有限公司	李向东、贺文婷、刘明哲、肖建明、姚园园、刘俊芳、戴羡磊、李荣明、雒书华、刘玉刚
22	苎麻绿色加工关键技术研发及产业化	南通大学、中国科学院微生物研究所、江西恩达麻世纪科技股份有限公司	董　震、周　成、褚特野、赵志慧、邱新海、张凯锋、袁建林、邱枚英
23	再生聚酯纤维高品质纱线高效制造加工关键技术及产业化	南通双弘纺织有限公司、东华大学	纪　峰、吉宜军、邵国东、张瑞云、乐荣庆、崔益怀、李继国、杨　洋、王　妮、杨晓慧
24	服装压力舒适性预估模型及测试系统开发研究	东华大学、广州纤维产品检测研究院、广州检验检测认证集团有限公司、莱州市电子仪器有限公司	王永荣、罗胜利、张佩华、张雪波、黎仲明、李丽琼、张国权、廖银琳、姚　远
25	细旦再生纤维素纤维超高支纱加工关键技术及产业化	福建新华源纺织集团有限公司、东华大学、光山白鲨针布有限公司	刘　柳、陈　文、张永钢、陈宗立、黄莉茜、郭占军、张瑞云、谢云利、陈玉峰、刘显煜
26	喷气涡流纺7.4tex纯粘胶纱纺制关键技术及产业化	吴江京奕特种纤维有限公司、江南大学、绍兴文理学院、江苏京正特种纤维有限公司	卢雨正、陈　路、邹专勇、陈克勤、彭福建、张仕成、韩晨晨、徐晓锴、韩伟中、潘海洪
27	多色纬大提花织绣面料生产关键技术	江苏悦达纺织集团有限公司、江南大学、江苏工程职业技术学院	孙仁斌、周　建、王成军、佟　昀、于　灿、潘如如、严以登、陈志华、袁道春、刘莹莹
28	印织产品生产关键技术与产业化	江苏明源纺织有限公司、江南大学、南通大学	王文元、高卫东、孙丰鑫、张永辉、潘如如、瞿建刚、张小丽、贾维妮、孙亚南、朱　博
29	生物质家纺面料功能化关键技术的研究与应用	苏州大学、上海水星家用纺织品股份有限公司、东华大学、南通纺织丝绸产业技术研究院	刘宇清、陈长洁、王　钟、沈守兵、王国和、陈秀苗、梅山标、武亚琼、仇兆波、黄　熠

续表

序号	项目名称	主要完成单位	主要完成人
30	含丝织物平幅连续精练和物理后整理关键技术研发与产业化	浙江理工大学、绍兴兴明染整有限公司、浙江钱江纺织印染有限公司、浙江富润印染有限公司、温州职业技术学院、浙江三元纺织有限公司	吴金丹、王树华、陈智杰、钟建军、戚栋明、王益峰、吴良华、赵春磊、洪　东、李家炜
31	数码喷印墨水制备关键技术及其应用	郑州鸿盛数码科技股份有限公司、郑州大学	秦国胜、张浩勤、孙志国、张亚涛、王齐振、袁福顺、陈　普、张轶红、李金艳、谢　竞
32	耐久抗菌彩色牛仔面料及服装的研发及推广	广东前进牛仔布有限公司、苏州中纺学面料产业研究院、武汉纺织大学、佛山市畅染科技有限公司	王宗文、李瑞卿、王　伟、姜会钰、李继往、魏炳举、源满荣、黄丽桢、周长文、刘添涛
33	生物基阻燃剂的开发及其纺织品改性关键技术与产业化	苏州大学、鑫缘茧丝绸集团股份有限公司、海安鑫缘数码科技有限公司、吴江市鼎盛丝绸有限公司、盛虹集团有限公司、苏州兆海纺织科技有限公司、苏州布丁纺织科技有限公司	关晋平、程献伟、储呈平、陈忠立、孙道权、吴建华、陈　威、钱琴芳、姚海祥、徐奕飞
34	适用于数码喷印的非织造涂层商标布及其绿色制备技术	浙江理工大学、湖州新利商标制带有限公司、浙江理工大学湖州研究院有限公司、浙江凯瑞博科技有限公司	郑今欢、王成龙、李红艳、吴会月、柴丽琴、雷鹏飞、吴丹丹、沈小强、陈维国、刘国金
35	丝光机封闭淋吸碱系统及淡碱浓度自动控制技术	山西彩佳印染有限公司	柴致东、张伯勋、柴沛东、田小伟、赵增全、樊屹、令狐海峰、李卫东、李　朝、李云记
36	还原染料微泡超细化技术及在棉筒子纱染色上的应用	浙江三元纺织有限公司、东华大学、三元控股集团有限公司	李益民、王　炜、吴良华、方　娜、俞　丹、段炎斌、凌江良、宋玉兰、李益锋、樊　吉
37	高保形全棉织物制备关键技术及产业化	江南大学、江苏联发纺织股份有限公司、鲁泰纺织股份有限公司	高卫东、唐文君、王　蕾、张建祥、蔡红梅、范雪荣、唐存才、张　凯、王　强、傅佳佳
38	高性能微胶囊相变材料的研发及其产业化应用	西安工程大学、上海伊纯实业有限公司	陆少锋、师文钊、崔　进、徐成书、孙艳丽、刘瑾姝、王雪燕、任　燕、张　晶、尚玉栋

续表

序号	项目名称	主要完成单位	主要完成人
39	共聚改性亲水型醋丙乳液整理剂关键技术研发及产业化	杭州传化精细化工有限公司、浙江传化功能新材料有限公司、传化智联股份有限公司、广东传化富联精细化工有限公司	杨小波、何文栋、陈八斤、储昭华、陈华群、俞英珍、徐　璀、倪晓东、司马聪、王胜鹏
40	千吨级硫氰酸钠法50K大丝束碳纤维产业化关键技术及装备	兰州蓝星纤维有限公司、中蓝连海设计研究院有限公司	王　斐、周宝庆、尚文武、黄东明、洪延波、周亚明、穆华华、李华华、梁百涛
41	具备防水透气功能的纳米纤维微孔氟膜及产业化应用	浙江汉丞科技有限公司、际华集团股份有限公司系统工程中心、上海汉圃新材料科技有限公司	吴慧生、葛爱雄、杨　颖、张旭东、戈　鹰、郝荣荣
42	基于健康防护功能的植物源复合纤维素纤维制备关键技术及其产业化	青岛大学、山东银鹰化纤有限公司、国家纺织服装产品质量监督检验中心（浙江桐乡）（桐乡市产品质量监督检验所）、青岛邦特生态纺织科技有限公司	刘逸新、李明华、胡　娜、李　娟、蒋晶晶、山传雷、徐元斌、姜明亮、庄　莉、姚汉强
43	25K—50K聚丙烯腈基原丝及碳纤维关键技术和产业化开发	吉林碳谷碳纤维股份有限公司、吉林精功碳纤维有限公司、长春工业大学	刘逸新、李明华、胡　娜、李　娟、蒋晶晶、山传雷、徐元斌、姜明亮、庄　莉、姚汉强
44	聚乙烯凉感复合纤维制备关键技术及应用	凯泰特种纤维科技有限公司、绍兴文理学院、中国纺织科学研究院有限公司、中纺院（浙江）技术研究院有限公司、安踏（中国）有限公司	占海华、许志强、王　勇、赵德方、黄　芽、曾国坪、张　艳、李顺希、杨国荣、吴鹏飞
45	同质异构多组分弹性聚酯纤维关键技术及产业化	江苏三联新材料有限公司、东华大学、洪泽联合化纤有限公司	陈　烨、王健康、陈向玲、靳高岭、杨兆珍、王华平、戚娟娟、吉　鹏、高金刚、柯福佑
46	微细旦低熔点皮芯复合聚酯纤维产业化关键技术研发	福建闽瑞新合纤股份有限公司、东华大学、苏州大学、嘉兴学院、福建康百赛新材料有限公司	卓志明、于金超、陈向玲、陈兴华、万　雷、林　鹏、姚勇波、乌　婧、吴学海、刘　剑
47	功能性过滤与防护纳米纤维膜批量制备的关键技术及产业应用	苏州大学、中亿丰建设集团股份有限公司、江苏三丰特种材料科技有限公司、浙江华祥福医用器材有限公司、苏州贝彩纳米科技有限公司、现代丝绸国家工程实验室（苏州）	徐　岚、魏　凯、刘福娟、王　萍、张　楠、何吉欢、张　岩、姚　明、汪恩锋、董伊航

续表

序号	项目名称	主要完成单位	主要完成人
48	基于力学与功能增强的碳纤维结构调控关键技术及应用	天津工业大学、卡本复合材料（天津）有限公司	徐志伟、钱晓明、马　昌、石海婷、王　维、裴晓园、刘梁森、李　楠、罗仕刚、胡艳丽
49	基于纳米自组装高效抗菌抗病毒多功能纺织品的开发与产业化	苏州大学、南通大学、旷达科技集团股份有限公司、苏州圣菲尔新材料科技有限公司	张德锁、林　红、吴双全、陈宇岳、李　雅、任　煜、王华锋、付　凡、张雨凡
50	复合结构阻隔材料关键制备技术与产业化应用	天津工业大学、军事科学院系统工程研究院军需工程技术研究所、张家港市宏裕新材料有限公司、威海迪尚医疗科技有限公司	康卫民、王　刚、赖　军、徐卫红、王　韬、孙崇涛、厉宗洁、王晓明、徐晓东、唐世君
51	碳/玻多轴向织物多层复杂异型结构件快速拉挤成型关键技术及装备	常州市新创智能科技有限公司、东华大学、郑州大学、北京航空航天大学、常州市宏发纵横新材料科技股份有限公司	陈南梁、谈　源、刘春太、蒋金华、邵慧奇、张　娜、邵光伟、谈昆伦、段跃新、汤　娟
52	轻量化碳纤维超长叶片树脂渗透调控关键技术	天津工业大学、东方电气（天津）风电叶片工程有限公司	吴海亮、吴晓青、王会才、杨　忠、陈　磊、刘鲜红、别春华、江一杭、钟智丽
53	高铁用PAN基预氧丝水刺非织造材料的开发及关键技术研究	东纶科技实业有限公司、中国纺织科学研究院有限公司、北京科英精益技术股份公司	张孝南、吴　伟、田　慧、任　强、张聪杰、刘东生、刘伟强、潘　科
54	高性能电力防护服系列材料关键技术研究与产业化	陕西元丰纺织技术研究有限公司、陕西省纺织科学研究院、陕西纺标检测认证有限公司	刘　琳、蔡普宁、樊争科、孙凯飞、林　娜、张小民、赵　雷、徐炎炎、侯　琳、李　磊

三、特别贡献奖（桑麻学者）

（排名不分先后，按姓名拼音顺序）

序号	姓名	工作单位
1	丁　彬	东华大学
2	丁彩玲	山东如意科技集团有限公司
3	郭玉海	浙江理工大学
4	张清华	东华大学

中国纺織
CHINA TEXTILE
中国纺织工业联合会会刊
我们关注，中国纺织产业的每一步进程；
我们汇聚，纺织界的顶级资源；
我们贯通，纺织产业链的对话平台；
我们分享，纺织人的情怀故事；
我们拓新，为纺织企业提供决策指南。
Infocus
Collection
Connection
Sharing
Exploration
Innovation
纺织天下•强国版图
www.tex1951.com
010-85229015
zgfz530@126.com
新媒体矩阵号
微信 | 公众平台
视频号
中国纺织
中国纺織 官网 www.tex1951.com
头条号
企鹅号
腾讯视频
CHINA TEXTILE 官网 www.cntex2006.com
西瓜视频
抖音
微视
《中国纺织》微信二维码

CNTAC

“十四五”战略

纺织行业“十四五”发展纲要

中国纺织工业联合会

“十四五”时期是我国全面建成小康社会、实现第一个百年奋斗目标之后，乘势而上开启全面建设社会主义现代化国家新征程、向第二个百年奋斗目标进军的第一个五年。“十四五”时期，新发展阶段、贯彻新发展理念、构建新发展格局，进一步推进行业“科技、时尚、绿色”的高质量发展，在新的起点确定行业在整个国民经济中的新定位，即**“国民经济与社会发展的支柱产业、解决民生与美化生活的基础产业、国际合作与融合发展的优势产业”**。根据《国民经济和社会发展第十四个五年规划和2035年远景目标纲要》，围绕行业新定位，引导纺织行业加快转型升级，实现全产业链高质量发展，编制本发展纲要。

一、发展现状和面临形势

（一）“十三五”发展成效

1.发展优势持续强化。“十三五”期间，我国纺织行业在全球价值链中的位置稳步提升，产业链整体竞争力进一步增强。2020年，我国纺织纤维加工总量达5800万吨，占世界纤维加工总量的比重保持在50%以上，化纤产量占世界的比重在70%以上。2020年，我国纺织品服装出口额达2990亿美元，占世界的比重超过三分之一，稳居世界第一位，其中纺织品出口额占全球的比重从2016年的36.6%提升到2019年的39.2%。2020年，全国纺织行业规上企业实现营业收入4.52万亿元，占全国工业4.3%，利润总额2065亿元，占全国工业3.2%。

2.结构调整稳步优化。“十三五”期间，服装、家纺及产业用三大终端产品纤维消耗量比重由2015年的46.4：28.1：25.5调整为2020年的40：27：33。“十三五”末，我国高性能纤维总产能占世界的比重超过三分之一，产业用行业纤维加工量达1910万吨，较2015年增长40%以上，有效满足多元化、多层级、多领域市场需求。

3.创新生态不断改善。“十三五”期间，我国纺织行业全产业链科技创新生态环境不断改善，创新平台建设取得较大进展。截至2020年底，纺织行业共有国家制造业创新中心2个、国家重点实验室6个，国家工程研究中心2个、国家企业技术中心81家（含5家分中心）、国家认定企业工业设计中心12家；中国纺织工业联合会认定的行业重点实验室59个、技术创新中心37家。2019年，规模以上纺织企业研发投入强度超过1%，较2015年提高0.4个百分点，其中化纤行业的研发投入强度达到1.4%，较2015年提高0.3个百分点。“十三五”期间，共有11项成果获国家科学技术奖，其中“干喷湿纺千吨级高强/百吨级中模碳纤维产业化关键技术及应用”获国家科技进步一等奖。在纤维材料、绿色制造、纺织机械等领域一批“卡脖子”技术难题被突破。国产纺织装备国内市场占有率达到75%以上。

4.创意力量持续提升。“十三五”期间，我国纺织领域形成了覆盖产业链各环节的流行趋势协同研究和发布机制，时尚设计原创能力提升明显，全国有100多所本科院校和300多所高职院校设有服装设计和工程专业，保障时尚设计人才队伍储备。自主品牌认知度与美誉度持续提升，国内主要大型商业实体的服装家纺品牌中85%左右为自主品牌，原创潮流品牌消费规模逐年提升，占品牌消费比重已超过15%。中国品牌的国际影响力有所提升，时尚消费的跨界融合、商业载体和传播形式更加多元和丰富。

5.绿色发展成效显著。"十三五"期间，我国纺织行业用能结构持续优化，二次能源占比达到72.5%，能源利用效率不断提升，万元产值综合能耗下降25.5%。万元产值取水量累计下降11.9%，其中，印染行业单位产品水耗下降17%，水重复利用率从30%提高到40%。"十三五"期间，纺织行业废水排放量、主要污染物排放量累计下降幅度均超过10%。我国循环再利用化学纤维供给能力明显提升，废旧纺织品资源化利用水平进一步提高。2016年以来共有251种绿色设计产品、91家绿色工厂、10家绿色供应链企业、11家绿色设计示范企业被工信部列入绿色制造体系建设名单，全生命周期绿色化管理正在加速融入纺织产业链体系。中国纺织服装企业社会责任管理体系（CSC9000T）的维度和内涵不断拓展，已经开始覆盖国内企业在海外投资的工厂。

整体来看，至2020年末我国全面建成小康社会之际，纺织行业基本实现《2020建设纺织强国纲要》相关目标，我国纺织工业绝大部分指标已达到甚至领先于世界先进水平，建立起全世界最为完备的现代纺织制造产业体系，生产制造能力与国际贸易规模长期居于世界首位，成为我国制造业进入强国阵列的第一梯队。科技创新从"跟跑、并跑"进入"并跑、领跑"并存阶段，品牌建设形成制造品牌、消费品牌和区域品牌的三级体系，节能减排、污染防治、资源综合利用等方面取得积极进展，人才建设积极支撑行业创新和进步。

"十三五"以来，我国纺织行业发展取得良好成绩，但也存在诸多困扰行业发展和需要持续关注的问题，如纺织原料供给安全仍有一定风险，行业内仍存在部分关键技术短板有待突破，消费市场培育力度不够，中高端产品的市场有效供给能力仍待增强，行业内文化资源的应用及推广能力不足，品牌国际影响力有待提升等。

（二）"十四五"发展形势

当前和今后一个时期，我国发展处于重要战略机遇期，但机遇与挑战都有新的发展变化。纺织行业作为国民经济和社会发展的支柱产业，同时面临着适应世界百年未有之大变局的考验和构建"双循环"新发展格局的要求，发展形势日趋复杂，不稳定性不确定性因素增强，发展机遇也依然存在。

1.国际供应链格局深刻调整。百年变局之下，国际力量对比深刻调整，新冠肺炎疫情影响广泛深远，促使国际经贸合作格局发生改变。在经济全球化重构、安全发展理念强化的背景下，发达国家加强对高端技术装备的控制力，全球生产制造体系围绕大型自由贸易区加重布局，各国间纺织贸易、投资领域竞合关系更趋复杂。在复杂经济形势下，国际经济、贸易环境前景均存在较高不确定性，但世界纤维消费总需求在经济发展、多领域应用等因素拉动下仍有增长空间。纺织行业作为国际化发展的先行产业，将在国际产业格局调整与贸易竞争中面临复杂考验，但我国推动共建"一带一路"，构建高标准自由贸易区网络，将为纺织行业优化供应链布局赢得主动作为空间；贸易便利化、人民币国际化等制度改革持续推进，也将为纺织行业开辟多元国际市场提供支持。

2.畅通国内大循环构筑产业发展战略基点。我国已转向高质量发展新阶段，经济长期向好，在全面建成小康社会基础上，人民群众对美好生活的需要持续释放，将推动内需市场稳步扩容升级，成为纺织行业高质量发展的战略基点。乡村振兴与新型城镇化同步推进，形成基本功能型消费、改善型消费、引领型消费并存的多层次需求空间；国潮消费、绿色消费、健康消费、数字消费等需求新趋向，提供多角度、多元化的创新空间；消费者文化自信和文化自觉不断强化，自主品牌将有条件形成引领全球时尚潮流的能力；我国建设现代化基础设施体系，推动制造业升级，发展医疗卫生、环境保护等社会事业，将为纤维材料及纺织制成品提供更为丰富的应用领域。

3.新一轮科技革命带来发展机遇。新一轮科技革命深入发展，材料科技占据前沿位置，以高性能、多功能、轻量化、柔性化为特征的纤维新材料，为纺织行业价值提升提供重要路径。新一代数字化信息化智能化技术与纺织行业加深融合，正在推动纺织产业链、供应链提质增效，带来业态更新与价值延伸。我国科技创新的基础设施条件和体制机制不断完善，技术应用与创新生态不断丰富，跨界创新、融合创新实践不断涌现，为产业的高质量发展提供有利条件。

4.绿色发展成为全球产业发展的刚性要求。全球气候治理形势紧迫性凸显，对国际经济及产业体系形成重要影响，绿色发展不仅成为国际纺织供应链采购决策和布局调整的现实影响因素，也将是纺织产业国际竞争力和话语权的重要来源。我国已制定2030年前实现碳排放达峰、2060年前实现碳中和的目标，对纺织行业绿色发展形成刚性要求。纺织科技持续创新突破，为行业破解绿色发展约束、构建可持续发展路径提供坚实支撑。全行业需要凝聚共识，将发展立足于国家生态战略全局与人类气候安全，将践行可持续发展作为价值提升的重要途径和纺织强国应有之责。

5.数字经济开创新增长点。世界发展步入数字化新时代，经济创新打破区域分割与行业界限，新冠肺炎疫情进一步加速数字化进程。数字资源为纺织行业提供了精准商业决策、革新供给形态、自主构建安全与产权规则等新契机，是新时期行业高质量发展的新驱动力。我国5G移动互联技术和设施优势与纺织产业集聚化发展特色相结合，将有力支持纺织行业建设工业互联网与智慧集群，促进行业加快形成协同高效、多维创新的发展新空间。

面对前所未有的复杂形势，立足纺织强国实力基础，纺织行业坚定推动高质量发展的决心和在国际产业链、供应链中占据优势位置的信心，精准把握国际纺织产业格局调整时机，深度融入我国“双循环”新发展格局，不断强化制造体系优势，解决好产业链、供应链短板，有效破解国际产业格局调整带来的风险困难，在新格局中开辟新局面，为新格局贡献新作为。

二、总体思路和发展目标

（一）总体思路

坚持以习近平新时代中国特色社会主义思想为指导，深入贯彻党的十九大和十九届二中、三中、四中、五中全会精神，牢固树立创新、协调、绿色、开放、共享的新发展理念，立足国民经济与社会发展、民生保障与产业安全，以高质量发展为主题，全面打造“以国内大循环为主、国内国际双循环相互促进”的新发展格局。按照“创新驱动的科技产业、文化引领的时尚产业、责任导向的绿色产业”发展方向，持续深化产业结构调整与转型升级，推动供给与需求的动态平衡，加大科技创新和人才培养力度，打造国际合作和竞争新优势，推动区域协调发展，建成若干世界级先进纺织产业集群，形成一批知名跨国企业集团和有国际影响力的纺织服装品牌，加快迈向全球价值链中高端，为巩固纺织强国地位并为我国实现制造强国质量强国目标发挥重要作用。

（二）2035年远景目标

2035年我国基本实现社会主义现代化国家时，我国纺织工业要成为世界纺织科技的主要驱动者、全球时尚的重要引领者、可持续发展的有力推进者。关键核心技术取得全面突破，我国处于国际纺织先进技术创新国家前列。与现代经济体系和人民更高品质的生活相匹配，纺织行业有效满足居民消费升级和产业转型升级的要求。形成一批对全球时尚发展具有引领力、创造力和贡献力的知名品牌，共同构筑全球时尚文化高地。纺织行业责任导向的绿色低碳循环体系基本建成，行业碳排放在达峰后稳中有降。

（三）“十四五”发展目标

1.行业发展取得新成效。行业发展保持合理区间，质量效益明显提升。“十四五”期间，规模以上纺织企业工业增加值年均增长保持在合理区间；

纺织行业纤维加工总量、纺织品服装出口占全球份额保持基本稳定；纺织工业利润率保持良好水平。

2.产业结构调整取得新进展。"十四五"末，服装、家纺、产业用三大类终端产品纤维消费量比例达到38:27:35。加强产业协同体系建设，巩固提升内外联动、东西互济的产业发展优势。"十四五"期间，中西部重点纺织产业发展区域规模以上纺织企业营业收入占工业比重继续提升。立足"双循环"发展格局，产品品质不断提升，品类更加丰富，服务更为高效，满足国内市场消费升级需求，以更高水平参与国际市场竞争，国际供应链优质资源整合能力明显提升。

专栏1 "十四五"时期纺织行业发展主要指标

类别	指标	2020年	2025年	年均增长
行业发展	工业增加值(规模以上)	—	—	合理区间
	纤维加工总量占全球比重(%)	>50	>50	—
	出口额占全球比重(%)	>30	>30	—
结构调整	服装、家纺、产业用纺织品纤维消费量比重(%)	40:27:33	38:27:35	—
科技创新	研究与试验发展经费支出占主营业务收入比重(规模以上，%)	>1	>1.3	—
	劳动生产率(规模以上)	—	—	高于增加值增速
	高性能纤维自给率(%)	—	>60	—
	两化融合发展水平评估指数	—	>60	—
绿色发展	单位工业增加值能耗(%)	—	—	[-13.5]
	单位工业增加值二氧化碳排放(%)	—	—	[-18]
	印染行业水重复利用率(%)	—	>45	—
	生物可降解材料和绿色纤维产量(%)	—	—	10
	循环再利用纤维年加工量占纤维加工总量比重(%)	—	15	—
民生福祉	从业人员收入水平	—	—	高于国内生产总值增速

注 1.[ ]号内为五年累计数。

2.主要废水污染物指化学需氧量和氨氮。

3.科技创新发展迈上新台阶。“十四五”末，规模以上纺织企业研究与试验发展经费支出占主营业务收入比重达到1.3%。纤维新材料创新水平继续提升，高性能纤维自给率达到60%以上。“十四五”期间，继续推进新一代信息技术与纺织工业的深度融合，加快行业数字化转型。行业两化融合发展水平评估指数超过60，行业工业互联网平台体系基本建立，初步建成纺织服装行业大数据中心。

4.品牌时尚建设创造新价值。“十四五”期间，继续推进消费品牌、制造品牌和区域品牌建设，培育一批科技创新能力高、时尚消费引领能力强、国际竞争优势明显的优质品牌。自主消费品牌的时尚引领力与全球认可度不断提升，跻身世界品牌第一梯队的制造品牌规模进一步扩大，百亿以上品牌价值企业数超过40家，重点集群区域品牌影响力持续提升。纺织行业与中华优秀文化、开放多元文化进一步融合，提升行业文化软实力。

5.绿色发展水平达到新高度。“十四五”末，纺织行业用能结构进一步优化，能源和水资源利用效率进一步提升，单位工业增加值能源消耗、二氧化碳排放量分别降低13.5%和18%，印染行业水重复利用率提高到45%以上。生物可降解材料和绿色纤维（包括生物基、循环再利用和原液着色化学纤维）产量年均增长10%以上，循环再利用纤维年加工量占纤维加工总量的比重达15%。

6.增进民生福祉做出新贡献。实现更高质量的就业，提升纺织行业从业人员的安全感、获得感和幸福感。行业从业人员收入不断提高，劳动保障进一步改善。加强产业集群升级，推动新型城镇化建设，继续发挥产业富民功能，助力乡村振兴，激活经济欠发达地区增长潜力。

三、“十四五”发展重点任务

（一）强化科技创新战略支撑能力

1.加强关键技术突破。深入实施创新驱动发展战略，打造纺织行业原创技术策源地。重点围绕纤维新材料、纺织绿色制造、先进纺织制品、纺织智能制造与装备等四个领域开展技术装备研发创新，补齐产业链短板技术，实现产业链安全和自主可控，强化行业关键技术优势，注重原始创新，加大基础研究投入，带动全产业链先进制造、智能制造、绿色制造能力逐步达到国际先进水平。

2.完善科技创新体系。加快建设以市场为导向、以企业为主体、产学研用相结合的科技创新体系，构建纺织全产业链创新平台。积极推进国家制造业创新中心、国家认定企业技术中心、国家认定企业工业设计中心、行业重点实验室和技术创新中心、产业技术创新联盟、产学研用联合体等创新平台建设，加强交叉学科、跨领域合作创新平台建设，建立创新平台协同机制，促进行业关键共性技术研发与成果转移转化。

3.加快标准体系建设。加强纺织标准化技术机构建设，优化标准化技术组织体系，加大现行标准整合力度，鼓励新型纺织纤维材料、功能性纺织品、智能纺织品、高技术产业用纺织品以及绿色制造、智能制造、数字技术等重点领域的标准制定，推动产业高质量转型发展。鼓励行业协会、骨干企业积极对标国际水平，参与或主导国家标准、行业标准、团体标准和骨干企业标准的制定和修订工作。

4.激发人才创新活力。充分发挥行业科技创新领军人才作用，立足行业共性关键问题建立国际领先水平的科技创新团队。积极发挥企业创新主体作用，培育较大规模的行业领军人才、专业技术人才和技术技能人才。发展高水平研究型纺织学科，积累基础研究人才。扩大纺织专业性和复合型人才的培养规模，壮大高水平人才队伍。

（二）建设高质量的纺织制造体系

1.推进产业基础高级化。实施纺织产业基础能力提升工程，加快补齐基础纤维材料、基础零部件、基础软件、基础工艺和产业技术基础等短板。加快突破碳纤维、对位芳纶、聚酰亚胺等高性能纤

专栏2 行业关键技术突破

1.纤维新材料技术

碳纤维、对位芳纶、聚酰亚胺纤维等高性能纤维高端产品、差别化产品关键制备技术，基础纤维高效柔性功能化制备技术，实现纤维高品质、高效生产和低成本，莱赛尔纤维专用浆粕、溶剂、交联剂和差别化莱赛尔纤维关键技术，纤维级1,3-丙二醇、呋喃二甲酸、高光纯丙交酯等生物基单体和原料高效制备技术，智能化、高仿真、生物可降解等功能性纤维材料制备技术。

2.纺织绿色制造技术

印染绿色化学品技术，高效短流程印染技术，非水介质染色技术，数码印花关键技术，废旧纺织品分离识别技术，聚酯、聚酰胺纺织品化学法循环技术。

3.先进纺织制品技术

高功能纺织消费产品加工技术，智能纤维及制品关键技术，闪蒸法和静电纺丝非织造布技术，高性能纤维多轴向经编、立体编织技术以及重磅宽幅织物、宽幅异厚织物、大型绳缆的成型技术。

4.纺织智能制造与装备技术

面向纺织行业应用的智能制造关键共性技术，大容量莱赛尔纤维、高性能碳纤维、万吨级对位芳纶、超高分子量聚乙烯纤维和循环再利用化学纤维等成套装备，全自动转杯纺纱机、喷气涡流纺纱机、数字化高速无梭织机、全自动穿经机、立体织造成型装备、高速经编机、连续式针织物平幅印染生产线、低浴比间歇式染色装备、高速数码直喷印花机、高速梳理机及交叉铺网机等关键装备技术。

维及其复合材料领域的尖端技术空白，推进生物基纤维和原料关键技术研发及其终端产品应用。突破高精度、高效率、高适应性的纺织专用基础件，纺织装备加快向柔性化、智能化、国际化转型升级。加强工业互联网、大数据、人工智能、工业机器人、区块链等智能制造应用关键供应技术在纺织行业的深入融合，提升行业的数字化、智能化基础能力。强化产业链长板，立足产业规模大、产业链完整优势，进一步开发功能性、可降解新材料，扩大智能化、绿色化先进技术应用，提升创意设计能力，满足国际国内多元化、多层次的消费需求。

2.提升产业链现代化。发挥纺织产业链完整优势，推动高端化、智能化、绿色化、服务化转型升级，建设创新能力强、附加值高、安全可靠的纺织产业链、供应链。加强纺织全产业链精细化加工技术的研发应用，提升先进制造水平。适应消费升级

专栏3 纺织科技创新体系建设

1.国家制造业创新中心

进一步加强功能性纤维、印染两个国家制造业创新中心功能建设和服务能力，针对关键共性技术需求加速科研攻关和产业化应用，积极推进产业用纺织品创新中心筹建工作。

2.企业技术中心、技术创新中心和工业设计中心

引导重点企业开展国家级和省级企业技术中心建设，纺织行业认定技术创新中心达到50家。创建以可持续发展理念为指导，融纺织科技、数字技术和创意设计为一体的工业设计中心，新培育建设50家以上行业工业设计中心，推荐建设5～10家国家级工业设计中心。

3.行业重点实验室

引导相关机构加强国家级重点实验室建设，纺织行业认定重点实验室达到70家。

4.产业技术创新联盟

建设和完善纤维新材料、产业用纺织品、智能制造、纺织高端装备、纺织军民融合、时尚产业数字技术融合等领域产业技术创新联盟。

趋势，应用新材料、新技术开发具备高品质、多功能、智能化的高端纺织消费品。加强高技术纤维材料的研发和应用，提升织造、非织造、复合等成型技术，扩大产业用纺织品在重点领域的应用。

3.推进制造能力高端化。加快纺织全产业链智能化、绿色化关键装备和先进技术的研发和应用，发展服务型制造新模式。运用先进适用技术加快设备更新和技术改造，采用科学管理工具提高企业生产管理效率，强化网络基础设施建设，加快企业数字化改造提升。推动行业工业互联网平台体系建设，面向纺织产业链、产业集群、特定行业领域、龙头企业，分别打造一批工业互联网平台。纺织各细分领域加快推进数字化、智能化车间/智能工厂建设，提高生产效率，优化生产流程，化解劳动力等要素资源约束。在全行业强化全生命周期绿色化管理，建设绿色工厂、绿色园区和绿色供应链管理企业，研发绿色纺织产品。

（三）畅通内需为基点的产业链循环

1.保障民生需求。以保障国内城乡居民消费需求为战略基点，通过技术进步、产品创新、产销衔接，使各类纺织消费产品满足多层次需求，以高质量供给创造高品质生活。完善行业和企业产品质量检测和服务体系，加强质量监督和市场监管，通过知识产权保护，提升国内自主品牌的消费认可度。

2.培育新型消费。先进技术、流行趋势、品牌文化融合体现在纺织产品的设计和生产中，满足功能、时尚、绿色等升级消费需求。加强信息技术在流行趋势预测、创意设计、消费研究中的应用，根据个性化消费趋势，依托互联网和智能制造技术，

提高服装和家用纺织品大规模定制服务水平。加强消费者研究，提升设计创意和市场营销水平，形成一批有高度市场影响力的服装和家纺产品品牌。

3.拓展产业应用。提升产业用纺织品领域材料创新、制造升级和产品开发水平，努力贯通医疗卫生、环境保护、交通工具、土工建筑、安全防护和农业等领域重点产品的跨部门应用体系，在标准认证、品牌推广和工程服务等方面深度合作，共同培育和拓展高质量的内需市场。加强与装备、后勤、军兵种、科研单位及主要军工企业的合作，发展军民两用技术和产品。

（四）提升国际化发展层次与水平

1.促进国际国内双循环。高效率应用纤维原料、高端装备和基础件、精细化染料助剂、品牌和渠道等优质国际资源，满足纺织行业转型升级和纺织产品消费升级需求。推进纺织行业领域质量标准、认证认可的国际国内相衔接，以同标同质促进纺织品服装在国际国内两个市场流通顺畅。

2.加快外贸出口转型升级。进一步提升出口产品质量和附加值，加快发展跨境电商、网上交易等外贸新业态新模式，引导企业深耕传统出口市场、拓展新兴市场，培育新的外贸增长点。发挥海外展会作用，加强国际化营销，扩大我国品牌的国际影响力，提高纺织品服装自主品牌出口比重。

3.提升跨国资源整合能力。坚持引进来和走出去并重，打造以我国纺织产业体系为资源调配中心的全球生产网络，有序协调国内外制造产能布局。优化国际技术经济合作模式，促进自主装备、工艺、技术输出，合理引进国际优质装备、技术、设计和人才。利用"一带一路"建设机遇，在东南亚、非洲地区加强产业园区共建合作，打造国际产能合作标志性项目。

（五）推动行业时尚发展与品牌建设

1.推动文化与产业深度融合。立足国内市场消费升级需要，融合非物质文化遗产等中华优秀传统文化、当代美学和流行趋势，提升纺织时尚创意和产品设计水平，形成一批具有民族文化承载意义的纺织服装自主品牌。

2.提升产品创新能力。加强流行趋势研究和新材料新技术在终端产品的设计应用，完善从纤维原料到终端产品的全产业链研发体系。推广定制化服务，促进传统制造模式向服务型制造模式转变。加大智能穿戴、绿色健康、复合功能性产品的开发力度。

3.推动业态和模式创新。积极运用新一代信息技术，建立品牌与消费者之间的深层次连接，形成基于数字决策的智慧营销模式。积极探索新模式、新业态，通过平台融合、社群融合、场景融合，促进纺织服装品牌企业与互联网产业、现代服务业的跨界融合发展。

4.强化品牌培育服务。整合政府、行业协会、院校机构等多方资源，开展纺织服装品牌发展理论研究、品牌价值评价体系研究，持续开展品牌价值评价提升活动等。利用国家级品牌活动等公共服务平台，加强纺织行业自主品牌宣传推介力度。通过会展、时装周、设计大赛等，打造品牌建设交流展示平台。

（六）推进社会责任建设与可持续发展

1.推进节能低碳发展。推动能源结构优化提升，继续提高二次能源消费比重，鼓励企业采购绿电，支持具备条件的园区或企业加快分布式能源中心建设。严格控制高耗能、高污染排放项目建设，积极稳妥推进落后产能、过剩产能的腾退与升级改造。开展重点用能企业能效提升专项行动。鼓励棉纺、化纤、印染等行业实施能效领跑者引领行动，推行智能化能源管理试点示范。加快绿色纤维制备、高效节能印染装备、废旧纤维循环利用等低碳技术的研发、示范与推广。鼓励开展碳核算方法学、减排路线图、减排成本分析等标准及规范体系方面的研究。

2.加强清洁安全发展。以绿色技术驱动产业链各环节降低污染物产排量，深化生产全过程和纺织园区系统化污染防治。高度重视新兴污染物和有毒有害污染物排放，加大清洁生产改造力度，持续削减化学需氧量、氨氮等污染物产排量。完善纺织园区环境基础设施升级及配套管网建设，推进水资源循环利用和污水资源化，支持非常规水资源利用产业化示范工程，推动纺织园区和重点企业水系统集成优化。加强有毒有害物质替代，严格控制染化料助剂等化学品使用。

3.推动再生循环发展。加快现有纺织园区的循环化改造升级，合理延伸产业链并循环链接。加快构建废旧纺织品服装资源循环利用体系，促进废旧纤维再利用企业集聚化、园区化、区域协同化布局，开展废旧纺织品服装综合利用示范基地建设。突破再生涤纶、废旧纺织品服装再生利用规模化生产关键技术，打通瓶片直纺再生涤纶长丝工艺路线，加强定向回收、梯级利用和规范化处理。加快互联网与资源循环利用融合发展，建立线上线下融合的回收网络。

4.深化企业社会责任建设。以人本责任、环境责任、市场责任为核心，将企业社会责任全面纳入行业的价值体系和创新体系，培植产业的持久成长能力。推进诚信体系建设，维护公平竞争的市场环境。深化社会责任的国际交流与合作，增进全球利益相关方的理解与支持。推进产品全生命周期绿色化管理，发展循环经济，应对全球气候变化。

（七）优化国内布局提升发展协调性

1.对接国家区域发展战略。对接京津冀一体化、长三角洲一体化、粤港澳大湾区、长江经济带等国家战略，在不同区域分别落实行业发展重点。中心城市重点发展科技创新平台和都市时尚产业，积累科技创新和时尚创意人才。先进制造业成熟地区，引导形成单项冠军、领航企业、专精特新、小巨人等领先企业的集聚。依托区域范围内核心区带动外围、下游带动上中游的联动关系，形成纺织产业跨区域联动发展效应。

2.进一步提升区域协调发展水平。东南沿海地区立足价值链中高端，大力提高协同制造、精益制造和绿色制造水平；统筹国际国内资源，发展国际水平的研发中心、设计中心和品牌中心，建设纺织智能制造示范基地。纺织产业发展助力中西部地区工业化和城镇化建设，以资源条件为基础，不断完善产业体系、服务配套和综合投资环境，继续引导纺织龙头企业扩大在中西部地区投资力度，鼓励回乡创业扩大纺织制造业规模；扩大农村富余劳动人口本地就业规模，提升劳动技能，带动乡村振兴。

3.推进高水平产业集聚发展。运用现代科技推动建设一批世界级纺织产业集群，具有世界领先的创新能力、制造能力和可持续发展能力，单一品种具有世界领先产业规模，产品制造和流通深度嵌入全球价值链，形成具有世界影响力的区域品牌。成熟产业集群地区发挥产地型专业市场和产业链配套优势，进一步突出先进、绿色制造优势，建设高水平、现代化和智慧型产业集群，与城镇化建设相结合建设特色产业小镇，提升区域品牌影响力。新兴产业集群地区以产业园区为载体，与成熟地区紧密协同发展，建设现代纺织产业制造基地，并积极融入全球纺织产业供应链。发挥龙头企业跨区域布局的作用，通过跨区域兼并重组，建立“总部+基地”的方式，实施一批跨区域产业合作重大工程和重点项目，带动中小企业融入供应链体系。

4.公共服务体系升级发展。以产业集群空间分布为基础，提供高质量、精准化的公共服务供给，提升检验检测、研发设计、会展商贸、教育培训等服务功能。优化产业集群各主体发展环境，地方政府、集群管理机构、科研院所、重点企业、行业协会等各方形成协作共同提升产业集群的公共服务能力，助力集群中小企业整体提升发展。

（八）构建纺织产业的安全发展体系

1.保障产业链供应链安全。加强产业链薄弱环节和短板技术攻关，高性能纤维特定品种、高功能性复合材料和纺织制成品、纺织装备基础件短板等逐步实现技术自主可控。保障原料供应安全，针对化纤原料高度依赖石油化工的现状，推动现代煤化工与化纤产业融合发展，支持有煤炭资源的中西部地区适度发展煤化工制化纤原料及化纤生产项目。加强产业安全风险预警，提升产业链供应链的稳定和安全性。

2.科学引导全球产业布局。引导纺织产业链、供应链在国际国内建立多元化布局，平衡国内发展和国际布局之间的关系，从国内居民消费安全和应急供应保障角度保持纺织产业安全供应规模。

3.建立产业安全预警体系。建立预警机制，防范国际资本异常流动风险、数据网络安全风险、地缘政治风险、国际贸易摩擦风险等。

四、“十四五”发展重点工程

在纤维新材料、智能制造、时尚建设、绿色制造、高端产业用纺织品共五个领域实施一系列重点工程，具体落实“十四五”时期实施转型升级高质量发展的重点任务。

专栏4 纤维新材料重点工程

1.差别化、多功能纤维重点工程

提升基础纤维功能化高效柔性制备技术与装备水平，突破聚酰胺6熔体直纺、氨纶熔融纺丝等关键技术；进一步开发智能化、高仿真、高保形、舒适易护理、阻燃、抗静电、抗紫外、抗菌、相变储能、光致变色、原液着色等差别化、功能性化学纤维；大力发展生物可降解高性能脂肪族聚酯纤维，及采用绿色催化剂生产纤维；研发支撑功能纤维生产的添加剂、阻燃剂、新型改性剂、母粒、催化剂、油剂等的关键材料和辅料。发展煤化工路线化学纤维实现纺织原料多元化，降低石化原料比重。

2.高性能纤维重点工程

推动建设国家级碳纤维及复合材料创新中心，构建高性能纤维行业创新体系。加强高性能纤维高效低成本化生产技术研发，提高已实现工程化、产业化的碳纤维、芳纶、超高分子量聚乙烯纤维、聚酰亚胺纤维、聚苯硫醚纤维、连续玄武岩纤维等高性能纤维技术成熟度和产品稳定性。加快研发更高性能碳纤维、芳纶、超高分子量聚乙烯纤维、聚酰亚胺纤维等关键制备技术。突破高性能液晶聚芳酯纤维、芳杂环纤维、聚对苯撑苯并二噁唑纤维等高性能纤维制备关键技术。

3.生物基化学纤维重点工程

重点突破莱赛尔纤维专用浆粕、溶剂和交联剂，纤维级1,3-丙二醇、呋喃二甲酸、高光纯丙交酯等生物基单体和原料的关键制备技术。研究聚乳酸纤维、莱赛尔纤维、生物基聚酰胺纤维、聚对苯二甲酸丙二醇酯纤维、聚呋喃二甲酸乙二醇酯纤维、海藻纤维和壳聚糖纤维等生物基化学纤维规模化生产关键技术，开发高品质差别化产品，加强应用技术开发。

专栏5 智能制造重点工程

1.工业互联网基础工程

大力推进企业数字化改造，持续提高企业数字化装备配置率、数字化装备联网率、关键工序数控化率、关键工业软件应用覆盖率。加快企业内、外网升级改造，以工业以太网、物联网、智能传感器等新型网络技术与装备改造生产现场网络和系统，推进5G等新型蜂窝移动技术的应用部署。推动纺织行业工业互联网标识解析二级服务节点和应用服务平台建设，实现企业外部供应链和内部生产系统的精准对接。

2.纺织智能加工装备重点工程

发展长丝集约式高速卷绕装备等关键单机装备，开发和推广化纤生产远程控制系统、智能物流系统等。

研发全自动转杯纺纱机、喷气涡流纺纱机、高速无梭织机、全自动穿经机、一次成型纬编机等关键单机，开发织机控制系统、针织立体成型控制系统，研发电子清纱器、电子多臂开口装置、织针等基础零部件。

发展印染车间物料智能化输送设备，开发匹布自动缝纫接头设备、布卷、布车、浆料桶AGV运送设备和定位系统，逐步建立印染智能化物流系统。

重点发展针刺机，水刺机，纺熔联合机，柔性化、模块化非织造布专用功能性后整理设备、非织造布自动分切机等关键单机装备，开发非织造布柔性化模块化控制系统。

重点发展智能吊挂装备等关键单机装备，研发自动缝制和物流智能配送系统等。

3.智能工厂/智能生产线重点工程

化纤全流程智能制造。提升智能原料配送、丝饼管理、生产数据分析、立体仓库技术等技术，开发适用于化纤行业的智能制造支撑软件。在涤纶、锦纶、氨纶、再生纤维素纤维、碳纤维等领域建设若干智能车间示范。

棉纺全流程智能制造。开发推广清梳联、并条、精梳、粗细联、细络联、包装物料等智能化系统并实现综合集成，实现与WHS、MES、ERP、远程运维系统的集成，逐步实现夜间无人值守。在行业若干重点企业实现推广。

印染智能制造生产线。实现生产线数据自动采集系统、智能控制系统和印染信息集成管理系统的集成，形成若干示范线。

非织造布智能生产线。开发面向非织造布的生产执行系统和大数据分析模型，建设纺粘、水刺、针刺以及应用领域的智能工厂，贯通产业链的横向联系和上下游协同能力。

针织智能生产系统。提高自动化和智能化装备的应用和普及。借助制造执行系统（MES），实现针织生产车间多机台针织设备的远程监控和生产管理。

服装智能模块化缝制生产线。突破高精度轻型机械手或机器人衣片抓取、传送、操作，以及与缝制单元设备协同加工技术，推进集成应用。

家用纺织品智能制造生产线。加快推进家纺行业智能制造标准体系建设，推进关键智能化装备的研发应用，开展智能化生产线及车间的建设与示范。

专栏6 纺织时尚建设重点工程

1.时尚设计能力提升重点工程

建设纺织时尚人才梯队，完善设计师培养体系，加强复合型高技能创新设计人才培养，培养具备多元文化跨界能力和国际视野的新锐设计师。启动纺织行业各领域内的“中国时尚大师”塑造计划，纺织工艺美术领域内的“中国时尚大匠”塑造计划。创建“高质量时尚设计平台”，开展时尚“名师”“名企”“名品”评选推广活动。开展纺织非遗与区域文化、民族文化及世界时尚文化的关联性渗透性研究，促进纺织非遗资源的活态传承，促进纺织工业遗产的再生型保护开发。

2.时尚领域科技创新重点工程

扩大先进纺织材料、绿色制造技术、智能化技术等在时尚领域的创新应用，推动建立各类科技时尚融合创新中心。建设人工智能时尚平台，建立产业大数据和人工智能创新应用示范中心，利用新一代信息技术开展流行趋势预测、时尚创意设计和精准数据营销。实施大规模个性化时尚定制升级工程，推进相关技术和装备的研发应用，完善相关标准和规范。

3.时尚品牌建设重点工程

制定实施“国潮品牌培育计划”，培育一批中国文化特色明显的“国潮”品牌，鼓励支持中国品牌日、时装周、博览会、时尚节等行业活动设立国潮专区。组织一批优势纺织服装自主品牌，通过线上线下多种渠道每年开展“中国品牌消费节”系列活动，联合线上平台设立体现中华文化、健康生活、智慧生活、绿色消费等特色专区，联合各地时尚地标开展纺织行业优秀品牌、非遗文化、创意设计、流量营销等消费节活动。

（一）纤维新材料持续创新升级

纤维新材料领域以服务高质量发展和保障产业链安全为目标，依托优势企业，充分发挥专业院校和科研机构作用，加快突破和掌握一批关键核心技术，主导差别化、多功能纤维材料的研发创新，进入国际上高性能纤维研发和生产的第一梯队，引领生物基化学纤维产业化进程。

（二）智能制造引领高质量发展

以大幅提升生产效率及生产方式精细化、柔性化、智能化水平为目标，基于5G、人工智能和数字孪生等信息技术，以纺织成套装备研发为重点，加快发展纺织领域智能制造系统集成商，推进装备、软件、信息技术协同创新，以纺织装备数字化和信息互联互通为基础实施纺织行业智能制造重点工程。

（三）时尚建设增强发展新动力

加快建成具有中国特色、世界影响、时代特征的纺织行业时尚生态，大力推动基于文化价值、美学价值、技术价值和商业价值的产业复兴与时尚创新，以科技赋能创新，以包容彰显个性，以人文塑造价值，提升中国时尚影响力。

专栏7 纺织绿色制造重点工程

1.节能减碳重点工程

大力发展化纤、织造、非织造等各领域高效节能技术和装备，棉纺、织造等重点用能设备实施照明、电动机、空调空压等用能单元系统化改造。印染行业发展针织物和涤纶连续式印染成套装备，推广低温前处理、冷轧堆前处理和染色、分散染料低温染色和印花、分散染料碱性染色、蒸汽热能分级利用、高效节能定形机、节能型热风烘燥机等节能技术和装备。推广定形机、印染废水热能回收及热泵法热能回用技术等。实施低碳改造和园区节能改造工程。

2.清洁生产重点工程

研发可降解纤维材料，加强高效环保型浆料、染料和印染助剂、高效环保化纤催化剂、油剂和助剂的研发及应用。推进绿色纤维制备和应用，攻关生物基纤维重点原料和关键制备技术，提升重点品种规模化制备技术，扩大原液着色化纤应用。研发推广高效短流程前处理、无碱或低碱前处理、低盐或无盐活性染料染色、生物质色素染色、活性染料低尿素或无尿素印花、电化学还原染色、等离子体印染、液氨整理、多功能机械整理等少化学品印染技术。进一步攻关数码印花升级换代关键技术，并实现高性能打印喷头零部件国产化。

3.水效提升重点工程

研发推广非水介质染色、针织物平幅连续染色、涤纶织物少水连续染色等节水印染加工技术。进一步推广化纤机织物连续平幅前处理、针织物连续平幅前处理、小浴比间歇式染色、分散染料碱性染色、高牢度涂料印花等技术。推进水资源循环利用和污水资源化，鼓励纺织企业加大中水、再生水等非常规水资源开发力度，支持非常规水资源利用产业化示范工程。

4.污染防治重点工程

加强水污染物治理，研发推广含盐染色废水循环利用、高级氧化、膜处理技术等印染废水深度处理及回用技术；研发低成本高回用率印染废水深度处理与回用技术、废水近零排放和定形机废气高效收集处理及余热回用技术。加强大气污染物治理，引导企业提高VOCs治理设施废气收集率、同步运行率和去除率水平。

5.资源循环利用重点工程

建设再生涤纶规模化生产线，包括化学法再生涤纶（DMT法）产能提升项目、化学法（BHET法）再生涤纶产业应用试点项目和瓶片直纺再生涤纶长丝试点示范项目。废旧纺织品再利用方面重点突破化学法再生聚酯产业化、规模化技术。推动建设若干覆盖全国重点城市的废旧纺织品资源化回收、分拣、拆解、规范化处理基地。

专栏8 高端产业用纺织品重点工程

1.医疗卫生用纺织品重点工程

研究防水透气、防护病菌病毒、可重复使用等功能性医卫防护材料；研发纺织基医用人体器官管道材料、可吸收缝合线和功能敷料等高端医用纺织材料。提升高等级医疗卫生防护、手术、护理用纺织品市场渗透率。

2.环境保护用纺织品重点工程

发展高过滤精度材料、纤维基高性能微孔过滤材料、脱硝除尘一体化功能过滤材料制备等关键技术及相关产品。扩大汽车滤清器、空气净化器等纺织基过滤材料的应用。

3.应急与安全防护用纺织品重点工程

研发化学毒剂降解型防护、核生化防护、热防护、保暖隔热和软质防刺防割等防护类纺织基制品；开发气柱式应急救援帐篷、高性能救援绳索及安全应急逃生系统等应急救援材料与制品。

4.新能源与复合材料用纺织品重点工程

研发碳纤维复杂织物及复合材料、芳纶蜂窝结构材料、中空夹心复合材料、高强柔性膜材、轻量柔性纺织基防爆材料等产品和技术。扩大纤维基复合材料在轨道交通、风电叶片、高端装备等领域的应用。

5.土工与建筑用纺织品重点工程

研发双组分长丝复合多功能土工材料、高性能土工格栅、矿用柔性加固网等产品和加工技术。扩大生态环保型、智能型土工建筑纺织材料的应用。

6.国防军工与航空航天用纺织品重点工程

提升衣帽鞋靴等单兵防护用品的性能和舒适性。开发高性能核生化防护、高功能伪装防护、电磁屏蔽和吸收、武装封装等国防军工领域用纤维基复合材料。开发战斗飞行服、宇航服、星载天线金属网、降落伞、缓降气囊等装备用高性能纺织复合材料。

7.海洋产业与渔业用纺织品重点工程

研究编织、绞编、封边等绳缆成型和无结网成型工艺，开发海洋用高性能特种绳缆网。开发高性能系泊缆研发和工程应用研究，加快高性能绞捻、绞编、特种无结经编、有结节能网产品和智能编织技术的应用。

（四）绿色制造推进低碳循环发展

纺织行业坚持可持续发展战略，履行环境责任导向，以绿色化改造为重点，以标准制度建设为保障，加快构建绿色低碳循环发展体系，推进产业链高效、清洁、协同发展，为国内外消费市场提供更多优质绿色纺织产品，并引导绿色消费，行业绿色低碳循环发展水平不断提高。

（五）产业用纺织品着力高端化发展

加强科技创新，加快产业升级，提高纤维新材料应用和智能制造水平，大幅提升差异化、高端化产业用纺织品的比重，对接国家重大发展战略，满足新材料、新能源、医疗健康、安全防护、环境保护和国防军工对先进纺织材料的需求。

五、“十四五”发展保障措施

（一）构筑良好产业生态

1.改善企业营商环境。发挥好行业协会的政策协调作用，进一步推动出台税收、财政支持措施，鼓励企业加大科技研发、技术改造、创意设计投入；持续推动棉花进口管理制度优化，促进棉花管理体制市场化改革。发挥好行业调研及反馈功能，及时向有关政府部门反馈纺织企业在融资、汇率、环保、新疆棉、境外投资等方面遇到的新情况新问题，提出政策建议。

2.营造激励创新的氛围。总结推广骨干企业的创新发展经验，宣传优秀企业家的创业创新精神，大力倡导自主创新的价值导向。利用好行业资源及平台，促进企业管理者拓宽创新视野，提升创新素养。引导行业、企业统筹好激励创新与容错试错、知识共享与产权保护，形成勇于创新、保护创新的发展机制。

3.推进社会责任建设与行业自律。持续推广企业社会责任体系，创造规范和谐、公平守信、绿色发展的产业环境，将良好社会责任形象打造成为企业无形资产。有序开展产能投建、知识产权保护、反不正当竞争等方面的行业自律，研究建立行业性信用信息记录、查询和评价系统，建设公平有序的产业环境。

4.提升纺织行业社会形象。积极总结并广泛宣传新时代纺织行业在科技创新、国际化发展、富民惠农、乡村振兴、稳定边疆等方面的成就与贡献，更新社会舆论对纺织行业发展定位及公众形象的认知，改善企业综合发展环境。

（二）强化发展资源保障

1.加强人才资源建设。促进高等院校纺织相关学科建设及学科交叉融合，优化高等职业教育、中等职业教育、继续教育课程设置及实操训练，提升教育教学能力，强化复合型、创新型、实用型人才输出。完善人才协同培养机制，促进企业技术中心、重大科研及工程项目转化为教育资源；鼓励校企共建教学、科研实践基地，共同开展联合培养、新学徒制等人才项目，共享专职、兼职师资资源。引导企业完善人才引进、培养、奖励等管理制度，着重完善科研、设计、技术人才收益分配激励措施，多种方式实现柔性引智，建立在岗学习进修通道，打造具有自主发展力的企业人才梯队。

2.推动产业与资本市场融合发展。深化开展纺织企业上市融资培育与推介工作，发挥好行业组织对证监部门的资源协调作用。加强持续性服务，推动已上市公司做强做大，支持企业对国内外优质资源进行并购重组，提升企业市场价值。引导各类并购基金、私募股权基金参与纺织企业股改、并购，提升资本运作能力。

3.改善中小企业融资环境。鼓励产业集群协调政、企及金融资源，搭建有效的中小企业的融资平台。稳妥引导建立行业性、区域性纺织产业创投基金，支持中小企业创新发展。深化与金融机构的交流对接，更新金融机构对于纺织行业的固有认知，研究建立纺织行业产融对接推介项目库和专家资源库。

（三）完善综合服务与管理

1.加强公共服务能力建设。夯实基础服务能力，健全行业基础数据信息采集及分析平台，建立符合高质量发展需求的指数体系，在合规条件下有序实现信息开放共享。优化检验检测、专业会展、时尚发布、社会责任等长项服务功能，打造具有国际影响力的行业会展、时尚发布及国际交流平台。建设权威性产融合作、区域布局、对外投资服务平台，强化宣传发声功能，助力企业升级发展，在现代社会治理体系中发挥积极作用。

2.深入参与全球产业治理。积极参与纺织产业发展相关国际组织，主动搭建贸易、技术、投资、社会责任等产业合作平台，与各国业界广泛建立常态化的交流机制，在国际合作中主动传递分享、共赢的发展理念。研究建立全球纺织纤维、重点中间产品及专用装备的产量统计体系，开展热点问题研究和报告工作，提升国际影响力。

3.强化重点产业地区政府的引领作用。鼓励重点纺织产业集群地政府部门加强对产业发展的指引和领导作用，成立工作专班或设立专业机构，强化规划引导和综合管理，推动技术创新、产能升级、产业转移、公共服务平台等重点建设项目落地实施，以财政、地方税收等政策激励措施推动纺织企业高质量发展。鼓励地方政府对当地纺织服装行业协会、商会加强工作指导，给予政策扶持，发挥好行业组织沟通政府与服务企业的桥梁纽带作用。

纺织行业是高度市场化的行业，本纲要提出的发展目标、重点任务和工程主要依靠市场主体自主实施。要充分发挥好纲要对纺织行业“十四五”高质量发展的指导作用，充分利用各种新闻媒体、行业活动平台开展宣讲解读工作，激发纺织生产及服务企业、科研机构、教育机构以及各级行业协会、商会组织的主动性和创造性，推动纲要任务落实和目标达成。中国纺联负责制订纲要评估工作计划方案，分阶段对重点企业、产业集群开展专题调研，对照行业发展情况评估纲要目标及任务合理性，适时进行修订完善。结合调研及评估工作成果，及时向有关政府部门反馈行业发展动态成果、趋势走向及存在的矛盾问题，提出相关政策措施建议。

纺织行业“十四五”科技发展指导意见

中国纺织工业联合会

“十四五”时期是开启全面建设社会主义现代化国家新征程的第一个五年。《中华人民共和国国民经济和社会发展第十四个五年规划和2035年远景目标纲要》绘制了我国“十四五”乃至更长时期发展的宏伟蓝图，坚持创新在我国现代化建设全局中的核心地位，把科技自立自强作为国家发展的战略支撑，对科技创新发展和科技支撑高质量发展做出了重点部署。“十四五”时期，我国纺织科技将在创新能力和产出水平均实现较大跨越的基础上，坚持创新驱动发展，全面塑造行业发展新优势。围绕科技创新引领行业高质量发展，实现纺织科技高水平自立自强，编制本指导意见。

一、“十三五”纺织行业科技进步情况

（一）科技发展取得的成就

“十三五”时期，在以习近平同志为核心的党中央坚强领导下，创新驱动发展战略在行业深入实施，科技发展取得显著成效，创新能力稳步提升，创新成果竞相涌现，纺织科技实力正在从量的积累迈向质的飞跃，从点的突破迈向系统能力提升。2016—2019年，我国纺织行业规模以上工业企业科学研究与试验发展（R&D）经费支出从410.7亿元增长到495.2亿元，研发投入强度从0.57%增长到1%；行业科技成果丰硕，全行业共有11项成果获得国家科学技术奖，其中“干喷湿纺千吨级高强/百吨级中模碳纤维产业化关键技术及应用”荣获国家科技进步一等奖，398项成果获得“纺织之光”中国纺织工业联合会科学技术奖；行业发明专利授权量保持快速增长，共授权有效发明专利近4万件，较“十二五”期间授权发明专利增加60%以上。

1.纤维材料技术进步成效显著。先进基础纤维材料在高效柔性化和差别化、功能性方面持续提升。涤纶、锦纶大容量、柔性化及高效制备工艺技术总体达到国际先进水平，通用纤维的功能改性向双功能、多功能复合改性发展，拓展了应用领域，提高了产品附加值。

关键战略纤维新材料技术稳步提升，不断满足航空航天、国防军工、环境保护、医疗卫生等领域发展需求。碳纤维干喷湿纺和湿法纺丝工艺技术逐渐完善，生产效率进一步提升，高端产品品种逐步丰富，T1000级、M40、M40J、M55J等碳纤维已具备工程化制备能力，25K大丝束碳纤维实现产业化生产；千吨级对位芳纶工程化关键技术和装备取得突破，高强型、高模型对位芳纶产品实现国产化；高强高模聚酰亚胺纤维、间位芳纶、聚苯硫醚纤维、连续玄武岩纤维等实现快速发展。生物基纤维材料技术取得新进展，莱赛尔纤维产业化技术实现全国产化；生物基聚酰胺（PA56）纤维突破生物法戊二胺技术瓶颈，建立了万吨级生产线；聚乳酸纤维突破乳酸-丙交酯-聚乳酸技术，形成全产业链制备技术；PTT纤维产业化技术成熟，产品形成品牌效应；海藻纤维规模化制备技术取得突破，实现5000吨级产业化生产；纯壳聚糖纤维原料技术进一步优化，产品在高端敷料、战创急救、修复膜材、药物载体、组织器官等多领域应用。

2.先进纺织制品开发持续强化。健康防护、舒适易护理等功能纺织品开发取得显著成效，产品功能日益多样化，应用领域不断拓展。长效阻燃、抗熔滴、抑烟等阻燃纤维及制品实现规模化制备，满足了相关领域阻燃防护要求；导湿快干、凉感、发热保暖等系列热湿舒适功能纤维及织物实现产业化制备，进一步提升纺织面料穿着舒适性，满足人们

在不同环境下的穿着需求；棉、羊毛等天然纤维面料高保形技术取得突破，提高了纺织制品抗皱性能和品质，降低了清洗与护理要求；高效低阻熔喷、纳米纤维材料和三拒一抗医用材料，大量应用于防护口罩、防护服、隔离服等，为抗击新冠肺炎疫情的医护人员提供了高效防护。

随着成型、复合、功能后整理等关键共性技术和装备取得长足进步，产业用纺织品在应急救援、抗洪抢险、海上溢油处置等安全防护领域，天宫、北斗系列卫星、神舟飞船、运载火箭、天问一号等航空航天领域，机场、高速公路等基础设施建设领域，均发挥了重要的战略支撑和物资保障作用。超低排放过滤材料助力环境保护工程；智能土工格栅实现工程主体的监测和预警，粗旦聚丙烯长丝土工布的拓展应用提高了基础设施质量；极细金属丝经编、自润滑织物、多功能飞行服和个体防护装备等军民两用产品和技术，在航空航天和国防建设中发挥了重要作用；双组分纺粘水刺、多射流静电纺等技术突破，进一步提升了我国医疗卫生用纺织品的产业实力。

3.绿色制造工艺技术稳步提升。新型纺织绿色加工技术不断涌现，在行业内稳步推广应用。“十三五”期间，印染行业单位产品水耗下降17%，水重复利用率从30%提高到40%。纺织行业废水排放量、主要污染物排放量累计下降幅度均超过10%。针织物连续平幅前处理、化纤机织物连续平幅前处理、低盐低碱活性染料染色、冷轧堆染色、泡沫整理、无氟防水整理等技术应用面进一步扩大；活性染料无盐染色、液态分散染料染色、低尿素活性染料印花等关键技术实现产业化应用；超临界二氧化碳流体染色、张力敏感织物全流程平幅轧染、涤纶织物少水连续式染色等关键技术研发取得重要进展。

我国循环再利用化学纤维科技创新能力明显提升，废旧纺织品资源化利用水平进一步提高。循环再利用涤纶关键技术与装备形成多项创新成果，物理法连续干燥、多级过滤技术，物理化学法的液相增粘、在线全色谱补色调色技术、高效差别化技术，化学法的解聚、过滤分离、脱色、精制、缩聚及功能改性等技术进步明显。

4.行业智能升级改造效果显著。纺织加工过程智能化及装备技术水平取得明显进展，化纤、纺纱、印染、服装、家纺等智能化生产线建设取得明显成效，棉纺梳并联合机、高性能特种编织装备、全自动电脑针织横机等一批关键单机、装备实现突破。化纤智能示范工厂和智能车间实现了送配切片、卷绕自动落丝、在线检测、自动包装、智能仓储等全流程自动化生产；棉纺新一代数控技术广泛应用，新建了多条自动化、数字化纺纱生产线，减少用工至万锭15人；印染自动化和数字化不断升级，筒子纱数字化自动染色向智能化工厂方向发展；服装智能制造发展速度明显加快，已初步形成了包含测体、设计、试衣、加工的自动化生产流程及检验、储运、信息追溯、门店管理等在内的信息化集成管理体系，大规模个性化定制整体解决方案日趋成熟，涌现出一批先进的服装大规模个性化定制智能化系统平台。家纺床品、毛巾、窗帘自动化生产线超过300条，生产效率和品质得到显著提升。

5.行业标准体系建设持续完善。纺织标准体系进一步优化，政府主导制定的标准与市场自主制定的标准协同发展、协调配套的新型标准体系已具雏形。纺织强制性标准由46项精简为2项，制修订推荐性国家标准、行业标准800项，纺织品安全、功能性纺织品、生态纺织品、高性能产业用纺织品、绿色设计产品与节能减排以及纺织装备等领域一批重点标准发布实施；纺织团体标准快速发展，在全国团体标准信息平台注册的纺织类社会团体50余家，发布纺织类团体标准600余项，其中中国纺联团体标准78项；积极推进国际标准共商共建共享，国际标准化能力不断增强，主导提出国际标准（ISO）提案16项，牵头制定并经ISO发布实施国际标准15项；完成40余项国家标准外文版的翻译工作，助力“一带一路”沿线国家标准互联互通。

6.科技创新平台建设稳步推进。“十三五”期间，行业不断增加的科技投入使科研基础条件大为改善，形成了包括国家制造业创新中心、国家重点实验室、国家工程研究中心（国家工程实验室）、国家企业技术中心以及纺织行业重点实验室、纺织行业技术创新中心等较完备的科研条件。截至2020年底，纺织行业的国家制造业创新中心2个、国家重点实验室6个，国家工程研究中心2个、国家企业技术中心81家（含5家分中心）；中国纺织工业联合会认定的行业重点实验室59个、技术创新中心37家，基本涵盖了纺织行业未来发展的重点领域，纺织行业的科研硬件设施得到持续改善。

（二）科技发展存在的主要问题

当前，我国纺织行业已进入高质量发展阶段，科技创新能力水平与新发展格局的要求相比仍显不足，自主创新能力、研发投入强度、成果转化实效、人才队伍建设、创新体制机制等方面仍存在一些待解决的问题，主要表现在：关键领域创新能力不强，一些关键核心技术受制于人；科研投入强度不够，重大原始创新偏少；研发应用产业链协同效率低，成果转化产业化进程慢；政府主导制定标准与市场自主制定标准的边界不明晰，部分团体标准同质化；科技领军人才少，人才激励机制不足；创新体制机制不够完善，创新效率亟待提高等。要解决这些问题，需要进一步优化纺织科技创新生态，对基础性、战略性领域的关键核心技术展开攻关，培养造就一大批具有先进水平的科技人才队伍，畅通科技成果转化链条，利用国际创新资源，从而实现纺织行业科技创新能力的系统提升。

二、“十四五”科技工作指导思想和发展目标

（一）指导思想

以习近平新时代中国特色社会主义思想为指导，全面贯彻落实党的十九大和十九届二中、三中、四中、五中全会精神，深入实施创新驱动发展战略，面向世界科技前沿、国家重大需求、国民经济主战场和人民生命健康，以增强原始创新能力为核心，加强协同创新，把握行业科技创新发展的新态势，全面提升科技创新供给能力、质量和效率，推动纺织行业高质量发展。

（二）发展目标

“十四五”期间，纺织工业科技发展将实现以下主要目标：

（1）规模以上企业研究与试验发展经费支出占主营业务收入比重达到1.3%。

（2）纺织行业认定重点实验室达到70家，技术创新中心达到50家，科技成果转化中心达到3～5家。

（3）国产高性能纤维自给率超过60%；生物可降解绿色纤维产量年均增长10%；产业用纺织品纤维加工量占全行业比重达到35%。

（4）印染行业单位产值能耗较“十三五”末降低13.5%，水耗降低10%，水重复利用率达到45%以上；循环再利用纤维年加工量占纤维加工总量的比重达到15%。

（5）形成行业重点领域示范智能车间/工厂，主要设备和工业软件实现自主研发；大规模个性化定制产品占同类产品达到20%，培育40个以上行业智能制造系统解决方案供应商。两化融合发展水平指数大于60%。

（6）规模以上企业每亿元主营业务收入有效发明专利数1.6件。

（7）新制定重点与基础通用标准100项以上，标龄5年以内标准占比达到95%，牵头制定国际标准累计突破40项，重点领域国际标准转化率达到90%，团体标准品牌效应增强。

三、“十四五”科技发展重点任务

（一）加快共性关键技术攻关，破解创新发展难题

积极推进纤维新材料、先进纺织制品、绿色制

造、智能制造等关键共性技术及装备的研发与应用，解决行业关键技术难题，在持续加大对基础研究长期稳定的支持力度基础上，加快形成行业关键技术攻关的综合支撑体系。逐步完善政产学研用一体化的合作机制，汇聚人才、技术、资本等创新要素，大力推动创新链和产业链的精准对接。深化企业主导的产学研合作体系，鼓励骨干企业牵头协同产业链企业、高校、科研院所形成协作攻关组，集中实施"卡脖子"项目攻关行动。

（二）促进纺织科技成果转化，打造行业发展新引擎

推进创新供给与创新需求的有效对接，促进科技成果转移转化市场化服务，完善从基础研究、小试、中试成果到产业化技术的中间平台建设。充分利用国家有关促进科技成果转移转化政策，建立纺织科技成果评估评价体系，完善纺织科技成果转移转化机构建设，加强纺织科技转移转化人才培养，搭建市场化纺织科技成果交易平台。集聚市场力量、科技力量、资本力量和人才力量，以市场需求为导向，构建纺织行业科技成果转化新机制、新模式、新体系。健全知识产权综合管理体系，打通知识产权创造、运用、保护、管理、服务全链条，提升专利质量和转化率，营造知识产权保护的良好环境。

（三）推进科技创新平台建设，凝聚科技创新力量

积极推进纺织行业国家重点实验室、国家制造业创新中心等国家级创新平台以及行业重点实验室和技术创新中心、产业技术创新联盟、产学研用联合体等创新平台建设，加强交叉学科、跨领域合作创新平台建设，建立创新平台协同机制，推进骨干企业、科研院所、高等院校科研力量优化配置和资源共享，增强科技创新平台建设对集聚创新要素、激活创新资源、培养创新人才、转化创新成果的引领作用。

（四）强化行业标准体系建设，引领行业规范发展

加强纺织标准化技术机构建设，优化标准化技术组织体系。加大现行标准整合力度，加强基础通用和产业共性技术标准的制修订，鼓励新型纺织纤维材料、功能性纺织品、智能纺织品、高技术产业用纺织品、消费体验、传统文化元素以及低碳绿色制造、智能制造等重点领域的标准制定，推动产业高质量转型发展。加强标准国际化支持力度，推动我国标准走出去，为国际标准建设贡献"中国智慧"。

（五）提升科技人才建设水平，筑牢行业创新之基

培育行业领军人才和专业技术人才队伍，发挥行业科技创新领军人才作用，建立国际领先水平的科技创新团队。发展高水平研究型纺织学科，培养基础研究人才。强化职业教育、继续教育、普通教育的有机衔接，扩大纺织专业性和复合型人才的培养规模。完善科技评价体系，优化创新生态。

（六）加强纺织科技国际合作，提高科技创新水平

聚焦前沿基础研究、关键技术领域和标准体系建设等，加强与国外高校、科研机构、企业深度交流合作，在技术研发、资本、人才等创新资源领域加大开放合作，打造国际创新资源开放合作平台，促进关键技术国际转移；深度参与全球纺织科技创新管理，全面提高我国纺织科技创新的全球化水平和国际影响力。

四、"十四五"重点突破的关键共性技术

重点突破四大类30项关键共性技术，其中纤维新材料4项，先进纺织制品11项，绿色制造5项，智能制造与先进装备10项。

（一）纤维新材料

1.化学纤维高效柔性制备技术。研究聚酰胺6熔体直纺、氨纶熔融纺丝等关键技术，突破聚酯高效生态催化剂合成及产业化技术，开发新型环保高洁净聚酯纤维及制品。

2.基础纤维功能化制备技术。通过共聚、共混、复合纺丝等技术，进一步提升差别化、功能性水平，实现纤维高品质、高效生产和低成本。开发智能化、高仿真、高保形、舒适易护理、阻燃、抗静电、抗紫外、抗菌、相变储能、光致变色、原液着色、生物可降解等功能及复合多功能化学纤维。研究开发PLA、PBS、PBSA、PESA、PHA等人体亲和、生物可降解高性能脂肪族聚酯纤维。

3.高性能纤维一体化制备技术。重点攻克碳纤维、对位芳纶、超高分子量聚乙烯纤维、聚酰亚胺纤维等高性能纤维及其复合材料设计、加工、制造一体化技术，突破材料设计和应用瓶颈。研发高性能纤维高端产品、差别化产品关键技术，实现T1100和M60J等高级别碳纤维产业化，超高分子量聚乙烯纤维高品质、差别化、高效环保制备，高性能对位芳纶规模化制备，系列化高性能聚酰亚胺纤维、高性能液晶聚芳酯纤维关键技术突破，部分高性能无机纤维实现批量生产。

4.生物基化学纤维规模化加工技术。突破莱赛尔纤维专用浆粕和溶剂、纤维级1,3-丙二醇、呋喃二甲酸、高光纯丙交酯等生物基单体和原料高效制备技术，研究聚乳酸纤维、莱赛尔纤维、生物基聚酰胺纤维、聚对苯二甲酸丙二醇酯纤维、聚呋喃二甲酸乙二醇酯纤维、海藻纤维和壳聚糖纤维等生物基化学纤维规模化生产关键技术，开发高品质差别化产品，加强应用技术开发。

2025年，聚酯、聚酰胺等基础纤维材料高效柔性制备技术达到国际先进水平；高性能纤维、生物基化学纤维及其原料规模化制备技术达到国际先进水平，高性能纤维产能达到24万吨，生物基化学纤维产能达到200万吨。

（二）先进纺织制品

5.功能纺织品加工技术。研究采用新型纤维材料、新型纱布加工技术、多功能整理技术等，开发出保暖、弹性、抗菌、导湿速干、防紫外、防异味等功能产品。

6.高品质天然纤维制品加工技术。针对工厂化养蚕蚕丝和改良山羊绒纤维，研究其原料处理、纺织、印染等关键技术，建立高品质加工生产体系；开发全成形针织、细支羊毛高端经编技术和羊毛、羊绒抗起球、易机可洗产品等。

7.智能纺织品研发技术。研发适用于可穿着电子设备的自供电及储能纺织纤维及制品，感知人体与环境信号的智能纺织品，智能纺织品的柔性集成、封装、成型技术及其评价体系等。

8.多功能非织造布加工技术。加快突破闪蒸法、静电纺、熔喷等非织造加工关键技术，研发长效低阻的水驻极熔喷技术，研究微纳米纤维、防水透湿纳米纤维膜等高效规模化制备关键技术，开发出高品质口罩用熔喷布、医卫用PLA双组分纺熔非织造布、纺粘热风非织造布、高强粗旦丙纶长丝非织造布等制品。

9.高性能医疗卫生用纺织品加工技术。研究防水透气、杀菌杀病毒、可重复使用等医卫防护材料；研发纺织基医用人体器官管道材料、手术缝合线和功能敷料等高端医用纺织材料及制品。

10.高精度过滤用纺织品加工技术。研究高精度过滤材料、纤维基高性能微孔过滤材料等关键技术及相关产品；开发高效脱硝除尘一体化过滤材料。

11.应急与防护用纺织品加工技术。研究化学毒剂降解型防护、核生化防护、热防护、保暖隔热和软质防刺防割等防护类纺织制品；开发气柱式应急救援帐篷、高性能救援绳索及安全应急逃生系统等应急救援产品。

12.高性能纤维复合材料加工技术。研究碳纤维多轴向高速经编技术、碳纤织物复杂异型材拉挤成型技术、多向编织预制体制造技术及相关装备。

13.高性能土工用纺织品加工技术。研究双组分长丝复合多功能土工材料、高性能土工格栅、矿用柔性加固网等产品和加工技术。

14.柔性复合材料加工技术。研究大口径增强软管、软体储/运油囊、高强柔性膜材料、气柱式柔性复合材料、三维充气结构等纺织柔性复合材料及加工技术。

15.海洋用特种绳缆网加工技术。研究编织、绞编、封边等绳缆成型和无结网成型工艺，开发海洋用高性能特种绳缆网等产品；开展特种绳缆网产品的深海深空实验验证、应用验证及大规模产业化应用研究。

2025年，高品质、功能纺织消费品和个体防护医卫用纺织品基本满足不断升级的居民消费和健康需求，高性能工业用纺织品基本满足下游高端应用需求。

（三）绿色制造

16.绿色化学品开发及应用技术。重点研究绿色纤维油剂助剂及催化剂、替代PVA的环保型纺织浆料、高牢度纳米涂料印花、低尿素活性染料印花、分散染料碱性染色、液态分散染料印染及生物基纺织化学品等关键技术。

17.少水印染及高效低成本处理技术。重点研究多组分纤维面料短流程印染、针织物平幅连续染色、涤纶织物少水连续式染色、活性染料无盐染色等关键技术；突破印染废水高效低成本深度处理及回用技术。

18.非水介质染色技术。重点研究超临界二氧化碳流体染色、活性染料非水介质染色等关键技术。

19.高速数码印花加工技术。重点研究开发稳定可靠、分辨率高的压电式喷头，圆网/平网+数码喷墨印花，高速数码喷墨印花等关键技术。

20.废旧纺织品高值化利用技术。重点开展废旧纺织品成分识别以及分离相关基础研究；研究废旧聚酰胺6再聚合及纤维成形技术、细旦再生丙纶加工技术；突破废旧聚酯、聚酰胺纺织品化学法循环再生，废旧腈纶、氨纶的循环再利用，废旧棉等纤维素纤维纺织品清洁再生与高值化利用，废旧滤材绿色回收等关键技术。

2025年，多组分纤维面料短流程印染、针织物平幅连续染色、超临界二氧化碳流体染色、活性染料非水介质染色、数码喷墨印花喷头等技术取得突破；废旧纺织品产业化技术取得显著进步，废旧纺织品资源化分级分类标准评价体系构建完成。

（四）智能制造与装备

21.智能制造关键共性技术。研发工业互联网、大数据、人工智能、工业机器人、区块链等一批面向纺织行业应用的智能制造关键共性技术。

22.智能制造示范生产线集成技术。进一步提升化纤、纺纱、织造、非织造、印染、服装和家纺等智能制造产业化技术研发及应用水平，实现关键软硬件系统突破，形成一体化解决方案和全流程智能制造技术集成，建设数字化、智能化示范车间或工厂。

23.化学纤维关键装备加工技术。研发大容量莱赛尔纤维、高性能碳纤维、万吨级对位芳纶、超高分子量聚乙烯纤维和循环再利用化学纤维等成套装备，重点突破高速精密卷绕系统、基于人工智能的化纤生产在线检测和染判系统，集约式高速精密卷绕装备和全自动高速节能假捻变形机等关键单机，关键工艺环节机器人，研制复合纺、高性能纤维及产业用纤维高精度纺丝组件和高速假捻装置等基础零部件。

24.纺纱智能装备加工技术。研发环锭纺纱智能成套装备和短流程纺纱智能成套装备，重点突破自动络筒机、全自动转杯纺纱机和喷气涡流纺纱机等关键单机，纺纱质量在线检测系统，棉条、细纱等自动接头机器人，研制自动络筒机、转杯纺纱机、喷气涡流纺纱机的关键基础零部件等。

25.织造关键装备加工技术。研发数字化高速无梭织机、自动穿经机、智能纱架和物料自动更换与输送装备等机织关键单机，重点突破织机智能控制系统，研制高速开口装置、电子多臂等关键零部件，开发织造协同制造系统。研发数字化、网络化和智能化针织装备，重点突破立体成形装备，高速经编机等关键单机，多针床编织技术、全成形编织（织可穿）技术与复合针技术，基于虚拟现实（VR）技术的横机制板系统，研制织针等关键零部件。

26.高效环保印染装备加工技术。 研发连续式针织物和连续式纯涤纶织物平幅印染生产线，重点突破低浴比间歇式染色装备、高速数码直喷印花机、低能耗双层拉幅定形机等关键单机，织物生产加工在线质量检测系统，攻关针织物和涤纶长丝织物染色工艺与质量数控关键技术，多种织物数码喷墨技术，印染生产物料智能化输送关键技术，开发印染设备通讯信息模型与网关转换装置，物料自动导航、运输、抓取装备和软件，实现印染装备互联互通与互操作。

27.高速宽幅非织造布装备加工技术。 研发宽幅高速水刺、针刺、纺粘、熔喷等非织造布成套装备，重点突破宽幅高速梳理机、交叉铺网机、针刺机和高速自动分切机等关键设备，非织造布生产加工在线质量检测系统，研制纺丝模头等基础零部件。

28.智能化服装和家纺装备加工技术。 研发三维量体、三维设计、服装增强现实/虚拟现实（AR/VR）系统、智能自动裁剪、吊挂输送、自动模板缝制和成衣物流智能配送系统与装备，开发自动识别、自动抓取、立体缝制和织物拼接缝合等服装家纺专用机器人等。

29.先进纺织仪器制备技术。 研发自动络筒机电子清纱器、并条机自调匀整系统、新一代锭子动态虚拟功率测试仪、高速锭子动态虚拟振动测试分析系统等；研发高端检测仪器，如单纤维分析系统、出汗暖体假人测试系统、纱线干湿状态下耐磨性能试验仪；研发重大工程、工业装备、生命科学、新能源、海洋工程、轨道交通等产业用领域各类纺织品相关检测仪器。

30.纺织机械智能化加工技术。 研发纺织机械和专用基础件智能生产线，重点突破高精度、高效率、高适应性的纺织机械专用加工装备、智能检测设备、专用新型传感器和机器人等；研发应用纺织装备全生命周期数字化设计及制造技术、纺织装备智能制造过程信息物理系统（CPS）关键技术、纺织装备制造智能供应链管理技术，建设纺织机械企业的数字化工厂/车间。

2025年，基于大数据、人工智能和工业互联网平台等新一代信息技术，实现纺织生产的自动化、数字化和网络化制造；国产纺织装备国内市场占有率稳定在80%左右；国产纺织装备出口金额占比保持在全球的20%以上。

五、“十四五”推动实施的重点工程

围绕30项关键共性技术，“十四五”时期纺织行业将推动实施八大重点工程。

（一）纺织消费品多功能化开发重点工程

重点发展高品质、多功能纺织消费品，突破核心关键技术，形成从纺织品整体设计、纤维开发到纺纱、织造、印染、后整理和应用全产业链的加工制造体系。开发出抗皱易护理、高仿真、耐污易清洗、高效阻燃抗熔滴等功能及复合多功能聚酯纤维纺织品；耐低温、高强、弹性、低熔点等功能聚酰胺纤维纺织品；有色、抗菌、高强阻燃等功能性再生纤维素纤维及纺织制品；抗菌防螨、阻燃、抗紫外、抗静电、导湿、抗皱、发热等系列化高品质天然纤维纺织品；柔性可穿戴、环境自适应等智能纺织品，不断提升产业化应用技术水平，开拓应用领域。

通过增品种、提品质、创品牌“三品”战略深入实施，不断提高个性化、时尚化、品质化纺织消费品的供给质量和效率，加快促进产业向价值链高端延伸；实施国际化发展战略，以科技、绿色、时尚的高标准要求，打造具有国际竞争优势的高品质与功能性纺织消费品产业链。

（二）高性能纤维及制品协同创新工程

围绕高性能纤维及制品产业链安全与高质量发展，加强高性能纤维高效低成本化生产技术，提高已实现工程化、产业化的高性能纤维技术成熟度，提升现有产品质量的稳定性和均一性，满足下游应用需求；实现更高性能纤维品种产业化生产，满足高端领域应用需求；发展全芳族聚酯液晶纤维、芳杂环纤维、聚对苯撑苯并二噁唑纤维等高性能纤维，保障关键原材料自主供应；加大油剂、上浆剂、树脂、模具等研发力度，不断完善高性能纤维行业上下游产业链体系；加强高性能纤维国产关键装备设计、制造、优化提升，提高技术装备自主配套能力。加快推进大尺寸及复杂结构纺织复合材料预制件研制，开发出复杂喷管预制体、大尺寸发动机包容环、大型风力叶片等结构件和产品，形成样件试制及验证技术。

大力推动国家级碳纤维及复合材料创新中心建设，通过重点领域、重大需求、重大专项，加强产业链联合创新，形成产学研用协同创新机制，打造高性能纤维及复合材料行业多层次、网络化制造业创新体系，实现关键品种和产品的规模化制备及应用，部分品种达到世界先进水平。

（三）绿色纤维及制品产业化推广工程

重点推进生物基、可降解、循环再利用、原液着色等绿色纤维及纺织品研发应用，促进纺织行业绿色低碳循环发展。加快生物基单体、原料高效制备及生物基化学纤维重点品种规模化制备，实现生物基纤维及制品的高品质化、功能化、低成本化；不断提升可降解纤维加工技术水平，开展可降解纤维全生命周期评价；深入推进废旧纺织品循环再生体系构建，建立废旧纺织品分级利用机制，提升废旧纺织品再利用效率。

加快绿色纤维及制品全产业链发展，保障高品质原料自主供应，防范产业链风险，推动关键装备国产化，扩大重点品种生产规模和应用开发，实现低成本生产，拓展应用领域，不断完善绿色纤维及制品标准体系建设。

（四）生态印染加工与清洁生产工程

围绕印染高效低碳绿色加工，加快原创先进技术研发及应用，形成系列解决方案。加强清洁生产、污染防治和资源综合利用，围绕重点污染物开展清洁生产技术改造，加大节能减排工艺、技术和装备的研发和推广力度，加快推进绿色环保上浆工艺，发展应用自动化、数字化、智能化印染装备，进一步推广热能、水资源、染化料等的回收循环利用技术，提高资源利用效率。通过生态印染加工，提高纺织品功能属性，赋予产品价值再造，提升中高端产品供给能力。

全面推进印染绿色制造体系建设，强化产品全生命周期绿色管理，推进产业链协同治理，打造绿色供应链、生态产业链。加快完善清洁生产评价指标体系；鼓励高水平的质量控制和技术评价实验室、检测机构建设；强化绿色科技国际合作。逐步建立基于技术进步的清洁生产高效推行模式，有效削减企业的排污总量和单位产品能耗、水耗指标，提高印染全过程绿色低碳发展水平。

（五）高性能工程用纺织品拓展应用工程

大力发展土工建筑、应急救援、海洋、环境保护等领域的高性能工程用纺织品，不断满足国家在相关领域的重大需求。进一步加强高端工程用纺织品自主研发，加快提升材料整体技术性能和应用水平，实现关键工程用纺织材料自主生产和应用。开发出高性能土工格栅、矿用假顶网、土工管袋等土工材料，纺织基柔性路面、高强度大通量给排水软管、气柱式应急帐篷等应急救援用产品，特种绳缆网等海洋工程用产品，超低排放、高效低阻高精度工业过滤等环境保护产品。

加强重点工程领域创新平台建设，建立与主要工程应用领域的合作对接机制，创新合作模式；加大智能制造、绿色制造升级改造力度；加快推进重点领域、重点产品标准化研究和标准制修订；推进国产化装备、纤维和重点产品的推广应用。

（六）高端健康防护用纺织品研发推广工程

聚焦安全防护和生物医用纺织品全产业链高端化发展的薄弱环节，积极推进产业链基础再造和产业链提升工程，调整优化产业结构、拓展新应用。

加快发展医卫防护纺织材料，开发阻隔性能好、服用舒适、耐久防护及可重复利用口罩、防护服等医用防护纺织品，满足不同场景个体防护需要；发展高性能经济型阻燃防护、舒适性防割、防弹防机械伤害、软质防刺、核生化防护、电离辐射防护等安全防护纺织产品和相关技术。发展高端生物医用纤维，实现宽降解周期的可降解医用纤维材料及高生物安全性医用纤维的国产化，设计与制备可诱导组织定向再生的纺织基生物材料；发展对组织再生原位调控的食道支架、胆道支架、输尿管支架、运动损伤修复材料等响应性人工腔道材料及一体化成型成套装备；推进高端生物医用纺织品的工程化开发，实现关键产品的临床应用。

（七）高端纺织装备制造工程

发展重点纤维品种、纺纱制线、织造、印染、非织造布、特种织物等先进成套装备，提高纺织高端装备相关基础理论和跨领域交叉研究能力，进一步提升高端装备的国产化率和质量。重点发展纺织绿色生产装备、智能加工装备，包括生物基纤维、可降解纤维、再生纤维等化纤生产机械，绿色印染装备和纺织装备能源管理系统；纺织短流程和自动化装备、纺织专用机器人、纺织智能系统与检测、纺织集聚区智能化改造等。

加强纺织机械行业全产业链协同创新，建立先进纺织装备联盟，共同推进纺织重大技术装备和关键技术等创新与突破，鼓励和推动新技术、新装备在纺织行业示范应用。完善纺织机械智能制造标准体系建设，加大纺机行业标准的整合优化力度，推进标准化工作的国际化进程。在“双循环”新发展格局下，以技术引领发展，充分开拓国际国内两个市场，为国内纺织产业升级改造和高质量发展提供装备支撑。

（八）纺织行业智能制造示范工程

推进智能制造关键技术研发与应用，建设纺织生产全流程数字化、智能化车间，加强设计研发、生产制造、企业管理、市场营销、经营决策各环节在智能环境下的综合集成，形成智能化工厂。以纺织装备数字化与信息互联互通为基础，结合国家智能制造标准在纺织行业的应用实施，建立新一代纺织产业智能制造标准体系，优先完成纺织物联标识、纺织设备与系统、工业控制网、纺织工业云平台、纺织大数据平台等相关标准的编制，聚焦纺织智能制造特色技术和模式，构建纺织智能车间/工厂标准体系。

积极推动纺织企业利用新一代信息技术，开展定制化服务和远程运维服务，增强定制设计和协同制造能力，实现生产制造与市场需求的高度协同。加快发展纺织领域智能制造系统集成商，组建产学研用联合体或产业创新联盟，推动装备、自动化、软件、信息技术等不同领域及产业链各环节企业协同创新，逐步形成各领域龙头企业先行推进、细分领域“专精特”企业深度参与的智能制造发展生态。

纺织行业“十四五”时尚发展指导意见

中国纺织工业联合会

根据《国民经济和社会发展第十四个五年规划和2035年远景目标纲要》，围绕中国纺织行业发展新定位，基于品质化、个性化、多元化、绿色化的消费需求迭代，顺应外延式扩张到内涵式发展的产业转型升级逻辑，中国纺织行业的时尚发展，将实现以创意设计为核心、科技创新为支撑、优秀文化为引领、品牌建设为抓手、可持续发展为导向的创意高密集、资源高融合、产品高附加值发展，旨在构建时尚资源的集成创新生态体系，最终引领时尚消费潮流、满足人民对美好生活的新期待，提升中国时尚话语权，创建世界纺织时尚强国。

一、现状和形势

（一）“十三五”纺织行业时尚发展成效

1.时尚研发的先导机制初步确立。作为时尚发展的先导驱动，由专业机构、重点企业、产业集群、专业院校组成的流行趋势协同研究发布机制初步形成，全面覆盖了色彩、纤维、纱线、面料、服装、家纺等产业链各环节，有力保障了流行趋势的系统传导与价值转换。

2.时尚设计的原创能力明显提高。作为时尚发展的核心能力，全行业的时尚创意设计能力从过去的简单模仿阶段，逐步过渡到主张原创设计、凸显中国特色的自主创新阶段，文化承载与应用能力明显提升，设计人才梯队有效建立。“十三五”期间，全国有超过100所本科院校、300所高职院校设有服装设计与工程专业，为时尚设计人才队伍建设提供基础保障。

3.时尚发展的科技应用能力不断增强。作为时尚发展的刚性支撑，全行业时尚发展的科技应用能力不断增强，新材料、新工艺、新技术大量运用，新制造、新产品、新体验不断突破。以环保为导向的功能性材料，小批量、个性化定制模式，从设计到生产全流程的数字化解决方案，3D打印、虚拟试衣以及基于生物特征识别技术、基于环境的情境识别技术、基于全方面感知技术的智能可穿戴设备，成为时尚发展的重点与亮点。

4.时尚品牌的运营能力系统提升。作为时尚发展的主要价值载体，时尚品牌运作细分化、个性化、多元化趋势更加明显。“十三五”期间，国内主要大型商业实体的服装家纺自主品牌约4500个，增长近三成；时尚元素更多融入产品开发设计和零售渠道环节，以多品牌、多业务布局为特征的时尚集团日渐增多。原创潮流品牌消费规模逐年提升，占品牌消费的比重已超过15%；一批优势品牌到国外开设终端店铺，超过百家品牌通过世界知名时装周展示中国时尚的魅力，中国品牌的国际影响力有所提升。

5.时尚消费的模式创新层出不穷。作为时尚发展的模式应用，智慧零售、跨界零售、无人零售、绿色零售等新业态、新模式发展，全客群、全渠道、全品类、全时段、全体验、全数据、全链路深度融合，移动互联技术、VR技术、人工智能技术、裸眼3D技术不断创新流通业态、创新购物场景、创新服务体验。

（二）存在的问题

1.时尚创意的设计动力依然不足。时尚设计的高质量供给能力不足，抑制了有品类、有品质、有品位的消费审美，导致产品趋同、服务趋同下的产能过剩与低价竞争依然存在，适应中国消费市场的原创设计仍较匮乏。原创设计保护力度不足，设计文化创新驱动缺乏原生动力，尚未获得良好的成长环境。

2.时尚发展的科技支撑力有待加强。以时尚产品为服务目标的科技驱动力有待加强。新一代信息技术、生物技术、新材料等科技创新围绕时尚产品的应用转化率依然不足，时尚产品质量的稳定性、时尚新品的市场成熟度及时尚服务的体验感等方面仍有巨大提升空间。

3.时尚文化的引领能力尚显不足。行业缺乏具有较强文化引领能力的自主品牌，消费认知的能力有待进一步引导和培育。部分品牌尚未形成鲜明的品牌文化基因，导致风格识别性不够，产品附加值不高，文化自信不足。

4.时尚主流的话语影响力处于弱势。在全球产业链分工体系中，中国纺织行业的时尚创造力、感召力与公信力依然处于相对弱势地位。多媒介、有创意、有影响力的时尚舆论导向能力不强。具有符号意义的“大师、大事和大牌”在主流时尚话语权体系中呈现缺席状态，尤其是内涵深刻、技术先进、具有相当文化渗透力的世界级知名时尚品牌较少。

5.时尚人才的系统保障力仍需提升。随着时尚发展不断交叉、融合和渗透的趋势，具有自主创新能力的设计人才、创意人才以及生产性服务业人才，尤其是具备运营时尚产业综合技能的跨学科、跨行业领域的高端、复合型人才，在行业内呈现较为明显的结构性短缺，无法适应时尚需求的快速迭代。

（三）“十四五”发展趋势

“十四五”时期，中国纺织行业的时尚发展将重点呈现三个维度的时尚特征：

1.以需求驱动为特征的“生活时尚”。步入数字经济时代，以个性化需求、体验式服务、精神型消费为基础的生活时尚将不断引领生产方式的进化，基于快速反应、有效产能的柔性供应链将被重构。时尚新业态与时尚新商业模式的出现，将进一步提升时尚供给侧与需求侧的精准匹配与价值统合。

2.以时尚文化复兴为特征的“本土时尚”。以中国特色时尚文化复兴为特征，本土品牌将逐步摆脱由西方时尚文化主导的跟随型、依附型发展模式，基于传统与当代时尚文化资源的加速融合，时尚人格更趋原创、独立、丰富，国潮驱动下的“世界级时尚品牌”诞生有望。

3.以可持续发展为特征的“绿色时尚”。可持续时尚的发展，不断体现在发展观念与产业实践、供给侧到消费端的统一性，以及以绿色原料、绿色设计、绿色生产、绿色营销、绿色消费为抓手的绿色产品全生命周期管理，持续推动全产业链制造高效化、清洁化、低碳化、可循环化发展。

二、重点发展目标

“十四五”期间，围绕打造世界纺织时尚强国的产业愿景，中国纺织行业应加快建成具有中国特色、世界影响、时代特征的时尚生态，大力推动基于文化价值、美学价值、技术价值和商业价值的产业复兴与时尚创新，以科技赋能创新，以包容彰显个性，以人文塑造价值，实现纺织产业的创意高密集、资源高融合、产品高附加值，缔造时尚强国的中国精神、中国价值与中国话语权。

1.科技创新与设计提升目标。提升以智能预测、智能设计、智能时尚供应链、智能营销为一体的时尚产业链综合管理能力；加强新材料、新工艺、新技术与产业时尚发展的融合，引导个性化定制与柔性制造技术广泛应用；加大创新研发投入，注重提高企业研发设计人员占比，工业设计投入占企业研发投入比例达到30%以上，实现发明专利、实用新型专利、外观设计专利授权量持续增长。

2.文化赋能与品牌建设目标。培育一批体现新时代精神和中华优秀文化的纺织大工匠、工艺美术大师、行业设计人才，重点推广100位纺织工业文化先锋人物；培育一批品牌竞争力优势企业，推动企业品牌与区域品牌协调发展，培育百亿以上品牌价值企业超过40家，重点培育3～5个时尚品牌集团跻身国际知名品牌阵营，培育千亿以上品牌价值产业集群，提升区域品牌的全球时尚影响力。

3.责任践行与绿色发展目标。打造一批绿色工厂、绿色园区和绿色供应链示范企业，组织一批企业践行产品全生命周期绿色管理，加速气候创新行动，实现从碳达峰到碳中和的跨越，形成中国纺织行业绿色制造和绿色消费的可持续时尚生态。

三、重点任务及重点工程

（一）以文化为引领，提升时尚发展软实力

1.开展时尚文化的资源梳理与应用研究。提炼中国纺织行业的特色文化内涵，开展中华优秀文化与当代消费审美的创新性研究与跨学科研究，深化中国文化基因研究阐释，加强非物质文化遗产与产品的技艺融合、资源转换与市场应用。以纺织工业遗产、纺织工业旅游、纺织工业文化博物馆为载体，推动纺织工业文化与大众消费文化的融合，促进产业时尚向消费时尚的认知转换。

2.深化时尚文化的跨界融合与平台建设。注重发挥专业展会、时装周、设计大赛等时尚文化交流平台的作用，融合产业发展、城市建设与区域创新，促进跨界时尚资源的深度聚合。支持以中国元素、中国传统文化为设计灵感和风格的设计师与品牌"走出去"，遴选优秀设计人才予以重点扶持，布局设计价值转换的全球商业渠道，提升中国时尚的全球文化影响力。

（二）以设计为依托，提升时尚发展支撑力

1.培育复合维度下的时尚设计人才。优化时尚人才支撑体系，完善时尚人才培养和成长体制机制。推动培育纺织产业不同细分行业领域内，复合型、多梯度的专业时尚人才。重点培育能够代表中国时尚、风格鲜明、具有市场影响力的时尚设计大师。

2.培育平台协同下的时尚设计能力。加大工业设计平台建设，提升纺织工业时尚设计管理水平，加快纺织工业设计关键环节和共性技术的联合攻关和协同研发，建立健全纺织工业设计规范和标准体系。

（三）以科技为驱动，提升时尚发展硬实力

1.加快纺织智能时尚的数字化升级。构建数字化、网络化、智能化的时尚设计体系，发展集成设计、系统设计、柔性设计、互动式设计和情感化设计等，加快3D、5G、AI、VR、传感等核心技术的交叉融合，加快智能可穿戴设备等时尚产品的研发与应用，利用虚拟技术提升智慧零售的时尚体验，强化数据对时尚供给侧与需求侧的双向赋能、赋值、赋智作用。

专栏1 时尚文化引领工程

1. "纺织非遗"的时尚再生工程

设立"纺织非遗"时尚再生基金，开展纺织非物质文化遗产与区域文化、民族文化与世界时尚文化之间的关联性与渗透性研究；组织纺织非遗传承人群研修研习培训，提高纺织非遗产品的设计研发能力，实现有效的活态传承。

2. "时尚文化"的跨界融合工程

建立以纺织服装为主体的时尚文化跨界联盟，围绕技术融合、产品融合与市场融合，打破行业界限，横向整合时尚商业、文化艺术、影视、电子、动漫、建筑等关联产业资源的泛时尚生态，提升研发、营销、传播一体的时尚发展综合能力建设。

专栏2 时尚设计提升工程

1."中国时尚大师"与"中国时尚大匠"重点塑造工程

启动服装、家纺、针织等细分行业领域内的"中国时尚大师"塑造计划，引导商业资本对其拓展全球市场开展扶持。启动丝绸、染织、刺绣等纺织工艺美术领域内的"中国时尚大匠"塑造计划，组织面料设计师评选、服装制板师大赛等职技竞赛，倡导"艺技融合"的工匠精神。

2."高质量时尚设计平台"创建工程

创建可输出高质量产品设计的专业型研发平台。积极开展国家级省级纺织工业设计中心建设，培育评定一批特色鲜明、创新能力强、发展水平居全国先进地位的纺织行业企业工业设计中心，完善时尚设计创新组织体系。

专栏3 科技创新驱动工程

1.人工智能时尚平台建设工程

建立产业大数据和人工智能创新应用示范中心，构建智慧趋势研究实验室，利用人工智能视觉识别技术开发色彩、图案、面料、款式等设计要素的识别模型；利用人工智能情感化计算框架和生成式设计模型，开展时尚创意设计。

2.大规模个性化时尚定制升级工程

推进服装定制交互平台技术、模块化设计、便携式三维人体测量技术和装备的研发应用，采用虚拟现实、增强现实等技术，开发远程协同设计和3D动态时尚体验技术。
通过数字化技术在设计（CAD）、研发（CAE）、生产（CAM）的集成应用，实现人体数据采集、虚拟试衣、样板和工艺的自动生成、柔性生产加工的无缝连接，实现服装智能制造的设计研发生产新模式。

2.加快纺织时尚柔性制造的模式升级。构建以数字化、智能化、柔性化技术为核心的时尚制造体系，促进以建模仿真、立体编织、3D打印等为代表的新型制造技术与时尚产品的跨界融合发展；紧跟流行趋势和消费需求，以小批量、短周期的生产模式实现适时、灵活、便捷、快速响应的定制生产。

（四）以品牌为主体，提升时尚发展承载力

1.加强品牌的消费引领能力建设。培育一批承载中华文化、引领时尚消费的"国潮"品牌，推动企业与独立设计师开展时尚供给、创意设计与渠道建设等合作，提升参与国际竞争与合作能力，持续推进品牌价值评价，培育一批有中国特色、世界影响、时代特征的优势品牌。

2.加强品牌的资源集聚能力建设。制定区域品牌战略规划，着力提升区域内部协同发展能力；建立规范集体商标使用与管理机制，注重区域品牌美誉度与影响力提升；开展区域内竞争力优势企业遴选，充分发挥优势品牌的带动作用，持续推进区域品牌与企业品牌协调发展。

专栏4 时尚品牌建设工程

1. "国潮" 品牌培育工程

制定实施 "国潮品牌培育计划"，培育一批中国文化特色明显的 "国潮" 品牌，借助数字化技术手段，开展潮流消费方式研究，鼓励支持中国品牌日、时装周、博览会、时尚节等行业活动设立国潮专区；持续深化 "基于中华文化的当代礼仪着装指南" 工作，鼓励支持基于中华优秀文化的礼仪服饰设计与着装应用。

2. "中国品牌消费节" 工程

组织一批优势纺织服装自主品牌，通过线上线下多种渠道每年开展 "中国品牌消费节" 系列活动。联合线上平台在 "510中国品牌日" "618" "双11" 等期间开展网络直播、即秀即买等多种形式的消费节活动，设立中华文化特色、智慧生活、健康生活、匠心生活、以旧换新等特色专区；联合各地商业综合体、创意园区、特色小镇、文化老街、艺术博物馆等时尚文化地标，组织开展优秀品牌与非遗作品发布秀、DIY创意手工制作、线上及现场直播带货等多种形式的品牌消费节活动。

专栏5 可持续时尚竞争力塑造工程

1.可持续时尚诚信供应链推广工程

建立以责任发展为目标、行业监督为约束、诚信效果可评价的行业企业诚信体系。以企业管理诚信建设为重点，以产业链诚信为突破口，以诚信文化、诚信人才建设为抓手，打造负责任和受尊重的中国纺织时尚新形象。

2.可持续时尚消费引导工程

建立基于 "互联网+" 智能可追溯体系；倡导避免过度消费、提高产品耐用性能与绿色审美倾向，鼓励企业通过开发修补、分享、租赁、转卖和定制等服务，鼓励消费者建立绿色、环保、具备文化自信力的消费价值观。

（五）以可持续发展为导向，提升时尚发展责任力

1.加强可持续时尚的标准体系建设。推广可持续供应链管理和企业社会责任实践，构建可持续时尚标准化评价体系，推动标准化评价体系与国家政策法规的有效对接；完善可持续时尚原料、技术、产品的认证，适时应用区块链技术建立基于 "互联网+" 的可持续时尚追溯体系。

2.引导可持续时尚的全生命周期管理。按照中国时尚产业的气候创新2030行动路线，提升时尚品牌的能源利用效率，强化产业协同，加速低碳化转型，推进时尚品牌从末端治理到产品全生命周期管理。基于新生代消费习惯与生活方式研究，组织编制《纺织品服装可持续时尚消费指南》，利用大型行业活动、社会媒体、网络直播平台等，加强对可持续时尚消费理念的宣传推广，促进可持续时尚对于消费理念和行为模式的广泛渗透，切实引导广大消费者践行可持续消费。

四、保障措施

（一）给予税收和金融支持

1.加强税收政策支持时尚品牌发展。对于全链路数字化升级的纺织服装时尚企业，按照高新技术企业享受相应的企业所得税税收优惠；对于独立设计师品牌，一定期限内给予税收优惠，其中获得国内外知名设计类奖项的品牌给予适当期限延长；对于大学生从事纺织行业时尚发展相关的创新创业活动，一定期限内给予税收优惠。

2.鼓励引导金融支持时尚品牌发展。鼓励引导国内外风险投资、创业投资、股权投资、天使基金等机构投资时尚发展的纺织服装企业和市场化独立设计师品牌；积极稳妥发展中小微企业的时尚供应链金融，为促进时尚发展提供高效便捷的融资渠道。

（二）引导加大资金支持

1.加大纺织行业时尚发展专项资金的支持力度。支持优势时尚品牌企业布局海外市场，引进国外先进工艺技术与设备；支持独立设计师品牌、企业品牌和区域品牌参加国际知名时装周等展演活动。

2.积极引导政府、企业、第三方机构等联合建立时尚发展基金。重点支持创意设计服务平台和时尚创意园区、特色小镇等时尚载体建设；支持产教结合的“订单式”人才培育模式，实施学校教师和企业师傅共同承担教育教学任务的双导师制度。

（三）发挥行业协会作用

1.发挥行业协会协调、服务作用。组织开展优秀品牌、优秀人才、时尚载体的申报、推荐工作及品牌、人才培育活动，协助品牌“走出去”及资源“引进来”。

2.发挥行业协会研究、监测作用。组织专业机构和行业专家建立健全城市时尚指数评价体系、时尚品牌竞争力评价体系、人体数据标准体系等基础研究体系，加强推广应用；及时监测行业发展状况，完善统计指标体系。

（四）实施示范引领

1.加强优秀品牌的引领带动作用。选树优秀的区域品牌作为试点示范宣传推广，支持开展优秀企业品牌和设计师品牌遴选与宣传推广活动。鼓励支持各地围绕纺织行业时尚发展举办时尚论坛、专题研讨会等交流活动，加强政产学研商等各界交流，推广纺织行业时尚发展先进经验。

2.有序推进时尚载体建设示范引领。由行业管理部门、地方政府、行业协会联动，加强创意园区、时尚街区、特色小镇建设，选树一批标杆持续开展试点示范，进行广泛宣传与经验推广。

（五）优化产业时尚发展的生态环境

1.进一步改善营商环境。优化公平竞争的市场环境，切实保障时尚品牌在准入许可、经营运行、招投标等方面的话语权；持续改善规范线上营商环境，切实落实电商平台责任；大力倡导产业链诚信，约束失信企业，建立金融信保体系；强化知识产权保护和服务，建立时尚品牌的知识产权信用公示制度和纠纷预警机制。

2.引导社会各类媒介的正向推广。立足国内国外的时尚舆论体系引导主流媒体、新兴媒体和社交平台等各类媒介加大对时尚文化、时尚品牌、时尚活动的多维度、创意化推广，广泛传播时尚消费理念，宣传健康消费方式，展示鲜活、立体、全面的中国纺织行业时尚发展面貌，打造融通中外的新理念、新范畴、新表述，提升中国时尚品牌影响力与中国时尚文化自信。

纺织行业“十四五”绿色发展指导意见

中国纺织工业联合会

纺织工业是责任导向的绿色产业，建立健全绿色低碳循环的产业体系，是实现整个行业高质量发展的重要标志和基础底线。“十三五”以来，全行业在节能减排、污染防治、资源综合利用、绿色制造体系等方面取得了明显成效，为基本建成纺织强国做出了积极贡献。“十四五”时期，在世界经历百年未有之大变局和我国构建“双循环”新发展格局背景下，在国家碳达峰、碳中和目标导向下，纺织行业推动绿色低碳循环发展、促进行业全面绿色转型将成为大势所趋和重要之策。根据国家和行业“十四五”发展的有关工作部署，在总结“十三五”纺织工业绿色发展状况基础上，现编制本指导意见。

一、现状和形势

（一）“十三五”绿色发展成效

“十三五”时期是建设纺织强国的冲刺阶段。纺织行业贯彻落实《工业绿色发展规划（2016—2020年）》《建设纺织强国纲要（2011—2020年）》《纺织工业发展规划（2016—2020年）》等任务要求，基本实现纺织强国可持续发展和“十三五”纺织行业绿色发展目标。

1.能源资源利用效率持续提升。“十三五”期间，纺织行业在产能增加基础上，能源消耗量保持微增长，万元产值综合能耗下降25.5%。能源结构持续优化，二次能源占比达到72.5%。屋顶光伏发电技术得到应用，使用天然气大量替代传统燃煤锅炉。取水量逐年下降，万元产值取水量累计下降11.9%。

2.清洁生产水平大幅提高。“十三五”期间，纺织行业加大节能环保技术装备的研发和推广力度，莱赛尔（Lyocell）纤维、生物基聚酰胺纤维、聚乳酸纤维、壳聚糖纤维等生物基纤维材料制备技术获得突破，原液着色纤维的制备规模和水平大幅提升；无聚乙烯醇（PVA）上浆技术得到发展；连续式机织物成套印染装备的自动化水平不断提高；低能耗气流染色机、气液染色机以及低浴比溢流染色机成为主流间歇式染色设备。

3.污染减排成效显著。“十三五”期间，纺织行业废水排放量、化学需氧量和氨氮排放量累计下降超10%。废气治理和污泥无害化处置水平进一步提高。企业的化学品管控意识不断提升，产品生态安全性普遍增强。

4.资源综合利用取得突破。喷水织造废水回用、印染废水分质处理、膜法水处理等废水资源化技术在行业内得到推广应用，印染废水热能回收、定形机尾气热能回收等热能回收技术得到普遍应用。化学法再生聚酯纤维产业化突破技术瓶颈，物理法和物理化学法循环再利用纤维产业化技术获得国家科技进步奖，旧衣零抛弃活动深入推进，废旧纺织品分类回收、科学分拣、高效利用等效率和水平稳步提升。

5.绿色制造体系逐步形成。进一步推广中国纺织服装企业社会责任管理体系（CSC9000T），社会责任的维度和内涵不断拓展，并且向国内企业在海外投资的工厂覆盖，55家纺织企业加入时尚气候创新2030行动。绿色设计理念在行业内获得广泛认可，2016年以来共有251种绿色设计产品、91家绿色工厂、10家绿色供应链企业被国家列入绿色制造体系建设名录，完成40余项绿色标准制定和发布，头部企业尤其是品牌企业发挥了示范带动作用，全生命周期绿色管理正在加速融入纺织产业链体系。

“十三五”以来，纺织工业绿色发展取得了一定成绩，但也存在诸多困扰发展和需要持续关注的问题。主要包括：绿色环保创新投入偏低，创新型人才缺乏；产业链绿色协同发展相对较弱，产品全生命周期绿色管理能力有待提升；绿色制造体系建设进展较慢，绿色发展公共服务平台支撑作用不强，绿色产品有效供给能力不足，引导绿色可持续消费力度不够；废旧纺织品循环利用产业链体系建设缓慢等。

（二）“十四五”绿色发展形势

1.应对全球气候变化新挑战。全球气候变暖带来的环境生态风险是人类生存面临百年变局中的严重威胁之一，减少二氧化碳排放越来越成为世界各国和地区的共同责任和战略措施。我国向世界作出碳达峰、碳中和承诺，需要纺织工业做出绿色变革的表率和责任践行，把行业的环境责任全面纳入产业价值体系、创新体系和管理体系，有效驱动行业绿色转型发展。

2.建设美丽中国新要求。“十四五”期间，构建生态文明体系、促进经济社会发展绿色转型，成为国家建设人与自然和谐共生现代化的战略性构想。同时，全方位全过程推行绿色规划、绿色设计、绿色投资、绿色建设、绿色生产、绿色流通、绿色生活等，成为国家具体实施经济社会发展绿色转型的重要着力点。这些必然对纺织行业建立健全绿色低碳循环发展产业体系提出更高要求和迎来难得机遇。

3.稳定经济发展新动力。新冠肺炎疫情引发的逆全球化促使各国出于供应链安全考虑，加速重构本国产业体系。一些发达国家实施贸易保护、设置绿色技术壁垒，将给我国供应链安全带来极大不确定性。构建信息透明、可追溯的绿色供应链体系是规避产业链供应链风险的重要手段。后疫情时代，全球将提供更多资金、技术和资源用以提振经济，绿色产业作为经济增长的新动力，将为经济社会稳定发展提供重要支撑。

4.顺应消费升级新趋势。随着我国全面小康社会目标实现，国内居民人均纤维消费量达到中等发达国家水平，在国内消费升级大趋势引领下，绿色、健康、安全、舒适越来越成为消费者对纺织品服装的基本生活需求，尤其是经过新冠肺炎疫情考验之后，人们更加重视生命安全和健康，绿色化消费趋势将为纺织行业在国内大循环下提供正确的市场取向。

二、总体部署

（一）总体思路

以习近平新时代中国特色社会主义思想、党的十九大和十九届二中、三中、四中、五中全会精神为指导，深入贯彻落实纺织强国可持续发展战略，坚持履行环境责任导向，以绿色化改造为重点，以标准制度建设为保障，优化产业结构，加快构建绿色低碳循环发展体系，建立健全绿色发展长效机制，推动产业链高效、清洁、协同发展，为国内外消费市场提供更多优质绿色纺织产品，不断提升国际竞争力和影响力，引导绿色消费，推进纺织行业绿色低碳循环发展迈上新台阶。

（二）基本原则

1.坚持市场性原则。强化企业主体地位，坚持市场导向，激发企业绿色发展市场原动力，把握绿色健康消费新趋势，让绿色资源变成绿色财源，形成绿色产品有效供给与消费观念升级良性互动，培育绿色发展市场机制新生态。

2.坚持创新性原则。积极推进行业绿色发展理念、技术和体制机制创新，以绿色技术创新引领全局，强化产学研用创新融合，加强跨学科跨领域合作，推动环保装备、信息技术、生物技术等创新成果深度融合，推进重点领域关键技术突破，探索绿色发展服务新模式，增强绿色低碳循环发展新动力。

3.坚持系统性原则。从原材料、研发、制造、产品、销售全面实施绿色转型，扩大绿色工厂、绿色园区、绿色供给链建设，逐步形成全行业绿色投资、绿色设计、绿色生产、绿色流通体系，统筹国内国际两个市场，增强企业绿色竞争力。

4.坚持协调性原则。坚持行业发展与资源能源利用、生态环境安全相适应，产业结构与区域功能定位相统一，行业当前问题与长期发展相结合，内需市场与国际化发展相协调。

（三）主要目标

到2025年，在行业生态文明建设和履行环境责任取得积极进展下，生产方式绿色转型成效显著，产业结构明显优化，绿色低碳循环发展水平明显提高。

1.能源利用效率显著提高。能源消费增速进一步减缓，主要产品能耗达到或接近世界先进水平，单位工业增加值能耗较2020年降低13.5%，清洁能源在能源消费结构中占比有所提高，碳排放强度明显降低。

2.资源利用水平明显提升。水资源消耗量持续下降，单位工业增加值水耗较2020年降低10%，印染行业水重复利用率提高到45%以上。废旧纺织品回收再利用体系进一步健全，循环再利用纤维年加工量占纤维加工总量的比重达15%。

3.清洁生产水平持续提高。先进适用清洁生产技术基本普及，主要污染物排放总量持续减少，排放强度大幅下降，废气得到有效治理。

4.绿色制造体系更加完善。全面推行生命周期绿色管理，全力打造一批绿色工厂、绿色园区和绿色供应链示范企业，推出更多绿色纺织产品。将绿色纤维标志与认证体系建设纳入产品绿色设计中，鼓励龙头企业绿色采购，打通更多绿色产品销售渠道，引导绿色消费。

三、重点任务

（一）推进能源优化提升，积极促进低碳发展

1.推动能源消费优化升级。加强自备锅炉煤炭清洁高效利用，有效推进企业或园区实施煤改气和煤改电进程，鼓励企业继续提高二次能源消费比重，利用太阳能、风能等可再生能源作为补充能源，加快分布式能源中心建设。推动企业和园区做好二氧化碳排放量核算，开展大气污染物排放和碳排放消减“双降”试点示范。

2.促进能源效率稳步提升。强化节能减碳标准约束，引导支持企业低耗能、低耗水项目建设。运用能耗限额、取水定额、行业规范条件等标准法规，推动行业绿色升级改造，着力提高绿色产品设计开发能力，积极开发高附加值、低能耗纺织产品。开展能效领跑者引领行动，树立能源高效利用企业示范样板。

3.强化能源管理持续完善。推动重点用能企业能源管理体系建设，定期开展能源计量自查、能效评估和对标、设备管理人员节能培训，发掘节能潜力。开展重点用能企业能效提升专项行动，鼓励使用高效低耗电动机、风机、水泵、压缩机等节能设备。加强重点用能设备保温保养，提高机台能效及余热利用水平，鼓励采用智能化纺纱、织造、染整、服装加工等技术装备，提高劳动生产率。加快制定行业节能低碳标准，鼓励厂房绿色设计。

（二）加强污染消减力度，保障产业生态安全

1.强化清洁生产。以绿色技术驱动产业链各环节降低污染物产排量为核心，深化生产全过程和纺织园区系统化污染防治。制定有毒有害物质替代目录，加强无毒无害物质开发和应用，重视新兴污染物治理，加强可降解纤维材料研发应用，引导行业技术进步和产业结构优化升级。加大清洁能源使用，推进能源梯级利用。加大清洁生产改造力度，持续削减化学需氧量、氨氮、氮氧化物等重点污染物产排量。

2.提高用水效率。大力推广先进适用的节水工艺、技术和装备，推进水资源高效利用和废水资源化，鼓励纺织企业加大循环水、再生水等非常规水资源开发力度，建设非常规水资源利用产业化示范工程。加快完善行业节水标准，推动企业用水效率

专栏1 节能减碳重点工程

1.纺织装备能效提升工程

加快突破闪蒸法、熔喷、静电纺、纤维素纤维溶液纺丝直接成网、熔融共混相分离等纤维材料的产业化制造技术及装备，开发大容量生物基纤维成套装备、废旧聚酯纤维及纺织品再生装备，研发编织一体化技术和装备，推广高效节能喷水织机，发展针织物和涤纶织物连续式印染成套设备、非水介质印染成套设备，突破高精度针织物圆网印花机、高速全幅宽数码印花机、针织物拉幅定形机等单机装备。

2.公用设施能效提升工程

实施照明设备、电机、空调机组、空压机等用能单元系统化节能改造。

3.节能低碳改造提升工程

推广低温前处理、冷轧堆前处理和染色、分散染料低温染色和印花、分散染料碱性染色、蒸汽热能分级利用等节能技术，推广太阳能光伏发电、工业窑炉化石燃料替代和余热利用技术，加快绿色纤维制备、废旧纤维循环利用等低碳技术的研发、示范与推广，加快纺织园区能源管理中心建设，提高可再生能源使用比例，加强园区集中供热制冷，余热余压梯级利用。

对标达标。开展水效领跑者引领行动，加强用水管理和水系统集成优化，创建一批典型节水示范项目和标杆企业。

3.加强协同治理。深刻认识新阶段污染防治工作的新形势、新特征，以持续改善生态环境质量为核心，围绕产业链供应链开展减污降碳协同治理。推进化学纤维制造、化纤长丝织造、印染等重点行业产业集聚，推进纺织园区集中供热、供汽，统一进行废水处理、污泥处置，完善环境基础设施升级及配套管网建设，推进无组织废气收集和处理技术应用，控制挥发性有机物排放。控制珠三角、长江经济带、黄河流域等纺织产业聚集区污染物排放总量和强度，防控产业链生态安全和环境风险。

（三）加强资源综合利用，持续推动循环发展

1.推动园区循环化改造。加快对现有纺织园区的循环化改造升级，延伸产业链，提高产业关联度，实现集中供水、集中供热、集中治污，构建“废布再生短纤、中水循环利用、污泥焚烧发电、余热余压利用”的循环产业链。促进废旧纤维再利用企业集聚化、园区化、区域协同化布局，提升行业清洁化水平。

2.推进废旧纺织品再利用。引入市场化机制推动废旧纺织品循环利用产业发展，推进旧衣“二手市场”的开放和建立，建设再生产品认证体系。促进以中心城市为载体的废旧纺织品回收分拣示范基地建设，与市场化回收和工业化再利用对接，注重引导和加强关键技术及成套设备研发、成果转化和应用推广。支持再生资源企业利用大数据、云计算等技术优化物流网点布局，建立线上线下融合的回收网络，加快互联网与资源循环利用融合发展。

专栏2 清洁生产水平提升工程

1.有毒有害物质替代重点工程

加强高效环保型浆料、染料和印染助剂、高效环保化纤催化剂、油剂和助剂的研发及应用，开发推广绿色环保型阻燃、防水等功能性后整理助剂，推广生物酶技术在羊毛无氯丝光和防缩处理中的应用，在棉纺织行业推行无聚乙烯醇（PVA）上浆或少浆料上浆，在化纤行业推行无锑环保聚酯产品，在印染行业严格控制染化料助剂使用。

2.生物可降解纤维材料核心技术攻关重点工程

攻克PBAT（己二酸丁二醇酯和对苯二甲酸丁二醇酯共聚物）、PBS（聚丁二酸丁二酯）、PHBV（聚羟基丁酸戊酸酯）、FDCA基聚酯（呋喃二甲酸基聚酯）等关键原料制备和高效聚合反应等核心技术，攻关莱赛尔纤维专用浆粕和NMMO溶剂、1，3-丙二醇、丙交酯等生物基单体和原料的关键制备技术。

3.生物基化学纤维的制备和应用重点工程

突破莱赛尔纤维国产化装备大型化技术、低成本原纤化控制技术、溶剂高效回收技术，建立单线纺丝能力6万～10万吨/年莱赛尔纤维生产线。开发10万吨级L-乳酸-丙交酯-聚合-聚乳酸（含熔体直纺）纤维规模化高效制备技术。提升国产虾（蟹）壳、海藻原料高效提纯、制备关键技术，攻克万吨级海藻纤维产业化成套技术及装备、高浓度海藻纺丝液制备及清洁纺丝技术。攻克高效低成本壳聚糖提取关键技术及高效清洁化纺丝技术。

4.清洁生产技术研发和应用重点工程

研发和推广锦纶6熔体直纺、氨纶多头纺丝技术，研发和推广高效短流程前处理、无碱或低碱前处理、低盐或无盐活性染料染色、生物质色素染色、活性染料低尿素或无尿素印花、电化学还原染色、等离子体印染、液氨整理、多功能机械整理等少化学品印染技术，重点攻关数码印花设备的打印喷头国产化关键技术，开发高速数码印花机及高精度打印控制与缺陷检测系统，研究OnePass设备、数码+网印联合机、双面数码印花机等新型数码喷墨印花设备。

3.加强行业规范化管理。研究制定废旧纺织品循环利用领域标准规范，建立行业鼓励和约束机制，促进产业规范化发展。加快落实生产者责任延伸制度，探索再生产品全生命周期可追溯路径。深入研究废旧纺织品资源价值核算方法和评价指标，逐步构建支撑再生纺织品生态价值的市场机制。

（四）构建绿色制造体系，稳步提升绿色发展

1.强化产品全生命周期绿色管理。开展绿色产品评价，发布绿色产品目录，促进绿色生产与绿色消费良性互动。鼓励企业和园区实施绿色发展战略，加快绿色化改造提升，严格执行环境保护相关法规，促进企业环境信息公开，建设绿色工厂和绿

专栏3 水效提升重点工程

1.节水技术研发和应用重点工程

研发推广超临界二氧化碳染色、活性染料非水介质染色、针织物平幅连续染色、涤纶织物少水连续染色和分散染料免蒸洗印花等节水印染加工技术。进一步推广化纤机织物连续平幅前处理、针织物连续平幅前处理、小浴比间歇式染色、分散染料碱性染色、高牢度涂料印花、低尿素活性染料印花、低盐低碱活性染料染色、高速数码喷墨印花、泡沫整理等技术。

2.非常规水资源利用重点工程

推进企业内部用水循环利用，提高重复利用率。推进园区内企业间用水系统集成优化，实现串联用水、分质用水、一水多用和梯级利用。开展废水再生利用水质监测评价和用水管理，推动重点用水企业搭建废水循环利用智慧管理平台。严控新水取用量，有条件的企业或园区，将市政再生水作为生产用水的补充来源。

专栏4 污染防治重点工程

1.水污染物治理重点工程

研发推广含盐染色废水循环利用、高级氧化、膜处理技术等印染废水深度处理及回用技术；研发低成本高回用率印染废水深度处理与回用技术、废水近零排放和定型机废气高效收集处理及余热回用技术。

2.大气污染物治理重点工程

推进含量产品源头替代，督促企业建立原辅料台账，使用数码印花用油墨、涂料等符合标准的低挥发性有机污染物（VOCs）含量产品；推广黏胶纤维低浓度含硫废气治理技术；采用高效适用的定形机、涂层废气处理装置，在原辅料称料间安装气体收集和处理系统；强化企业无组织排放管理，提高VOCs治理设施废气收集率、同步运行率和去除率水平，对重点企业依法开展强制性清洁生产审核。

色园区。构建从采购、生产、物流、销售、回收等环节的绿色供应链管理体系，培育绿色供应链示范企业。加快落实生产者责任延伸制度，建立重点产品全生命周期追溯机制。

2.建立绿色化规范化标准体系。着力强化标准引领约束，推动绿色标准贯彻实施，引导企业运用绿色技术进行升级改造，推进标准实施效果评价和成果应用。适时制修订重点产品能耗限额、取水定额及污染物排放相关标准，进一步完善纺织行业清洁生产评价体系，推动印染、化纤等重点行业清洁生产审核。制定“十四五”行业节能减排共性关键技术研发和推广路线图，建设行业绿色数据

专栏5 资源综合利用重点工程

1.循环再利用化学纤维重点工程

实施化学法循环再利用涤纶（DMT法）产能提升项目，实现单线产能达到5万吨/年；实施化学法（BHET法）循环再利用涤纶产业应用试点项目，建成3万吨/年生产线；实施瓶片直纺循环再利用涤纶长丝试点示范项目，建设年产3万吨高品质长丝产业化生产线。推进循环再利用锦纶、丙纶、氨纶、腈纶及高性能纤维等品种的关键技术开发。

2.废旧纺织品再利用重点工程

重点突破废旧纺织品资源化学法聚酯醇解、胺解机理等再生利用关键工艺技术，推进含棉/粘胶纤维的废旧纺织品分拣、回收和绿色制浆技术，加大对废旧军服、警服、校服、各类工装等的定向回收、梯级利用和规范化处理，研发分拣、开松、成网一体化设备，以京津冀、长三角、珠三角、长江中部城市群等为中心，建设覆盖重点省市的废旧纺织品资源化回收、分拣、拆解、规范化处理基地。

库，加强印染、化纤等企业清洁生产审核和行业规范管理，提高绿色发展基础能力。

3.开发推广绿色制造技术。推广无水/少水印染加工技术和装备，加快熔体直纺、印染短流程等节能技术推广应用，开发废水资源化、废旧纺织品循环利用新技术，实施定型机废气治理和污泥无害化处置，加强有毒有害化学品替代技术开发，逐步限制壬基酚、壬基酚聚氧乙烯醚等的使用，开发生物基纤维，扩大废旧纺织品在土工建筑、建材、汽车等领域的再利用水平。

（五）引导产品绿色消费，实现成果共享发展

1.开展国际交流合作。在"一带一路"等国际合作中贯彻绿色发展理念，着眼于全球资源配置，加强境外绿色纺织生产基地建设，推动绿色技术和绿色服务走出去。加强工业绿色转型、应对气候变化等领域国际科技合作研究，吸引全球尖端研发资源和先进技术向国内转移。推动多边政府部门、研究机构、行业协会、相关企业间的交流互动，支持开展具有国际影响力的绿色交流活动。

2.提升绿色服务平台支撑作用。依托现有的各类纺织行业绿色发展联盟、协会组织，重点围绕绿色产业补短板、强弱项、段强链。联合高校、科研院所、领军企业等共同开展重大科技项目攻关，加速绿色技术和产品的创新开发和推广应用。开发和构建纺织行业绿色数据库和信息服务平台。研究重点纺织产业集群生态环境状况和相关环保要求，识别生态环境敏感区和脆弱区，开展综合生态环境影响评估，加强环境应急预警领域的合作交流，提升生态环境风险防范能力。研究重点出口国或出口地区的绿色政策，加强国际交流合作，指导企业在"走出去"过程中履行环境社会责任，降低贸易风险。

3.营造绿色发展良好氛围。采取多种形式开展政策解读和科普宣传，及时回应社会关切。深入开展生态环境保护宣传活动，引导公众践行绿色生活理念，引导绿色消费，推动构建全民参与的生态环境保护新格局。依法加大信息公开力度，主动接受社会监督。总结纺织行业践行习近平生态文明思想实践成果，完善宣传渠道和长效宣传工作机制，树立生态文明宣传教育工作优秀典型。

专栏6 绿色制造体系建设工程

1.绿色化、智能化印染生产线重点工程

推进印染单机台自动化、数字化改造升级，提高染化料自动称量、配制、输送系统、印花自动调浆系统等自动化装备在行业中的覆盖面，拓宽高性能传感器和印染生产线在线监控系统的应用范围，构建智能化颜色及工艺管理、生产流程管理体系，推广应用半制品快速检测系统，实现对机械参数、工艺参数、能源消耗和过程质量进行全方位监控，提升印染全流程信息化整体水平。

2.绿色制造示范项目重点工程

加快开发具有无害化、节能、环保、低耗等特征的绿色纺织品，培育一批绿色设计示范企业；引导企业按照“厂房集约化、原料无害化、生产洁净化、废物资源化、能源低碳化”标准建设绿色工厂；优化纺织园区用地布局和产业链结构，提高土地集约化水平，加强能源资源循环利用，加快资源环境统计监测基础能力和公共服务平台建设，打造一批绿色纺织园区；通过建立采购、生产、营销、回收等全过程信息可追溯信息系统，推动龙头企业责任延伸，带动上下游供应链企业践行环境责任，形成一批绿色供应链企业。

专栏7 生态文明宣传引领工程

1.优秀案例引领工程

引导和带动企业、院校及相关机构积极参加行业生态文明建设，总结形成一批行业践行习近平生态文明思想实践成果，树立生态文明宣传教育工作优秀典型。围绕可持续时尚、产业绿色转型、废旧纺织品回收利用等重要议题，推动和创建各具特色的宣传活动品牌，如中国纺织生态文明万里行、地球表白日、旧衣零抛弃等。

2.绿色发展宣传平台创建工程

广泛动员各类媒体创新传播方式，拓展传播平台，以主题采访、拍摄宣传片、出版图书、报告等方式，加强优秀案例新闻宣传。鼓励有条件的企业和机构搭建或利用国际性会议、论坛、展会等平台，组织策划有影响力的宣传活动，全方位向世界展示绿色发展实践成果。

四、保障措施

（一）政策保障

严格环境准入，执行国家关于化纤、印染等重点行业排污许可管理。加快节能、节水、清洁生产、污染排放等标准制修订，围绕绿色产品、绿色工厂、绿色园区和绿色供应链构建绿色制造标准体系。充分发挥企业在标准制定中的作用，鼓励制定严于国家标准、行业标准的团体标准，促进工业绿色发展提标升级。鼓励企业、科研院所、行业组织围绕产品生命周期绿色管理和评价制定国际标准。

（二）资金保障

充分利用财税、金融等现有资金，多渠道筹措绿色转型发展资金，深化产融合作与投融资对接，利用绿色债券、税收优惠等形式，鼓励和支持社会资金转向科技创新、技术改造、绿色制造、行业服务平台建设等领域，推动纺织产业链优化提升。提高资金使用效率，确保发展目标和重点项目按计划推进。

（三）组织保障

行业协会充分发挥连接政府与企业的桥梁纽带作用，围绕纺织行业可持续发展强国战略，加强政策规划、标准法规等方面的建言献策和宣传引导。深入开展绿色发展相关企业调查、行业研究、信息咨询、技术推广、检测认证、贸易摩擦、展览展示、新闻宣传等服务工作，积极推进企业社会责任建设，加强行业自律，促进产业健康发展。引导纺织企业用好国家各项政策措施，及时反映行业发展动态、企业诉求，提出相关政策建议。

（四）人才保障

大力培养高技能人才，鼓励纺织高校、科研院所及行业龙头企业创新合作模式，结合市场导向和企业转型升级需求，培养一批"具有国际视野、掌握国际规则、熟悉环保业务"的复合型人才，形成一批具有影响力的科学研究基地和人才培养基地。拓宽人才引进渠道，促进人才向产业绿色化集聚。构建绿色发展的科技支撑体系，建立专家智囊团，为行业绿色发展提供更加坚实的人才保障和智力支撑。

（五）社会保障

提升行业生态文明建设宣教能力，加强信息传播能力建设，建立功能完善、互联互通的信息网络平台，做好产业政策宣传引导，加大信息公开和新闻宣传力度，维护公众的环保知情权。注重树立先进典型，讲好纺织环保故事，组织开展经验交流，营造绿色发展良好氛围。充分发动和依靠全社会力量，引导公众绿色消费，形成人民群策群力、共建共享的生动局面，为行业绿色发展提供保障。

CNTAC

2021/2022 中国纺织工业发展报告

2021/2022 CHINA TEXTILE INDUSTRY DEVELOPMENT REPORT

行业研究

逐梦新征程，开启纺织行业高质量发展新篇章

中国纺织工业联合会会长　孙瑞哲

纺织行业与国民经济发展同频共振，与人民美好生活紧密连接，是服务国家富强、民族振兴、人民幸福的重要产业力量。在党的领导下，纺织行业深入贯彻落实新发展理念，开拓创新，实现了历史性的突破，进入了高质量发展的新阶段。

回首“十三五”，纺织行业在服务国家战略大局中的地位愈加突出

“十三五”时期，面对错综复杂的内外形势，纺织行业围绕《建设纺织强国纲要（2010—2020）》及《纺织行业“十三五”发展纲要》设定的发展目标，紧扣高质量发展要求，不断巩固制造优势，提升基础能力和产业链现代化水平，科技创新、品牌建设、人才培养、绿色发展跃上了新的台阶。行业取得的成就为全面建成小康社会做出了突出贡献。

一、行业积极践行制造强国战略，在建设现代化产业体系中发挥了重要作用

体系优势和规模优势不断强化，综合竞争力进一步增强。从原料供应、设计研发到终端制造、运营零售，中国纺织产业链各环节制造能力与规模稳居世界前列，在全球价值链中的地位不断提升。2020年，我国纺织纤维加工总量占世界的比重保持在50%以上，化纤产量占世界的比重超过70%。

发展质量和发展效率不断优化，整体素质大幅提高。行业加快推进产业链现代化建设，产业结构全面优化升级。三大终端产品纤维消耗量比重由2015年的46.4：28.1：25.5调整为2020年的40：27:33。“十三五”末，我国已成为纤维生产品种覆盖面最广的国家。其中，高性能纤维总产能占世界的比重超过三分之一。行业专精特新小巨人企业、单项冠军企业和产业链龙头企业大量涌现。截至2020年底，沪深两市纺织服装类上市公司数量达到192家。恒力、魏桥、盛虹等行业优秀代表跻身世界500强企业梯队。2020年中国纺织工业发展情况见图1。

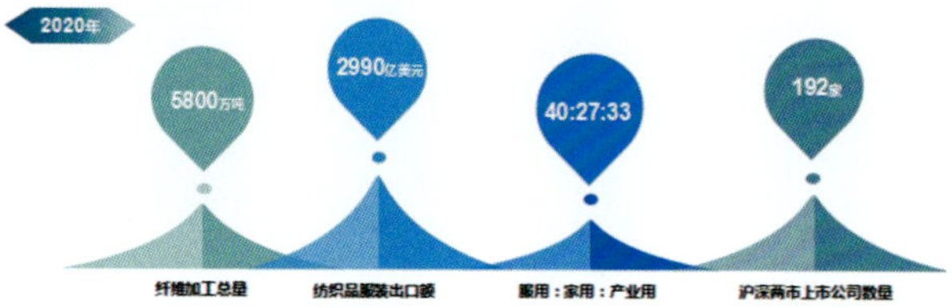

图1 2020年中国纺织工业发展情况

资料来源：中国纺织工业联合会

二、行业深入实施创新驱动发展战略，在建设创新型国家的进程中发挥了重要作用

基础研究实力显著提升，科技创新取得新的历史性成就。行业在纤维材料、绿色制造、纺织机械等领域突破了一批“卡脖子”技术难题。国产纺织装备国内市场占有率达75%以上。期间，全行业共有15项成果获得国家科学技术奖。纺织标准体系进一步优化，政府主导制定标准与市场自主制定标准协同发展、协调配套的新型标准体系已具雏形。

两化融合深入发展，新场景、新业态、新模式加速形成。行业紧抓数字技术变革机遇，大力推动产业数字化转型。纺织行业开展服务型制造、个性化定制的企业比例在制造业中位列第一。全流程的数字化解决方案加快形成，网络协同制造、大规模个性化定制等新业态、新模式持续涌现，智能纺织

品的应用领域不断延展。移动互联、AI等技术不断创新流通业态、购物场景和服务体验，行业成为社交电商、直播电商等模式创新最活跃的产业。

创新生态日趋完善，创新体系整体效能大幅提升。企业在产业中的创新主体地位不断夯实，产学研用深度融合的创新生态初步形成。2020年，纺织业R&D经费投入强度为0.99%，纺织服装、服饰业为0.76%，化纤行业达到1.66%。截至2020年底，行业共有国家制造业创新中心2个、国家重点实验室6个，国家工程研究中心2个、国家企业技术中心81家（含5家分中心）、国家认定企业工业设计中心12家。

三、行业始终坚持人民至上的价值取向，在创造高品质生活中发挥了重要作用

行业始终把满足人民对美好生活的向往作为一切工作的出发点和落脚点。我国在人均国内生产总值1万美元时，纤维消费已先于经济发展水平达到中等发达国家水平。新冠肺炎疫情期间，行业依靠完善的产业配套、高效的组织动员体系和强大的产业转换能力，有效保障了人民生命健康安全。

增品种、提品质、创品牌，行业有效满足了人民日益增长的产品和服务需求。形成了覆盖产业链各环节的流行趋势协同研究和发布机制，时尚设计原创能力提升明显。产品开发向着功能性、绿色化、智能化方向加速发展，应用领域也向医疗卫生、航空航天等不断延伸。中国品牌的认知度、美誉度和影响力持续增强。

富民、惠民、利民，行业有效提升了人民的获得感、幸福感、安全感。始终坚持就业优先，稳就业成效显著，全行业就业人口超过2000万。行业发展直接惠及三农，为农村劳动者提供了适宜进入、前景广阔的就业岗位。产业梯度转移的方向与区域协调发展的需求高度统一，在解决地区、城乡区域差距中做出了建设性贡献，有效助力了精准扶贫。在全国脱贫攻坚总结表彰大会上，纺织行业16名个人、4个集体获得殊荣。中国纺织工业的经济社会贡献见图2。

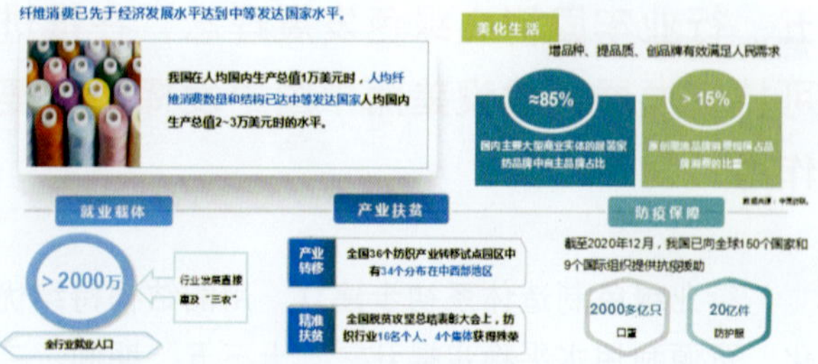

图2 中国纺织工业的经济社会贡献

资料来源：中国纺织工业联合会

四、行业全面推动对外开放，在构建开放型经济体系中发挥了重要作用

行业国际贸易规模长期居于世界首位。2020年，中国纺织品服装出口额为2960亿美元，在全球中的占比达36.9%。出口市场结构不断优化，国家与地区更加多元。“十三五”期间，我国对柬埔寨、越南等国的出口比重持续提升。贸易新业态不断涌现，跨境电商成为新的增长点，涌现出一批优秀企业。国际展会的专业化、品牌化程度不断提升，已成为国际一流的商贸平台。

行业已经从产品走出去、产能走出去向品牌走出去和资本走出去迈进。产业在全球配置资源的能力不断增强，有效降低了地缘政治背景下的经贸风险。中国企业在海外设立纺织服装生产、贸易和产品设计企业分布已超过100个国家和地区。“十三五”期间，中国纺织企业在湄公河五国的投资额超过18亿美元，约占同期对全球投资总额的26.6%。中国纺织工业的对外开放情况见图3。

图3 中国纺织工业的对外开放情况

资料来源：中国纺织工业联合会

五、行业牢固树立绿色发展理念，在推进可持续发展、建设美丽中国中发挥了重要作用

行业绿色制造体系初步建立。用能结构持续优化，资源利用水平稳步提升。“十三五”期间，二次能源占比达到72.5%，万元产值综合能耗下降25.5%，万元产值取水量累计下降11.9%。污染减排卓有成效，行业废水排放量、主要污染物排放量累计下降幅度均超过10%。企业化学品管控意识不断提升，产品生态安全性普遍增强。循环再利用化学纤维供给能力明显提升，废旧纺织品资源化利用水平进一步提高。2016年以来共有251种绿色设计产品、91家绿色工厂、10家绿色供应链企业、11家绿色设计示范企业列入工信部绿色制造体系建设名单。产品全生命周期管理正在加速融入纺织产业链体系。

社会责任的维度和内涵不断延展。中国纺织服装企业社会责任管理体系CSC9000T在全行业持续推广，并开始覆盖国内企业在海外投资的工厂。可持续发展的工具方法持续完善。时尚气候创新2030行动等深入开展。行业化学品、碳、水和循环再利用管理平台也在持续完善，产业影响力大幅提升。

适应形势新变化，把握战略机遇期

“十三五”的圆满收官，为纺织行业“十四五”发展奠定了坚实基础。但同时，行业也面临着前所未有的复杂局面与艰巨挑战。产业只有深刻认识内外环境的新特征、新调整，把握战略机遇，增强风险意识，才能赢得发展主动。

一、行业要准确识变，积极适应世界百年未有之大变局

当前，百年变局深度演进，新冠肺炎疫情影响广泛深远，世界进入了新的动荡变革期。

世界经济仍未走出低迷，未来前景面临不确定性。世界经济正在逐步复苏，但增长仍缺乏持久动力。有报告预测，全球经济增速将从2021年的5.5%降至2022年的4.0%，再降至2023年的3.5%。新冠肺炎疫情下大规模的财政刺激政策使得复合型通胀风险正在显现，全球加息缩表预期加强、进程加速。如果主要经济体货币政策“急刹车”或“急转弯”，将产生严重负面外溢效应。新兴市场面临着资本外流、货币贬值等风险。如何在经济波动中保持自身发展的稳定性和确定性是行业面临的重要课题。

地缘政治格局更加复杂，经贸合作面临不确定性。全球力量对比的改变使得国家间的竞合态势发生改变。南北之间、北北之间、南南之间的竞合博弈愈加激烈。大国间的战略博弈，你方唱罢我登场。中美之间的博弈仍在加剧，美国通过了排除新疆产品进入国际供应链的所谓“H.R.6256涉疆法案”，不断加大对中国企业的遏制。大国博弈正在对产业未来发展产生深远影响。地缘政治风险的提升弱化了国家间信任与合作的基础，单边主义、保护主义、霸权主义进一步抬头。全球经贸往来、产业链创新链的合作均受到一定程度的阻隔。

全球供应链结构持续调整，产业布局面临不确定性。尽管新冠肺炎疫情仍在蔓延，但对经济社会发展的影响预期开始趋于乐观。世卫组织日前表示，新冠肺炎将逐渐变为地方性流行病。全球供应链的调整开始恢复常态，各国将加快推进以效率与安全为核心的供应链布局。比如美国2021年通过的《基础设施建设法》《重建更好未来法》等将在2022年落地。这些法律都旨在强化供应链回流。同时，随着越南、孟加拉国等制造业重点区域产能的恢复，全球对中国供应链的依赖将有所降低。我们要做好外需减弱的准备。

二、行业要顺应潮流，加快融入中华民族伟大复兴战略全局

在党的领导下，经过百年奋斗，中华民族伟大

复兴进入了不可逆转的历史进程。这是历史发展的必然，也是行业发展的时与势。

中华民族伟大复兴的过程是构建现代产业体系的过程。当前，国家正在稳步推进现代产业体系建设，引导资本、人才、数据等各类优质资源向实体经济加速集聚。这为纺织行业加快实现质量变革、效率变革、动力变革提供了有力支撑。同时，整个产业体系的优化升级也为行业的高质量发展带来了强大势能，不仅能有效带动产业的材料升级、技术升级、产品升级，也将为产业带来巨大的市场空间。

中华民族伟大复兴的过程是实现区域协调发展的过程。我国区域发展不平衡问题依然严峻，表现为城乡区域间经济发展分化态势明显、发展动力极化现象突出。增强区域经济发展的平衡性与协调性是化解当前社会主要矛盾的内在要求和重要途径。围绕这一方向，国家正在系统推进区域重大战略、区域协调发展战略、主体功能区战略落地，加快构建主体功能明显、优势互补、高质量发展的区域经济布局。行业发展应融入区域调整的大势，加快形成产业与区域协同发展的良性循环。

中华民族伟大复兴的过程是树立文化自信的过程。随着我国日益走近世界舞台中央，中国创新、中国质量、中国品牌、中国效率正在赢得越来越多的正视与尊重，文化自信的树立成为中国时尚崛起的强大推动力，“国潮”近年来的快速崛起印证了这一事实。数据显示，过去十年，“国潮”关注度上涨了528%。产业正在迎来将文化自信转变为品牌自信、产品自信的最好发展机遇。

中华民族伟大复兴的过程是实现共同富裕的过程。稳步推进共同富裕就是要让人民变富，让生活变好，解决就业就是实现共同富裕的关键所在。纺织行业作为小微民营主体创业的重要空间和吸纳就业的重要载体，在稳就业中的作用变得愈加突出。另一方面，实现共同富裕的过程也是人民群众生活品质不断提升、消费结构持续改善的过程。更加富裕的人民、不断升级的消费，将是行业发展的潜力所在。

明晰未来趋势，赢得发展主动

在世界百年未有之大变局和中华民族伟大复兴战略全局“两个大局”的历史交汇中，新一轮技术革命和产业革命深入发展。从要素到结构，从供给到需求，数字经济、绿色发展、科技创新引发了产业形态和发展范式的深刻改变。行业的高质量发展具有了新的内涵。

一、科技创新成为高质量发展的核心动能

新科技浪潮下，科技正成为重塑产业生态、引领产业升级的核心要素。国家间围绕关键技术、核心标准、创新体系的博弈日渐激烈。行业要赢得未来，必需积极作为，准确把握全球科技发展的特征与潮流。

科技创新的“交叉融合”特征愈加明显。随着信息技术、生物技术、材料技术等前沿科技持续涌现，创新突破开始呈现出多点群发、交叉融合的态势。这使得现代科学研究正成为复杂系统。独自创新、封闭创新、单维度创新的难度在加大，跨领域、大协作、高强度正成为科学研究的重要特征。作为交叉型、应用型学科，纺织科技创新的这一特征尤其显著。我们要加快探索符合学科融合发展趋势的模式和生态，融入全球创新网络，提升科技创新能力。

科技创新的“不平衡”特征愈加明显。世界科技创新的资源与能力的分布并不均衡，集中化程度仍在不断加深。当前，创新的成效对科研工具、创新平台等基础设施的依赖程度越来越高。诺贝尔物理学、化学的获奖成果中，超过68%都要依托当时最先进的科学仪器才能完成。然而高精密的科研工具和综合性的科研平台多集中在少数国家手中，这使得发达国家依旧引领着全球科技创新的发展趋势。近年来，我国科技创新整体水平加速迈向国际第一方阵，但在前沿创新、高端装备等领域与发达国家依然存在差距。新时期，行业需要将更多资源

和能力汇聚到高端工具、综合平台等方面，加快实现基础创新、关键技术的追赶与突破。

二、数字经济成为高质量发展的新支点

数字经济已成为全球经济的普遍形态，开始呈现出更加专业化、人本化、公平化、主权化的发展趋势。行业只有与数字经济深度融合，才能创造新的价值。

数字经济向着更深层面延展，产业价值开始更多来自场景深耕与复杂应用。随着消费互联网进入成熟期，数字经济的发展重心开始向工业互联网迁移。然而大多数企业的数字化转型尚处在引进智能装备等探索与起步阶段，在智能产品开发、平台化设计、数据化运营、智能化决策等领域尚待提升。就纺织行业而言，不同环节关注的问题、提出的诉求都有很大差异，这就对数字应用的内容提出了更多要求，全场景化、专业化成为重要趋势。行业需要加快推动全流程、全场景、全触点、全生命周期的数字化转型，更好适应产业与数字经济的融合。

数字经济治理日渐完善，产业价值开始更多来自规范发展。产业的“革故”也带动着规则的“鼎新”，数字经济已结束野蛮生长，面临着新的规则。反垄断与公平竞争、知识产权保护、数据权属与隐私、新业态的税收等，规则的深化与细化，改变着数字经济的生态。报告显示，全球至少有128个国家在数据和隐私保护方面正式通过了相关立法，占全球国家总数的66%。未来，行业需要在数据的获取、拥有、使用等各个环节中保持敏感、强化自律，以健康的产业生态来创造持久的价值。

三、低碳发展成为高质量发展的重要底色

当前，可持续发展已成为全球共识。以减碳为重点，政策、资本、市场创新正加速向绿色经济集聚，绿色规则的出台和制定也更加活跃。绿色转型成为产业高质量发展的大势所趋。

科技创新是绿色发展的先导。从已有的进展和发展趋势来看，绿色技术已成为推动整个产业体系低碳发展的重要支撑。但就当前而言，绿色技术普遍面临研发周期长、投入成本高、应用成本高、产品稳定性差等问题，离真正实现成熟产业化还有较大距离。加大绿色投入对于企业来讲目前更多是一种负担。行业需要更加关注国内外绿色技术的最新进展，充分考量绿色技术与自身发展阶段的适配性，科学合理推动绿色转型。

市场需求是绿色发展的根系。绿色发展的实现有赖于形成供给与需求的良性循环。近年来，消费者的环保意识开始觉醒，绿色消费已经初见端倪。调研显示，面对可持续产品，有购买意愿的消费者占89.1%。但由于存在绿色低碳产品供给不足、绿色概念营销乱象丛生等问题，消费意愿向消费实践的最终转变仍有距离。绿色消费市场的成熟度影响着产业绿色发展的水平。行业要在供需两端发力，在提升绿色产品供给能力的同时，也要加强消费者教育。

开启新征程，以系统观念推进行业科技、时尚、绿色的高质量发展

当前，全面建设社会主义现代化国家的新征程已经开启，行业“十四五”实现了良好开局。为适应新形势，实现新发展，中央经济工作会议进一步明确了“稳字当头、稳中求进”的发展要求。这为行业高质量发展指明了方向、明确了责任、提供了遵循。迈向新阶段、启航新征程，行业需要按照《纺织行业“十四五”发展纲要》提出的任务方向，努力化解各种风险矛盾，系统推进科技、时尚、绿色的高质量发展。

一、夯实行业发展的基本盘，强化创新力

制造环节是产业稳定和创新发展的基石。要不

断强化产业规模优势、配套优势，推动产业基础高级化和产业链现代化。做精、做专、做实制造，完善升级全产业链制造体系。以产业循环带动商品和要素循环，促进要素资源畅通流动。强链、补链、延链，保障产业链的稳定和健壮。完善大中小融通、上下游协同的产业生态，稳市场主体，不断提升企业的创新能力、发展活力和经营效益。推动产业集约化发展，加快培育链主企业、专精特新企业。

基础创新、硬核创新决定着产业生存权、发展权、话语权。一项技术“从0到1”的突破，将创造一个新市场、盘活一个大行业。要提升行业科技创新的战略支撑能力和自主可控能力。重点围绕纤维新材料及装备、纺织绿色制造技术及装备、先进纺织制成品与装备、智能制造关键装备等四个领域开展技术研发创新。完善行业创新基础设施，推动重点实验室和技术创新中心等创新平台建设和发展。完善优化科技创新生态，强化知识产权保护，加快技术创新、应用与转化，走好创新的“最先一公里”和“最后一公里”。

二、注重行业发展的可持续，提升安全性

实现碳达峰、碳中和是赢得未来发展的战略选择。减碳是大势所趋，但不是齐步走，是系统工程，不能一刀切。行业要按照科学规律、产业规律、市场规律稳步推进。要推动绿色工厂、绿色产品、绿色供应链建设，深化绿色全生命周期管理。新旧能源替代、新旧产能替代，要坚持先立后破，有进有出。在《纺织行业推进碳达峰、碳中和行动框架方案》基础上，要推动优势企业先行先试、树立样板，以“30/60碳中和加速计划”为先导，为行业企业探索减碳发展路径。要加快绿色低碳技术攻关，用好绿色金融工具，完善绿色标准与认证体系。

只有把安全发展贯穿产业各领域和全过程，才能牢牢把握发展的主动权。要把原料等初级产品保障作为行业战略性问题来对待，增强国内保障能力，优化全球资源配置和布局。同时，坚持节约优先，实施全面节约战略。在生产领域，推进资源全面节约、集约、循环利用；在消费领域，倡导简约适度、绿色低碳的生活方式。要正确处理国内发展和国际转移的关系，保持适当产业规模，满足居民基本需要。要强化对国际形势的分析与研判，把新疆问题放在产业安全大局中考虑，提升对环境风险的识别与预警能力。

三、保持行业发展的前瞻度，畅通双循环

以数字、文化、资本为价值支点撬动产业未来。深化两化融合，推动行业信息基础设施建设，培育生态聚合型平台，引导企业上云、用数、赋智。开发智能化产品，推进业态模式创新，发展服务型制造，打造柔性供应链。要深度挖掘和应用中华优秀传统文化、世界先进文化，培育“大师、大牌、大事”。加快发展自主品牌，探索新的方法论推动传统品牌焕新与再造，助力新品牌衍生与崛起。深化产融合作，拓宽企业融资渠道。引导社会资本投早期、投长期。促进优质企业与资本市场对接，缓解企业融资难、融资贵问题。

要进一步实施好扩大内需战略。加快推进行业企业线上线下多渠道融合、新模式新业态规范化发展。深耕县域、农村等下沉市场，挖掘消费潜力。加快专业市场的优化升级，打造时装周、展览会、消费节，丰富消费场景和渠道。要把握RCEP等发展机遇，整合优质国际资源，塑造国际竞合新优势。主动对标高标准国际经贸规则，深化产能合作。巩固传统优势，开拓新兴市场，打造多元化的出口市场格局。加强国际展会的专业性与影响力，规范化发展跨境电子商务，培育新的外贸增长点。

四、提升行业发展的普惠性，增加获得感

行业发展要服务于共同富裕大局。一方面不断解放和发展社会生产力，以高质量发展创造高品质生活。提升供给能力，满足人民基本生活需要；推

进产品创新，更好满足消费升级需求。另一方面，要在推动行业高质量发展中强化就业优先导向，提高产业发展的就业带动力。要保障行业中小企业平稳健康发展，将产业的生态多元性转化为对就业更大容纳力。要进一步推动企业社会责任建设，保障劳动权益，改善工作环境，提升员工待遇。要改变社会对行业的认知，提升产业对人才特别是年轻人的吸引力，推动人才资源与产业升级间形成正反馈。

坚持“全国一盘棋”，将产业发展融入区域重大发展战略，推动形成特色鲜明、优势互补、区域联动、协同发展的产业布局。提升发展的平衡性与协调性，形成产业与区域协同发展的良性循环。以现代化、数字化、低碳化的产业集群建设推动新型城镇化建设和乡村振兴。加快培育世界级纺织产业集群。发挥东部沿海产业的引领优势与中西部地区产业发展的巨大空间，加强产业协作，以产业发展推动共同富裕。

“追风赶月莫停留，平芜尽处是春山。”前景越是广阔，就越需要我们去开拓。让我们以习近平新时代中国特色社会主义思想为指导，在新起点上，奋力谱写全面建设社会主义现代化国家的纺织行业新篇章，共同开创行业高质量发展的新局面。

2021年纺织行业对外投资形势研究

中国纺织工业联合会国际贸易办公室

2020年以来，新冠肺炎疫情蔓延继续，影响了全球经济发展。世界经济从2020年衰退低谷中缓慢复苏，在不平衡中反弹增长。国际货币基金组织（IMF）2022年1月发布《世界经济展望报告》预测，2021年全球经济增长5.9%，但相较于新冠肺炎疫情前，世界整体经济活力仍然偏弱。全球外国直接投资面临同样问题。联合国贸发会议发布的《2021年世界投资报告》指出，2020 年，全球外国直接投资下降了三分之一，低至1万亿美元，远低于10年前全球金融危机后的最低点。经过缓慢温和复苏，2021年全球外国直接投资虽将触底反弹，实现10%～15%的增长，但与新冠肺炎疫情前的2019年相比，投资额仍将低25%左右。

我国对外投资在过去一年承压前行。据商务部、外汇管理局统计，2021年我国对外全行业直接投资1451.9亿美元，同比增长9.2%。其中，我国境内投资者共对全球166个国家和地区的6349家境外企业进行了非金融类直接投资，累计投资1136.4亿美元，同比增长3.2%。纺织行业在2021年继续稳步发展，对外投资较2020年有较明显提升。

2021年中国纺织行业对外投资情况

一、“十四五”开局之年纺织行业对外投资取得恢复性发展，对外投资结构出现明显变化

2021年是 “十四五” 开局之年，面对百年未有之变局和世纪疫情影响的双重挑战，我国纺织行业顶住压力、勇于探索，行业全年对外投资较2020年取得恢复性发展，对外投资结构也出现明显变化。

根据商务部快报统计数据，2021年行业对外直接投资总额为13.5亿美元，较2020年增长82.4%，与2019年相比，对外投资金额增长5500万美元。如不考虑汇率等其他因素，2021年行业对外新增投资金额创2017年以来新高，见图1。

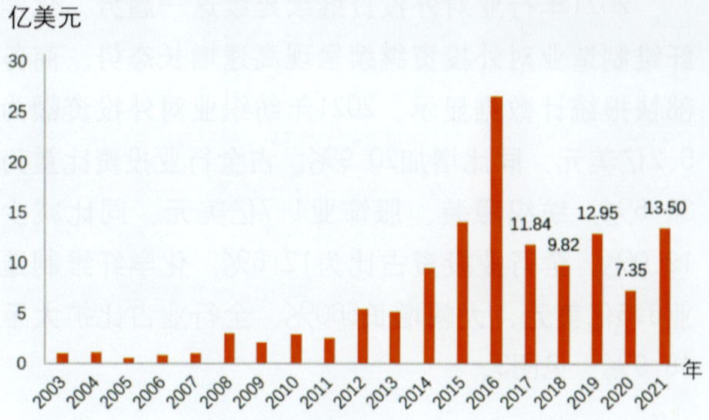

图1 2003～2021年纺织行业对外投资情况

资料来源：商务部

作为制造业领域参与国际投资合作的重要组成部分，2010年以来，纺织行业的对外投资取得稳定发展，尤其是在推进 “一带一路” 建设和继续扩大对外开放战略思想指引下，行业深度融入全球纺织产业链、供应链体系的步伐不断加快。12年间，行业对外投资占制造业比重基本稳定在7%～9%区间。新冠肺炎疫情冲击下，2020年纺织行业占制造业整体对外投资份额下降至3.68%。2021年行业占比恢复至7.34%，与2020年相比有了明显提升，但仍较2019年低1.5个百分点。

分行业看，“十一五” 以来，行业对外投资结构不断经历调整变化，纺织服装、服饰业对外投资占全行业比重逐年减少，纺织业对外投资占比发展稳定，化学纤维制造业对外投资合作增长明显，见图2。

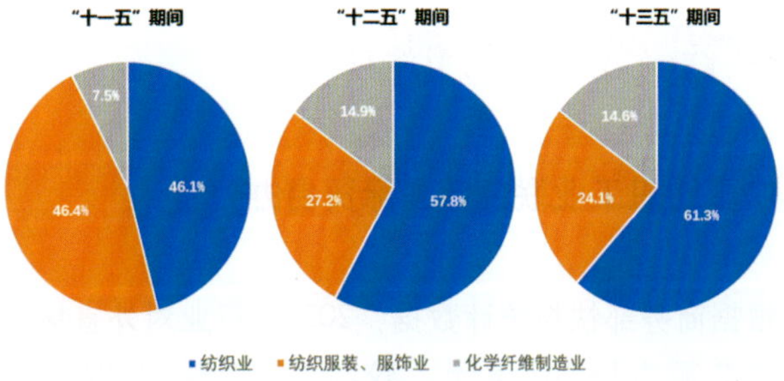

图2 纺织行业对外投资结构变化（分行业）

资料来源：商务部

2021年行业对外投资继续延续这一趋势，化学纤维制造业对外投资继续呈现高速增长态势。商务部快报统计数据显示，2021年纺织业对外投资额为5.2亿美元，同比增加20.9%，占全行业投资比重为38.5%；纺织服装、服饰业1.7亿美元，同比减少19.0%，全行业投资占比为12.6%；化学纤维制造业6.6亿美元，大幅增长560%，全行业占比扩大至48.9%，见图3。

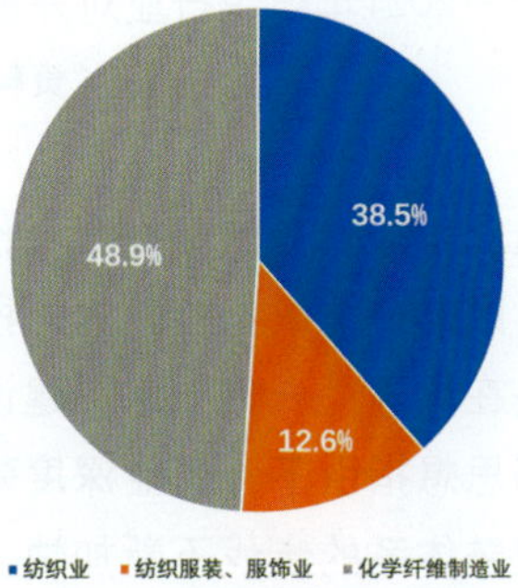

图3 2021年纺织行业对外投资结构（分行业）

资料来源：商务部

二、RCEP签署实施推动纺织行业东南亚地区投资合作发展，行业企业"一带一路"沿线探索投资新机遇

2020年11月，区域全面经济伙伴关系协定（RCEP）正式签署。2022年1月，RCEP正式实施标志着全球人口最多、经贸规模最大、最具发展潜力的自由贸易区开始落地。RCEP成员国不仅是我国纺织行业对外贸易合作的重要伙伴，同时也是行业对外投资的重点区域，部分RCEP成员国，如越南、柬埔寨、缅甸等都已是我国纺织行业对外投资的重要目的地。根据商务部统计数据，2015～2021年，纺织行业对RCEP国家直接投资34.6亿美元，占行业对全球直接投资比重的36%。如不将对中国台湾、中国香港、中国澳门等三地的投资额纳入全球投资总额统计，纺织行业2015～2021年对RCEP地区的投资额占对全球投资总额的61.2%。各年投资金额及占比趋势变化见图4。

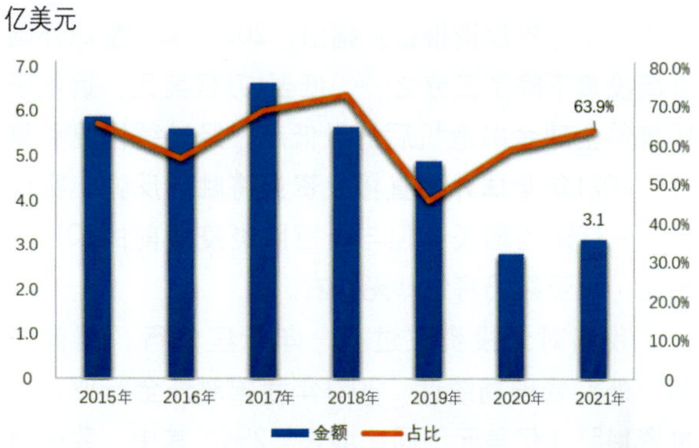

图4 纺织行业对RCEP地区投资占全球（不含台港澳地区）比重趋势

资料来源：商务部

如将发挥"资金池"作用的新加坡、开曼群岛、中国香港等国家和地区排除在外，从纺织行业对外投资的具体国别来看，2021年行业对外投资首选目的地依旧是越南，投资额为1.78亿美元。越南已经连续7年成为纺织行业对外绿地投资首选目的地。位列第二至第五位的国家分别为沙特阿拉伯（0.53亿美元）、埃塞俄比亚（0.46亿美元）、美国（0.31亿美元）和柬埔寨（0.22亿美元），见表1。

值得注意的是，2021年行业对沙特阿拉伯投资约5300万美元，这是行业参与"一带一路"建设以来首次对沙特阿拉伯进行大规模投资，进一步开拓了纺织行业在中东地区的投资合作之路。与此同时，

表1 2021年纺织行业对外投资前五大目的地

国别	投资额（亿美元）	同比（%）
越南	1.78	3.0
沙特阿拉伯	0.53	—
埃塞俄比亚	0.46	23.4
美国	0.31	−58.0
柬埔寨	0.22	−27.1

注 上述排名未包含新加坡、开曼群岛、中国香港等发挥"资金池"作用的国家和地区。

资料来源：商务部

行业对泰国纺织行业投资2021年再创新高，全年投资金额达1445万美元，位列行业对外投资目的地第六位，投资规模也较2020年有了新提升。而缅甸因2021年政局动荡导致原有的投资优势遭到破坏，纺织企业对在缅投资顾虑明显增加，2021年行业对缅新增投资额仅为208万美元，同比大幅减少96%。

2021年，中国香港、新加坡、开曼群岛等继续发挥"资金池"作用。其中，中国香港全年获得纺织行业投资8.61亿美元，较2020年增长234.6%。新加坡获得纺织行业投资6664万美元，开曼群岛获得投资990万美元。

三、2021年"五省一市"对外投资整体呈现下滑态势，海南省首次跻身行业对外投资地区排名前列

浙江省、山东省、江苏省、广东省、福建省及上海市一直是纺织行业对外投资的主要来源地。2015～2021年，上述"五省一市"的纺织行业对外投资总额为81.9亿美元，占全国纺织行业对外投资总额比重的85.1%。2021年，"五省一市"纺织行业对外投资整体呈现下滑态势，各地区之间存在较大差异。

商务部快报统计数据显示，2021年"五省一市"纺织行业对外投资额为6.31亿美元，同比下降8.5%，与2019年同期相比下降48%。浙江省继续保持领跑地位，位列纺织行业对外投资地市首位，2021年对外投资额1.67亿美元，同比下降28.4%。山东省位列第二，2021年对外投资额1.64亿美元，同比增长4.5%。江苏省位列第三，投资额1.1亿美元，同比下降15.7%。上海市位列第四，对外投资额为9757万美元。上海市的投资额虽相对较少，但与2020年相比，其投资金额同比大幅增长222.1%，与新冠肺炎疫情前相比也有明显增长，创2017年以来新高。广东省与上海市情况相似，2021年纺织行业对外投资额为9130万美元，同比增长20%，投资表现优于新冠肺炎疫情前水平。2021年福建省纺织行业对外投资仅为144万美元，同比大幅下降97.7%，创2015年以来新低，见表2。

全国其他地区2021年纺织行业对外投资也体现出较大差异。2021年，海南省纺织行业对外投资金额突破6164万美元，历史上首次跻身行业对外投资地区排名前列（第六位）。四川省对外投资额超2683万美元，位列第七位。近年来纺织行业对外投资发展迅速的安徽省、新疆维吾尔自治区也继续保持了相对稳定的对外投资规模，2021年行业对外投

表2 2021年“五省一市”纺织行业对外投资表现

省/区/市	2021年投资额(万美元)	与2020年相比(%)	与2019年相比(%)
浙江省	16658	-28.4	-24.6
山东省	16399	4.5	-72.3
江苏省	10993	-15.7	-31.3
上海市	9757	222.1	126.8
广东省	9130	20.0	326.7
福建省	144	-97.7	-99.2

资料来源：商务部

资额分别为1515万美元和835万美元，位列全国省市地区的第八和第九位。天津市2021年纺织行业对外投资额为709万美元，位列第十位。除各省市地区外，中央企业和单位在2021年的行业对外投资表现突出，投资领域广泛、投资金额增长显著。

新形势下纺织行业对外投资面临的挑战与机遇

一、“不确定性”仍是当前全球政经发展关键词，行业对外投资所处国际环境日趋复杂、严峻

进入2022年，全球发展面临的挑战有增无减。始于美国的通货膨胀压力不断向全球蔓延，需求疲弱态势在新冠肺炎疫情反复冲击下较难得到有效改善。俄罗斯在2月对乌克兰发动特别军事行动及其连带效应又进一步加剧世界经济面临的通胀冲击。俄乌冲突叠加新冠肺炎疫情影响，全球经济发展仍然面临高度不确定性。全球外国直接投资的前景也充满高度不确定性，各国经济复苏速度、经济刺激计划、对外国直接投资政策措施调整和新冠肺炎疫情反扑影响等多方面因素仍将影响投资者信心。

二、美国领衔的逆全球化趋势依然存在，全球投资保护主义抬头是行业国际化发展面临的现实挑战

由美国领衔的逆全球化趋势依然存在，新冠肺炎疫情催化下导致国际贸易投资规则博弈日益加剧。随着我国经济加速发展，来自西方国家的遏制与打压也不断出现，贸易战、金融战、科技战等多重挑战与压力为行业企业积极参与国际分工合作增加了不小压力。

新冠肺炎疫情影响下，全球各地尤其是发达国家的国际投资监管政策或将趋严。部分国家利用投资审查方式防止外资利用新冠肺炎疫情带来的经济疲软而收购本国产业，影响本土产业可持续发展，各国更加关注本国供应链安全问题，对外商投资审查也将采取更为谨慎的态度。企业除了面临政治、经济、安全等各类风险外，全球新冠肺炎疫情限制下的境外企业人员流动受阻、汇率变动等问题必将持续阻碍行业对外投资合作发展。

三、地缘政治风险多点扩散，纺织企业扩大海外投资合作信心受到打击，防控海外经营风险仍然较大

新冠肺炎疫情催化下，全球多个区域地缘政治风险陡增。埃塞俄比亚因民族矛盾导致的内战不断加剧。2021年，埃政府军与反对党武装力量自北部向南扩大军事冲突范围，多家在埃投资企业遭受严重影响，部分企业厂房设备遭损坏、生产经营被迫中断、我国人员无奈回国等，对企业正常发展造成严重阻碍。从投资数据看，2020年埃塞俄比亚政局动荡后，行业对埃投资从年均4亿美元水平下降至2亿美元以下。2022年1月起，美国取消埃塞俄比亚纺织品服装出口美国零关税的优惠政策或将进一步影响企业赴埃投资。

2021年初缅甸政变造成的负面影响仍在延续，多个国家品牌商减少或取消在缅订单投放，对在缅投资企业造成严重打击。众多纺织企业收缩在缅投资规模，部分企业直接撤资或关停工厂，原先计划赴缅投资的企业也开始转而寻找其他投资目的地。2021年，行业对缅新增投资额仅为208万美元，与2019年的7302万美元投资规模相距甚远，创近年新低。

除埃塞俄比亚、缅甸外，世界其他受新冠肺炎疫情影响导致国内经济发展受阻、政局动荡不稳的地区也在增加，纺织服装企业开展对外投资合作信心受到不同程度影响，企业扩大对外投资规模将更加谨慎，海外经营风险防控压力仍然较大。

四、新一轮新冠肺炎疫情蔓延与俄乌冲突或将制约全球纺织品服装需求增长，终端需求低迷不利于行业对外投资发展

当前，随着俄乌战事延长及欧美等国与俄方的多领域相互制裁，全球都已开始受到波及。原油天然气价格飙涨、粮食价格攀升、大宗商品价格持续走高，多国股市动荡、供应链紊乱情况加剧，加之在疫情影响下世界多地面临的企业破产、失业率增加等困难，消费者刚刚从新冠肺炎疫情重创下恢复的信心有可能被再次削弱。2022年，全球高通胀阴影下的美国、欧盟和日本等发达经济体如无法继续实施有效的财政刺激政策，维持国内经济持续向好发展，其纺织品服装类产品的消费增长将面临较大困难，终端需求的持续低迷也将不利于行业对外投资的可持续发展。

五、国家继续扩大高水平对外开放，为行业稳妥有序对外投资搭建高质量合作平台

2022年3月发布的政府工作报告指出，我国将继续扩大国家高水平对外开放，推动外贸外资平稳发展。充分利用两个市场两种资源，不断拓展对外经贸合作，以高水平开放促进深层次改革、推动高质量发展。当前，“一带一路”建设正在高质量向前推进，全球已有超过140个国家和地区加入共建“一带一路”的伟大事业中。“一带一路”倡议、“澜湄合作”“中非合作论坛”等国家顶层设计为纺织行业主动进行贸易往来、投资互动、开拓潜力市场搭建了重要平台。

尽管逆全球化思潮仍然存在，但全球经济一体化的大趋势没有改变。目前，RCEP已经正式落地实施，我国加入CPTPP的申请也正式提出。国家加快推动多双边经贸协定的签署实施，为纺织行业“走出去”加强国际合作营造了更为有利的国际环境。

新形势下，纺织行业应继续坚持高质量共建“一带一路”，稳步开拓对外投资合作新领域。行业企业应根据自身发展切实需要，结合市场、客户的实际需求，谨慎稳妥的实施有利于企业可持续发展的对外投资路线。同时，在当前复杂严峻的国际环境下，企业更应加强自身国际化发展水平，增强海外投资风险管理和本地化运营管理能力，负责任地开展对外投资合作，更有效防范海外运营风险。

六、完整强韧的国内产业链和充满潜力的国内市场助力企业“双循环”高质量发展

我国作为全球最主要的纺织品服装生产、出口、消费大国，产业链完整强韧，具备较强的国际合作和融合发展优势。当前国际采购订单更加趋于多元化，全球纺织产业链、供应链格局面临加速重塑，纺织行业可以化压力为动力，进一步提质增效、转型升级、加快向全球产业价值链高端布局。

韧性强、潜力足、空间大的国内消费市场也将为行业不断开拓进取、走向世界提供信心和底气。纺织企业的对外投资合作可以统筹考虑国内与国外优势，在全球范围优化资源配置、畅通国际循环，从而发挥国外市场、产业、资源的反哺作用，加强与国内大循环的协调联动，“双循环”高质量发展。

（撰稿人：薛　峰）

2021年纺织服装专业市场运行分析

中国纺织工业联合会流通分会

2021年以来，国际政治经济环境不确定因素仍在不断叠加，新冠肺炎疫情影响尚未完全消除；另外，现代信息技术高速发展，新型电商平台快速普及，个性化消费方式逐渐成为消费主流，给纺织服装专业市场带来新的挑战。纺织服装专业市场在巨大的发展压力之下，不断创新升级流通方式，从分销体制向共建渠道进化，从工厂店模式向组货选货模式转化，从单打独斗向供应链协同竞争演化，保持了总成交额的基本稳定，实现了小幅逆势上涨，并加速了行业内部结构的优化升级。

2021年我国万平方米以上纺织服装专业市场914家，市场总成交额达到2.33万亿元，同比上升1.98%；其中，中国纺联流通分会重点监测的46家市场商圈总成交额为14628.41亿元，同比上升8.41%，行业重点市场商圈展现出更为强劲的发展态势，纺织服装专业市场两极分化程度继续加深。

纺织服装专业市场总体情况

据流通分会统计，2021年我国万平方米以上纺织服装专业市场914家，市场数量同比下降1.19%；市场经营面积达到7573.69万平方米，同比下降0.59%；市场商铺数量140.50万个，同比下降1.19%；市场商户数量114.20万户，同比下降1.12%；市场总成交额达到2.33万亿元，同比上升1.98%。

在总量规模方面，2015～2020年我国万平方米以上纺织服装专业市场数量、市场经营面积、市场商铺数量、市场商户数量连续增长，增幅逐年收窄，2021年开始出现下滑。自2015年以来，商业地产投资转向理性，专业市场行业进入集约化发展阶段，市场数量增幅逐渐缩小。2020年以来，受新冠肺炎疫情影响，市场加速优胜劣汰，两极分化速度加快，新增市场数量减少，关停市场数量增加，专业市场行业结构不断优化。市场数量的首次下滑，是专业市场集约化发展的重要体现。

在成交额增速方面，2015～2021年专业市场总成交额年同比增速依次为2.11%、2.81%、5.12%、3.85%、−1.08%、−2.22%、1.98%，在2019年起连续两年下降后，2021年重新实现了增长（图1）。

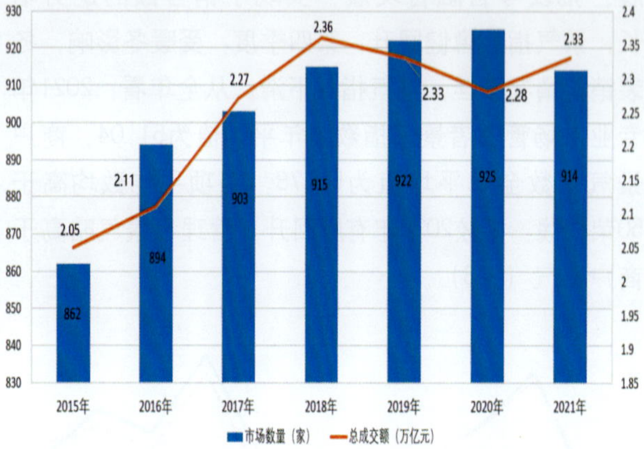

图1 2015～2021年纺织服装专业市场数量与成交额

资料来源：中国纺联流通分会

在新市场方面，2021年新开业万平方米以上纺织服装类专业市场9家，新开业专业市场总投资额为30.9亿元，总经营面积为32.6万平方米。

在运行效率方面，2021年纺织服装专业市场商铺效率为165.51万元/铺，同比上升3.21%；商户效率为203.63万元/户，同比上升3.13%；市场效率为30705.15元/平方米，同比上升2.58%（图2）。

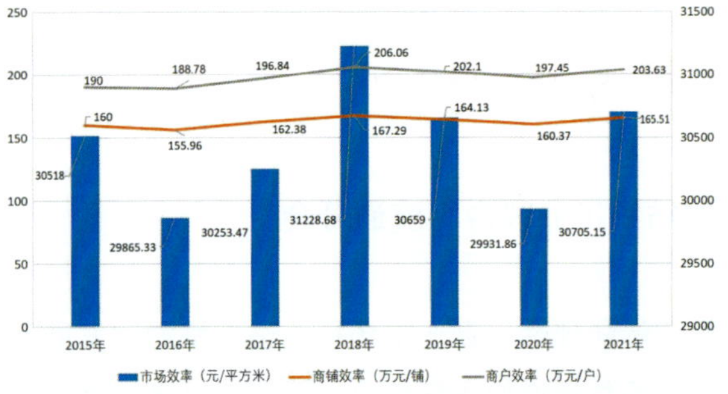

图2 2015～2021年纺织服装专业市场运行效率

资料来源：中国纺联流通分会

在市场景气方面，2021年纺织服装专业市场管理者景气与商户景气走势基本一致。随着春节假期结束和春装上市，2～3月纺织服装专业市场迎来上半年销售旺季；4～8月，景气指数小幅波动，整体运行平稳；9～10月，纺织服装专业市场迎来全年的销售黄金期，线上线下融合发展、内贸外贸融合发展、批发零售融合发展，实现了销售额的逆势增长，景气指数稳健回升；第四季度，受暖冬影响，冬装销售情况不佳，景气指数下滑。从全年看，2021年专业市场管理者景气指数全年平均值为51.04，商户景气指数全年平均值为50.78，两项平均数均高于50荣枯线，相较2020年有所回升，管理者景气略高于商户景气（图3）。

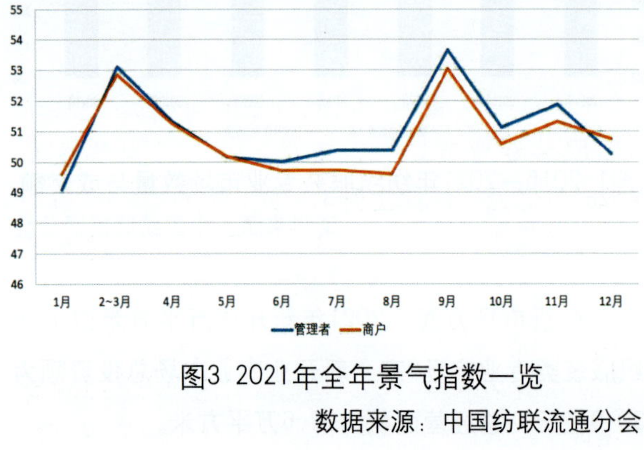

图3 2021年全年景气指数一览

数据来源：中国纺联流通分会

纺织服装专业市场结构分析

从区域看，914家专业市场中，东部地区563家，成交额19471.16亿元，占总成交额的83.72%，同比上升3.41%。东部地区是我国纺织服装专业市场行业的龙头地区和中流砥柱，东部地区的逆势增长是全国纺织服装专业市场总成交额实现回升的主要原因；中部地区193家市场成交额2552.44亿元，占总成交额的10.98%，同比上升2.06%，2020年，中部地区受新冠肺炎疫情影响严重，成交额出现20%以上的下滑，2021年，中部地区专业市场成交额稳健回升，但尚未恢复至新冠肺炎疫情前水平；西部地区158家市场成交额1231.54亿元，占总成交额的5.30%，同比下降4.86%，与2020年相比，降幅有所收窄。分别见图4、表1。

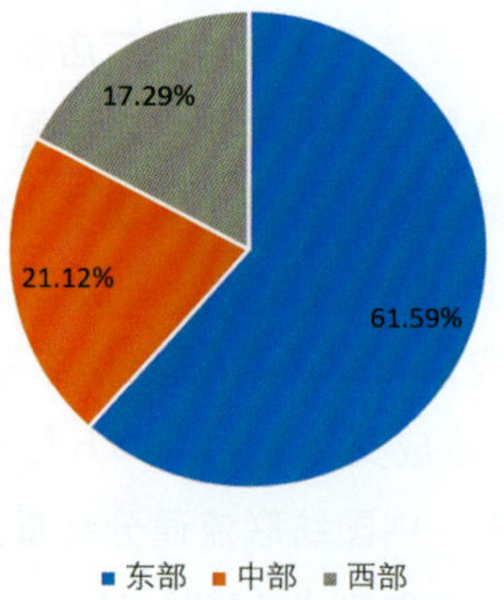

图4 东中西部地区市场数量占比

资料来源：中国纺联流通分会

从品类看，服装和原、面（辅）料是我国纺织服装专业市场的主营商品，主营服装和原、面（辅）料的专业市场共649家，占市场总量的71.01%，成交额占总成交额的70.36%。其中，主营服装产品的专业市场485家，在各品类中成交额最高，达9408.68亿元，占总成交额的40.46%，同比上升0.28%；主营原、面（辅）料的专业市场164家，成交额位列第二，达6954.09亿元，占比29.90%，同比上升3.75%；主营家纺、小商品、综合类的专业市场也实现了成交额的正增长，其中，主营小商品的专业市场成交额增速最高，同比上升10.24%；家纺类专业市场运行稳中有进，同比上升4.08%；综合类专业市场同比上升6.10%；其他类专业市场同比下降5.33%。分别见图5、表2。

表1 东中西部地区市场成交额占比、增速表

项目	东部	中部	西部
成交额(亿元)	19471.16	2552.44	1231.54
占比(%)	83.72	10.98	5.30
增速(%)	3.41	2.06	-4.86

资料来源：中国纺联流通分会

表2 各品类市场成交额占比、增速表

品类	成交额(亿元)	占比(%)	增速(%)
面辅料	6954.09	29.90	3.75
服装	9408.68	40.46	0.28
家纺	1756.21	7.55	4.08
小商品	2548.27	10.96	10.24
综合	1702.53	7.32	6.10
其他	885.35	3.81	-5.33

资料来源：中国纺联流通分会

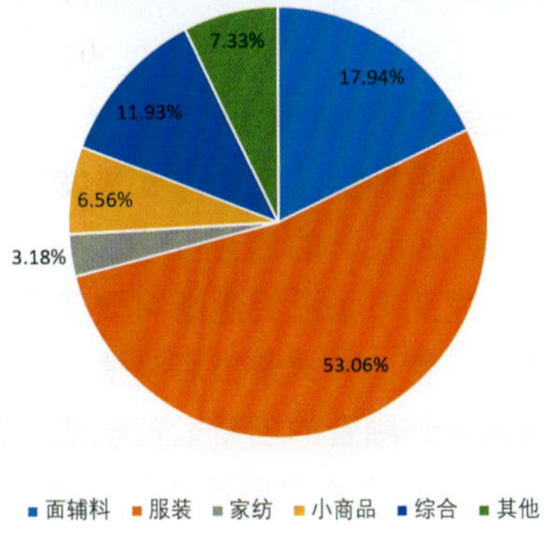

图5 各品类市场数量占比

资料来源：中国纺联流通分会

2021年重点监测市场分析

2021年1～12月，流通分会重点监测的46家纺织服装专业市场（含市场群）总成交额达到14628.41亿元，同比上升8.41%。其中，33家市场成交额同比上升，平均增幅为9.55%；12家市场成交额同比下降，平均降幅为-12.52%；1家市场成交额与2020年持平。

从市场运行效率看，46家重点监测市场平均运行效率为65703.46元/平方米，同比上升7.56%；平均商铺效率为502.11万元/铺，同比上升7.91%。

从市场区域结构看（表3），1～12月，46家重点监测市场中，东部地区专业市场成交额为12888.24亿元，同比上升8.52%，占专业市场总成交额的88.01%；

表3 46家重点监测市场东中西部地区成交额占比、增速表

	东部	中部	西部
成交额（亿元）	12888.24	1212.63	527.55
占比（%）	88.01	7.95	4.04
增速（%）	8.52	13.00	−3.07

资料来源：中国纺联流通分会

中部地区专业市场成交额为1212.63亿元，同比上升13.00%，占专业市场总成交额的7.95%；西部地区专业市场成交额为527.55亿元，同比下降3.07%，占专业场总成交额的4.04%。

从流通层级来看，46家重点监测市场单位中包括27家产地型专业市场、19家销地型专业市场。2021年1～12月，27家产地型市场成交额达到13183.84亿元，占总成交额的89.36%，同比上升9.34%；19家销地型市场成交额为1444.58亿元，占总成交额的10.64%，同比上升0.61%。

2021年纺织服装专业市场数据分析

一、行业面临多重压力

2021年，我国纺织服装专业市场面临国际政治经济形势复杂多变、全球新冠肺炎疫情加重、国内反复散点式暴发、内需市场遇冷、消费者重构、经营模式颠覆等多重压力，经历了自专业市场业态诞生至今，变量最多、压力最大的一年。在多重压力之下，专业市场在2021年主要呈现三个特点。

（一）部分集散销地型市场出现断崖式滑坡

在全国纺织服装专业市场共同面临巨变的大环境下，产地型市场呈现出更强的抗风险能力和创新能力，部分集散销地型市场则在多重压力之下难以维系，出现了断崖式滑坡。数据显示，2021年，重点监测的产地型市场成交额与2020年同比增长9.34%，而销地型市场成交额与2020年同比仅增长0.61%。产地型专业市场依托背靠生产集群的集聚性优势，加强商圈与集群间的协同，通过渠道管理提升供应链柔性管理能力，并且出现了越来越多的以设计、订单、生产制造、金融服务等不同模式驱动的各类供应链平台，获得了更大的发展空间。集散销地型市场自新冠肺炎疫情以来，始终恢复乏力，至今仍未恢复至疫情前的水平，疫情后的消费环境和市场需求变化，进一步凸显和扩大了集散销地型市场的劣势。与产地型市场相比，集散销地型市场没有强大灵活的供应链支撑，又面临中间环节被极致压缩的流通行业现状，在抵御风险、适应变化方面反应速度相对迟缓。

（二）市场运营受外力影响仍较大

2021年，新冠肺炎疫情散点式复发，对全国各地纺织服装专业市场的影响仍然存在。虽然自2020年以来，龙头市场已经逐渐习惯了在日常防控的基础上正常运营，并探索出后疫情时代的线上线下融合、场内场外融合的创新运营模式，但是从全国914家万平方米以上专业市场的整体情况看，新冠肺炎疫情影响经营的情况仍然存在，也是市场从业人员谈及影响生产和销售的最大阻力。

另一方面，纺织服装专业市场受天气影响仍然明显。2021年，全国大部分地区迎来暖冬，极大地

冲击了纺织服装专业市场的冬装销售，我国纺织服装专业市场全年最大的销售旺季在第三季度和第四季度，而秋冬装尤其是冬装销售的下滑，给产业链上下游的所有面料市场、服装市场都带来了很大的冲击，大多数市场的四季度销售额远远低于预期。

（三）服装专业市场面临供应链掌控危机

近年来，我国纺织服装行业涌现大批轻资产运营型企业和商户，以设计、营销为重点，将生产环节外包，通过在外寻求供应链合作组织生产的方式进行销售。由于专业市场中多数商户处于中小规模，资金实力有限，因此，这种无生产形式的经营在专业市场中快速普及，比例日渐提升。然而，经过数年累计，供应链危机开始显现，具体表现在：第一，服装生产企业比例减少，工厂总量规模的增幅无法与各类新型商户的增幅相匹配；第二，商户寻找稳定、高效、适配的合作工厂难度大，供应链掌控能力不足；第三，现存的可供市场商户组织生产的供应链企业整体水平偏低，在品质和效率方面无法满足中高端商户的生产需求。于是，供应链的缺失已经开始影响商户的日常经营，倒逼商户重新开设自营工厂。

二、纺织服装专业市场持续两极分化

近年来，我国纺织服装专业市场发展呈现两极分化趋势，2021年，市场发展面临前所未有的挑战，全国专业市场首次出现市场数量、经营面积、商铺数、商户数的下滑，而在规模缩小的同时，内部结构也在发生巨变，两极分化的速度进一步加快。

（一）龙头市场和其他市场呈两极化发展

我国纺织服装专业市场经历了较长的转型升级过程，其中，龙头骨干型专业市场已经实现了市场角色的转变、经营模式的转变、管理理念的转变，取得了高质量发展。2021年，这些市场在困境中更具内生动力和竞争优势，在面临严峻压力和复杂环境时，展现出不屈的发展韧性，激发出更大的创新热情。

（二）原、面（辅）料市场和服装市场呈两极化发展

2021年，国内外特殊的经济社会环境给我国纺织服装专业市场打开了机遇与挑战并存的新局面。原、面（辅）料市场作为产业链上游市场，仍然处于纺织服装产业的基本逻辑之中，不必直面终端消费市场，因而展现出了更成熟的发展路径和更强大的国际竞争力，受外界环境变化的影响相对较小；在海外新冠肺炎疫情影响生产的情况下，原、面（辅）料市场敏锐地抓住国际订单回流的机遇，积极争夺国际市场空间；市场商户重视创新，大力提升产品功能性、技术含量、时尚设计等方面的整体水平，在外部环境遇冷的情况下实现了逆势上扬，增速稳中有进，为纺织服装行业提供了坚实的上游支撑。而服装作为终端消费品，生产销售的门槛相对偏低，受到外界压力的影响更大，竞争也更为激烈；服装类专业市场直面终端消费市场的检验，应对新消费趋势、新消费需求、新经营模式、新商业环境的变化更敏感，更灵活多变，不断随着环境的变化创新经营模式，迎合消费需求，其操作难度更大，服装专业市场仍然在复杂多变的环境中不断适应，寻求突破。

（三）市场商户呈两极化发展

2021年是各行业的大浪淘沙之年，复杂多变的市场环境危中有机，淘汰了一批商户，也成就了一批商户，大中小企业之间两极分化尤为严重，马太效应在当今环境下更加凸显。2021年前三季度，纺织行业171家上市公司营业收入同比增长30.5%，利润总额实现同比63.5%的较快增长，超过2019年、2020年全年的利润规模，户均利润达到7.5亿元，利润率达11%。与之形成鲜明对比的是，中国纺联调研跟踪的58个重点纺织产业集群内4.4万户规模以下企业，户均年营业收入不足400万元，2021年1～

10月收入同比减少2.1%，利润总额同比减少26.1%，利润率仅为3.5%。

三、纺织服装专业市场的三个转变

（一）电子商务中角色的转变

我国纺织服装专业市场电子商务发展经历了几个不同阶段后，进入了全新的线上线下融合发展阶段。专业市场在电子商务模式中的角色发生了根本性的转变，不同类型的商户根据自身特色和优势，以不同的身份融入了电子商务行业，从不同的环节得到了自身价值的实现。当前，纺织服装专业市场与电商平台通过产业带等方式开展B2B业务，通过国际站、独立站、海外电商平台的合作开展跨境电商业务，通过专场直播、特色馆等方式开展B2C业务；纺织服装专业市场商户通过自营B2B、自营B2C、自营线上直播零售、给线上平台提供贴牌生产、给线上商家供货、成为直播网红的长期合作供应商等多种模式全面切入线上交易，成为电子商务流通中不可或缺的要素。

（二）外贸出口模式的转变

2021年，新冠肺炎疫情持续影响全球经济和社会发展，其中东南亚地区受疫情影响，开工率和生产效率无法恢复至疫情前水平，我国的生产订单大量回流，通过直接出口和间接出口的方式，提升了我国纺织服装类专业市场的成交额。2021年，全国市场采购贸易方式试点总数达到31家，辽宁西柳服装城、浙江绍兴柯桥中国轻纺城、山东青岛即墨国际商贸城等专业市场均在新设市场采购贸易方式试点名单之中。商务部积极指导各试点市场推进市场采购与跨境电商等新业态融合发展，发挥叠加效应，降低新冠肺炎疫情影响，以柯桥中国轻纺城为代表的纺织服装龙头市场积极探索新业态新模式，深化市场采购贸易方式和跨境电商综试区等国字号试点，厚植于独有的产业优势，聚焦“产业集群+跨境电商”“专业市场+跨境电商”两大特色，通过“四平台、六体系、八机制”建设，加快形成跨境电商全产业链“闭环生态圈”。

（三）流通环节定位的转变

近年来，我国消费端的深刻变化对纺织服装企业的供应链布局协同、管理应用能力和水平提出了更高的要求，市场竞争由企业间竞争向供应链竞争、平台化竞争转型。立足国内大循环、促进国内国际双循环的发展背景下，我国纺织服装专业市场也在加快转型升级，确立新定位，挖掘新优势，优化新渠道，谋求新发展，打造平台型市场。纺织服装专业市场充分发挥专业市场在产业链中的规模集聚效应和灵活应变能力，通过渠道赋能，推动传统模式变革；通过商户赋能，深挖供应链价值；全面推动产业链各环节的有效对接，全方位协调产业链各环节的资源配置。最终，纺织服装专业市场将打造成提升产业链效率的产业中枢、精准匹配产业资源的信息中台、助力中小企业成长的孵化基地，推动纺织服装产业的高质量发展和可持续发展。

2022年发展形势预判

从全球局势看，预计全球因新冠肺炎疫情影响而导致经济增长率下降的情况仍将继续，局部战争引发全球经济环境剧烈动荡，前景仍不明朗，中国作为世界经济的重要参与者和贡献者，也将持续受到影响。但是，中国经济长期向好的基本面不会改变，国内外政治经济局势的复杂性是一把双刃剑，带来挑战的同时也提供了发展的新机遇。

从行业形势看，2022年将是进一步大浪淘沙、优胜劣汰之年，更是凝心聚力、共建产业流通新生态的最佳机遇期。从全国万平方米以上专业市场整体情况看，集约化发展成果将更为显著，更少的市场将创造更大的价值。未来，市场数量仍将继续缩小，发展基础薄弱、创新力度不足的“僵尸”市场将被行业竞争淘汰；行业优质资源将以更快的速度向优势地区、龙头市场集聚，两极分化将进一步加大，不断推动行业结构的深刻调整；虽然市场数量将会逐渐减少，但是市场成交额或将进一步提升，激烈竞争下也将激发存量市场的创新活力，龙头市场将创造更大的价值。

未来，我国纺织服装专业市场必须坚持全面促进供应链协同化、上下游一体化和线上线下融合化，将自身发展积极融入产业生态圈建设中去，实现城市更新、产业革新、市场焕新、商户创新的同频共振，最终推动形成特色鲜明、优势互补、区域联动、协同共建的产业流通新生态。

（撰稿人：胡　晶）

纺织工业文化与产业融合发展研究

中国纺织信息中心

习近平总书记在十九大报告中指出：“文化是一个国家、一个民族的灵魂。文化兴国运兴，文化强民族强。”文化战略的明确提出，既体现出一个国家文化建设上的成熟和文化自觉，又体现出在民族实现伟大复兴的过程中，“坚守中华文化立场、传承中华文化基因，展现中华审美风范”的重要使命与必然要求[1]。

一方面，中华民族的伟大复兴，离不开支柱产业的伟大复兴。立足新时期，中国纺织工业也在加速实现新的身份跃迁，即国民经济和社会发展的支柱产业，解决民生和美化生活的基础产业，国际合作与融合发展的优势产业。以“科技、时尚、绿色”为新特征的中国纺织工业，必将在中华民族圆梦“制造强国”与“文化强国”的伟大征程中，拓展新格局，成就新作为。

另一方面，产业新身份的跃迁，离不开产业新文化的自我重塑。正如有学者指出：“如果中国没有找出一种代表性的文化编码，西方就会丧失对中国文化身份的识别和差异化文化价值区分。”[2]同样，在纺织工业大国向时尚强国迈进的发展过程中，中国纺织工业需要自我文化身份的清晰界定、产业文化特色的基因编码，以及产业文化价值的整体溢价。

未来，以文化战略融合产业发展，通过对纺织工业文化富有时代特色的内涵挖掘、介质培育、产品赋能与精神引领，将成为中国纺织工业实现高质量发展，实现从无到有，从无序到有序，从有形到无形的系统升级，兼具感性价值与技术实力的必经之路。

纺织工业文化的发展新内涵

2016年，工信部和财政部联合发布《关于推进工业文化发展的指导意见》。《意见》指出：工业文化是伴随着工业化进程而形成的、渗透到工业发展中的物质文化、制度文化和精神文化的总和，对推动工业由大变强具有基础性、长期性、关键性的影响。工业文化在工业化进程中衍生、积淀和升华，时刻影响着人们的思维模式、社会行为及价值取向，是工业进步最直接、最根本的思想源泉，是制造强国建设的强大精神动力，是打造国家软实力的重要内容。

新时代下，立足于具体鲜活的纺织服装产业语境，纺织工业文化作为整个工业文化体系中最重要的代表类型，表现出自身的独特性与引领性。

第一，从工业文化的构成类别来看，纺织工业文化与汽车、航空、影视、钢铁、食品、消费电子、冶金化工等产业文化一同构成了工业文化复杂的多层结构，共同组成了指向综合国力、表征大国风貌的关键构成要素。

第二，从工业文化的存在属性来看，纺织工业是经济起飞阶段的主导部门，通过其关联溢出效应带动整个国民经济的发展。伴随工业化发展的持续进程，纺织工业不断发展壮大，从主导产业演变成支柱产业。作为国民经济中链接传统与现代、制造与消费、文化与创意融合最深入的基础产业，纺织工业文化在整个工业文化体系中独树一帜，传递出鲜明的文化先行性与创意引领性。

[1] 习近平总书记2014年10月15日在文艺工作座谈会上的讲话中指出：“我们要坚守中华文化立场、传承中华文化基因，展现中华审美风范”。

[2] 王岳川．在文化创新中建立强国文化战略[J]．探索与争鸣，2012(6)：10-16．

第三，从工业文化的发展维度来看，纺织工业文化既包括质量文化、数字文化与智能文化的刚性支撑，又包括时尚文化、审美文化与消费文化的柔性表达；既表征头部品牌与大师大匠的文化符号，又涵盖全产业链及区域协同的文化生态；既凸显制度层面的文化规范与传统习俗，也渗透观念层面的文化精神与思维范式。不同的发展维度，互为对立统一的辩证发展关系，充分体现出现阶段，中国纺织工业文化内在的多元性、丰富性、系统性与平衡性。

基于“科技、时尚、绿色”的发展新定位，新时期的中国纺织工业文化，区别于一般的工业制造业文化与传统纺织工业文化，表现为纺织产业工业化进程中所创造、积淀和提炼的物质文化、制度文化与精神文化的一系列价值观念集合。其特色内涵表现为“技术创新、时尚审美、绿色发展”，是新型纺织工业统合功能价值、审美意趣与技术伦理的突出表征，并通过纺织工业精神的传承与发扬，依托纺织文化产业载体及其他文化介质的现实支撑，以无形的凝聚力、影响力与增值力，渗透、融合、赋能现代纺织工业，传承而不固守，开拓而不忘本，持续进行自身的创造性转换和创新型发展，以实现纺织大国向时尚强国转变，技术价值、美学价值、商业价值与生态价值的多重叠合。

纺织工业文化与产业融合发展的现实基础

“融合发展”是纺织工业文化与产业发展真正“合体”，彼此渗透、实现“表里如一”与“形神兼备”的必要条件。加速纺织工业文化与产业的融合发展，具备夯实的现实基础，主要包括以下三方面。

一、拥有坚实强大的产业经济基础

工业经济的日益强盛，决定了工业文化的日臻成熟。从整个制造业经济来看，2012年至2021年，我国制造业增加值由16.98万亿元增长到31.4万亿元；制造业增加值已经连续12年位列全球首位。我国工业拥有41个大类、207个中类、666个小类，是全世界唯一拥有联合国产业分类中所列全部工业门类的国家。另据世界知识产权组织《2021年全球创新指数报告》，中国的创新生态系统表现在中等收入经济体中位列第一，工业企业的创新活跃度与文化向心力前所未有；从中国纺织工业的发展来看，中国是全球最大的纺织品服装生产国、消费国和出口国，也是跻身世界领先的制造业产业第一梯队。2021年《财富》世界500强中，中国涉纺企业至少有9家。品种丰富的纺织服装商品，承载了个性表达、审美取向、文化传承等多重功能，纺织纤维材料更在医疗卫生、交通运输、土工建筑、环保过滤、结构增强、安全防护等新领域有新作为。完整的纺织服装产业链集聚优势与规模经济发展优势，持续驱动系统内部不同细分领域内的技术文化、设计文化与商业文化，实现不同程度的交叉和衍生。

二、拥有浩瀚丰富的文化资源基础

据统计，目前国务院公布的国家级非物质文化遗产代表性项目名录1557项，按申报地区或单位进行逐一统计，共计3610个子项，纺织类非遗达到237项，其中黎族传统纺染织绣技艺为急需保护的非物质文化遗产名录项目，中国传统桑蚕丝织技艺、南京云锦织造技艺入选人类非物质文化遗产代表作名录项目。已公布的国家级代表性传承人3068名，其中纺织类国家级代表性传承人182名。❶充沛而又珍稀的纺织历史文化资源，为本土品牌汲取民族智

❶数据引自《“十四五”纺织非物质文化遗产工作行业性指导意见》。

慧，立足原创研发，提升文化自信，搭建了取之不尽、用之不竭的创意灵感资源库，也为纺织工业文化融合产业发展，奠定了别具特色、源远流长的东方美学根基，使得当代的中国纺织工业文化具有可识别、可转译、可超越的诸多可能性。

三、拥有价值认同的文化心理基础

2011年到2021年，10年间，国潮在过去的搜索热度上涨了528%，2021年国货品牌关注度达到洋货品牌的3倍❶，对“国潮”文化的深度归依时代正在开启。另据时尚集团与益索普联合《2021年中国时尚消费趋势调研》显示，50%的受访者表示自己对国内时尚品牌的购买意向有所增加。在细分群体中，超过半数的80后与90后均对国货品牌表示出相同的意向，位列各年龄段之首。中国消费者，尤其是年轻消费者对国货的品牌认同、价值认同和审美认同，正在成为纺织工业文化融合产业发展，推崇中国文化，制造品牌溢价，重构价值评价规则，定位新价值支点的重要力量。

纺织工业文化与产业融合发展存在的问题

纺织工业文化与产业融合发展，拥有广阔的发展前景，但仍存在亟待解决的一系列问题，总体来看，主要包括以下四方面。

一、从理论建设来看，产业对工业文化建设的认知薄弱，缺乏系统化规划与统筹

正如学者尤政、黄四民指出：工业文化的发展尽管至少已有 100 多年的历史，但是工业文化研究却一直没有建立起其相应的知识体系和理论体系，其相关研究碎片化散落在管理学、工业工程、经济学、历史学、心理学、社会学或人类学等学科领域。而在我国，工业文化的概念是近几年才提出和开始重视。行业内缺乏“文化先行”的顶层战略设计与实施发展规划，在“知”与“行”的层面，均呈现出碎片化、片面化与割裂化的特征，缺乏探索性、系统性、原创性与实证性研究。

二、从动态实践来看，纺织工业文化的低端供给过剩与中高端供给不足并存

在纺织工业领域，企业更多延续以往“拼资源、拼环境、拼价格、拼劳动力”的路径依赖，或者单纯重视资本投入、规模扩张、技术引进，对工业文化赋能自身发展一方面缺乏耐性，认为无法“立竿见影”；另一方面，对纺织工业文化资源的实际应用能力不够，无法形成成熟的文化自觉与有效的产品转换；内涵深刻、富有创意、具有相当文化影响力的知名品牌较少，不能满足广大人民群众多样化、个性化的精神文化需求，抑制了有品类、有品质、有品位的中高端文化供给与审美进化。

三、从载体建设来看，纺织工业文化落地的文化载体支撑力亟待培育

纺织工艺美术、纺织工业设计、纺织工业遗产、纺织工业旅游，以及纺织工业文化博物馆等承载纺织工业文化发展的产业载体，发展时间短，基础薄弱，处于从政策推动到市场驱动的动力转换过程之中，对纺织工业文化资源的盘活力与创造力不够，“墙内开花墙外香”的局面，导致产业文化与

❶数据引自人民网研究院联合百度发布的《2021国潮骄傲搜索大数据》报告。

消费文化之间存在断层与割裂。

四、从综合保障来看，纺织工业文化融合产业发展的创新环境有待优化

纺织工业文化融合产业发展的驱动力不足，一方面源于时尚产品的知识产权保护力度不高，存在产品抄袭认定困难、设计版权性质争议、赔偿数额较少等问题；另一方面，纺织服装企业与金融资本的融合有待加强，政府、银行、证券、保险及中介机构等多方参与的风险缓释体系仍然缺失，缺少各方面对参与文化赋能纺织工业高质量发展，多类型、长期型项目的实质支持。

纺织工业文化与产业融合发展的重点路径

作为工业化进程中形成的特殊文化形态，纺织工业文化融合产业发展，需要守正创新的理念创新与策略创新，需要全球视域的战略定力与澎湃动力。未来，应重点围绕文化与科技的艺技融合、传统与当代的资源融合、产业与消费的市场融合、产业与媒介的话语融合的重点路径，不断化“文化之虚”为“产业之实”，赋能中国纺织工业内在的精神定力、发展韧性与时尚魅力。

一、加强文化与科技的艺技融合

当代中国纺织工业文化，无法脱离数字时尚的全域化、交互化与体验化的智能底色。一方面，数字文化经济的核心特征，表现为文化的要素化生产、创意的工业化转化、消费的沉浸化重塑和文化的价值化引领。另一方面，现代纺织工业以其最后的价值输出，终将面向消费、接受消费市场检验的行业文化特性，受需求导向的强力驱动，为数字文化经济的落地应用，创造出更多元的产品、更丰富的场景、更具规模的市场与更具前沿性的产业类别。未来，要促进纺织工业文化与产业的融合发展，需要进一步促进技术经度和文化纬度的交融，在不同的应用场景下开展更多创新实验，促进兼具技术创新与时尚审美的价值叠合。

据此，应加强纺织工业文化与纺织工业科技的深层次链接能力，推动“艺技”融合共创，培育技术对人文的“共情力”，以及人文对技术的“反哺力”。重点把握文化和技术融合的“动力”逻辑，充分聚焦纺织文化产品与服务形态的数字化转型，借助需求侧的动态演变与基础研究，积极推动纺织工业科技从应用末端逐步向前端研究和基础研究回溯，加强基于新技术、新工艺、新材料、新需求的数据积累与设计应用研究；重点把握文化和技术融合的“市场”逻辑，促进纺织工业文化产业、商业模式与管理手段的数字化再造，加强流行趋势与生活方式研究，打造文化和科技融合的关键共性技术平台，加快重要工艺、应用模式等方面的标准规范制定与推广；重点把握文化和技术融合的“生态”逻辑，促进纺织工业文化不同业态的创新延展与跨界融合，促进纺织工业文化与建筑设计、平面设计、文学、音乐、电影、美妆、珠宝、动漫、游戏等其他时尚文化产业领域的融合力度。

二、加强传统与当代的资源融合

“传统文化是中华民族几千年来基本上发展传承下来、基本没有脆性断裂过的基本价值取向、基本生活方式、基本思维方式、基本社会组织方式、基本审美特色”。它是中国纺织工业文化赖以溯源与生发的宝贵资产与终极母本。一方面，中华民族在修齐治平、尊时守位、知常达变、开物成务、建功立业过程中培育和形成的基本思想理念，如革故鼎新、与时俱进的思想，脚踏实地、实事求是的思想，惠民利民、安民富民的思想，道法自然、天人合一的思想，同时也是中国纺织工业在工业化进程中沉淀下的文化价值和观念精髓，需要坚定的传承

与发扬。另一方面，纺织非遗通过实践与养成、需求与供给、形式与内容相结合，把中华优秀传统文化内涵，以“见人见物见生活”的方式，不断融入纺织工业的当代产业语境，最终成就当代时尚产业的新生活方式、新思维方式与新审美特色。

据此，应加快促进传统历史文化与现代产业之间的资源融合，促进传统纺织工业精神的传承与弘扬；开展中华优秀文化融合当代消费审美的创新性研究，推动纺织非物质文化遗产与区域文化、民族文化与世界时尚文化之间的关联性与渗透性研究；开展纺织非遗的资源梳理和数据库建设，实现对纺织工业非物质文化遗产等重点项目专项调查、资源归档与数据库建设，构建准确权威、开放共享的公共数字平台；开展纺织非遗与国潮品牌的资源融合和价值再造，实现纺织非遗与国潮品牌之间的文脉传承、资源转换与市场应用。

三、加强产业与消费的市场融合

推动纺织工业文化与产业的融合发展，需要缩短工业生产与消费生活之间的抵达半径，让纺织工业文化依托有形的文化载体建设，包括多层次、多梯度、全方位的品牌载体、平台载体、活动载体，打破产业藩篱，输出消费价值，走向大众、服务大众、引导大众，建立起行业与“人”之间深层次的精神链接，凝聚社会大众对纺织工业技术美、自然美、生活美与社会美的情感归属。

据此，从品牌的载体角度，应建立与强化消费导向下的品牌文化价值体系，充分凝聚品牌的拥有者、购买者、使用者或向往者之间共同拥有的、与此品牌相关的独特信念、价值观、仪式、规范和传统；强化国际消费中心城市建设的时尚品牌支撑，引导时尚消费有序植入古都风貌型、现代时尚型、文化休闲型、专业商品型等特色小镇，构筑中国时尚城市生态，打造多元消费场景；从平台的载体角度，构建纺织工业时尚设计创新体系，推进行业工业设计中心、国际合作平台与国际技术合作体系的建设，以消费需求为基本导向，进行多学科交互设计研发和创新，发展跨界融合的时尚新产品和新服务，在交叉、融合、碰撞中构建“产消一体化”的协同文化生态；从活动的载体角度，顺应数字时尚移动化、社交化、可视化的发展趋势，强化各类展会、时装周、专业赛事的线上新型数字时尚推广模式，探索建立集科技、休闲、娱乐、潮流为一体的线下时尚旅游综合体，让“产业的”变成“大众的”，“专业的”变成“体验的”。

四、加强产业与媒介的话语融合

当代纺织工业文化能“至广博”、也能“入精微”。要激发全世界对中国纺织工业的细腻共情与忠诚向往，需要依托全球大众媒介，以积极主动的姿态，通过“自塑”与“他塑”的双向结合，融入“产业+媒介”的全球网络，讲好行业故事，传播行业声音，让一切文化创造源泉充分涌流，实现从单向推介到双向推介、从概念灌输到利益共享、从政治活动到文化分享，以此谋求时尚话语，凝聚情感认同，提升文化自信。

据此，应围绕“大师、大事、大牌”，制定有序的全球纺织工业文化推广传播计划，建设海外纺织工业文化中心，创新纺织人文交流项目，支持中国大师在海外做宣传时利用中国驻外使馆，塑造中国时尚生态和主体形象，在国际舆论场上，形成掷地有声的东方美学表达与世界时尚风范；持续强化本土时装发布平台的国际影响力，探索建立与国际知名时装周的联动与合作机制，构建国际城际文化消费联动促进机制；培养面向新型媒体传播时代需求的，熟悉中国文化同时具有人文底蕴、艺术素养、科技含量、国际视野的复合型传媒人才，针对发达国家主流时尚中心及“一带一路”沿线，建立纺织工业文化的国际时尚传媒联盟，打造全球时尚传媒矩阵，创新对外话语表达方式，打造融通中外的新概念、新范畴、新表述，提升中国纺织工业文化的文化新优势与内涵新境界。

（撰稿人：王晴颖）

2021年纺织行业上市公司情况综述

中国纺织工业联合会产业经济研究院

2021年，面对百年变局和世纪疫情，我国经济发展和新冠肺炎疫情防控保持全球领先地位，构建新发展格局迈出了新步伐，高质量发展取得新成效，实现"十四五"良好开局。中国纺织行业在2021年坚持稳中求进的工作总基调，持续深化转型升级，努力化解新冠肺炎疫情散发、原料价格上涨、国际物流不畅等风险冲击，主要运行指标在上年较低基数基础上实现反弹回升，出口规模创下历史最高水平。作为行业领军者的纺织上市公司呈现出韧性强、潜力大的特点，生产经营绩效超过行业整体，为行业发展作出突出贡献。

纺织服装上市公司基本情况

据证监局、纺织上市公司2021年相关财报数据不完全统计，截至2021年年底，A股涉及纺织产品类上市公司总数为197家，在A股上市公司总数（4615家）中的占比为4.27%。其中，纺织企业上市公司数量为49家、家纺企业为9家，产业用企业为44家，服装企业为50家，化纤企业为32家，纺机企业为13家。

截至2021年三季度，纺织上市公司的平均每股盈余（EPS）为0.46元，比2020年同期提升15.0%。平均每股净资产（BPS）为5.3元，比2020年同期增长9.3%。

2021年前三季度，197家纺织上市公司仅占我国规模以上纺织企业的0.58%，而同期资产占比为52.9%，营业收入占比为32.7%，利润占比高达77.6%。可看出，虽然规上纺织企业中上市公司较少，但资产总额和利润占比都高达二分之一以上，营业收入占比近三分之一，凸显出纺织上市公司在行业经济发展中的中坚力量，发挥了引领全行业创新发展排头兵的积极作用。

27只纺织新股上市

2021年，我国资本市场全面注册制改革持续推进。2021年4月6日中小板与深市主板合并；9月3日深化新三板改革并设立北京证券交易所；11月15日，北交所正式开市，开市当天北交所迎来81家上市公司，其中吉林碳谷成为首发上市公司之一。2021年，共有483家企业完成A股市场新股上市，IPO募资金额达5351.5亿元，融资额创历史新高。

作为国民经济与社会发展的支柱产业、解决民生与美化生活的基础产业、国际合作与融合发展的优势产业，2021年纺织企业登录A股市场创新高。相关统计数据显示，全年纺织类企业实现IPO上市数量和募资规模快速提高。全年共有27只纺织新股上市，占年度IPO企业的5.6%。IPO首发募资达169.4亿元，占A股全年IPO募资金额的3.2%。2021年27家新上市纺织服装类企业见表1。

经营规模超过新冠肺炎疫情前水平

纺织行业板块上市公司2021年前三季度营业总收入同比增长29.8%，显示经营规模迅速扩大；比2020年全年增速大幅提高（2020年营业总收入比2019年增长2.7%），超过新冠肺炎疫情前水平；比规模以上纺织企业营业收入增速高14.2个百分点，显示行业头部企业经营规模扩大更加快速。

纺织行业上市公司利润总额同比增长60.8%，同期规模以上纺织企业利润增长31.7%，显示行业

表1 2021年27家新上市纺织企业

序号	证券代码	证券简称	首发上市日期	首发募集资金（亿元）	专业领域
1	003036	泰坦股份	2021/1/28	3.09	纺织机械设备的研发、生产
2	605055	迎丰股份	2021/1/29	3.86	纺织品的印染加工业务
3	300952	恒辉安防	2021/3/11	4.25	手部安全防护用品研发、生产
4	688659	元琛科技	2021/3/31	2.60	过滤材料、烟气净化系列环保产品的研发、生产
5	003041	真爱美家	2021/4/6	4.50	家用纺织品
6	688323	瑞华泰	2021/4/28	2.69	高性能PI薄膜的研发、生产
7	605180	华生科技	2021/4/30	5.60	塑胶复合材料的研发、生产
8	605080	浙大自然	2021/5/6	7.88	户外运动用品的研发、设计、生产
9	605488	福莱新材	2021/5/13	6.13	功能性涂布复合材料的研发、生产
10	001206	依依股份	2021/5/18	10.52	一次性卫生护理用品及非织造布的研发、生产
11	300993	玉马遮阳	2021/5/24	3.98	功能性遮阳材料的研发、生产
12	300995	奇德新材	2021/5/26	3.10	高性能高分子复合材料及其制品的研发设计、生产
13	605189	富春染织	2021/5/28	6.22	色纱的研发、生产
14	603511	爱慕股份	2021/5/31	8.40	高品质贴身服饰及其用品的研发、生产
15	301009	可靠股份	2021/6/17	8.52	一次性卫生用品的设计、研发、生产
16	688789	宏华数科	2021/7/8	5.75	数码喷印技术在纺织印花上的工业应用
17	001209	洪兴股份	2021/7/23	7.02	家居服饰的研发、设计、生产
18	836077	吉林碳谷	2021/8/31	1.63	碳纤维原丝的研发、生产
19	301053	远信工业	2021/9/1	2.43	拉幅定形机等纺织设备的研发、生产
20	301057	汇隆新材	2021/9/9	2.19	原液着色纤维的研发、生产
21	301066	万事利	2021/9/22	1.76	丝绸相关产品的研发设计、生产
22	688722	同益中	2021/10/19	2.53	超高分子量聚乙烯纤维及其复合材料研发、生产
23	301081	严牌股份	2021/10/20	5.53	环保过滤材料的研发、生产
24	301090	华润材料	2021/10/26	23.19	聚酯材料及新材料的研发、生产
25	605138	盛泰集团	2021/10/27	5.54	纺织面料及成衣的生产
26	301088	戎美股份	2021/10/28	18.90	服装的企划设计、供应链管理
27	301108	洁雅股份	2021/12/3	11.63	产业用湿纸巾的生产

资料来源：WIND资讯、中纺联产业经济研究院

头部企业盈利能力总体好于行业整体；与2020年全年上市公司利润增速比加快9.7个百分点，上市公司持续效益提升。受新冠肺炎疫情影响，2020年利润增长主要是受到产业用上市企业利润大幅增长拉动；2021年在涉及防疫物资供应的产业用纺织品行业和涉及“宅产品”的家用纺织品行业利润下滑的情况下，回归到以纺织、服装、化纤行业为主导的利润增长格局。纺织主要子板块收入与利润增长情况见表2。

上市公司质量效益提升

盈利能力方面，根据2021年三季报，纺织全行业板块销售利润率上升2.2个百分点至11.1%；三费比率普遍下降至8.2%。与规模以上纺织行业变动趋势相同，但利润率远远高于规上企业平均值，规上纺织行业销售利润率为4.7%。

其中，受到原材料涨价影响，纺织板块和化纤板块销售利润率快速上升，而在上年高基数影响下，产业用板块和家纺板块的销售利润率呈现下降趋势。截至2021年三季度，纺织板块和化纤板块销售利润率分别为8.9%和11.3%，同比分别上升55.2%和40.3%；纺机板块销售利润率略有增长，增幅为1.4%；产业链后道板块中，服装板块销售利润率增长11.3%，而产业用板块和家纺板块的销售利润率同比分别下降21.6%和27.2%。各板块三费比率都有不同程度的下降，化纤板块和纺机板块三费比率降幅超过纺织全行业平均值。

在偿债能力方面，一般说来，流动比率越高，说明企业资产的变现能力越强，短期偿债能力亦越强；反之则弱。截至2021年三季度，纺织全行业板块流动比率为1.2，处于相对合理区间，同比增长7.4%，说明资产变现能力略有上升。前三季度，纺织全行业板块资产负债率为55.0%，同比略降0.5%，资产负债率基本与上年持平；略低于规模以上纺织行业资产负债率（56.1%）。

其中，除纺机板块流动比率略有下降外，其他板块流动比率都有不同程度的上升，家纺板块流动比率1.9，同比上升13.9%，短期偿债能力较强。纺

表2 纺织主要子板块收入与利润增长情况

板块	2021年前三季度营业总收入（亿元）	同比（%）	规上企业同比（%）	2021年前三季度利润总额（亿元）	同比（%）	规上企业同比（%）
全行业	12,004.6	29.8	15.6	1,327.4	60.8	31.7
化纤板块	6,380.7	47.6	33.3	719.8	107.1	318.0
纺织板块	3,043.3	10.5	18.7	272.3	71.6	63.9
产业用板块	1,024.0	8.0	−14.7	152.6	−15.4	−63.8
服装板块	1,087.8	22.0	9.0	138.5	35.7	5.8
家纺板块	217.4	22.9	11.0	18.6	−10.6	−9.2
纺机板块	251.5	58.2	39.0	25.7	60.4	59.1

资料来源：上市公司三季报、中纺联产业经济研究院

机和家纺板块资产负债率略有上升，其他板块都略有下降，显示企业总体负债水平有所下降。

在营运效率方面，截至2021年三季度，纺织全行业板块存货周转率为5.1次，较上年同期增长15.6%；应收账款周转率为10.6次，较上年同期略有上升。与规模以上纺织行业应收账款周转率比，要高于规上企业平均值，规上纺织行业应收账款周转率为8.8次。

其中，服装、纺机和化纤板块存货周转率分别为3.1次、4.0次和7.0次，比上年同期快速增长，分别上升29.2%、21.7%和20.2%。服装、纺机和化纤板块应收账款周转率分别为6.2次、4.8次和35.3次，较上年同期分别增长13.3%、19.9%和10.0%。纺织各板块上市公司财务指标比较见表3。

表3 纺织各板块上市公司财务指标比较

指标		报告期	全行业	化纤	纺织	服装	家纺	产业用	纺机
盈利能力	销售利率（%）	2021年1～3季度	11.1	11.3	8.9	12.7	8.5	14.9	10.2
		2020年1～3季度	8.9	8.0	5.8	11.4	11.7	19.0	10.1
		同比增减（百分点）	2.1	3.2	3.2	1.3	−3.2	−4.1	0.1
	三费比率（%）	2021年1～3季度	8.2	3.6	8.2	27.3	23.1	10.8	19.5
		2020年1～3季度	10.5	5.5	10.1	29.2	24.4	12.1	26.4
		同比增减（百分点）	−2.3	−1.9	−1.9	−1.9	−1.3	−1.3	−6.9
偿债能力	流动比率（%）	2021年1～3季度	1.2	0.9	1.5	1.4	1.9	1.7	2.0
		2020年1～3季度	1.1	0.8	1.4	1.4	1.6	1.6	2.2
		同比增减（百分点）	0.1	0.1	0.1	0.0	0.2	0.2	−0.2
	资产负债率（%）	2021年1～3季度	55.0	64.2	50.8	46.8	40.9	42.6	39.9
		2020年1～3季度	55.3	64.9	52.1	47.0	40.5	44.2	34.8
		同比增减（百分点）	−0.3	−0.7	−1.3	−0.2	0.4	−1.6	5.1
营运能力	存货周转率（次）	2021年1～3季度	5.1	7.0	3.7	3.1	3.3	6.4	4.0
		2020年1～3季度	4.4	5.9	3.6	2.4	3.3	7.4	3.3
		同比（%）	15.6	20.2	2.8	29.2	−0.9	−12.6	21.7
	应收账款周转率（次）	2021年1～3季度	10.6	35.3	6.9	6.2	8.2	4.0	4.8
		2020年1～3季度	10.0	32.1	7.4	5.4	7.7	4.9	4.0
		同比（%）	6.7	10.0	−6.1	13.3	7.0	−17.6	19.9

资料来源：上市公司三季报、中纺联产业经济研究院

研发投入增加，化纤板块快速增长

2021年，面对百年变局和世纪疫情的叠加，纺织企业纷纷加大研发投入，提升创新能力，迈向高质量发展阶段，做精、做专、做实制造，完善从纤维材料生产、纺织染加工、到终端产品制造的全产业链制造体系，强链、补链、延链，保障产业链的稳定和健壮。尤其是纺织龙头企业抓住机遇，围绕纤维新材料、纺织绿色制造、智能制造及数字化赋能等领域开展技术研发创新，不断抓住发展主动权。

截至2021年三季度，沪深两市197家纺织类上市公司研发投入总额约185.4亿元，比上年同期增长38.6%；研发投入强度（研发费用与营业总收入比值）为1.5%，比上年同期上升了0.10个百分点。

其中，化纤板块2021年前三季度研发投入增长最快，而纺机板块和产业用板块研发投入强度最高，分别达到3.0%和2.9%。纺织主要子板块研发费用与投入强度情况见表4。

各板块代表性上市公司总体表现良好

详细分析各重点板块的业绩表现，在此选取50家具有代表性上市公司作为样本，逐个观察并进行业绩分析。其中，化纤板块选取了恒力石化、荣盛石化、恒逸石化等企业；纺织板块选取了鄂尔多斯、海澜之家、三房巷等企业；服装板块选取了雅戈尔、森马服饰、太平鸟等企业；家纺板块选取了梦百合、罗莱生活、孚日股份等企业；产业用板块选取东方雨虹、中材科技、福能股份等企业；纺机板块选取经纬纺机、金轮股份、上工申贝等企业。

从各细分行业板块来看，根据公司2021年三季报，服装板块效益分化较大，其中表现较好的上市公司是森马服饰和朗姿股份，营业收入实现增长，而利润快速增长，利润同比分别增长292.9%和249.2%，销售利润率分别达到12.6%和5.9%。

化纤板块中除恒逸石化利润下滑外，其他上市公司利润都实现快速增长。其中神马股份利润增长超过了上年同期的10倍，销售利润率也达到19.4%；

表4 纺织主要子板块研发费用与投入强度情况

板块	上市公司数量（家）	2021年前三季度研发费用（亿元）	同比（%）	研发投入强度（%）	研发投入强度同比增减（百分点）
全行业	197	185.4	38.6	1.5	0.10
化纤板块	32	82.9	66.0	1.3	0.14
纺织板块	49	37.8	25.7	1.2	0.15
服装板块	50	23.2	31.6	2.1	0.16
产业用板块	44	30.0	10.0	2.9	0.05
家纺板块	9	3.9	30.5	1.8	0.11
纺机板块	13	7.6	29.7	3.0	−0.67

资料来源：上市公司三季报、中纺联产业经济研究院

华峰氨纶营收和利润同步增长，增速分别为111.4%和386.2%，销售利润率更是达到33.8%，是化纤板块代表性上市公司中最高的。

华孚时尚、鄂尔多斯成为纺织板块中表现较好的上市公司，营业收入和利润都实现快速增长，鄂尔多斯销售利润率达到24.5%。

家纺板块五大代表企业中除梦百合利润下滑外，其余公司都表现较好，罗莱生活、富安娜和水星家纺营业收入和利润都实现两位数增长，富安娜销售利润率达到20.6%。

产业用板块分化较大，台华新材、海利得、申达股份利润总额同比实现了100%以上的增长；而在上年高基数影响下，涉及医疗的稳健医疗、奥美医疗和振德医疗利润总额同比呈下滑趋势。

纺机板块总体利润增长较快，慈星股份、睿能科技、金轮股份利润总额增长超过200%。纺织行业代表性上市公司营收、利润增速及费用率指标表现见表5。

表5 纺织行业代表性上市公司营收、利润增速及费用率指标表现

证券代码	证券简称	营收同比（%）	利润同比（%）	销售费用率（%）		管理费用率（%）		财务费用率（%）		销售利润率（%）	
		2021三季报	2020三季报	2021三季报	2020三季报	2021三季报	2020三季报	2021三季报	2020三季报	2021三季报	2020三季报
002029	七匹狼	9.6	99.4	21.8	22.7	7.8	8.3	-2.9	-2.8	5.7	3.1
002154	报喜鸟	31.5	39.5	39.7	34.9	8.5	8.8	-0.1	0.2	15.8	14.9
002503	搜于特	-30.1	-4147.5	3.8	2.7	2.4	1.8	3.9	2.3	-59.8	1.0
002563	森马服饰	6.0	292.9	21.2	26.4	4.3	5.5	-0.9	-0.6	12.6	3.4
002612	朗姿股份	32.8	249.2	38.7	40.5	7.9	8.9	1.7	1.7	5.9	2.2
600128	弘业股份	29.5	-47.1	3.8	6.2	2.2	2.7	0.2	0.5	0.7	1.6
600177	雅戈尔	16.0	-37.4	19.1	14.6	6.6	7.3	1.6	5.1	45.5	84.2
600287	江苏舜天	28.8	-132.8	3.0	3.4	1.9	1.8	0	0.3	-1.9	7.4
603518	锦泓集团	57.3	121.4	51.0	43.9	4.0	4.6	6.0	10.0	7.0	-51.2
603877	太平鸟	34.2	87.9	36.1	36.1	6.4	6.3	0.7	0.3	10.2	7.3
000301	东方盛虹	60.3	685.6	0.2	1.3	1.1	1.2	1.7	2.1	6.7	1.4
000703	恒逸石化	57.7	-6.9	0.1	0.8	0.8	0.9	1.7	2.4	4.2	7.0
002064	华峰氨纶	111.4	386.2	0.5	3.1	1.4	2.2	0.1	0.8	33.8	14.7
002493	荣盛石化	66.7	98.0	0.1	0.4	0.3	0.3	2.3	3.2	18.6	15.6
600346	恒力石化	46.6	22.5	0.2	0.9	0.9	1.3	2.5	4.1	10.7	12.8
600688	上海石化	12.6	349.0	0.5	0.6	4.6	4.0	-0.5	-0.4	4.0	-1.8

续表

证券代码	证券简称	营收同比（%）	利润同比（%）	销售费用率（%）		管理费用率（%）		财务费用率（%）		销售利润率（%）	
		2021三季报	2020三季报	2021三季报	2020三季报	2021三季报	2020三季报	2021三季报	2020三季报	2021三季报	2020三季报
600810	神马股份	26.1	1183.0	0.6	1.6	3.5	3.7	2.9	2.8	19.4	1.9
601113	华鼎股份	-2.4	65.8	19.4	31.7	2.4	2.2	1.1	1.0	3.7	2.2
601233	桐昆股份	53.4	262.4	0.1	0.4	1.3	1.5	0.5	1.0	13.5	5.7
603225	新凤鸣	58.6	829.8	0.1	0.2	1.0	1.1	1.1	1.1	6.5	1.1
000158	常山北明	19.6	-15.1	2.9	3.2	3.8	4.4	2.8	3.8	-1.2	-1.3
002042	华孚时尚	46.8	305.5	0.7	1.6	2.2	2.9	1.6	2.4	3.9	-2.8
002640	跨境通	-42.0	37.7	19.3	29.6	3.3	2.5	2.2	1.7	8.4	3.5
600295	鄂尔多斯	53.8	288.4	3.6	7.8	4.7	5.2	2.0	4.7	24.5	9.7
600352	浙江龙盛	11.3	-5.3	6.2	6.8	5.3	6.3	0.1	-0.5	30.3	35.6
600370	三房巷	13.7	-16.8	0.1	1.3	0.7	0.4	0	0.4	3.8	5.2
600398	海澜之家	20.2	68.0	15.7	14.4	6.1	8.2	-0.4	0.3	19.0	13.6
600510	黑牡丹	2.6	-31.4	2.7	2.6	2.7	2.3	1.0	0.7	15.5	23.2
600987	航民股份	91.2	6.2	1.0	1.3	1.9	3.0	-0.1	0	8.1	14.7
601718	际华集团	6.6	-1.1	1.9	2.8	4.9	5.9	-0.1	0.9	0.5	0.5
000666	经纬纺机	66.1	22.2	1.4	1.6	32.6	46.3	2.9	5.0	15.1	20.5
002722	金轮股份	43.8	280.8	2.5	2.8	2.6	3.8	1.3	2.3	7.3	2.8
300307	慈星股份	67.5	767.6	7.0	6.8	8.9	15.5	0.4	-0.2	6.9	-1.7
600843	上工申贝	-0.6	54.1	9.5	9.2	6.9	7.0	0.8	1.2	5.7	3.6
603933	睿能科技	47.3	635.2	5.2	4.2	3.5	3.3	0.4	0.4	6.1	1.2
002083	孚日股份	14.6	7.3	2.9	4.4	3.5	3.9	2.3	4.7	8.4	9.0
002293	罗莱生活	22.8	31.5	18.7	20.8	7.1	7.9	-0.4	-1.6	15.1	14.0
002327	富安娜	17.1	26.2	27.1	29.5	6.1	5.0	0.3	-0.1	20.6	19.2
603313	梦百合	35.0	-130.9	15.0	18.6	8.1	6.5	3.1	3.3	-2.3	9.9
603365	水星家纺	28.2	46.3	20.4	18.8	4.5	5.3	-0.3	-0.4	12.7	11.1
002080	中材科技	13.3	73.5	1.2	3.2	4.0	4.1	2.2	2.2	22.1	14.5
002206	海利得	43.5	186.5	0.9	1.5	3.1	3.7	0.3	0.6	14.0	7.0
002271	东方雨虹	51.4	23.4	7.3	11.2	5.3	6.1	0.7	1.5	14.5	17.8

续表

证券代码	证券简称	营收同比(%)	利润同比(%)	销售费用率(%)		管理费用率(%)		财务费用率(%)		销售利润率(%)	
		2021三季报	2020三季报	2021三季报	2020三季报	2021三季报	2020三季报	2021三季报	2020三季报	2021三季报	2020三季报
002950	奥美医疗	-24.7	-64.4	2.0	3.5	9.4	5.7	0.5	0.1	17.2	36.4
300180	华峰超纤	49.0	-11.2	1.9	2.2	6.2	7.6	2.0	2.6	5.2	8.8
300888	稳健医疗	-38.9	-65.7	21.3	14.3	4.0	2.8	-0.7	0.9	21.7	38.8
600483	福能股份	46.1	56.7	0.3	0.5	1.8	2.4	3.9	5.2	15.8	14.7
600626	申达股份	4.9	157.3	1.6	2.7	6.1	6.8	1.5	1.1	1.1	-2.0
603055	台华新材	83.7	329.6	1.1	1.9	4.5	5.8	1.2	2.3	14.2	6.1
603301	振德医疗	-52.4	-77.0	7.4	4.7	8.1	3.0	0.1	0.6	17.3	35.7

资料来源：上市公司三季报、中纺联产业经济研究院

纺织板块定增融资229亿元

截至2021年末，A股市场有527家上市公司定增融资9487亿元。其中，纺织行业2021年有15家上市公司通过增发筹资229.2亿元，占A股市场定增融资的2.4%。2021年主要纺织上市公司定向增发筹资情况见表6。

表6 2021年实现定向增发的主要纺织上市公司情况

代码	名称	募集规模(亿元)	发行总数(万股)	增发上市日期
600884	杉杉股份	30.5	48840.28	2021年12月31日
002875	安奈儿	3.2	4241.63	2022年1月5日
002042	华孚时尚	11.4	27427.88	2021年10月14日
601233	桐昆股份	19.7	12358.85	2021年10月12日
002291	星期六	29.7	16603.77	2021年10月19日
002780	三夫户外	1.9	1221.88	2021年10月21日
600843	上工申贝	8.1	16457.69	2021年9月8日
600626	申达股份	8.7	25568.74	2021年8月2日

续表

代码	名称	募集规模(亿元)	发行总数(万股)	增发上市日期
600370	三房巷	5.8	23917.33	2021年7月22日
603808	歌力思	4.8	3657.73	2021年7月7日
000949	新乡化纤	9.9	20907.17	2021年7月6日
601599	浙文影业	6.0	26781.75	2021年6月4日
002271	东方雨虹	80.0	17582.42	2021年4月8日
600810	神马股份	6.0	8207.93	2021年3月24日
000420	吉林化纤	3.3	19760.48	2021年2月9日

资料来源：WIND资讯、中纺联产业经济研究院

2021年宏观形势回顾

一、内需持续恢复，出口创历史新高，效益显著改善

2021年，面对百年变局与世纪疫情的艰难考验，我国纺织行业全面贯彻落实党中央、国务院决策部署，坚持稳中求进的工作总基调，持续深化转型升级，努力化解新冠肺炎疫情散发、原料价格上涨、国际物流不畅等风险冲击，主要运行指标在上年较低基数基础上实现反弹回升，出口规模创下历史最高水平。纺织行业面对错综复杂的外部形势展现出强大的发展韧性和活力，完整、优质现代产业体系的稳定运行优势更趋巩固，基本实现“十四五”良好开局，为国民经济稳增长、保民生、促就业、防风险做出积极贡献。

我国国民经济持续恢复发展带动消费潜力稳定释放，纺织品服装内需市场克服新冠肺炎疫情散发、极端天气等短期因素冲击，在国家保民生、促消费良好政策环境下，呈现持续恢复态势。2021年，全国限额以上单位服装鞋帽、针纺织品零售额同比增长12.7%，增速较2020年回升19.3个百分点，两年平均增长2.6%。受到世界经济逐步复苏带动市场回暖、出口订单回流带动采购需求等因素影响，我国纺织行业出口实现较快增长，增速明显超过新冠肺炎疫情前水平，出口总额创下历史新高。2021年我国纺织品服装出口总额达到3154.7亿美元，同比增长8.4%，两年平均增长9.4%。其中，服装出口形势明显回暖，对行业出口增长的支撑作用突出，全年出口额达1702.6亿美元，同比增长24.0%，两年平均增长8.0%，是2015年以来的最好增长水平；在口罩、防护服出口金额减少482亿美元、同比降幅达到76.1%的情况下，纺织品出口额仍达到1452.0亿美元，虽然同比减少5.6%，但两年平均增速仍达到11.0%。

在需求回暖带动以及减负政策支持下，纺织企业经济效益稳步改善。根据国家统计局数据，2021年，全国3.4万户规模以上纺织企业实现营业收入51749.4亿元，同比增长12.3%，增速较2020年回升21.1个百分点，两年平均增长1.2%；实现利润总额2676.8亿元，同比增长25.4%，增速较2020年回升31.8个百分点，两年平均增长8.3%；营业收入利润率为5.2%，较2020年提高0.6个百分点，达到自2018年以来的最高水平。纺织全产业链超八成环节效益明显改善，超半数环节利润同比增幅达到

50%以上。受大宗商品价格上涨影响，产业链前端的化纤行业效益改善尤为突出，2021年利润总额同比大幅增长149.2%，增速居全产业链之首；两年平均增速达到45.5%，明显高于新冠肺炎疫情前水平。

二、线上线下融合发展，数字化赋能加速

2021年，在国内消费潜力稳定释放，纺织品服装内需市场克服新冠肺炎疫情散发、极端天气等短期因素冲击，纺织服装类商品线上线下融合发展，线上渗透率持续提升，线下零售持续增长。据国家统计局数据，2021年全年网上穿类商品零售额累计同比增长8.3%，在2020年增速5.8%的基础上继续加快增长。据中国纺联流通分会统计，2021年我国914家万平方米以上纺织服装专业市场总成交额同比上升1.98%，其中重点监测的46家市场商圈总成交额同比上升8.4%。网络渠道渡过新冠肺炎疫情带来的红利集中释放期，纺织服装内销市场继续保持恢复性增长，但增长速度呈现边际放缓。

在数字经济方面，行业企业"上云、用数、赋智"活跃。2021年，行业两化融合整体发展水平达到56.6，较"十三五"初期的47.8提升了18.4%。数字化转型正在驱动生产方式、商业模式和企业组织方式发生深刻变革，新冠肺炎疫情催生了新业态、新模式的快速发展，加速了企业的数字化步伐。服装企业积极推进数字化转型，制造端通过智能改造、单件流水、柔性化生产等升级供应链体系，设计端通过创新的潮流产品设计来驱动消费者的需求和增长，消费端则通过建立消费者数据平台，打通线上线下销售数据，精准定位目标人群。同时，随着虚拟现实、人工智能、区块链、大数据、5G、可穿戴设备等技术应用日渐成熟，行业数字经济发展未来的元宇宙热度高涨。

三、加快行业变革，积极推进高质量发展

作为上市纺织企业，应善于运用资本的赋能，强化资本运作能力，提升企业竞争实力。

对于生产型企业来说，制造环节是产业稳定和创新发展的基石。要不断强化产业规模优势、配套优势，推动产业基础高级化和产业链现代化。做精、做专、做实制造，完善从纤维材料生产、纺织染加工到终端产品制造的全产业链制造体系。以产业循环带动商品和要素循环，促进要素资源畅通流动。强链、补链、延链，保障产业链的稳定和健壮。

对品牌服饰企业来说，要以高质量发展为主题，以数字化转型、深化供给侧改革为主线，以产业科技创新力、文化创造力和可持续发展力提升为依托，提升文化自信、品牌自信，打造有中国特色、世界影响、时代特征的时尚品牌。推动销售新模式、新业态在企业中的应用，构建更高附加值、更具特色的价值实现方式。

（撰稿人：陆　健）

2021年纺织行业相关发展政策汇总

表1 2021年国家工信部发布的促进制造业发展的相关措施

序号	时间	文件名称	部门	文号
1	2022年1月27日	八部门关于印发加快推动工业资源综合利用实施方案的通知	工业和信息化部	工信部联节〔2022〕9号
2	2022年1月21日	三部委关于印发环保装备制造业高质量发展行动计划（2022—2025年）的通知	节能与综合利用司	工信部联节〔2021〕237号
3	2021年12月30日	工业和信息化部办公厅关于印发制造业质量管理数字化实施指南（试行）的通知	科技司	工信厅科〔2021〕59号
4	2021年12月30日	工业和信息化部关于印发《保障中小企业款项支付投诉处理暂行办法》的通知	中小企业局	工信部企业〔2021〕224号
5	2021年12月24日	六部委关于印发工业废水循环利用实施方案的通知	节能与综合利用司	工信部联节〔2021〕213号
6	2021年12月28日	八部门关于印发《“十四五”智能制造发展规划》的通知	工业和信息化部	工信部联规〔2021〕207号
7	2021年12月24日	两部门关于印发《工业互联网综合标准化体系建设指南（2021版）》的通知	工业和信息化部	工信部联科〔2021〕291号
8	2021年12月17日	关于印发“十四五”促进中小企业发展规划的通知	中小企业局	工信部联规〔2021〕200号
9	2021年11月25日	工业和信息化部 国家发展和改革委员会 科学技术部 生态环境部公告《国家工业资源综合利用先进适用工艺技术设备目录（2021年版）》	节能与综合利用司	2021年第32号
10	2021年12月13日	中华人民共和国工业和信息化部 中华人民共和国水利部公告 《国家鼓励的工业节水工艺、技术和装备目录（2021年）》	节能与综合利用司	2021年第35号
11	2021年12月3日	工业和信息化部关于印发《“十四五”工业绿色发展规划》的通知	节能与综合利用司	工信部规〔2021〕178号
12	2021年11月15日	工业和信息化部关于印发“十四五”大数据产业发展规划的通知	信息技术发展司	工信部规〔2021〕179号
13	2021年11月19日	国务院促进中小企业发展工作领导小组办公室关于印发为“专精特新”中小企业办实事清单的通知	中小企业局	工信部企业〔2021〕170号

续表

序号	时间	文件名称	部门	文号
14	2021年11月19日	国务院促进中小企业发展工作领导小组办公室关于印发提升中小企业竞争力若干措施的通知	中小企业局	工信部企业〔2021〕169号
15	2021年10月8日	中华人民共和国工业和信息化部公告工信部批准250项行业标准	科技司	2021年第21号
16	2021年7月14日	工业和信息化部关于印发《新型数据中心发展三年行动计划（2021—2023年）》的通知	信息通信发展司	工信部通信 〔2021〕76号
17	2021年6月1日	六部门关于加快培育发展制造业优质企业的指导意见	产业政策与法规司	工信部联政法〔2021〕70号
18	2021年6月11日	中华人民共和国工业和信息化部公告循环再利用化学纤维（涤纶）行业规范条件及规范公告管理暂行办法	消费品工业司	2021年第15号
19	2021年6月7日	两部门关于加快推动区块链技术应用和产业发展的指导意见	信息技术发展司	工信部联信发〔2021〕62号
20	2021年6月4日	八部门关于印发《推进工业文化发展实施方案（2021—2025年）》的通知	产业政策与法规司	工信部联政法〔2021〕54号
21	2021年5月31日	工业和信息化部办公厅关于开展中小企业服务月活动的通知	工业和信息化部	工信厅企业函〔2021〕134号
22	2021年5月25日	工业和信息化部办公厅关于组织开展2021年工业节能诊断服务工作的通知	节能与综合利用司	工信厅节函〔2021〕121号
23	2021年4月16日	工业和信息化部关于开展2021年工业节能监察工作的通知	节能与综合利用司	工信部节函〔2021〕80号
24	2021年4月1日	工业和信息化部办公厅关于调整两化融合管理体系工作领导小组成员和联合工作组成员单位的通知	信息技术发展司	工信厅信发〔2021〕11号
25	2021年2月5日	工业和信息化部办公厅关于引入政府性融资担保工具支持产业基础能力提升的通知	规划司	工厅规〔2021〕21号
26	2021年1月13日	关于印发《工业互联网创新发展行动计划（2021—2023年）》的通知	信息通信管理局	工信部信管〔2020〕197号

表2 2021年国家工信部组织申报的项目

序号	时间	文件名称	部门	文号
1	2022年3月18日	两部门关于开展2022年制造业单项冠军企业（产品）培育遴选和复核评价工作的通知	产业政策与法规司	工信厅联政法函〔2022〕47号
2	2022年3月2日	工业和信息化部办公厅关于组织申报2022年跨行业跨领域工业互联网平台的通知	信息技术发展司	工信厅信发函〔2022〕38号
3	2021年11月30日	六部门关于组织开展2021年国家绿色数据中心推荐工作的通知	节能与综合利用司	工信厅联节函〔2021〕281号
4	2021年11月22日	两部门关于组织开展2021年度重点用能行业能效“领跑者”遴选工作的通知	节能与综合利用司	工信厅联节函〔2021〕268号
5	2021年11月4日	四部门关于开展2021年度智能制造试点示范行动的通知	装备工业一司	工信厅联通装函〔2021〕263号
6	2021年9月17日	工业和信息化部办公厅关于开展2021年工业互联网APP优秀解决方案征集遴选工作的通知	信息技术发展司	工信厅信发函〔2021〕224号
7	2021年8月17日	工业和信息化部办公厅关于举办第三届中国工业互联网大赛的通知	工业和信息化部	工信厅信发函〔2021〕200号
8	2021年7月12日	工业和信息化部办公厅关于组织开展2021年工业互联网平台创新领航应用案例征集活动的通知	信息通信发展司	工信厅信发函〔2021〕160号
9	2021年7月7日	工业和信息化部办公厅关于开展2021年百项团体标准应用示范项目申报工作的通知	科技司	工信厅科函〔2021〕161号
10	2021年6月10日	工业和信息化部办公厅关于组织推荐2021年国家技术创新示范企业的通知	科技司	工信厅科函〔2021〕149号
11	2021年5月28日	工业和信息化部办公厅关于开展2021年度绿色制造名单推荐工作的通知	工业和信息化部	工信厅节函〔2021〕130号
12	2021年5月26日	两部委关于举办第六届“创客中国”中小企业创新创业大赛的通知	中小企业局	工信部联企业函〔2021〕124号
13	2021年5月13日	两部门关于组织推荐第六批制造业单项冠军和复核第三批制造业单项冠军的通知	产业政策与法规司	工信厅联政法函〔2021〕95号

续表

序号	时间	文件名称	部门	文号
14	2021年5月7日	工业和信息化部办公厅关于开展2021年国家技术创新示范企业复核评价工作的通知	工业和信息化部	工信厅科函〔2021〕93号
15	2021年5月7日	工业和信息化部办公厅关于组织开展2021年新一代信息技术与制造业融合发展试点示范申报工作的通知	工业和信息化部	工信厅信发函〔2021〕87号
16	2021年4月30日	工业和信息化部办公厅关于开展2021年度国家工业和通信业节能技术装备产品推荐工作的通知	节能与综合利用司	工信厅节函〔2021〕89号
17	2021年4月30日	工业和信息化部办公厅关于组织推荐2021年度国家中小企业公共服务示范平台的通知	中小企业局	工信厅企业函〔2021〕90号
18	2021年4月26日	四部门关于开展《国家工业资源综合利用先进适用工艺技术设备目录（2021年版）》推荐工作的通知	节能与综合利用司	工信厅联节〔2021〕97号
19	2021年4月14日	工业和信息化部办公厅关于组织推荐第三批工业产品绿色设计示范企业的通知	节能与综合利用司	工信厅节函〔2021〕70号
20	2021年4月1日	工业和信息化部办公厅关于开展第五批国家工业遗产认定申报工作的通知	产业政策与法规司	工信厅政法函〔2021〕63号
21	2021年4月12日	两部门关于征集国家工业节水工艺、技术和装备的通知	节能与综合利用司	工信厅联节函〔2021〕65号
22	2021年3月29日	工业和信息化部办公厅关于开展第三批服务型制造示范遴选工作的通知	产业政策司	工信厅政法函〔2021〕43号
23	2021年3月4日	工业和信息化部办公厅关于组织开展2021年新型信息消费示范项目申报工作的通知	工业和信息化部	工信厅信发函〔2021〕27号
24	2021年2月4日	工业和信息化部办公厅关于组织开展2021年大数据产业发展试点示范项目申报工作的通知	信息技术发展司	工信厅信发函〔2021〕14号

表3 2021年国家工信部发布的纺织行业所获支持项目

序号	时间	文件名称	部门	文号
1	2022年3月9日	工业和信息化部关于公布第十批国家新型工业化产业示范基地名单的通知	工业和信息化部	工信部规函〔2022〕40号
2	2022年2月14日	工业和信息化部 国家发展和改革委员会财政部 国家市场监督管理总局公告2021年度智能制造示范工厂揭榜单位和优秀场景名单	装备工业一司	2022年第5号
3	2022年2月15日	工业和信息化部办公厅关于公布2021年工业互联网试点示范项目名单的通知	信息通信管理局	工信厅信管函〔2022〕22号
4	2022年1月14日	工业和信息化部办公厅关于公布2021年工业互联网APP优秀解决方案名单的通知	信息技术发展司	工信厅信发函〔2022〕14号
5	2022年1月15日	工业和信息化部办公厅关于公布2021年度绿色制造名单的通知	节能与综合利用司	工信厅节函〔2022〕7号
6	2021年12月21日	中华人民共和国工业和信息化部公告符合《粘胶纤维行业规范条件（2017版）》企业名单（第三批）（附件1）和撤销规范公告的粘胶纤维企业名单（第一批）予以公告	消费品工业司	2022年第1号
7	2021年12月31日	关于发布《重点新材料首批次应用示范指导目录（2021年版）》的通告	原材料工业司	工信部原函〔2021〕384号
8	2021年12月29日	中华人民共和国工业和信息化部公告确定纺织服装创意设计示范园区（平台）名单（第一批）和纺织服装创意设计试点园区（平台）（第三批）通过复核名单	消费品工业司	2021年第39号
9	2021年12月22日	工业和信息化部办公厅关于印发2021年碳达峰碳中和专项行业标准制修订项目计划的通知	科技司	工信厅科函〔2021〕291号
10	2021年12月3日	工业和信息化部关于公布第五批工业产品质量控制和技术评价实验室名单的通告	科技司	工信部科函〔2021〕340号
11	2021年12月13日	工业和信息化部关于公布第五批国家工业遗产名单的通告	产业政策与法规司	工信部政法函〔2021〕332号
12	2021年12月13日	五部门关于调整重大技术装备进口税收政策有关目录的通知	装备工业二司	工信部联重装〔2021〕198号
13	2021年12月2日	工业和信息化部关于公布2021年度国家中小企业公共服务示范平台名单的通告	中小企业局	工信部企业函〔2021〕337号
14	2021年11月26日	工业和信息化部办公厅关于印发第二批“5G+工业互联网”十个典型应用场景和五个重点行业实践的通知	信息通信管理局	工信厅信管函〔2021〕279号

续表

序号	时间	文件名称	部门	文号
15	2021年11月24日	工业和信息化部关于公布第五批和通过复核的第三批国家级工业设计中心名单的通告	产业政策与法规司	工信部政法函〔2021〕300号
16	2021年11月1日	工业和信息化部关于公布2021年国家技术创新示范企业名单的通知	科技司	工信部科函〔2021〕298号
17	2021年11月12日	工业和信息化部办公厅关于公布工业产品绿色设计示范企业名单（第三批）的通知	节能与综合利用司	工信厅节函〔2021〕267号
18	2021年10月26日	工业和信息化部关于公布2021年工业产品质量控制和技术评价实验室复核结果的通告	科技司	工信部科函〔2021〕285号
19	2021年9月13日	工业和信息化部办公厅关于公布2021年国家技术创新示范企业复核评价结果的通知	办公厅	工信厅科函〔2021〕216号
20	2021年6月10日	工业和信息化部办公厅关于公布2020年企业上云典型案例名单的通知	信息技术发展司	工信厅信发函〔2021〕150号
21	2021年2月23日	工业和信息化部办公厅关于公布第五批全国工业领域电力需求侧管理示范企业（园区）名单的通知	运行监测协调局	工信厅运行〔2021〕30号
22	2021年1月27日	工业和信息化部办公厅关于公布2020年制造业与互联网融合发展试点示范名单的通知	信息技术发展司	工信厅信发函〔2020〕307号

表3-1 第十批国家新型工业化产业示范基地名单

序号	上报单位	示范基地名称	类别
1	湖北省经信厅	纺织（医用品）*湖北仙桃高新技术产业开发区	优势

注 类别中的“优势”是指“规模效益突出的优势产业示范基地”。

表3-2(a) 2021年度智能制造示范工厂揭榜单位名单

序号	地区	企业名称	揭榜任务名称	典型场景名称
1	江苏省	波司登羽绒服装有限公司	羽绒服装智能制造示范工厂	1.精准配送；2.销售驱动业务优化；3.质量精准追溯；4.用户直连制造；5.供应链可视化；6.精益生产管理；7.精准作业派工；8.主动客服服务
2	浙江省	新凤鸣集团股份有限公司	化纤智能制造示范工厂	1.车间智能排产；2.智能在线检测；3.流程型工艺数字化设计；4.资源动态组织；5.物流实时监测与优化；6.智能仓储；7.销售驱动业务优化；8.基于数字孪生的制造；9.能耗数据监测
3	浙江省	浙江迎丰科技股份有限公司	时尚面料印染智能制造示范工厂	1.生产计划优化；2.智能仓储；3.精准配送；4.精益生产管理；5.质量精准追溯；6.销售驱动业务优化；7.采购策略优化；8.智能在线检测；9.能耗数据监测；10.能效优化
4	山东省	魏桥纺织股份有限公司	棉纺智能制造示范工厂	1.智能在线检测；2.人机协同作业；3.车间智能排产；4.预测性维护与运行优化；5.能耗数据监测；6.供应链可视化；7.智能仓储；8.销售计划动态优化
5	山东省	山东路德新材料股份有限公司	纤维土工合成材料智能制造示范工厂	1.智能仓储；2.精准配送；3.生产计划优化；4.产品质量优化；5.资源动态组织；6.精准作业派工；7.质量精准追溯；8.采购策略优化；9.销售驱动业务优化
6	广东省	广东溢达纺织有限公司	棉纺织智能制造示范工厂	1.生产计划优化；2.人机协同作业；3.精准配送；4.质量精准追溯；5.销售计划动态优化；6.供应链可视化
7	宁波市	康赛妮集团有限公司	高端羊绒纱线智能制造示范工厂	1.产线柔性配置；2.智能仓储；3.在线运行监测与故障诊断；4.物料实时跟踪；5.智能在线检测；6.车间智能排产；7.销售驱动业务优化；8.物流实时监测与优化；9.能耗数据监测

表3-2(b) 2021年度智能制造优秀场景名单

序号	地区	公司名称	典型场景名称
1	福建省	福建省晋江市华宇织造有限公司	智能在线检测
2	福建省	福建恒源纺织有限公司	精准作业派工
3	江西省	赢家时装（赣州）有限公司	大批量定制
4	湖南省	湖南梦洁家纺股份有限公司	车间智能排产
			精益生产管理
5	青岛市	青岛酷特智能股份有限公司	大批量定制

表3-3 2021年工业互联网试点示范项目名单

序号	项目名称	申报单位	推荐单位
1	工业互联网平台+质量管理解决方案试点示范（基于工业互联网平台的非织造新材料质量控制系统解决方案）	济南永信新材料科技有限公司	山东省工业和信息化厅
2	工业互联网平台+供应链协同解决方案试点示范（基于尚织工业互联网平台纺织服装行业供应链协同优化解决方案）	威海纺织集团进出口有限责任公司	山东省工业和信息化厅
3	工业互联网平台+供应链协同解决方案试点示范（长乐区纺织工业互联网平台）	福州市数字产业互联科技有限责任公司	福建省工业和信息化厅、福建省通信管理局

表3-4 2021年工业互联网APP优秀解决方案名单

序号	推荐单位	企业名称	解决方案名称
1	浙江	东阳优云科技有限公司	线带纺织生产调度管理APP
2	福建	信泰（福建）科技有限公司	SincetechPDA经编生产管理APP集成应用解决方案
3	福建	福建东南西北科技集团有限公司	纺织工业互联网解决方案
4	宁夏	银川汇成科技有限公司	服装数字化定制工业互联网APP应用解决方案

表3-5(a) 2021年度绿色工厂名单

序号	地区	工厂名称	第三方评价机构名称
1	河北	河北格雷服装股份有限公司	河北省电子信息技术研究院
2	江苏	江苏恒力化纤股份有限公司	苏州中聚节能科技有限公司
3	江苏	常州华利达服装集团有限公司	中国质量认证中心
4	浙江	浙江富润纺织有限公司	浙江贝斯特节能环保科技有限公司
5	浙江	桐昆集团股份有限公司	浙江大学工业节能与绿色发展评价中心
6	浙江	浙江乔治白服饰股份有限公司	浙江科能企业管理有限公司
7	浙江	浙江台华新材料股份有限公司	国网浙江综合能源服务有限公司
8	安徽	安徽翰联色纺股份有限公司	安徽焓谷工程技术有限公司
9	福建	福建省向兴纺织科技有限公司	福州睿信企业管理咨询有限公司
10	福建	九牧王股份有限公司	方圆标志认证集团福建有限公司
11	福建	福建宇邦纺织科技有限公司	福州现代卓越管理有限公司
12	山东	安莉芳（山东）服装有限公司	山东鲁源节能认证技术工程有限公司
13	山东	华纺股份有限公司	山东煤炭节能技术服务中心
14	山东	山东天虹纺织有限公司	中国建材检验认证集团枣庄有限公司
15	湖北	际华三五零九纺织有限公司	工业和信息化部电子第五研究所（中国赛宝实验室）
16	广东	珠海醋酸纤维有限公司	广东省循环经济和资源综合利用协会
17	重庆	华峰重庆氨纶有限公司	重庆大学
18	四川	宜宾恒丰丽雅纺织科技有限公司	四川省循环经济协会
19	青海	圣源地毯集团有限公司	陕西格瑞卡绿碳发展有限公司
20	新疆	阿克苏新爵纺织有限责任公司	新疆创先腾祥能源科技有限公司
21	兵团	阿拉尔市中泰纺织科技有限公司	新疆创先腾祥能源科技有限公司
22	宁波	宁波大发化纤有限公司	宁波能信科技有限公司
23	宁波	狮丹努集团有限公司	宁波市华豪节能环保安全科技有限公司

表3-5(b) 2021年度绿色设计产品名单

表3-5(b-1) 丝绸制品

适用评价标准：《绿色设计产品评价技术规范 丝绸制品》(FZ/T 07003—2019)

绿色设计亮点：主要原料100%为蚕丝，产品生命周期从种桑养蚕到终端纺织品和服装全过程，生产过程中禁用致癌、致敏等有害的染化料物质，重金属、含氟化合物等有害物质残留量符合OKEO-TEX standard 100国际生态纺织品先进指标要求，产品档次和附加值高，副产品能够100%再利用，单位产品取水量、能耗等指标达到先进值要求，并对缫丝和印染工厂污水资源化提出严格要求，产品生命周期内对富营养化、酸化和土壤污染影响较小。

序号	企业名称	产品名称	产品型号	推荐单位
1	湖州新南海织造厂	天然亲肤蚕丝重缎	XNH001	浙江省经济和信息化厅
2	湖州蚕花娘娘蚕丝被有限公司	纯蚕丝被	透明的心	浙江省经济和信息化厅
3	帕罗羊绒制品有限公司	天然真丝制品	PS2106	浙江省经济和信息化厅
4	安徽联丰制丝有限公司	手工蚕丝被	2.0m×2.3m	安徽省经济和信息化厅
5	合肥市聚丰制丝有限责任公司	白厂丝	20/22	安徽省经济和信息化厅
6	淄博大染坊丝绸集团有限公司	真丝多功能车载被	100cm×130cm	山东省工业和信息化厅

表3-5(b-2) 涤纶磨毛印染布

适用评价标准：《绿色设计产品评价技术规范 涤纶磨毛印染布》(T/CAGP 0030—2018,T/CAB 0030—2018)

绿色设计亮点：禁用有害染料，安全性能符合OKEO-TEX standard 100国际生态纺织品先进指标要求，要求产品获得信心纺织品生态标签。

序号	企业名称	产品名称	推荐单位
1	绍兴兴明染整有限公司	天丝梭织布	浙江省经济和信息化厅
2	浙江艺彩印染有限公司	机织人棉布	浙江省经济和信息化厅
3	浙江彩蝶实业股份有限公司	高效阻燃型涤纶纤维面料	浙江省经济和信息化厅
4	浙江彩蝶实业股份有限公司	防紫外线的弹性面料	浙江省经济和信息化厅
5	浙江彩蝶实业股份有限公司	抗静电低缩率涤纶面料	浙江省经济和信息化厅

表3-5(b-3) 户外多用途面料

适用评价标准：《绿色设计产品评价技术规范 户外多用途面料》（T/CAGP 0034—2018，T/CAB 0034—2018）

绿色设计亮点：全产业链中不使用煤作为一次能源，生产过程中减少聚氨酯涂层使用量，甲醛残留量≤0.1mg/m³，产品断裂强力高（经向≥2800N，纬向≥2100N）。

序号	企业名称	产品名称	产品型号	推荐单位
1	安徽和邦纺织科技有限公司	印花迷彩户外布	印花迷彩户外布 HHB-009	安徽省经济和信息化厅

表3-5(b-4) 聚酯涤纶

适用评价标准：《绿色设计产品评价技术规范 聚酯涤纶》（T/CNTAC 33—2019）

绿色设计亮点：主要用水、用能环节的取水量、能耗指标均达到清洁生产指标体系一级基准值要求，达到国际先进水平；从过程控制和循环经济理念出发，减少废弃物产生和排放，对"三废"中有用物质的再利用提出了要求；对化学品使用进行了限定，除满足相关强制性标准外，产品上可萃取锑含量指标不得超过30mg/kg。

序号	企业名称	产品名称	产品型号	推荐单位
1	浙江古纤道绿色纤维有限公司	低缩型涤纶工业长丝	低缩型、超低缩型、超低有色型	浙江省经济和信息化厅
2	浙江汇隆新材料股份有限公司	免染环保原液着色涤纶牵伸丝（FDY）	（50旦～600旦）FDY	浙江省经济和信息化厅

表3-5(b-5) 巾被织物

适用评价标准：《绿色设计产品评价技术规范 巾被织物》（T/CNTAC 34—2019）

绿色设计亮点：对巾被织物全产业链生态环境影响进行评价，包括纺纱、织造、染整、裁剪等全过程；各项指标达到节水型企业标准要求，单位产品电耗、汽耗均达到行业先进水平；对产品的化学物质残留进行了限定，保障化学品安全性相关指标和国际先进水平接轨。

序号	企业名称	产品名称	产品型号	推荐单位
1	宜宾惠宜美服饰制造有限公司	白胚粘胶长丝绣花线	120旦/2	四川省经济和信息化厅
2	宜宾惠宜美服饰制造有限公司	白胚粘胶长丝绣花线	300旦/2	四川省经济和信息化厅
3	宜宾惠宜美服饰制造有限公司	白胚粘胶长丝绣花线	150旦/2	四川省经济和信息化厅

表3-5(b-6) 羊绒产品

适用评价标准：《绿色设计产品评价技术规范 羊绒产品》(T/CNTAC 38—2019)

绿色设计亮点：羊绒产品原料100%取自天然纤维，生产过程中禁用致癌、致敏等有害的染化料物质，重金属、含氟化合物等有害物质残留量除符合GB 18401、GB 31701外，又采用OKEO-TEX standard 100国际生态纺织品先进指标要求，产品档次和附加值高，单位产品取水量、能耗、废水排放量等指标达到先进值要求，副产品和杂质能够95%以上回收再利用。

序号	企业名称	产品名称	产品型号	推荐单位
1	内蒙古春雪羊绒有限公司	羊绒衫	—	内蒙古自治区工业和信息化厅
2	内蒙古迦南羊绒制品有限公司	无毛绒	JN210305AbZGX	内蒙古自治区工业和信息化厅
3	江苏联宏纺织有限公司	羊绒粗纺针织绒线	26NM/2系列	江苏省工业和信息化厅
4	江苏华鹿纺织有限公司	羊绒粗纺针织纱线	东鹿牌纯羊绒纱线	江苏省工业和信息化厅
5	湖州珍贝羊绒制品有限公司	羊绒纱	—	浙江省经济和信息化厅
6	杭州圣玛特毛绒有限公司	粗梳梭织羊绒面料	Smt7030450、Smt5050450、Smt0450	浙江省经济和信息化厅
7	桐庐富春江织造集团有限公司	“英迈尼/inmine”牌纯羊绒衫	“英迈尼/inmine” 牌纯羊绒衫	浙江省经济和信息化厅
8	阜南华翔羊毛衫有限公司	羊绒衫	羊绒针织衫	安徽省经济和信息化厅

表3–5(b–7)　毛精纺产品

适用评价标准：《绿色设计产品评价技术规范 毛精纺产品》（T/CNTAC 39—2019）

绿色设计亮点：对染化料和助剂使用提出严格要求，产品中有害物质残留量达到生态纺织品相关要求，引导企业开展绿色采购，单位产品取水量、综合能耗、固废处置等指标达到先进值要求，规定羊毛脂、精梳短毛等副产品做到100%回收再利用。

序号	企业名称	产品名称	产品型号	推荐单位
1	张家港扬子纺纱有限公司	全羊毛色纱	Victoria N_m 48/2、30/2、36/2 Brisbane N_m 60/2 Leonora N_m 48/2	江苏省工业和信息化厅
2	江苏联宏纺织有限公司	羊毛粗纺针织绒线	—	江苏省工业和信息化厅
3	湖州珍贝羊绒制品有限公司	丝绒衫	—	浙江省经济和信息化厅
4	浙江赢时胜实业有限公司	“沃楡特”牌牦牛绒系列纱线	—	浙江省经济和信息化厅
5	浙江赢时胜实业有限公司	“沃楡特”牌羊驼毛系列纱线	—	浙江省经济和信息化厅
6	浙江赢时胜实业有限公司	“沃楡特”牌马海毛系列纱线	—	浙江省经济和信息化厅
7	浙江赢时胜实业有限公司	“沃楡特”牌羊毛纱线	—	浙江省经济和信息化厅
8	桐乡市运盛纺织有限公司	“沃楡特”牌牦牛绒纱线	—	浙江省经济和信息化厅
9	桐乡市运盛纺织有限公司	“沃楡特”牌羊毛纱线	—	浙江省经济和信息化厅
10	桐庐富春江织造集团有限公司	“英迈尼/inmine”牌羊毛腈纶混纺羊毛衫	—	浙江省经济和信息化厅
11	桐庐富春江织造集团有限公司	“英迈尼/inmine”牌全羊毛衫	—	浙江省经济和信息化厅
12	阜南华翔羊毛衫有限公司	羊毛针织衫	—	安徽省经济和信息化厅
13	珠海威丝曼股份有限公司	连衣裙	—	广东省工业和信息化厅
14	珠海威丝曼股份有限公司	套头	—	广东省工业和信息化厅
15	珠海威丝曼股份有限公司	裤子	—	广东省工业和信息化厅
16	珠海威丝曼股份有限公司	开衫	—	广东省工业和信息化厅
17	珠海威丝曼股份有限公司	背心	—	广东省工业和信息化厅
18	珠海威丝曼股份有限公司	半裙	—	广东省工业和信息化厅
19	西藏圣信工贸有限公司	100%牦牛绒围巾	—	西藏自治区经济和信息化厅

表3-5(b-8) 针织印染布

适用评价标准：《绿色设计产品评价技术规范 针织印染布》(T/CNTAC 40—2019)

绿色设计亮点：对化学品管控和纺织品安全性提出严格要求，各项指标与国际接轨，主要用水、用能环节的取水量、能耗指标均达到行业先进值要求，严格规定了废气中主要污染物排放限值，各项指标均严于目前行业已出台的标准或法规。

序号	企业名称	产品名称	产品型号	推荐单位
1	上海嘉乐股份有限公司	三组分一浴法染色针织面料	CA3F210	上海市经济和信息化委员会
2	上海嘉乐股份有限公司	可降解涤纶保暖抓绒面料	JL—20026	上海市经济和信息化委员会
3	浙江迎丰科技股份有限公司	涤棉针织布	—	浙江省经济和信息化厅
4	浙江梅盛新材料有限公司	针织印染布	仿麂皮	浙江省经济和信息化厅
5	浙江嘉名染整有限公司	针织印染布	高档腈纶针织印染布	浙江省经济和信息化厅
6	浙江嘉名染整有限公司	针织印染布（针织印染丝光面料）	—	浙江省经济和信息化厅
7	浙江港龙织造科技有限公司	针织成品布	—	浙江省经济和信息化厅
8	浙江七色彩虹印染有限公司	针织罗马布	—	浙江省经济和信息化厅
9	安徽和邦纺织科技有限公司	针织印染布	HFS—102	安徽省经济和信息化厅
10	福建福田纺织印染科技有限公司	针织成品布	棉氨涂料仿活性印花布	福建省工业和信息化厅
11	福建福田纺织印染科技有限公司	针织成品布	涤棉交织布	福建省工业和信息化厅
12	通亿（泉州）轻工有限公司	针织成品布	纯棉氨纶布	福建省工业和信息化厅
13	通亿（泉州）轻工有限公司	针织成品布	纯棉单面布	福建省工业和信息化厅
14	通亿（泉州）轻工有限公司	针织成品布	涤纶网眼布	福建省工业和信息化厅
15	通亿（泉州）轻工有限公司	针织成品布	涤棉氨纶布	福建省工业和信息化厅
16	通亿（泉州）轻工有限公司	针织成品布	涤棉交织布	福建省工业和信息化厅
17	通亿（泉州）轻工有限公司	针织成品布	涤纶氨纶布	福建省工业和信息化厅
18	福建恒益纺织有限公司	蕾丝内衣面料	MA06070/1330/H	福建省工业和信息化厅
19	福建恒益纺织有限公司	蕾丝内衣面料	MA4872/1380/T	福建省工业和信息化厅

续表

序号	企业名称	产品名称	产品型号	推荐单位
20	福建恒益纺织有限公司	蕾丝内衣面料	MJ5930/60	福建省工业和信息化厅
21	福建恒益纺织有限公司	蕾丝内衣面料	MA5980/70	福建省工业和信息化厅
22	福建恒益纺织有限公司	蕾丝内衣面料	MY2530/1400	福建省工业和信息化厅
23	福建恒益纺织有限公司	蕾丝内衣面料	ML5940/230	福建省工业和信息化厅
24	福建恒益纺织有限公司	蕾丝内衣面料	ML2801/175	福建省工业和信息化厅
25	福建恒益纺织有限公司	蕾丝内衣面料	MS5816/230	福建省工业和信息化厅
26	福建恒益纺织有限公司	蕾丝内衣面料	MZ5884/230	福建省工业和信息化厅
27	福建恒益纺织有限公司	蕾丝内衣面料	MZ06205/230	福建省工业和信息化厅
28	广东德润纺织有限公司	环保可再生锦纶面料	—	广东省工业和信息化厅
29	广东德润纺织有限公司	可持久高回复性吸湿运动面料	—	广东省工业和信息化厅
30	广东德润纺织有限公司	高透气性可再生涤纶环保弹性面料	—	广东省工业和信息化厅
31	广东德润纺织有限公司	高透气性塑身美体面料	—	广东省工业和信息化厅
32	广州市东海鹏染整织造有限公司	3876（超柔棉布）	50英支/1纯棉精梳（紧密纺）	广东省工业和信息化厅
33	广州市东海鹏染整织造有限公司	3901（丝滑平纹布）	40英支R/C+30旦涤纶半光长丝	广东省工业和信息化厅
34	广州市东海鹏染整织造有限公司	3912（冰氧爽感棉布）	40英支精棉+涤纶低弹丝	广东省工业和信息化厅
35	广州市东海鹏染整织造有限公司	3913（舒绒棉布）	40英支精棉+20旦氨纶	广东省工业和信息化厅
36	广州市东海鹏染整织造有限公司	3915（潮牌骨感大卫衣棉布）	21英支精棉+5英支精棉	广东省工业和信息化厅
37	互太（番禺）纺织印染有限公司	涤拉架抓毛布	涤拉架保暖茸布（如：TD00853A01）	广东省工业和信息化厅
38	互太（番禺）纺织印染有限公司	全涤仿棉平纹布	全涤仿棉平纹布（如：SJ07209A01）	广东省工业和信息化厅
39	互太（番禺）纺织印染有限公司	TENCEL棉盖丝平纹	天丝类T恤产品（如：SJ06879A01）	广东省工业和信息化厅

续表

序号	企业名称	产品名称	产品型号	推荐单位
40	互太（番禺）纺织印染有限公司	棉涤弹力三明治双面布	拉架三明治（如：TD00950A01）	广东省工业和信息化厅
41	互太（番禺）纺织印染有限公司	棉Sorona平纹布（Sorona冰感抗菌）	棉盖丝Sorona冰感抗菌平纹布（如：SJ07250A01）	广东省工业和信息化厅
42	互太（番禺）纺织印染有限公司	棉Sorona平纹布（Sorona Plus）	棉盖丝Sorona冰感平纹布（如：SJ06650A＊）	广东省工业和信息化厅
43	互太（番禺）纺织印染有限公司	全涤仿棉丝盖丝平纹布	全涤仿棉丝盖丝平纹布（如：SJ06558A02）	广东省工业和信息化厅
44	中山国泰染整有限公司	拉架蚀毛双层布	F19Q4K02108S	广东省工业和信息化厅
45	中山国泰染整有限公司	全棉斜纹双位衣布	KS-49020英支/1×2精棉+8英支精棉	广东省工业和信息化厅
46	中山国泰染整有限公司	抓毛1X1罗纹布	9810009489	广东省工业和信息化厅
47	中山国泰染整有限公司	CVC抓毛大鱼鳞双位衣布	AFF2028A	广东省工业和信息化厅
48	中山国泰染整有限公司	单珠地布	8161202	广东省工业和信息化厅
49	重庆三五三三印染服装总厂有限公司	防蚊多地迷彩针织布	75旦/48F	重庆市经济和信息化委员会

表3-5(b-9) 布艺类产品

适用评价标准：《绿色设计产品评价技术规范 布艺类产品》（T/CNTAC 41—2019）

绿色设计亮点：对企业原辅料的绿色采购提出了要求，对一般化学品和危险化学品的存储、使用及从业人员职业技能方面做了规定，重点工序用水、用能环节的取水量、能耗指标均达到行业先进值要求。在计算单位产品取水量和单位产品综合能耗时，确定了织物纤维组分不同时，基准品和非基准品的修正系数。同时规定了重量、幅宽、工艺不同时的产品产量折算系数。

序号	企业名称	产品名称	产品型号	推荐单位
1	安徽省冠盛纺织科技有限公司	尼龙牛津布	600旦	安徽省经济和信息化厅
2	泰安市恒德源纺织有限公司	棉麻混纺布	40×40	山东省工业和信息化厅
3	愉悦家纺有限公司	幻彩纱沙发套	三人沙发套七件套等常规规格	山东省工业和信息化厅
4	佛山市摩力克家居布业有限公司	窗帘布艺制品	140cm×280cm	广东省工业和信息化厅
5	佛山市摩力克家居布业有限公司	装饰墙布	140cm×280cm	广东省工业和信息化厅

表3-5(b-10) 毛毯产品

适用评价标准：《绿色设计产品评价技术规范 毛毯产品》(T/CNTAC 74—2021)

绿色设计亮点：对着色剂的使用提出了严格要求；单位产品取水量经编/纬编毛毯≤15m³/t、机制毛毯≤160m³/t，对单位产品综合能耗、废水排放量、大气污染物排放浓度等重点指标进行限定，且各项指标均为行业先进水平；对毛毯产品各品类、各生产阶段进行细分，取值科学、合理，为不同类型生产企业采标对标提供参考便利，具有更强的适用性。

序号	企业名称	产品名称	产品型号	推荐单位
1	浙江真爱毯业科技有限公司	拉舍尔毛毯	—	浙江省经济和信息化厅

表3-5(b-11) 床上用品

适用评价标准：《绿色设计产品评价技术规范 床上用品》(T/CNTAC 75—2021)

序号	企业名称	产品名称	产品型号	推荐单位
1	吉祥三宝高科纺织有限公司	仿鹅绒保暖盖被	200cm×230cm/160×210cm/220cm×240cm	安徽省经济和信息化厅
2	愉悦家纺有限公司	高品质棉机织物床上用品件套	被罩：200cm×230cm； 床单：230cm×241cm； 枕套：48cm×74cm等常见规格尺寸	山东省工业和信息化厅
3	际华三五四二纺织有限公司	床上用品Flower天竹四件套	被套：200cm×230cm/220cm×240cm； 床单：240cm×245cm/270cm×245cm； 衬套（2件）：48cm×74cm	湖北省经济和信息化厅
4	际华三五四二纺织有限公司	床上用品际华莫代尔四件套	被套：200cm×230cm/220cm×240cm； 床单：240cm×245cm/270cm×245cm； 衬套（2件）：48cm×75cm	湖北省经济和信息化厅
5	际华三五四二纺织有限公司	床上用品际华天丝布罗天丝四件套	被套：200cm×230cm/220cm×240cm； 床单：240cm×245cm/270cm×245cm； 衬套（2件）：48cm×76cm	湖北省经济和信息化厅
6	多喜爱家居用品有限公司	全棉印花及缎纹床上四件套系列	—	湖南省工业和信息化厅
7	湖南省长沙市爱晚亭家纺用品有限公司	全棉印花及缎纹床上四件套系列	冬被系列	湖南省工业和信息化厅
8	湖南梦洁家纺股份有限公司	床上用品	纯棉床上四件套系列	湖南省工业和信息化厅

表3-5(b-12) 再生涤纶

适用评价标准：《绿色设计产品评价技术规范 再生涤纶》(T/CNTAC 52—2020)

绿色设计亮点：产品重点工序原料消耗、取水量、综合能耗、主要污染物产生量、固废处置及产品可萃取重金属含量等指标均满足或优于清洁生产指标体系二级基准值要求，部分指标达到一级基准值要求，处于国际先进水平。

序号	企业名称	产品名称	产品型号	推荐单位
1	上海德福伦化纤有限公司	原液着色再生涤纶短纤维	1.33dtex～6.67dtex	上海市经济和信息化委员会
2	浙江佳人新材料有限公司	循环再生阳离子切片	CD-R	浙江省经济和信息化厅
3	杭州奔马化纤纺丝有限公司	原液着色环保抗菌再生涤纶短纤维	C20001-1X	浙江省经济和信息化厅
4	安徽翰联色纺股份有限公司	再生涤纶色纺纱	32英支	安徽省经济和信息化厅
5	宁波大发化纤有限公司	再生涤纶色纺纱	0.8～33.3dtex	宁波市经济和信息化局

表3-6(a) 拟公告的符合《粘胶纤维行业规范条件（2017版）》企业名单（第三批）

序号	企业名单	所属省市
1	阿拉尔市中泰纺织科技有限公司	新疆

表3-6(b) 拟撤销规范公告的粘胶纤维企业名单（第一批）

序号	企业名单	所属省市
1	南京法伯耳纺织有限公司	江苏
2	浙江富丽达股份有限公司	浙江
3	恒天海龙（潍坊）新材料有限责任公司	山东
4	赛得利(江西)化纤有限公司	江西

表3–7 《重点新材料首批次应用示范指导目录（2021年版）》

表3–7(a) 关键战略材料——高性能纤维及复合材料

序号	材料名称	性能要求
1	高性能碳纤维	（1）高强型：拉伸强度≥4500MPa，CV≤5%，拉伸模量30～250GPa，CV≤2%； （2）高强中模型：拉伸强度≥5500MPa，CV≤5%，拉伸模量285～305GPa，CV≤2%； （3）高模型：拉伸强度≥4200MPa，CV≤5%，拉伸模量377GPa，CV≤2%
2	中间相沥青基碳纤维	（1）高碳系列：拉伸强度≥1400MPa，弹性模量（200±20）GPa，断裂延伸率≥0.3%，石墨化后热导率 200～1000W/（m·K）； （2）高模系列：拉伸强度≥2000MPa，弹性模量≥600GPa，热导率200～500W/（m·K）； （3）高导热系列：拉伸强度≥2200MPa，弹性模量≥700GPa，热导率500～1000W/（m·K）
3	高性能碳纤维预浸料	0°拉伸强度≥2500MPa，0°拉伸模量≥155GPa，CAI≥285MPa
4	PBO高性能纤维	拉伸强度28～35cN/dt，拉伸模量160～240GPa，断裂伸长率2.0%～4.0%，极限氧指数68%
5	航空内饰用碳纤维复合材料	0°拉伸强度＞1700MPa，0°拉伸模量＞100GPa，弯曲强度＞1200MPa，密度＜1.6g/cm^3，阻燃：按照CCAR25.853标准热释放≤65kW/m^2，烟密度＜2004Dm
6	碳纤维/环氧树脂复合材料	层间剪切强度＞70MPa，弯曲强度＞1200MPa，拉伸强度＞1800MPa
7	储氢气瓶用碳纤维复合材料	（1）车船用燃料电池氢气瓶：工作压力≥35MPa，使用寿命10～15年，质量储氢密度 4.0%； （2）无人机用燃料电池氢气瓶：工作压力35MPa，使用寿命5年，质量储氢密度7.0%
8	大丝束碳纤维及其热塑性复合材料	≥48K大丝束碳纤维，性能达到或接近东丽T300级性能水平

续表

序号	材料名称	性能要求
9	芳纶及制品	（1）芳纶绝缘纸：灰分＜0.5%，击穿电压＞15kV/mm，抗张强度＞2.5kN/m；芳纶蜂窝纸：透气度≤0.015μm/Pas，撕裂度：≥650mN（MD）、≥1100mN（CD），模量：≥2.5GPa（MD）、≥1.5GPa（CD）； （2）芳纶1313沉析纤维：干度≤20%，白度≥80%，机械打浆度65°±5°SR，DMAC含量≤500ppm； （3）芳纶1414（对位芳纶、芳纶II），纤维纤度：普通型200～6000旦，高模型200～11360旦，高强型200～1500旦；普通型性能要求：初始模量：≥445cN/dtex，断裂伸长率：2.5%～3.5%，断裂强度：17.5～20cN/dtex；高强型产品性能要求：断裂强度≥23cN/dtex，拉伸模量600～700cN/dtex，断裂伸长率≥3.5%；高模型产品性能要求：断裂强度≥19cN/dtex，断裂伸长率2.5%～3.5%，弦模量≥700cN/dtex，弹性模量≥730cN/dtex； （4）芳纶III长纤维及织物：纤维：密度（1.44±0.01）g/cm^3，纤度6～300tex，拉伸强度≥28.5cN/dtex，弹性模量≥750cN/dtex，伸长率2.5%～4.2%；平纹机织物：面密度150g/cm^2、170g/cm^2、200g/cm^2、300g/cm^2、340g/cm^2，典型织物200g/cm^2经纬向强力≥10kN，典型织物340g/cm^2经纬向强力≥17kN；UD布：硬质UD面密度（140±10）g/cm^2，软质UD面密度（235±10）g/cm^2
10	聚酰亚胺（PI）纤维	（1）高强高模型：拉伸强度2.4～4.5GPa，拉伸模量100～170GPa，断裂伸长率2%～5%； （2）耐热型：阻燃：本体不燃（LOI极限氧指数>32%）；耐高低温：－260～300℃可长年使用，瞬时耐受温度500℃（5%初始分解温度510℃）；尺寸稳定性好：－260℃至280℃温度变化时其理化及机械性能、尺寸几无变化；纤度0.8～6dtex；密度1.41g/cm^3；断裂强度＞4cN/dtex；模量25～43cN/dtex；断裂伸长10%～30%
11	高硅氧玻璃纤维制品	SiO_2含量≥96%，使用耐温1000℃，瞬间耐温1600℃
12	高模玻璃纤维	浸胶纱弹性模量≥95GPa，软化点温度≥900℃，膨胀系数≤$5.0\times10^{-6}K^{-1}$
13	高耐候玻璃纤维/碳纤维复合材料	最高抗拉强度≥600kN/m，延伸率≤3%，耐温性－100～280℃
14	电子级低介电玻璃纤维及制品	介电常数（10GHz）≤4.8，介电损耗（10GHz）≤3.0×10^{-3}
15	生物识别用特种玻璃纤维	（1）指纹识别用光准直材料：准直单元尺寸6～70μm，垂直观测透过率≥35%，观测透过率≤5%（倾斜5°），光绝缘波长范围300～1000nm，光绝缘效率≥99.5%，厚度0.2～1.0mm； （2）生化检测用特种光纤束：96路样本反应池的差异值≤3%，384份样本激发光和采集一致性≤4%，传光束插拔和互换时，输出功率不稳定度≤10%，多分支生化传光束各个分支分布差异≤15%，SiO_2含量≥99.999%

续表

序号	材料名称	性能要求
16	超净排放用高性能覆膜滤料	过滤效率≥99.999%，残余压差≤250Pa，粉尘剥离率≥80%，测试标准依据GB/T 6719
17	石英纤维增强酚醛树脂复合材料	（1）高密度产品：密度1.0～1.2g/cm^3，拉伸强度20～30MPa，拉伸断裂伸长率 0.3%～0.5%，导热系数0.18～0.21W/（m·K），小发烧蚀0.15～0.25mm/s； （2）中密度产品：密度 0.8～1.0g/cm^3，拉伸强度15～18MPa，拉伸断裂伸长率0.2%～0.4%，导热系数 0.17～0.2W/（m·K），小发烧蚀 0.17～0.21mm/s； （3）低密度产品：密度0.68～0.72g/cm^3，拉伸强度10～12MPa，拉伸断裂伸长率 0.7%～1.2%，导热系数0.14～0.17W/（m·K）
18	连续碳化硅纤维	（1）第二代连续碳化硅纤维：单纤维直径12～14μm，密度2.6～2.8g/cm^3，单丝拉伸强度≥2.8GPa，束丝拉伸强度≥2.5GPa，拉伸弹性模量≥270GPa，断裂伸长率≥0.95%，氧化量<0.8%，硅含量57.4%～62.4%，单丝拉伸强度≥2.5GPa（1250℃氩气1h），单丝拉伸强度≥2.3GPa（1200℃空气1h）。 （2）第三代连续碳化硅纤维：单纤维直径11～13μm，密度2.95～3.25g/cm^3，单丝拉伸强度≥2.8GPa，束丝拉伸强度≥2.6GPa，拉伸弹性模量≥350GPa，断裂伸长率≥0.8%，氧化量<1%，硅含量66.9%～70.9%，单丝拉伸强度≥2.7GPa（1250℃氩气1h），单丝拉伸强度≥2.4GPa（1200℃空气1h），碳硅原子比：0.95～1.15； （3）耐高温连续碳化硅纤维：拉伸强度≥2.8GPa，杨氏模量≥200GPa，伸长率1.2%～1.8%，线密度（180±10）tex，氧含量≤12%，1100℃，空气10h，强度保留率≥85%
19	高性能氧化铝纤维	（1）氧化铝短纤维：Al_2O_3含量≥72%，烧失量≤0.3%，平均直径5～7μm； （2）氧化铝连续纤维：Al_2O_3含量≥72%，纤维强度≥1.5Gpa，平均直径≤12μm
20	玄武岩纤维布	抗拉强度≥2000MPa，抗拉模量≥85GPa
21	风电用高强高模耐疲劳拉挤复合材料板材	纤维质量含量82%～86%，0°拉伸/压缩模量≥62GPa，0°拉伸/压缩强度≥1200MPa，90° 拉伸模量≥15GPa，90° 拉伸强度≥50MPa，90°压缩模量≥17GPa，90°压缩强度≥150MPa，短梁剪切强度≥55MPa，V型剪切强度≥50MPa，直线度≤0.04%，玻璃化转变温度（T_g中间值）≥90℃，密度≤2.18g/cm^2，疲劳M值≥8
22	航空制动用碳/碳复合材料	密度≥1.80g/cm^3，抗压强度≥140MPa，抗弯强度≥120MPa，层间剪切强度≥12MPa，高能刹车（能流密度≥3000kW/m^2，面积能载≥60MJ/m^2），摩擦系数 ≥0.15

续表

序号	材料名称	性能要求
23	聚苯硫醚（PPS）细旦纤维	纤度0.9～1.2dtex，断裂伸长率20%～40%，干热收缩率<4%
24	聚四氟乙烯（PTFE）纤维及滤料	（1）长丝：纤度200～550旦，拉伸强力8.5～20N，抗拉强度3.0g/旦，工作温度-180～250℃，收缩率<5%，耐酸碱； （2）短纤：纤度1.5～5旦，抗拉强度>2.2g/旦，收缩率<5%，耐酸碱； （3）聚四氟乙烯覆膜滤料：除尘效率（PM2.5）99.99%，透气度≥20 L/(m^2·s)，阻力≥250Pa
25	液化天然气（LNG）储运用增强阻燃绝热保温材料	（1）存储用：密度70～90kg/m^3，常温下［（23±2）℃］，压缩强度>0.4MPa，*X/Y*方向拉伸强度>1.2MPa；低温下［（-170±5）℃］，*X/Y*方向拉伸强度>1.3MPa；闭孔率>94%；导热系数［（20±2）℃］<24mW/（m·K）； （2）运输用：密度（130±10）kg/m^3，导热系数≤17.5，闭孔率≥95%，阻燃等级≥B2级，常温下［（23±2）］℃：压缩强度≥1.3MPa，拉伸强度≥3.0MPa；低温下［（-170±2）］℃：压缩强度≥2.7MPa，拉伸强度≥3.2MPa
26	超高温碳/陶复合材料及制品	密度≥1.85g/cm^3，拉伸模量≥80GPa，断裂韧性≥15MPa·$m^{1/2}$，1300℃拉伸强度≥200MPa，1300℃抗弯强度≥300MPa，1300℃面内剪切强度≥100MPa，导热系数≥15W/（m·K），热膨胀系数（25～1300℃）：1.0×10^{-6}～4.5×10^{-6}/℃
27	高性能碳纤维增强陶瓷基摩擦材料	密度≤2.4g/cm^3，使用温度-50～1650℃，抗压强度≥160MPa，抗弯强度≥120MPa，摩擦系数 0.2～0.45，摩擦系数热衰退率≤15%
28	高性能绝缘纸板及绝缘成型件	（1）耐温复合纤维绝缘纸板及成型件（耐温：130℃、155℃、180℃、200℃、220℃、240℃）：①低密度产品：密度0.7～0.95g/cm^3，电气强度：空气中≥12kV/mm，油中≥30kV/mm，机械强度：纵向抗张≥60MPa，横向抗张≥40MPa；吸油率≥40%；②中密度产品：密度0.90～1.05g/cm^3，油中耐压：垂直≥35kV/mm，平行≥10kV/mm，机械强度：纵向抗张≥80MPa，横向抗张≥50MPa，吸油率≥35%；③高密度产品：密度1.05～1.3g/cm^3，电气强度：空气中≥15kV/mm，油中耐压垂直≥40kV/mm，平行≥12kV/mm，机械强度：纵向抗张≥100MPa，横向抗张≥60MPa，吸油率≥25%。 （2）芳纶纸板及绝缘成型件（耐温：200℃、240℃）：①无胶粘中密度产品：密度：0.7～0.95g/cm^3，电气强度：空气中≥20kV/mm，油中≥40kV/mm，机械强度：纵向抗张≥50MPa，横向抗张≥30MPa；②无胶粘高密度产品：密度1.05～1.20g/cm^3，电气强度：空气中≥29kV/mm，油中≥48kV/mm，机械强度：纵向抗张≥100MPa，横向抗张≥60MPa；③有胶粘高密度产品：密度1.05～1.20g/cm^3，电气强度：空气中≥29kV/mm（抗污染），油中≥48kV/mm，机械强度：纵向抗张≥110MPa，横向抗张≥70MPa
29	EBPVD热障涂层用YSZ陶瓷靶材	Al、Ca、Cr、Cu、Fe、K、Mg、Mn、Na、Ni、V、Si、Ti、Cl杂质总量<0.05wt%，Y_2O_3含量7wt%～9wt%，HfO_2含量<2wt%，密度3.7～4.8g/cm^3，物相为四方相和单斜相，闭合气孔率<5%
30	碳/碳复合材料	密度≥1.5g/cm^3，抗压强度≥150MPa，抗弯强度≥100MPa，导热系数≤0.16W/（m·K）

表3-7(b) 关键战略材料——生物医用及高性能医疗器械用材料

序号	材料名称	性能要求
1	海藻纤维及应用	(1) 水刺医用敷料：克重：18～24g/m^2、干燥失重≤20%、吸液性≥12g/100cm^2、重金属总量≤20μg/g；细胞毒性反应≤Ⅰ级；无皮肤致敏反应；皮肤刺激指数≤0.4；(2) 针刺医用敷料：克重：60～120g/m^2、干燥失重≤20%、吸液性≥12g/100cm^2、重金属总量≤20μg/g；细胞毒性反应≤Ⅰ级；无皮肤致敏反应；皮肤刺激指数≤0.4

表3-8(a) 纺织服装创意设计示范园区（平台）名单（第一批）

序号	园区名称	运营主体	所在地
1	751D·PARK北京时尚设计广场	北京正东电子动力集团有限公司	北京市
2	POP时尚创意综合服务平台	上海逸尚云联信息技术股份有限公司	上海市
3	吴江丝绸文化创意产业园	苏州东方丝绸文化创意产业园有限公司	江苏省
4	绍兴市柯桥区纺织工业创意设计基地	绍兴市柯桥区纺织工业设计管理服务有限公司	浙江省
5	迪尚智慧时尚生活方式集成创新平台	迪尚集团有限公司	山东省
6	红T时尚创意街区	武汉长江文创产业发展有限公司	湖北省
7	梧桐台原创服饰供应链服务平台	广州市丹昱信息科技有限公司	广东省
8	创客157创业创新园	宁波意吾启投资有限公司	宁波市
9	深圳市龙华区大浪时尚小镇	深圳市龙华区大浪时尚小镇建设管理中心	深圳市

表3-8(b) 纺织服装创意设计试点园区（平台）（第三批）通过复核名单

序号	园区名称	运营主体	所在地
1	依文纺织服装创意设计平台	依文服饰股份有限公司	北京市
2	永清云裳小镇	永清京都联合商业有限公司	河北省
3	POP时尚创意综合服务平台	上海逸尚云联信息技术股份有限公司	上海市
4	平湖服装文化创意园	平湖服装创意服务有限公司	浙江省
5	南昌青山湖纺织服装创意设计园区	青山湖区纺织服装产业公共服务平台	江西省
6	宁阳纺织服装文化创意园	山东宁阳环城科技产业园管理委员会	山东省
7	新芦淞（白关）国际服饰创意园	株洲新芦淞产业发展集团有限公司	湖南省
8	广州T.I.T创意园	广州新仕诚企业发展股份有限公司	广东省
9	梧桐台原创服饰供应链服务平台	广州市丹昱信息科技有限公司	广东省

表3-9 2021年碳达峰碳中和专项标准项目计划表

序号	1	2	3
计划号	2021-1805T-FZ	2021-1806T-FZ	2021-1807T-FZ
项目名称	基于项目的二氧化碳减排量评估技术规范定型机余热回收	废旧纺织品回收利用碳减排评价导则	产品碳足迹产品种类规则纺织产品
性质	推荐	推荐	推荐
标准分类	核算核查	核算核查	核算核查
制修订	制定	制定	制定
项目周期(月)	24	24	24
部内主管司局	节能与综合利用司	节能与综合利用司	节能与综合利用司
技术委员会或技术归口单位	中国纺织工业联合会	中国纺织工业联合会	中国纺织工业联合会
主要起草单位	中国纺织经济研究中心、东华大学	中国纺织经济研究中心、工业和信息化部电子第五研究所	纺织工业科学技术发展中心、东华大学、浙江理工大学、上海海关

表3-10 工业产品质量控制和技术评价实验室名单（第五批）

序号	授予单位	建议实验室名称	所属行业
1	山东南山智尚科技股份有限公司	工业（毛纺）产品质量控制和技术评价实验室	纺织

表3-11 国家工业遗产名单（第五批）

序号	地址	名称	核心物项	申报单位
1	浙江省宁波市鄞州区	宁波和丰纱厂	成品车间，小洋楼；槽筒式络筒机，粗纱测长仪，总经理俞佐宸办公室电话；和豐史（1905—1989年）等档案资料宁波和丰创意广场 投资经营有限公司	宁波和丰创意广场投资经营有限公司
2	四川省南充市高坪区	六合丝厂	六合院，青砖茧库，望江茧站，煮茧车间，立缫车间，锅炉码头及窄轨火车线，职工医院，1、2、9、10 号职工宿舍，张澜手植桑；制丝设备，办公老设备，抗战时期民国政府奖励的美式吉普车；档案资料	四川南充六合（集团）有限责任公司

表3-12(a) 国家支持发展的重大技术装备和产品目录

序号	设备名称	技术规格要求	销售业绩要求
新型纺织机械			
(一)棉纺成套设备			
1	自动络筒机	卷绕速度≥2100m/min	年销售量≥50台
2	全自动转杯纺纱机	转杯转速≥18万r/min；纺纱速度≥300m/min	年销售量≥30台
(二)非织造布成套设备			
1	纺熔复合非织造布成套设备	幅宽≥1.6m	持有合同订单

表3-12(b) 重大技术装备和产品进口关键零部件、原材料商品目录(2021年版)

设备名称	技术规格要求	销售业绩要求	一级部件	级部件单机免税用量(供参考)	税则号列(供参考)	执行年限
新型纺织机械						
(一)棉纺成套设备						
1.自动络筒机	卷绕速度≥2100m/min	年销售量≥50台	电子清纱器	60～72件	84483920	2023
			空气捻接器	60～73件	84483930	2023
			槽筒	60～74件	84483990	2023
			超高速长度测量装置	60～75件	90314990	2023
2.全自动转杯纺纱机	转杯转速≥18万r/min；纺纱速度≥300m/min	年销售量≥30台	单锭纺纱磁悬浮电动机	24～768件	85013100	2023
			纺杯	24～768件	84483910	2023
			单锭驱动分梳辊	24～768件	84483990	2023
			电子清纱器	24～768件	84483920	2023
			单锭驱动卷绕筒	24～768件	84483990	2023
			单锭驱动导纱装置	24～768件	84483990	2023
			落纱装置	2～6件	84482090	2023
			分段电子系统	23套	90328990	2023
(二)非织造布成套设备						
1.纺熔复合非织造布成套设备	幅宽≥1.6m	持有合同订单	熔喷纺丝装置	1～4套	84488449	2023

表3-12(c) 进口不予免税的重大技术装备和产品目录（2021年版）

新型纺织机械			
编号	设备名称	技术规格要求	税则号列（供参考）
1	棉纺清梳联合机	所有规格	84451111
2	往复式抓棉机	所有规格	84451112
3	棉纺并条机	所有规格	84451310
4	棉纺精梳机	所有规格	84451210
5	棉纺粗纱机	所有规格	84451321
6	开棉机	所有规格	84451900
7	混棉机	所有规格	84451900
8	清棉机	所有规格	84451900
9	清梳联棉箱	所有规格	84451900
10	棉纺环锭细纱机	所有规格	84452041
11	自动络筒机	所有规格	84454010
12	喷气织机	所有规格	84463050
13	氨纶卷绕机	所有规格	84440090
14	纺粘熔喷复合非织造布纺丝与牵伸机	所有规格	84440090 84490090
15	全自动转杯纺纱机	所有规格	84452031
16	涤纶短丝纺丝机	所有规格	84440020
17	喷水织机	所有规格	84463040

表3-13 2021年度国家中小企业公共服务示范平台名单

编号	推荐单位	机构名称	平台类别
1	吉林省工业和信息化厅	吉林省东北袜业纺织工业园发展有限公司	创业服务
2	浙江省经济和信息化厅	绍兴市柯桥区中国轻纺城纺织创意产业服务有限公司	信息服务，技术服务，培训服务
3	山东省工业和信息化厅	山东省标准化研究院	信息服务，技术服务，培训服务
4	中国纺织工业联合会	中国纺织信息中心	信息服务，技术服务，培训服务
5	中国纺织工业联合会	中纺协检验（泉州）技术服务有限公司	信息服务，技术服务，培训服务
6	中国纺织工业联合会	桐乡濮院针织产业园区开发建设有限公司	信息服务，技术服务，培训服务
7	中国纺织工业联合会	青岛中纺亿联时尚产业投资集团有限公司	信息服务，创业服务，培训服务
8	中国纺织工业联合会	常熟理工学院	信息服务，创业服务，培训服务

表3-14 “5G+工业互联网”重点行业实践（第二批）

纺织行业在此重点包括纺织业、纺织服装/服饰业、化学纤维制造业等相关行业，具有产业链长、市场变化快、集群化发展特征明显、产品个性化需求不断增长等特点。当前纺织行业在增强科技创新能力、适应个性化消费趋势、产业绿色转型等方面存在迫切需求，发展智能化制造、服务化延伸、网络化协同、数字化管理等模式潜力大。

雅戈尔集团、艾莱依集团、恒申集团、新凤鸣集团等企业利用5G技术，开展了生产单元模拟、工艺合规校验、生产过程溯源、企业协同合作等典型场景的实践，极大提高了行业的数字化水平。

案例1：雅戈尔服装制造有限公司与中国联通合作，开展了“5G+数字孪生”项目建设，实现了生产单元模拟场景的应用。基于数字孪生技术，在地理信息、物理信息、运行逻辑上1:1虚拟还原了雅戈尔西服工厂，通过数采模块对缝纫机实时数据（如缝纫机的启停、速度、故障等）、AGV状态信息（位置、速度、配送物料等）以及巡检机器人的位置和检测结果等进行采集，利用5G网络上传至数字孪生系统。通过系统对生产现场特别是移动设备实时生产运行状态的监测、分析和报警，能够直观、可视化地远程掌握工厂生产、物流、设备等全局信息，解决了传统系统因信息抽象、点状、断点而导致的决策滞后和工厂异常处理不及时等问题，提高了工厂管理层的决策效率及车间层的执行效率，生产效率提升25%，订单交付周期缩短10%。

案例2：艾莱依时尚股份有限公司与中国电信合作，开展“艾莱依5G+工业互联网云平台”项目建设，实现了工艺合规校验场景的应用。通过数采模块对缝纫机实时数据（如缝纫机的启停、速度、故障、扎针、工站时间等）进行采集，经过5G网络传输至艾莱依5G+工业互联网云平台。云平台将采集的缝纫机实际扎针时间、非扎针时间与工厂MES、标准工时系统（GSD）的数据进行融合分析，生成设备实时针动波形图及各类生产报表。利用云平台建模，精确分析出每一个员工、每一个工作站、每一台缝纫机在任何时刻、任何地点、任意周期的工作状态，计算每台机器、每条产线的工艺精准度，及时发现异常，减少跳针、串针、针距偏差导致的串色等工艺问题。根据分析调配最优参数，进一步提升产品质量，为数字工厂的精益生产夯实基础。

案例3：恒申集团化纤板块河南基地与中国移动合作，开展了“锦纶长丝5G+工业互联网平台”项目建设，实现了生产过程溯源场景的应用。采集丝锭的生产批次、生产线别、纺位等生产信息和工艺参数实时状态、卷绕报告、断丝报告、报警信息等生产过程数据，通过5G网络实时传输至锦纶长丝5G+工业互联网平台。在平衡间，基于5G+射频识别技术（RFID）读取丝车信息，记录每一部丝车的周转位置以及时间管控情况，结合MES记录的质检结果、人员等信息，实现生产要素前后贯通；在包装环节，利用工业相机对产品内标二维码信息进行采集，通过5G网络传输至云端数据库进行校验，判断是否符合包装规格要求。通过平台的海量数据存储功能，可一键追溯单个产品的全生产过程，实现包括质量计划、过程控制、异常处理、管理决策和问题关闭等环节在内的质量闭环控制，完成产品质量追溯和销售窜货追踪等功能。

案例4：新凤鸣集团股份有限公司与中国移动合作，搭建化纤产业5G+工业互联网平台“凤平台”，实现了企业协同合作场景的应用。平台集“主数据、实时数据、企业资源计划（ERP）、MES、WMS、大数据及商务智能、应用程序（APP）和标识解析”于一体，实现内外部互通互联。通过凤平台整合从市场、销售到生产物流全环节等资源，构建灵活组织能力，实现产品配送、自提一体化管理，采、产、销一体化分析和内外贸物流一体化运营，实时掌握化纤生产订单及质量数据。利用5G技术和5G工业模组、工业网关、工业PLC等5G终端，贯穿化纤产业上下游，对生产环节关键设备实现实时监控。化纤产业链上下游企业可通过平台实现资源数据共享，高效支撑企业科学运营，促进产业互惠互利。

表3-15(a) 第五批国家级工业设计中心名单

一、企业工业设计中心	
序号	名称
1	浙江凯喜雅国际股份有限公司工业设计中心
2	华纺股份有限公司工业设计中心
3	湖南梦洁家纺股份有限公司工业设计中心
4	新疆楼兰制衣有限责任公司艾德莱斯文化创意设计中心
5	大杨集团有限责任公司服装工业设计中心
6	乐歌人体工学科技股份有限公司工业设计中心
7	宁波太平鸟时尚服饰股份有限公司设计研发中心
8	愉悦家纺有限公司工业设计中心
9	爱慕股份有限公司工业设计中心
10	滨州东方地毯有限公司工业设计中心
11	淄博大染坊丝绸集团有限公司织染工业设计中心
二、工业设计企业	
1	北京格雷时尚科技有限公司

表3-15(b) 通过复核的第三批国家级工业设计中心名单

序号	名称
1	三六一度（中国）有限公司研创服务中心
2	福建七匹狼实业股份有限公司工业设计中心
3	迪尚集团有限公司工业设计中心
4	鲁泰纺织股份有限公司工业设计中心

表3-16 2021年国家技术创新示范企业名单

序号	所在地区或所属企业	企业名称
1	福建	福建长源纺织有限公司

表3-17 工业产品绿色设计示范企业名单（第三批）

序号	企业名称	细分行业（产品）	推荐单位
1	辽宁胜达环境资源集团有限公司	再生涤纶短纤维	辽宁省工业和信息化厅
2	南通双弘纺织有限公司	纱线	江苏省工业和信息化厅
3	江阴市华宏化纤有限公司	化学纤维	江苏省工业和信息化厅
4	江苏康乃馨织造有限公司	纺织品	江苏省工业和信息化厅
5	晨风（江苏）服装有限公司	纺织服装	江苏省工业和信息化厅
6	桐昆集团股份有限公司	化学纤维	浙江省经济和信息化厅
7	湖州珍贝羊绒制品有限公司	羊绒制品	浙江省经济和信息化厅
8	湖南旭荣制衣有限公司	服装	湖南省工业和信息化厅
9	四川省宜宾惠美线业有限责任公司	纱线	四川省经济和信息化厅

表3-18 2021年工业产品质量控制和技术评价实验室通过复核名单

序号	授予单位	核定实验室名称	所属行业
1	广州检验检测认证集团有限公司	工业（纺织）产品质量控制和技术评价广检实验室	纺织
2	上海纺织集团检测标准有限公司	工业（纺织）产品质量控制和技术评价上海实验室	纺织
3	天纺标检测认证股份有限公司	工业（针织制品）产品质量控制和技术评价天津实验室	纺织

表3-19 通过2021年复核评价的国家技术创新示范企业名单

序号	企业名称
1	江苏国望高科纤维有限公司
2	鲁泰纺织股份有限公司
3	福建永荣锦江股份有限公司
4	唐山三友集团兴达化纤有限公司
5	江苏恒力化纤股份有限公司
6	新疆金风科技股份有限公司
7	济南圣泉集团股份有限公司

表3-20 2020年企业上云典型案例名单

序号	案例名称	申报企业名称	组织单位
1	福建顺源纺织有限公司—纺纱MES云系统	福建顺源纺织有限公司	福建
2	C2M个性化定制云平台	江苏蓝丝羽家用纺织品有限公司	江苏
3	杰克智能缝制产业工业互联网平台	杰克缝纫机股份有限公司	浙江

表3-21 全国工业领域电力需求侧管理第五批示范企业（园区）名单

序号	单位名称	省(区、市)	备注
1	东北袜业纺织工业园	吉林省辽源市	第八批国家新型工业化产业示范基地

表3-22 2020年制造业与互联网融合发展试点示范名单

两化融合管理体系贯标			
方向	细分方向	单位名称	新型能力名称
两化融合管理体系贯标	面向产品全生命周期创新与服务的新型能力建设	宁夏如意科技时尚产业有限公司	数字化纺纱生产管控能力
	面向供应链管控与服务的新型能力建设	青岛宏大纺织机械有限责任公司	基于工业互联网的纺织机械远程运维能力
		长乐恒申合纤科技有限公司	基于WMS系统下的智能化物流仓储信息管理能力
	面向现代化生产制造与运营管理的新型能力建设	迪尚集团有限公司	服装个性化定制能力
特色专业型工业互联网平台			
方向	细分方向	单位名称	新型能力名称
特色专业型工业互联网平台	面向行业的特色工业互联网平台建设	新凤鸣集团股份有限公司	化纤行业5G+全要素一体化工业互联网平台
		吉祥三宝高科纺织有限公司	基于大数据的棉纺产品大规模个性化定制服务平台
	面向特定领域的专业型工业互联网平台建设	盛虹集团有限公司	盛虹智慧印染工业互联网平台

表4 2021年国家发改委发布的促进制造业发展的相关政策

序号	时间	文件名称	文号
1	2022年3月9日	发放2022年第一批棉花关税配额外优惠关税税率进口配额中华人民共和国国家发展和改革委员会公告	2022年第2号
2	2022年1月28日	国家发展改革委等部门关于印发2021年（第28批）新认定及全部国家企业技术中心名单的通知	发改高技〔2022〕158号
3	2022年2月18日	关于印发促进工业经济平稳增长的若干政策的通知	发改产业〔2022〕273号
4	2022年1月28日	国家发展改革委办公厅关于印发国家企业技术中心2021年评价结果的通知	发改办高技〔2022〕68号
5	2022年1月30日	国家发展改革委　国家能源局关于完善能源绿色低碳转型体制机制和政策措施的意见	发改能源〔2022〕206号
6	2022年1月13日	国家发展改革委关于印发《"十四五"现代流通体系建设规划》的通知	发改经贸〔2022〕78号
7	2022年1月17日	国家发展改革委 生态环境部 水利部关于推动建立太湖流域生态保护补偿机制的指导意见	发改振兴〔2022〕101号
8	2022年1月17日	国家发展改革委等部门关于加快废旧物资循环利用体系建设的指导意见	发改环资〔2022〕109号
9	2022年1月18日	国家发展改革委等部门关于印发《促进绿色消费实施方案》的通知	发改就业〔2022〕107号
10	2021年12月24日	国家发展改革委等部门关于推动平台经济规范健康持续发展的若干意见	发改高技〔2021〕1872号
11	2022年1月14日	国家发展改革委关于做好近期促进消费工作的通知	发改就业〔2022〕77号
12	2021年12月31日	国家发展改革委关于印发"十四五"重点流域水环境综合治理规划的通知	发改地区〔2021〕1933号
13	2021年12月30日	中华人民共和国国家发展和改革委员会令　《国家发展改革委关于修改〈产业结构调整指导目录（2019年本）〉的决定》	2021年第49号
14	2021年12月27日	国家发展改革委办公厅关于加快推进大宗固体废弃物综合利用示范建设的通知	发改办环资〔2021〕1045号
15	2021年12月15日	国家发展改革委关于进一步推进投资项目审批制度改革的若干意见	发改投资〔2021〕1813号

续表

序号	时间	文件名称	文号
16	2021年12月15日	国家发展改革委办公厅 工业和信息化部办公厅关于做好"十四五"园区循环化改造工作有关事项的通知	发改办环资〔2021〕1004号
17	2021年12月6日	关于印发黄河流域水资源节约集约利用实施方案的通知	发改环资〔2021〕1767号
18	2021年11月30日	国家发展改革委等部门关于印发《贯彻落实碳达峰碳中和目标要求推动数据中心和5G等新型基础设施绿色高质量发展实施方案》的通知	发改高技〔2021〕1742号
19	2021年11月19日	国家发展改革委等部门关于印发《"十四五"支持老工业城市和资源型城市产业转型升级示范区高质量发展实施方案》的通知	发改振兴〔2021〕1618号
20	2021年11月16日	国家发展改革委关于加强长江经济带重要湖泊保护和治理的指导意见	发改地区〔2021〕1617号
21	2021年11月5日	国家发展改革委 财政部 自然资源部关于印发《推进资源型地区高质量发展"十四五"实施方案》的通知	发改振兴〔2021〕1559号
22	2021年10月29日	国家发展改革委等部门关于印发《"十四五"全国清洁生产推行方案》的通知	发改环资〔2021〕1524号
23	2021年10月28日	国家发展改革委等部门关于印发《"十四五"节水型社会建设规划》的通知	发改环资〔2021〕1516号
24	2021年10月11日	国家发展改革委关于进一步深化燃煤发电上网电价市场化改革的通知	发改价格〔2021〕1439号
25	2021年9月29日	国家发展改革委办公厅关于推广地方支持民营企业改革发展典型做法的通知	发改办体改〔2021〕763号
26	2021年9月26日	中华人民共和国国家发展和改革委员会公告 2022年粮食、棉花进口关税配额申请和分配细则	2021年第7号
27	2021年9月11日	国家发展改革委关于印发《完善能源消费强度和总量双控制度方案》的通知	发改环资〔2021〕1310号
28	2021年9月8日	国家发展改革委 生态环境部关于印发"十四五"塑料污染治理行动方案的通知	发改环资〔2021〕1298号
29	2021年8月17日	国家发展改革委关于印发《"十四五"推进西部陆海新通道高质量建设实施方案》的通知	发改基础〔2021〕1197号
30	2021年8月25日	国家发展改革委办公厅关于组织开展2021年国家企业技术中心（第28批）认定及国家企业技术中心评价工作的通知	发改办高技〔2021〕663号

续表

序号	时间	文件名称	文号
31	2021年8月17日	国家发展改革委 住房城乡建设部关于印发《"十四五"黄河流域城镇污水垃圾处理实施方案》的通知	发改环资〔2021〕1205号
32	2021年8月16日	关于"十四五"推进沿黄重点地区工业项目入园及严控高污染、高耗水、高耗能项目的通知	发改办产业〔2021〕635号
33	2021年8月12日	国家发展改革委办公厅关于印发《2021年上半年各地区能耗双控目标完成情况晴雨表》的通知	发改办环资〔2021〕629号
34	2021年8月12日	中华人民共和国国家发展和改革委员会 中华人民共和国商务部公告 农产品进口关税配额再分配有关事项公告	2021年第6号
35	2021年7月28日	关于加强投资数据资源共享持续深化投资审批"一网通办"的指导意见	发改投资〔2021〕1119号
36	2021年8月3日	关于开展2021年全国节能宣传周和全国低碳日活动的通知	发改环资〔2021〕1157号
37	2021年7月26日	国家发展改革委关于进一步完善分时电价机制的通知	发改价格〔2021〕1093号
38	2021年7月1日	国家发展改革委关于印发"十四五"循环经济发展规划的通知	发改环资〔2021〕969号
39	2021年5月30日	国家发展改革委办公厅关于开展大宗固体废弃物综合利用示范的通知	发改办环资〔2021〕438号
40	2021年5月24日	关于印发《全国一体化大数据中心协同创新体系算力枢纽实施方案》的通知	发改高技〔2021〕709号

CNTAC

2021/2022 中国纺织工业发展报告

2021/2022 CHINA TEXTILE INDUSTRY DEVELOPMENT REPORT

原料供求

2021年聚酯产业链市场回顾及2022年展望

浙江华瑞信息资讯股份有限公司

聚酯原料类

一、PX市场

（一）2021年PX市场运行回顾

2021年由于美国采取宽松的货币政策，美元指数走弱，全球大宗商品价格飞涨，且新冠肺炎疫情逐步得到控制，燃油需求逐步复苏，而原油供应总体偏紧，价格一路走高，布伦特原油期货刷新近3年来的高位。2021年布伦特原油期、现货均价都在70.9美元/桶附近，同比上涨64%和69.3%；WTI原油期、现货均价都为68.1美元/桶，同比分别上涨72.9%、72.2%。

2021年石脑油价格重心跟随原油价格大幅度上升，石脑油年均价在647.3美元/吨CFR附近，较2020年上涨近70.1%。石脑油效益较2020年大幅度扩大近106%至113.2美元/吨，见图1。

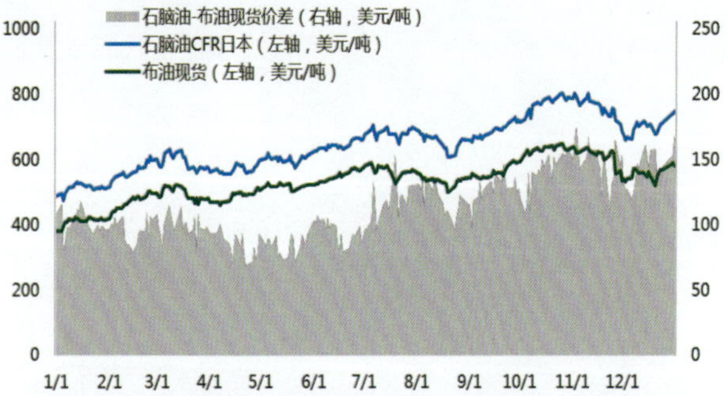

图1 2021年原油和石脑油的价格及价差走势

资料来源：华瑞信息

2021年前期PX价格跟随原油走高，而后尽管成本端一路上行，但因PX自身基本面较弱，PX价格并未跟进，而是稳定运行。全年从绝对价格上看，最低价格是在年初时为658美元/吨CFR，而在10月中最高至967美元/吨CFR，涨幅近47%。2021年PX年均价为859.8美元/吨CFR，同比上涨超48.9%，见图2。

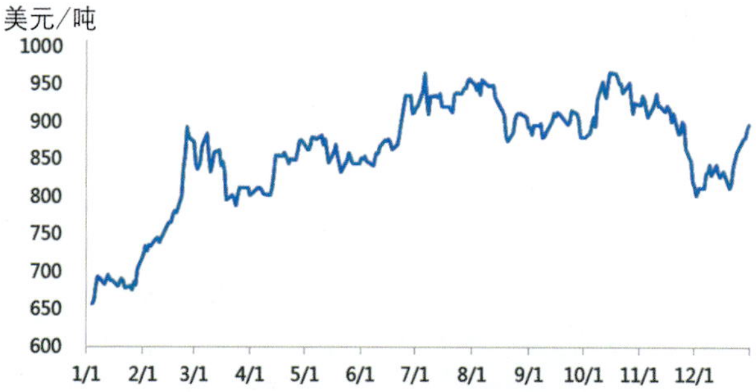

图2 2021年PX价格走势

资料来源：华瑞信息

2021年PX的效益总体表现一般，PXN年均值为212.8美元/吨，同比增长8.1%。绝对值方面，最好的时间点在4月底的294美元/吨附近，而最低在12月中仅有117美元/吨，见图3。

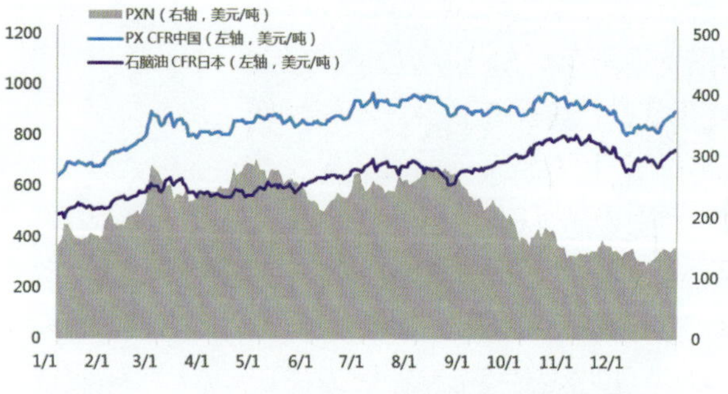

图3 2021年PX–石脑油价格走势和两者价差对比

资料来源：华瑞信息

（二）2021年PX供需情况

截至2021年底，国内PX产能在3208万吨，产能增速23.2%。2021年，国内PX产量在2173万吨左右，产量增速在5.5%。由于国内PX新增产能释放减缓，且PTA产能同样在扩张，2021年PX进口量仅小幅下降，2021年国内PX进口总量在1365万吨左右，同比下滑1.5%。2021年PX进口依存度继续下降至38.6%附近。

（三）2022年PX市场展望

对于2022年，国内PX仍然有将近900万吨的产能投扩，产能增速继续快于下游的需求增长。所以未来PX国产量继续提升、进口量被挤压，进口依存度下降趋势仍然延续，而从亚洲的范围内看，PX也将继续供应过剩。因此PXN2022年预计继续保持在较低水平。

因供需节奏的错配，2022年的PXN可能呈现先修复扩大，下半年再度下行走势。而鉴于全球宏观政策、美联储加息、OPEC+逐步恢复原油产量等背景，2022年的PX价格也很可能呈现前高后低走势。

二、PTA市场

（一）2021年PTA市场运行回顾

2021年，PTA价格跟随成本反弹。一季度百宏、虹港装置陆续重启，累库压力下PTA加工费压缩，但原油减产支撑大幅上涨带动PTA价格走高。3月中下随着原油回调PTA价格走跌。4~7月原油宽幅上涨，PTA新装置投产不及预期，局部流通性货源偏紧，PTA加工费小幅修复，价格上涨至年内高位。8月初开始，在成本端和供需面双重压力下，PTA价格短暂回调，9月双控陆续发酵，能源价格持续上涨，但PTA供需再次累库，PTA价格涨幅受限，10月中下再次回落。12月成本支撑下，PTA价格低位反弹，见图4。

据CCF数据，2021年全年PTA内盘均价为4711.64元/吨，较2020年上涨30.6%。2021年全年PTA美金均价为667.78美元/吨，较2020年上涨45.9%。

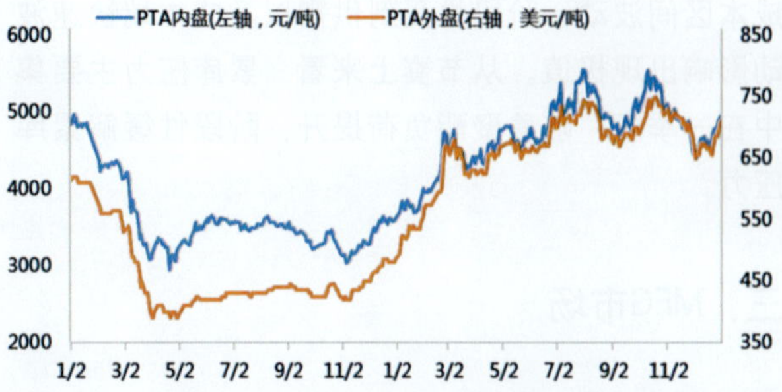

图4 2021年PTA内外盘现货价格

资料来源：华瑞信息

2021年，国内PTA加工差平均值为502.52元/吨左右，相较于2020年601.08元/吨的加工差，下降98.56元/吨左右，降幅达到16.4%，PTA的盈利水平回落明显，见图5。

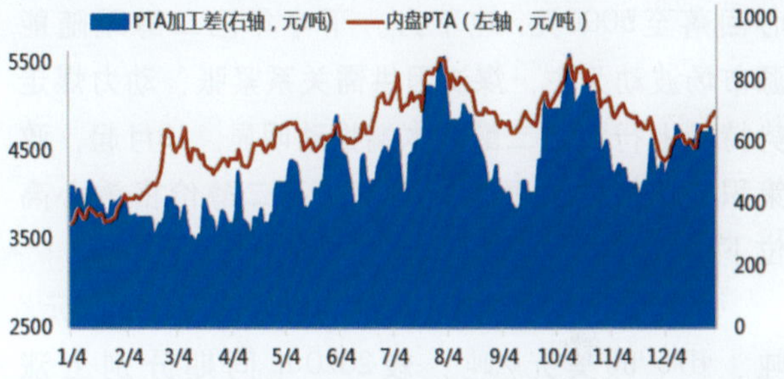

图5 2021年PTA内盘生产价差

注 内盘生产价差按照0.656×PX×1.02×1.13×汇率卖出价核算加工费。

资料来源：华瑞信息

（二）2021年PTA供需情况

截至2021年底，国内PTA的有效产能6563万吨，产能增幅14%。2021年，国内PTA产量5325万吨，同比增加7%；进口总量（PTA+QTA）8万吨，同比下降91%；出口量258万吨，同比增加203%；表观需求量约5075万吨。因此，2021年PTA社会库存高位回落，全年去库在94万吨附近。

（三）2022年PTA市场展望

2022年PTA累库预期，幅度有限，但社会库存高企导致，PTA加工费修复力度有限，多围绕加工成本区间波动，阶段性受到供需以及成本端快速波动影响出现极值。从节奏上来看，累库压力主要集中在一季度，随着聚酯负荷提升，阶段性缓解累库压力。

三、MEG市场

（一）2021年MEG市场运行回顾

年内市场价格波动剧烈。上半年乙二醇冲高回落，整体走势贴合基本面逻辑。春节期间，北美市场受寒潮影响，乙二醇装置出现大面积停车，场内心态提振明显。节后乙二醇价格重心大幅上涨至6700元/吨偏上。随后乙二醇价格重心高位下挫，高估值以及远月供应预期增量下，乙二醇价格重心回落至5000元/吨下方。下半年乙二醇跟随能源市场波动为主，煤炭因供需关系紧张，动力煤走势持续上行，乙二醇成本端推动明显。10月起，政策积极调控以及限电影响下，乙二醇价格重心高位下行。

2021年CCF MEG内外盘平均价分别在5242.39元/吨、675.56美元/吨，较2020年同期分别上涨1409.30元/吨、210.96美元/吨，见图6。

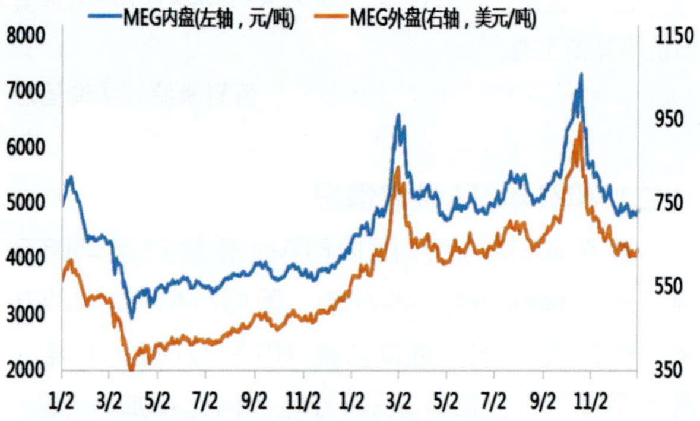

图6 2021年内外盘价格

资料来源：华瑞信息

（二）2021年MEG供需情况

截至2021年12月，国内MEG企业总产能达2049.5万吨/年，产能增幅29%。2021年，国内MEG产量为1237万吨，同比增加37%，进口总量为843万吨，出口量为12万吨，表观需求量约2067万吨。2021年MEG供需格局实现去库，整体幅度在8万吨，其中华东主要港口MEG库存低位运行。

（三）2022年MEG市场展望

2022年，国内外计划投产的乙二醇产能累计达870万吨：其中国内计划新增产能约720万吨，国外计划新增产能150万吨。乙二醇产能持续投放过程中，乙烷制以及大炼化项目的投产带来的供应冲击持续增加。过剩预期下以及成本端叠加影响下，市场价格将继续探低，预计2022年度均价较2021年呈现回落。

聚酯产品类

2021年底，国内聚酯产能达到6556万吨，较2020年底增加357万吨，增幅5.8%，产能继续保持增长，但增速有所下滑；全年聚酯负荷在90.88%左右，较2020年上升3个百分点。2021年全年，全国聚酯产量在5796万吨左右，较2020年增加518万吨，同比增长9.8%。从2021年投放的聚酯装置来看，大多为配套涤纶长丝，其余少量分别为短纤、瓶片、薄膜和切片。

一、聚酯切片市场

（一）2021年聚酯切片市场运行回顾

2021年，聚酯切片价格低位反弹，随着疫苗逐渐普及，新冠肺炎疫情影响有所缓解，在原油石化成本端上涨带动下，聚酯切片价格重心逐步抬升，阶段性价格一度上冲至7000元/吨上方，但由于后期终端需求的走弱，价格高位难以持久。

CCF价格指数显示，2021年，半光切片年均价为6178元/吨，同比涨幅在27.5%；有光切片年均价为6338元/吨，同比涨幅在29%，见图7。

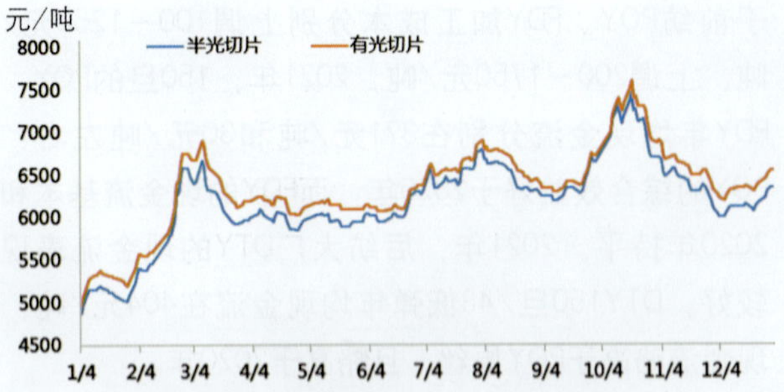

图7 2021年聚酯切片现货价格走势

资料来源：华瑞信息

2021年聚酯切片市场效益有所压缩，随着成本端大幅上涨，终端需求表现后继乏力，阶段性亏损现象增多，尤其半光切片，除一、四季度盈利以外，二、三季度基本处于亏损区间，而有光切片由于下游薄膜需求良好以及下半年瓶片火热带动，加工费总体依然良好，全年多数时段处于盈利区间。2021年半光切片平均加工费在393元/吨左右，同比减少83元/吨，有光切片平均加工费在553元/吨左右，同比增加9元/吨。

（二）2021年聚酯切片供需情况

目前，国内切片总产能大概在880万～900万吨（因侧切片产量可调剂，聚酯切片无明确产能数据），产能较2020年继续小幅增长。从市场分布来看，格局基本维持，江浙地区仍是聚酯切片主要生产地，同时也是切片的主要消耗地，区域的集中性相对明显，目前江浙切片产能在600万吨偏上，占国内聚酯切片总产能的75%以上；其余广东、福建、山东、湖北、辽宁、安徽等地也有少量聚酯切片产能分布。

（三）2022年聚酯切片市场展望

2022年，聚酯市场景气度总体或面临下行，对于聚酯切片市场来说，尽管自身供应端增量相对有限，但在聚酯大盘走弱格局下，其同样难以独善其身，市场仍然面临一定走弱可能，需求端持续增长动力有限，价格也面临下行压力，产品效益或将处于低位区间徘徊。

二、聚酯瓶片市场

（一）2021年聚酯瓶片市场运行回顾

2021年聚酯瓶片市场价格整体底部逐步回升格局，整体市场重心较2020年大幅抬升。据CCF测算，2021年内盘最高价格指数在8250元/吨，最低在5425元/吨；外盘最高价在1190美元/吨FOB上海港，最低价755美元/吨FOB上海港。2021年华东水瓶片均价在6829元/吨，出口均价在985.9美元/吨FOB上海港，分别较2020年上涨26%和40.7%，见图8。

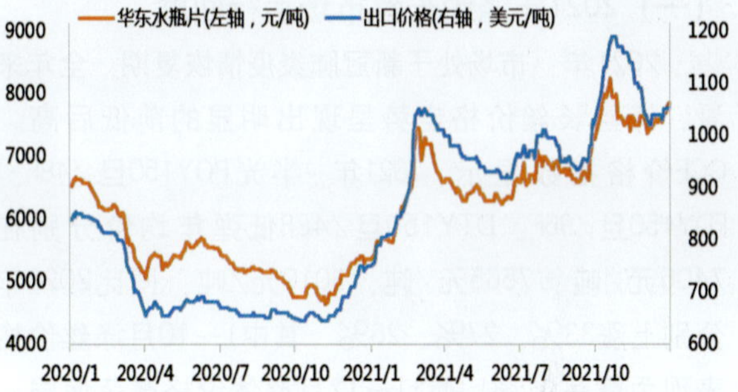

图8 2020～2021年华东聚酯水瓶片和FOB中国出口价格

资料来源：华瑞信息

据CCF统计，2021年聚酯瓶内外盘平均加工差分别达到1045元/吨和189美元/吨，其中出口较2020年明显上升，而内销略有压缩。如平均加工成本分别按700元/吨和110美元/吨计算，原料成本按0.855×PTA+0.335×MEG计算，内外盘平均现金流在345元/吨和79美元/吨。

（二）2021年聚酯瓶片供需情况

截至2021年底，全国聚酯瓶片产能为1111万吨/年。2021年聚酯瓶片产量在1036万吨，内需在744万吨，内需增速至24.8%，全年出口在353万吨，年末社会库存在120万吨附近，较2020年年末社会库存下滑60万吨附近。

（三）2022年聚酯瓶片市场展望

2022年，国内瓶片新产能投放速度有所放缓，预计仅为60万吨，由于环保政策升级，未来部分新产能投产审批难度预计增加，不排除前期投产计划延迟、搁置或取消。聚酯瓶片行业供需格局预计继续改善。从工厂效益来看，由于上游原料成本抬升幅度不如产品，且后期供应压力下抬升幅度预计受限，2022年聚酯瓶片的整体利润状况预计仍可能维持相对良好状态。

三、涤纶长丝市场

（一）2021年涤纶长丝市场运行回顾

2021年，市场处于新冠肺炎疫情恢复期，全年来看，涤丝长丝价格走势呈现出明显的前低后高。CCF价格指数显示，2021年，半光POY150旦/48F、FDY150旦/96F、DTY150旦/48F低弹年均价分别在7406元/吨、7565元/吨、9010元/吨，同比2020年分别上涨33%、27%、26%。其中1～10月涤丝价格表现为震荡上涨，而11～12月整体价格震荡偏弱，见图9。

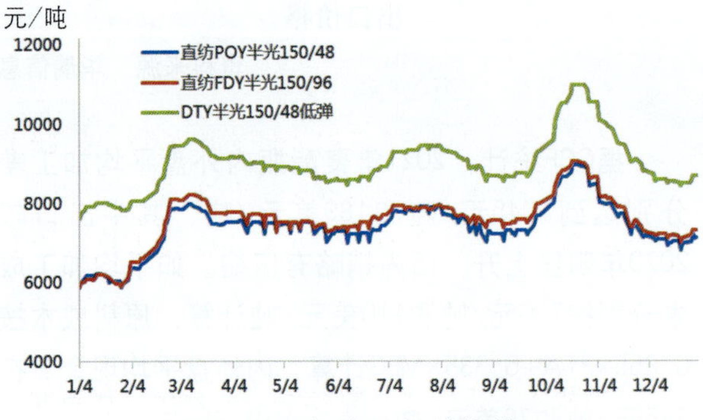

图9 2021年涤纶长丝价格

资料来源：华瑞信息

聚酯熔体投料成本来看，2021年熔体投料成本年均在5785元/吨，较2020年上涨1417元/吨，涨幅24%。前纺POY150旦/48F、FDY150旦/96F均价分别在7406元/吨、7565元/吨，同比2020年分别上涨1819元/吨、1615元/吨，涨幅大于熔体成本。但由于前纺POY、FDY加工成本分别上调100～1250元/吨、上调200～1750元/吨，2021年，150旦的POY、FDY年均现金流分别在371元/吨和30元/吨左右，POY的综合效益好于2020年，而FDY的现金流基本和2020年持平。2021年，后纺大厂DTY的现金流表现较好，DTY150旦/48低弹年均现金流在404元/吨，现金流略高于POY原丝，且略高于2020年。

（二）2021年涤纶长丝供需情况

截至2021年底，涤纶长丝产能为4657万吨，产能增速8.9%。2021年，国内涤纶长丝产量在3521万吨，较2020年增加406万吨，增幅13.0%。2021年，国内涤纶长丝进口在11.7万吨，增速扭降为升40.6%；全年出口量在299.7万吨左右，增速10.5%。年内净出口288万吨，同比2020年增加25万吨，增幅9.5%。2021年，国内涤丝表观消费评估在3233万吨左右，同比增加13.4%。

（三）2022年涤纶长丝市场展望

能耗“双控”仍将持续影响，2022年涤纶长丝新产能投放进度或将低于预期计划值。另外，涤丝工厂负荷的不确定性也会增加，但基于供需结构的走弱预期，预计综合开工或低于2021年。

内需方面，2022年国内依旧面临新冠肺炎疫情的外部输入性风险，局部疫情出现依旧会扰动部分需求。此外，经济下行压力加大，居民收入放缓、消费能力和意愿的降低依旧会持续，2021年基数已经有所恢复，因此，纺服内需增长量或较2021年回落。

外需方面，2022年海外需求难以维持2021年的高增长。随着海外新冠肺炎疫情的缓解，东南亚等地区纺服恢复生产，国内的出口替代效应或减弱；偏高的海运费用和2021年一定的补库，2022年海外补库需求或较2021年回落，纺织品服装出口高增长的拐点或已现。持续偏高的运输费用和运力不足问题，海外采购订单的季节性或依旧被打乱。

2022年，涤纶长丝供需格局或适度转弱，产量增速和效益将会下滑，景气度预计下降。

四、直纺涤纶短纤市场

（一）2021年直纺涤短市场运行回顾

2021年直纺涤短在通胀预期及能源紧缺、限电等因素下有两波较大行情。年初在5990元/吨，高位在10月8300元/吨，年底在7020元/吨。年度涨幅1030元/吨（+17.2%），年波动幅度为2310元/吨，见图10。

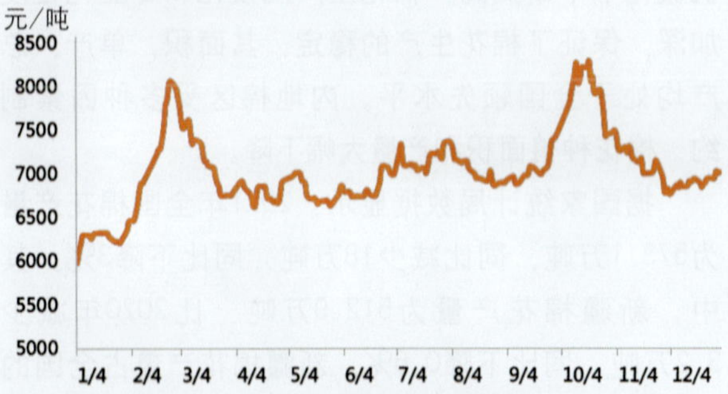

图10 2021年半光1.4旦直纺涤短价格

资料来源：华瑞信息

2021年直纺涤短平均现金流为255元/吨，比2020年下降238元/吨。2021年无论理论面或实际面，盈利情况都不如2020年，尤其10月以后受煤、天然气涨价等影响，成本一度抬升较多，见图11。

图11 2020～2021年直纺涤短即时现金流

注 现金流成本以原料现买现做计，加工成本为900元/吨，另外加80元/吨运费。

资料来源：华瑞信息

（二）2021年直纺涤短供需情况

截至2021年底，国内直纺涤短有效产能在855万吨，同比增速8%。2021年，直纺涤短全年产量705万吨，增速3.2%。出口方面，因受高昂海运费影响，出口量适度增加，直纺涤短全年出口量65万吨；2021年涤纶短纤进口16.2万吨，同比下滑2.4万吨。结合库存方面来看，2021年年底较年初增加6.4天。因此综合评估，2021年国内直纺涤短表观供应量为636.6万吨，较2020年下滑8.4万吨。

（三）2022年直纺涤短市场展望

整体而言，2022年直纺涤短供应过剩压力继续增加，工厂需通过控制负荷来提升自身盈利情况。而无论是短纤工厂或纱厂需利用好期货工具来为自己工厂创造更好的盈利。

（撰稿人：王伟飞　郭杨承　毛燕燕　郝尚坤）

2021年棉花市场回顾及2022年展望

中国棉花协会

2021年以来，世界进入新冠肺炎疫情常态化的新阶段，随着新冠疫苗接种大范围推进，全球经济呈现回升态势，消费逐步好转，棉纺织品购销两旺，我国纺织行业主要指标均明显增长，加之大宗商品价格上涨，带动棉花价格上涨。尽管受到新冠肺炎疫情反复、美国抵制新疆棉花及棉制品等因素影响，国内市场曾出现短暂回落，但棉价总体以上涨态势为主，且涨幅较大，期现货价格均创近年来新高，企业经营状况较2020年有明显改善。国家继续完善新疆棉花目标价格政策，储备棉轮出投放顺利，进口配额增发，政策保持连续性，行业运行稳定。

展望2022年，全球经济环境日益复杂，棉花市场面临的不确定性因素较多。国际方面，全球棉花消费和需求不足以支撑棉价进一步上涨。如发达国家经济刺激政策退出，棉花消费将不及预期，全球棉花供求关系将转向宽松。海外消费市场不能持续恢复，将对未来全球棉价走弱埋下伏笔。国内方面，纺织品需求保持良好态势，服装零售逐渐恢复，纺织品服装出口稳中有进。但美国政府签署了“维吾尔强迫劳动预防法案”，禁止进口所有来自新疆的产品，有可能会对纺织行业进口需求造成影响，东南亚国家纺织生产迅速恢复，订单回流态势恐将改变，纺织行业生产销售保持平稳增长面临较大压力。

2021年棉花供求基本形势

一、棉花供给情况

（一）棉花生产基本保持稳定

2021年，我国棉花生产基本保持稳定，产量略有下降。棉花种植进一步向新疆棉区集中，黄河流域和长江流域棉区受比较效益和农业结构调整等因素影响，生产规模快速萎缩。新疆棉花机采率及生产机械化率不断提高，棉花生产规模化和专业化程度加深，保证了棉花生产的稳定，其面积、单产、总产均处于全国领先水平。内地棉区受多种因素制约，棉花种植面积和产量大幅下降。

据国家统计局数据显示，2021年全国棉花产量为573.1万吨，同比减少18万吨，同比下降3%。其中，新疆棉花产量为512.9万吨，比2020年减少3.2万吨，同比下降0.6%。新疆棉花产量占全国的89.5%，较2020年提高2.2个百分点。2021年，全国棉花种植面积为4542.2万亩，比2020年减少211.2万亩，同比下降4.4%。分地区看，我国最大产棉区新疆的棉花种植面积比2020年增加6.3万亩，同比增长0.2%，其他棉区种植面积比2020年减少196.05万亩，同比下降16.4%。其中，长江流域棉区种植面积比2020年减少79.1万亩，同比下降18.1%；黄河流域棉区种植面积比2020年减少137.9万亩，同比下降25.7%，见图1。

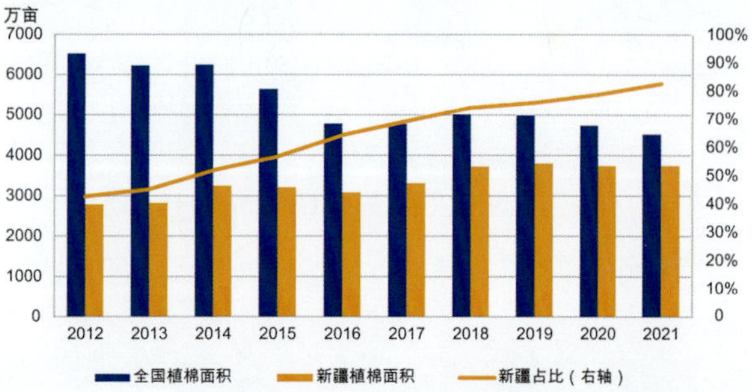

图1 十年间我国及新疆棉花种植面积变化情况

资料来源：国家统计局

（二）新棉质量有所提升

根据中国纤维质量监测中心数据，2021年9月至

2022年1月，全国共有1054家棉花加工企业进行公证检验，检验量约2163.08万包，重量为520.31万吨，重量同比减少5.52%。其中新疆棉509.86万吨，同比减少5.01%，占比为97.99%；内地棉10.45万吨，同比减少25.13%，占比2.01%。

2021/2022年度的全国棉花（细绒棉）各项质量指标整体高于去年，质量提升明显，其中：白棉3级及以上占比95.2%，同比提高5.3个百分点；纤维长度28mm及以上占比92.14%，同比提高10.14个百分点；马克隆值A+B(3.5～4.9)档占比6.85%，同比降低15.19个百分点；断裂比强度(29.0～30.9)及以上档占比42.2%，同比提高5.85个百分点，见图2。

截至2022年2月，高品质棉花（双28.5及以上、马克隆值3.7～4.6）占比：全国为29.5%，同比提高21.7个百分点。其中新疆维吾尔自治区为27.4%，同比提高18.2个百分点；兵团为33.1%，同比提高28.1个百分点；内地为22.3%，同比提高8个百分点，见图2。

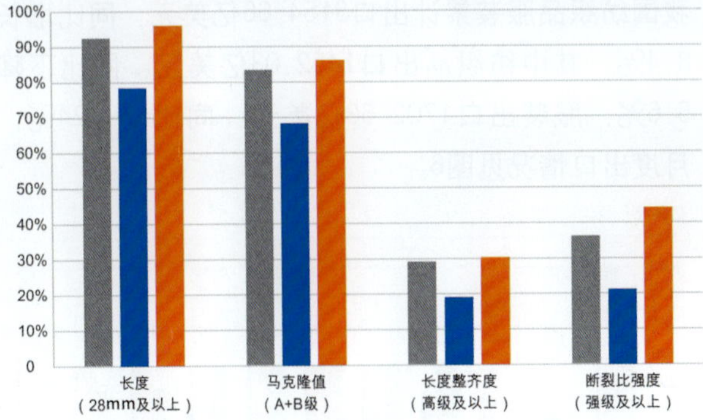

图2 2019～2021年全国棉花质量情况

资料来源：中国纤维质量监测中心

（三）储备棉轮出和投放有序进行

在储备棉正常轮换的基础上，2021年增加了两次投放，特别是在新棉收购期间，为了平抑过高的市场价格投放储备棉，在历史上较为罕见。其中，7月5日至9月29日，储备棉轮出累计成交63万吨，10月8日至11月30日投放累计成交57万吨，全年总计轮出和投放了120万吨储备棉，见图3。

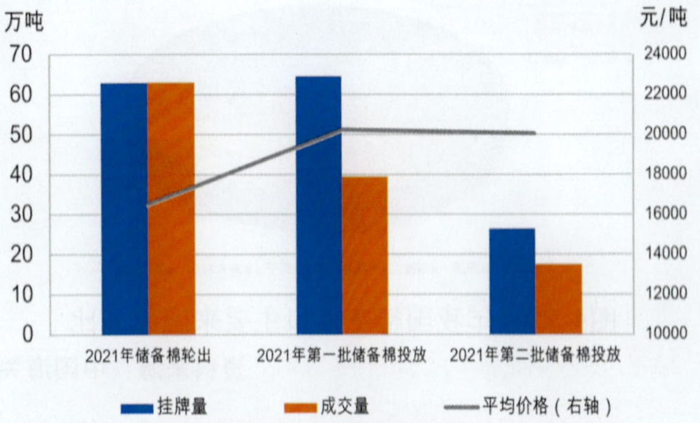

图3 2021年储备棉轮出投放成交量价情况

资料来源：中国棉花信息网

2020年，储备棉轮入时间为2020年12月1日～2021年3月31日。依据国家有关部门规定，轮入期间，当国内棉花价格连续3个工作日高于国际棉花价格（按1%关税）800元/吨时，于第4个工作日起暂停轮入交易；当国内棉价与国际棉价价差回落到800元/吨以内时，于回落后第一个工作日重新启动轮入交易。由于内外棉价差持续超过800元/吨，轮入未能启动。

（四）我国棉花进口量减少

据中国海关统计，2021年，我国累计进口棉花214.42万吨，同比减少0.65%。其中，美棉进口量同比减少15%，仍居于榜首，占比38.68%；巴西棉进口强劲势头未减，同比增加4%，占比30.04%。除此之外需要注意的是，因政策及贸易关系等相关因素影响，2021年澳棉进口量进一步减少，同比减少70%，占比由2020年的5.4%降至2021年的1.6%，见图4。分贸易方式看，特殊监管区域物流货物、进料加工贸易、保税监管场所进出境货物和一般贸易所占比率分别为31.4%、10.5%、19.4%和38.3%。

2021年4月30日，国家发放70万吨棉花进口滑准税配额。与近几年发放情况相比，除配额增发数量有所不同之外，发放方式也有改变，70万吨全部为非国营贸易配额。其中，40万吨限定用于加工贸易方式进口，30万吨不限定贸易方式。

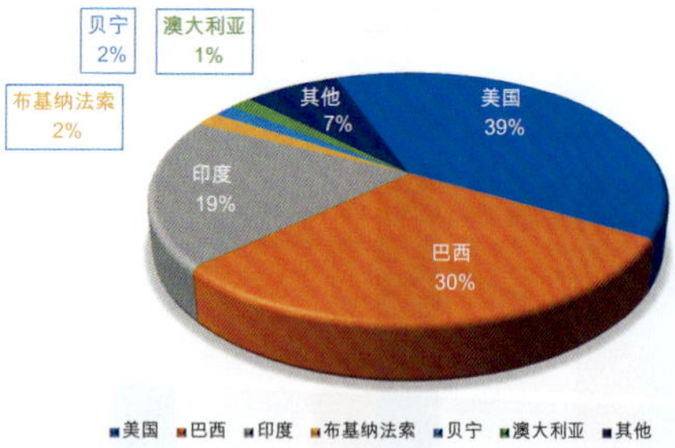

图4 2021年我国棉花进口主要来源国占比

资料来源：中国海关

二、棉花需求情况

2021年，棉花消费总体回升态势明显。据中国棉花协会数据，2020/2021年度棉花消费量为842.6万吨，较上一个棉花年度增长10.14%。随着国内外新冠肺炎疫情发展变化，国内疫情防控得当，经济活动恢复，海外订单回流国内，棉花消费量已经恢复到疫情前水平。我国棉纺市场所面临的国内外形势愈加复杂化，原料价格高企、全球经济脆弱复苏、国际贸易供销不畅、汇率波动加剧，种种因素使得我国纺织产业的转型之路更加漫长。

（一）纺织行业总体情况好转

2021年上半年，下游市场延续2020年的良好势头，淡季不淡，销售顺畅，企业订单充足，开机率维持在较高水平。9月、10月受部分地区限电政策影响，企业开机率下降。同时，新棉上市后，棉花现货价格受新棉成本支撑在高位震荡，但下游需求平淡，价格向产业链下游传导不畅，纱价总体稳中有跌，纺企利润明显收窄。截至12月30日，纺织企业在库棉花工业库存量为81.56万吨，同比增加1.33万吨。至2022年3月，我国主流黏胶纤维价格在13400元/吨，每吨低于棉花9000元以上，对棉花的替代作用增强。

（二）国内消费有所增加

随着以国内大循环为主体、国内国际双循环相互促进的新发展格局的构建，内需市场增长明显，2021年我国限额以上服装、鞋帽、针纺织品零售总额为13842.5亿元，同比增长12.7%。其中服装类商品零售为9974.6亿元，同比增长14.2%，月度零售情况见图5。

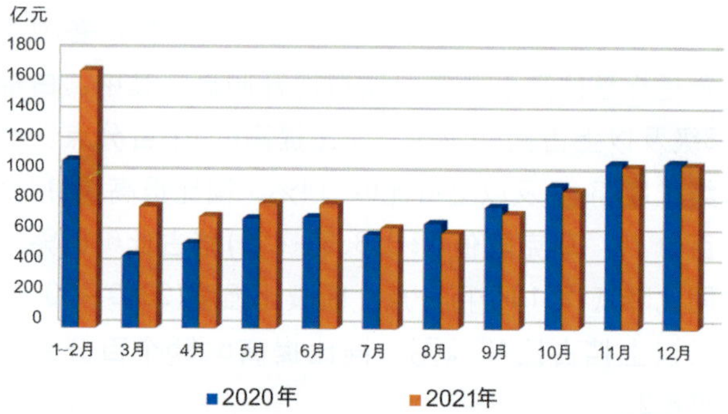

图5 2020年、2021年服装类商品月度零售额统计图

资料来源：国家统计局

（三）纺织品服装出口强劲

由于国内新冠肺炎疫情防控得当，经济生产稳定，海外订单回流，服装出口明显增长。2021年，我国纺织品服装累计出口3154.66亿美元，同比增长8.4%，其中纺织品出口1452.03亿美元，同比下降5.6%，服装出口1702.63亿美元，同比增长24%，月度出口情况见图6。

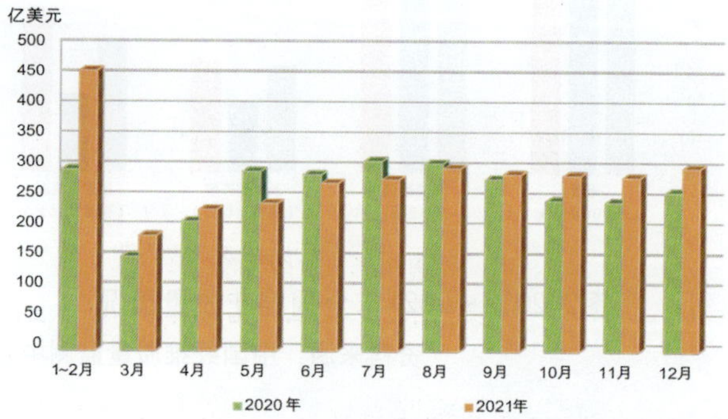

图6 2020年、2021年纺织品服装月度出口金额统计图

资料来源：中国海关

三、2021年国内外棉花价格情况

2021年，新冠肺炎疫情冲击下的世界经济贸易

逐步得到恢复，加之各国纷纷出台经济刺激政策，在高通胀背景之下，国内外棉花价格一路走高。至2021年年末，国内外棉花价格已经到达近十年来的高点。

（一）棉花价格大幅上涨

2021年，国内外棉价延续自2020年以来的上涨势头，各国政府为应对新冠肺炎疫情带来的冲击，继续实施经济刺激政策，大宗商品价格均大幅走高。2～3月，棉价受境外新冠肺炎疫情再度蔓延、国家加大商品市场调控力度等因素影响有所回调，之后则继续上涨，尤其是国内新年度籽棉上市之后，收购价格同比大幅上涨，受成本支撑，国内棉花现货价格在十一假期前后一个月内上涨幅度超过3500元/吨，11月18日，中国棉花价格指数达到年内最高点22713元/吨，为10年来棉价高点。中国棉花价格指数全年平均价格17892元/吨，较2020年上涨4962元，同比上涨38.4%，见图7。

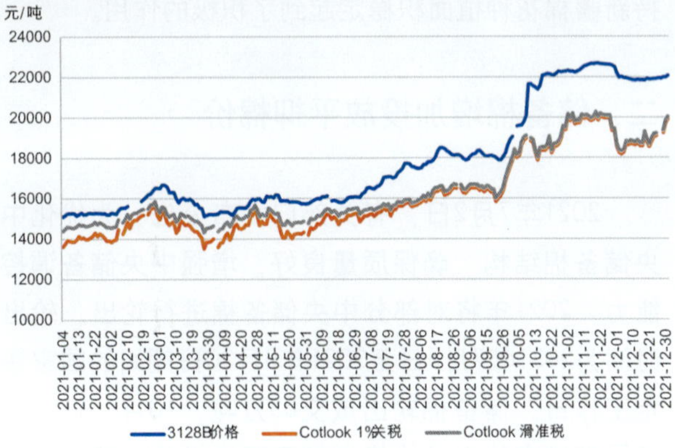

图7 2021年国内外棉花价格走势图

资料来源：中国棉花协会、Cotlook官网

2021年，在新棉收购以前，内外棉价差总体保持在500～2000元/吨波动震荡，9月下旬随着新棉收购开始，内外价差迅速拉大至2000～4000元/吨区间，于10月22日达到全年最大值3887元/吨，之后震荡回落，于年底缩小至2200元/吨以内。全年平均价差为1770元/吨，较2020年扩大1077元/吨左右，见图8。

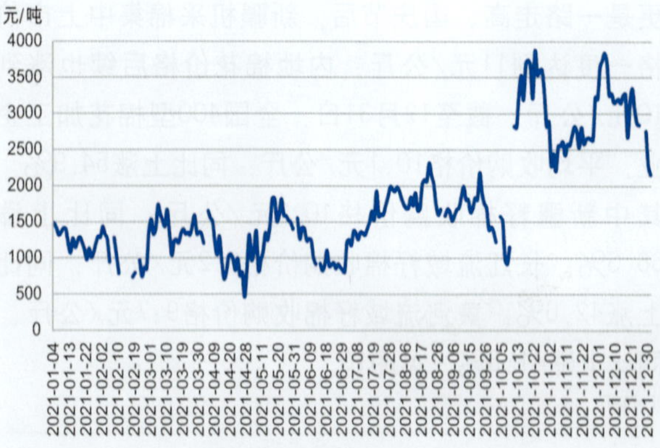

图8 2021年中国棉花价格指数3128B与Cotlook A 1%关税价差走势图

资料来源：中国棉花协会、Cotlook官网

（二）郑棉期货成交活跃

国内期货价格大幅单边上涨，成交依然活跃。郑商所棉花主力合约全年日均成交量为36万手，与2020年基本持平，最高单日成交量120万手。年末主力合约结算价格为20570元/吨，高于年初5000多元，全年均价为17367元/吨，同比上涨35.35%，见图9。随着期货金融工具的推广，产业链使用期货和期权对冲现货风险的操作逐步常态化。

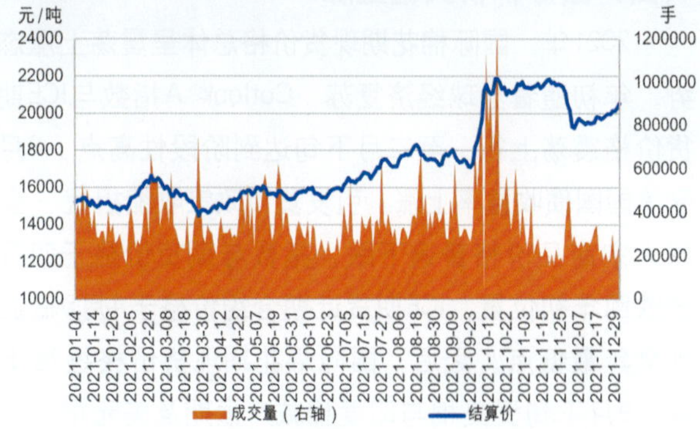

图9 2021年郑棉期货主力合约量价图

资料来源：郑州商品期货交易所

（三）新棉收购价格大幅上涨

2021年9月中旬，新棉开秤收购。新疆手摘棉开秤价格为10～10.5元/公斤，内地籽棉收购价格也在9元/公斤左右，相比2020年都大幅度提高，之后

更是一路走高。国庆节后，新疆机采棉集中上市价格一度达到11元/公斤，内地棉花价格后续也涨到10元/公斤。截至12月31日，全国400型棉花加工企业，平均收购价格10.1元/公斤，同比上涨54.9%，其中新疆籽棉收购价格10.1元/公斤，同比上涨56.3%；长江流域籽棉收购价格9.2元/公斤，同比上涨42.6%；黄河流域籽棉收购价格9.7元/公斤，同比上涨41.5%，见图10。

图10 2021年与2020年新疆、内地棉花收购价格走势图

资料来源：中国棉花协会

（四）国际棉价大幅上涨

2021年，国际棉花期现货价格总体呈震荡上涨态势。年初随着全球经济复苏，Cotlook A指数与ICE期货价格震荡上行，至二月下旬达到阶段性高点，3月受美国国债收益率上涨，引发货币政策收缩担忧，全球大宗商品价格普遍下跌，指数与期货价格于四月初跌回年初位置，ICE期货近期合约价格于4月5日达到全年最低点。之后，国际棉花期现货价格缓慢上涨，9月下旬受美棉与印度棉减产预期及美元指数下跌影响，国际棉花期现货价格快速上涨。国际棉花现货价格于11月18日达到全年最高点，Cotlook A指数为128.45美分/磅，较最低点上涨51.56%，全年均值101.39美分/磅，同比上涨40.86%。ICE行情类似，近期合约于11月24日达到全年最高点120.38美分/磅，较最低点上涨54.57%，全年均值为93.52美分/磅，同比上涨45.72%，见图11（1磅=0.45千克）。

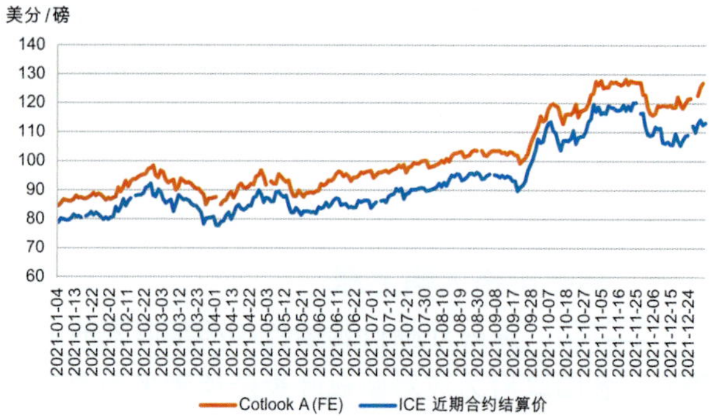

图11 Cotlook A指数与ICE近期合约结算价格走势图

资料来源：Cotlook官网、中国棉花协会

2021年棉花产业宏观环境分析

一、棉花目标价格政策仍发挥稳定作用

2021年，新疆籽棉收购价格大幅上涨，高于新疆棉花目标价格，政策并未启动，但是该政策对保持新疆棉花种植面积稳定起到了积极的作用。

二、储备棉增加投放平抑棉价

2021年7月2日，有关部门发布公告，为优化中央储备棉结构，确保质量良好，增强中央储备调控能力，2021年将对部分中央储备棉进行轮出。轮出时间为2021年7月5日至2021年9月30日期间的国家法定工作日。储备棉轮出成交63万吨，10月、11月为了平抑过高的市场价格增加了两次投放，第一批、第二批投放累计成交57万吨。

三、棉花进口管理政策

2020年12月21日，国务院关税税则委员会发布《关于2021年关税调整方案的通知》（税委会〔2020〕33号），自2021年1月1日起对部分商品的进口关税进行调整。其中，对配额外进口的棉花，继续适用滑准税形式暂定关税，与2020年相比，滑准税税率进行了下调，降低了纺织企业用棉成本。

2021年4月30日，国家有关部门发布公告，为保障纺织企业用棉需要，经研究决定，2021年发放一定数量的棉花关税配额外优惠关税税率进口配额（简称棉花进口滑准税配额），数量为70万吨，全部为非国营贸易配额。其中，40万吨限定用于加工贸易方式进口，30万吨不限定贸易方式。

四、甘肃省开展“专业仓储监管+在库公证检验”工作

2021年，为恢复内地棉花生产，保障我国棉花产业安全，按照相关部门要求，在内地具备条件的省份应推广实施“专业仓储监管+在库公证检验”工作。甘肃省顺利开展“专业仓储监管＋在库公证检验”工作。甘肃省“专业仓储监管+在库公证检验”工作的成功经验，将为内地其他省份开展该项工作起到良好的示范和带头作用。

2022年棉花市场展望

2021年，世界经济在新冠肺炎疫情笼罩下脆弱复苏。2022年，随着各国经济刺激政策的退出，通胀的破坏力和经济复苏的脆弱性恐将逐渐显现。全球旧有贸易体系恐将受到新的冲击，外部不确定性有增无减。扩大内需、以内循环为主体保障自身发展，是在世界经济不确定性增加的情况下，保障自身确定性的关键。

一、棉花供需

2022年，国内新棉市场供应充足，内需逐步恢复，但产业后道对高棉价承受能力有限，供应链风险逐步增大。据中国棉花协会预测，2021/2022年度我国棉花总产量为577.4万吨，同比下降2.5%，预计进口量约为200万吨，需求量为805万吨，同比下降4.5%。从全球市场看，全球供需处于一个相对紧平衡的状态。根据美国农业部2022年3月发布的报告，预计2021年度，全球棉花产量扩大至2609.5万吨，较2020年度增长7.21%；消费量达2711.5万吨，较2020年度增长2.92%；产不足需102万吨；全球期末库存量预期为1797.8万吨，期末库存消费比为66.3%，比2020年度缩小5.86个百分点。

从主产棉国看，印度棉花产量为577万吨，较2020年度下降3.98%；美国产量增加至383.7万吨，较2020年度增长20.62%；巴西棉花产量为287.4万吨，较2020年增长21.99%。

全球棉花贸易量预期为1007.6万吨，其中出口主力为美国、巴西、印度和澳大利亚，进口以中国、孟加拉国、越南、巴基斯坦和土耳其为主。

二、棉花价格

俄乌局势持续引发金融市场动荡，大宗商品价格波动明显加大，国际棉价大幅上涨至十年高位。内外棉价出现倒挂局面，而频繁波动的内外棉价差也将给使用进口棉的贸易企业带来更大的成本压力。国内受新冠肺炎疫情多发散发影响，下游未有明显起色，成品库存偏高，棉花消费低于预期。如果下半年经济没有明显好转，需求没有较大程度恢复，国内棉价上涨到收购成本（23000～25000元/吨）以上存在较大困难。

（撰稿人：王　超）

2021年羊毛市场回顾及2022年展望

南京羊毛市场
中国毛纺织行业协会

近两年，新冠肺炎疫情全球大流行，国际格局和全球治理体系正在发生深刻变革，全球产业链、供应链遭遇前所未有挑战，世界经济复苏不确定增强。受新冠肺炎疫情和气候影响，毛纺原料供应量在过去两年持续下跌，原料市场价格持续波动。

全球毛纺原料生产与供应概况

一、羊毛的生产形势

2021年，全球羊毛产量略有回升，以净毛测算共计103.4万吨，同比增长0.3%。羊毛年产量依然处于60年来的低位。羊毛产量的小幅上升，主要是澳大利亚干旱气候好转，年度羊毛产量增长了3%。新西兰、我国和英国等国的产量则呈现下滑，净毛计产量分别下跌2.6%、0.3%和2.6%。2021年度，用于家纺等加工的粗支羊毛产量小幅下降0.2%，为42.2万吨；主要用于服装加工的细支羊毛产量共计38.4万吨，增长0.8%，细支羊毛产量2018年至2020年连续三年的下跌趋势得到扭转。因此，服装用羊毛与家纺等用羊毛产量之间的差距在2021年企稳。据估计，由于澳大利亚羊毛产量的增长，2021年美利奴（主要产细支毛的绵羊品种）羊毛的全球产量增长1.9%，见图1。

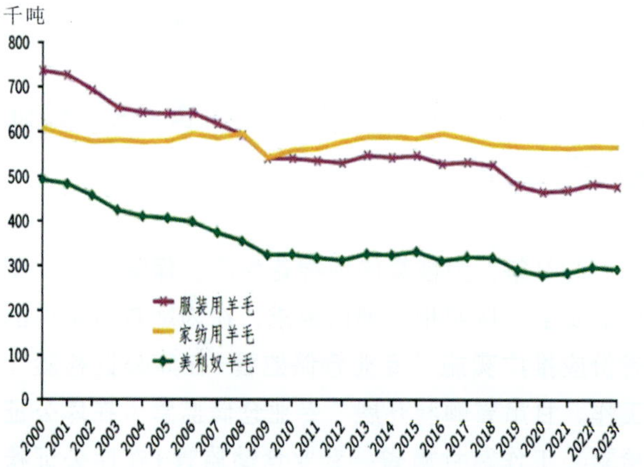

图1 2000～2023年全球服装用羊毛、家纺用羊毛及美利奴羊毛生产趋势（2022～2023年为预测值）

资料来源：国际毛纺织组织

2022年度，全球羊毛产量预计继续呈现增长，增幅预计为1.6%。其中，澳大利亚由于气候条件进一步改善，羊毛产量预计大幅增长，增速达到9.9%。土耳其和英国2021年度的羊毛产量也预计增加。新西兰、中国、南非、阿根廷、乌拉圭和蒙古等国的产量则预计下滑。

二、羊毛的库存形势

2021年，受新冠肺炎疫情、美利奴羊毛价格下滑以及粗支杂交毛价格持续低迷的影响，羊毛库存量有部分消耗。尽管如此，到2021年底，全球总羊毛库存依然偏高。据估算，截至2021年底，世界羊毛的库存量占年度羊毛使用量的14.6%，高于2020年度的12%。当然，羊毛的库存水平但与其他纤维相比仍然较低。图2为2000年到2023年（预测）世界羊毛的总供应量趋势，包括羊毛产量和羊毛的库存量。总体而言，2021年全球羊毛总供应量，即产量加库存量，增加了3%，预计2022年将增长1.3%。

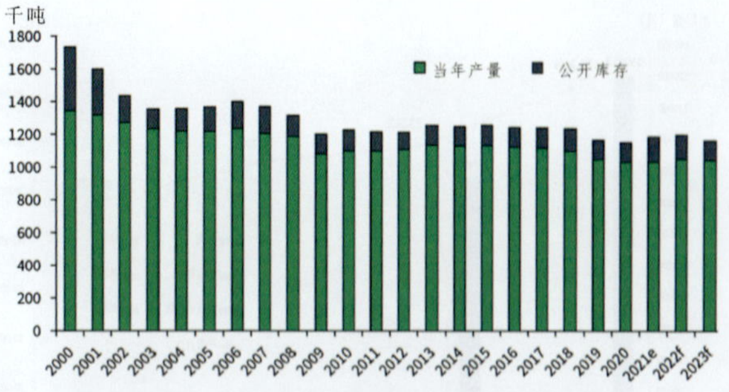

图2 2000～2023年世界羊毛供应量情况

（2022～2023年为预测值）

资料来源：国际毛纺织组织

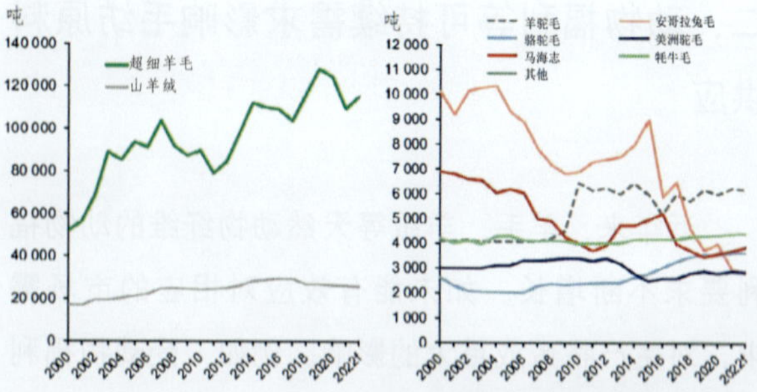

图4 2000～2021年超细羊毛与其他动物纤维产量变化情况

资料来源：国际毛纺织组织

三、其他动物纤维生产与供应形势

其他动物纤维与超细羊毛通常为高档服装生产所使用的价位较高的纤维。2020年度，除羊毛外的全球动物纤维产量5.0万吨，同比下跌约1.3%，见图3。

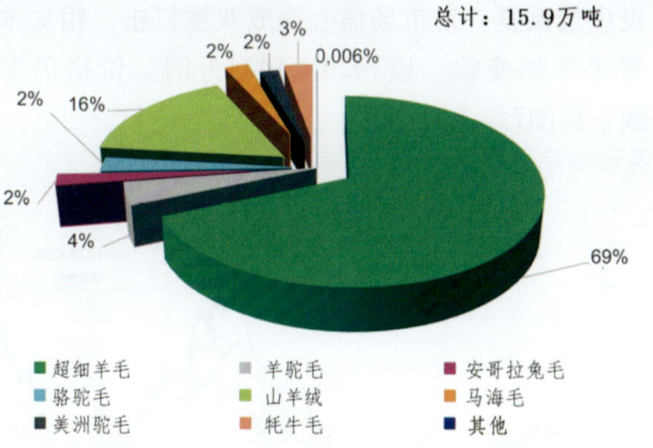

图3 2021年高档动物纤维产量结构

资料来源：国际毛纺织组织

其中，骆驼毛、美洲驼毛、牦牛毛和马海毛产量分别为3632吨、2900吨、4390吨和3726吨，同比分别增长1.9%、3.6%、1.0%和3.5%；山羊绒和马海毛产量为26121吨，同比下降0.8%，见图4。

供需关系与结构的变化对毛纺原料供应的影响

一、羊毛生产结构变化影响原料供应

2007年以来，以细支羊毛和中支羊毛为主的服装用羊毛，和以粗支羊毛为主的家纺产品用羊毛产量差距不断扩大。粗支羊毛占全球羊毛产量的比例不断提高，更适用于服装加工的细支和中支羊毛比例减少，产量停滞甚至萎缩。2021年，两类羊毛之间的产量差距有所稳定，预计2022年差距将呈现缩小态势，见图5。我国毛纺加工以服装为主，供应端的影响更为突出，它的稳定也有助于平抑我国毛纺产业链的羊毛价格波动。

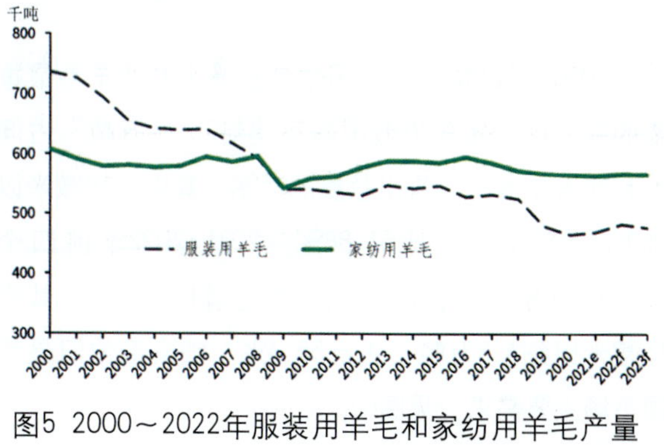

图5 2000～2022年服装用羊毛和家纺用羊毛产量变化情况

资料来源：国际毛纺织组织

二、动物福利等可持续需求影响毛纺原料供应

近年来，羊毛、羊绒等天然动物纤维的动物福利要求不断增长。如未能有效应对相应的市场需求，对生产将造成重大的影响。例如，受动物福利影响，2018～2021年，兔毛年产量分别下滑18%、29%、24%和25%。对于羊毛而言，非割尾绵羊生产的羊毛需求持续增加。2021年，南非羊毛产业率先推出与美国可持续羊毛认证组织RWS（Responsible Wool Standard，确保羊毛来自农场，农场的土地采取渐进式管理方式，羊毛来自负责任地对待的绵羊）结合的认证指标，南非市场RWS羊毛平均溢价超过25%。2020/2021年度售出的澳大利亚羊毛中，非割尾羊毛的数量增长36%，占所有售出羊毛的15%，同比增加1个百分点。作为最受动物福利影响的羊毛生产国，澳大利亚也将在2022年引进羊毛可持续认证指标。

全球主要羊毛市场产销及贸易情况

一、澳大利亚羊毛市场

2020/2021年度，我国依然是澳大利亚羊毛最重要的购买国，本年度我国购买澳毛25.15万吨，占澳大利亚当年度羊毛售出数量的85%，其中，19微米以细13.05万吨，占比51.88%。2021/2022年前四个月，我国进口澳毛8.7万吨，同比增长45.1%，其中19微米以细4.8万吨，占比55.4%。细支毛依旧是我国市场主要需求，见图6。

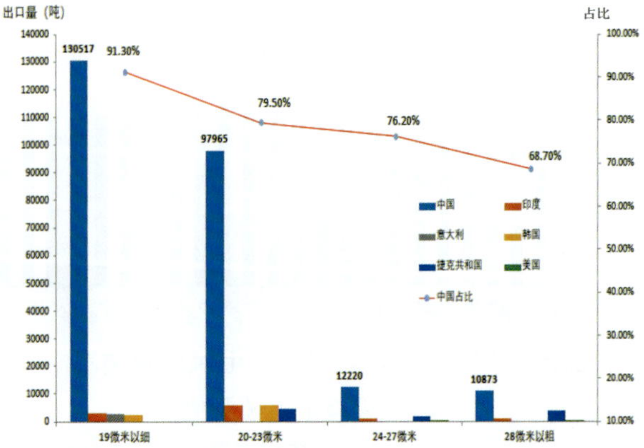

图6 2020/2021年度澳洲羊毛按国别分细度出口情况

资料来源：澳大利亚统计局

2021年以来，我国政府部门、部队以及各大银行的工装订单有所增长，以及高端市场对羊毛羊绒混纺产品的稳定需求等一系列利好消息带动了T55以细羊毛美金价同比大幅上涨。越细的羊毛涨幅越大，主流品种T54PP（截至12月15日）同比上涨27%。但是，截至2021年底，各细度羊毛价格与六月底高位相比均有明显下跌。主要是七月份的洪灾与新冠肺炎疫情反复，对市场信心造成双重打击。粗支羊毛需求依然疲软，以T423、T424为例，价格仍在下跌，见图7。

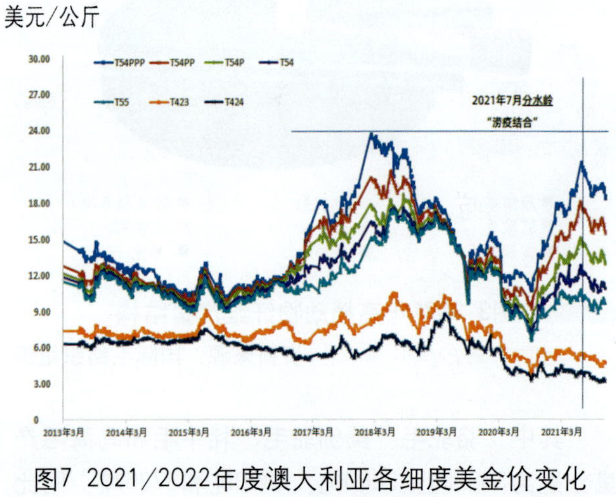

图7 2021/2022年度澳大利亚各细度美金价变化

资料来源：南京羊毛市场

二、新西兰羊毛市场

2020/2021年度，新西兰羊毛产量预计为

13.5万吨，与25年前相比下跌近55%，其中细支毛产量仅为6600吨。同时2020/2021年度上市量仅43万包，与2012/2013年度相比下跌28.8%，见图8。2016年以来，针织面料需求低迷，细支毛占据高端市场，低端市场化纤不断取代，加上新冠肺炎疫情的冲击，新西兰粗支毛一直在夹缝中前行。对于牧民来说，剪羊毛入不敷出，加上羊肉利润高企，新西兰羊毛的产量在逐步缩减。

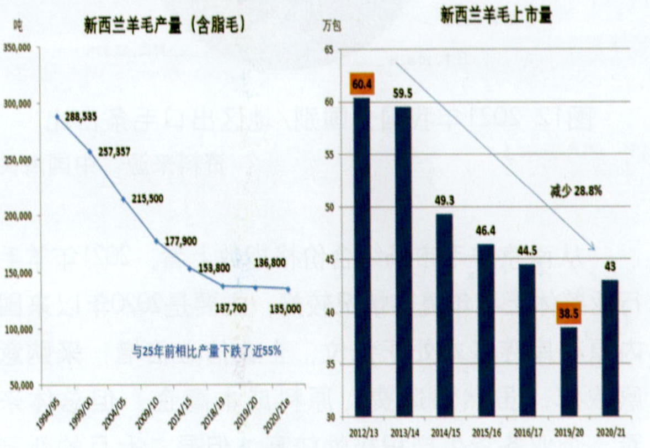

图8 新西兰羊毛产量及拍卖上市数量变化

资料来源：Woolworks NZ

从2021年上半年至今，新西兰羊毛价格稳步增长，见图9。从出口情况来看，我国以外的需求越发强烈，新西兰对印度及尼泊尔洗净毛出口量已经赶超我国，印度及尼泊尔的所占进口份额正在逐步上升。从新西兰本土情况来看，在碳中和的大趋势下，作为新西兰政府对巴黎气候协定政策承诺的一部分，新西兰必须减少碳排放，羊毛产品正在"复兴"。羊毛地毯是新西兰羊毛主要用途，其市场需求不断增长，有望逐渐取代被市场淘汰的化纤地毯。因此，新西兰羊毛未来仍有很大幅度的上涨空间，成为市场新的应用热点。

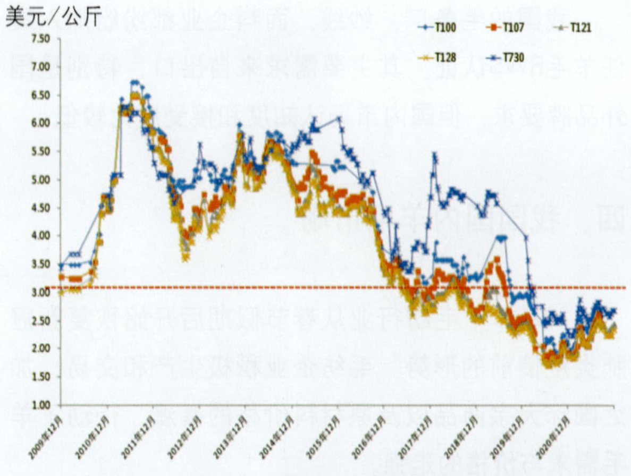

图9 新西兰主要粗支品种价格走势

资料来源：南京羊毛市场

三、南非羊毛市场

2020/2021年度，南非羊毛总供应量为317698包，成交量为300664包，成交率高达94.6%，主要是责任羊毛RWS成为买家竞相争夺的品种。

2021年以来，责任羊毛RWS成为整个行业的宠儿。根据南非拍卖报告周报，RWS认证羊毛、非割尾羊毛与普通羊毛的价差是越拉越大，见图10。目前，南非已经将RWS羊毛与常规型号价格指数分开统计。以18.5μm与21.0μm为例，原毛的价差一度高达24%左右。

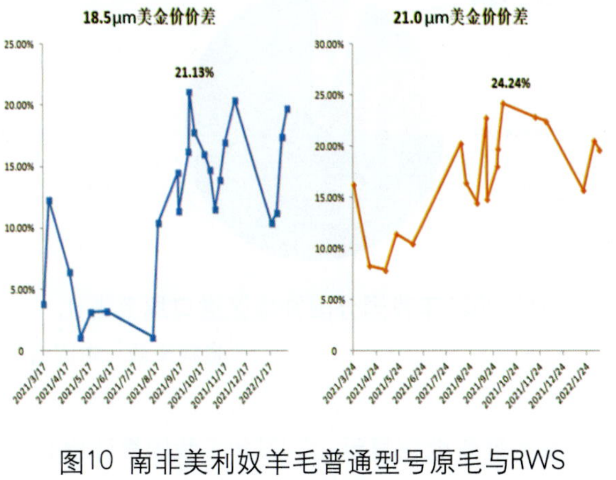

图10 南非美利奴羊毛普通型号原毛与RWS原毛价差

资料来源：南京羊毛市场

我国的毛条厂、纱线、面料企业都纷纷加入责任羊毛RWS认证，其主要需求来自出口，特别是国外品牌要求，但国内市场认知度和接受度比较低。

四、我国国内羊毛市场

2021年，毛纺行业从春节假期后开始恢复新冠肺炎疫情前的形势，毛纺企业积极生产和交易。加之国际大宗商品以及原材料价格的暴涨，带动了羊毛需求与价格的走强。

海关数据显示，2021年，我国累计进口原毛24.42万吨，同比增加30.7%。以美元计，进口总额23.20亿美金，同比增加49.48%。

我国分国别/地区进口原毛情况见图11。与2020年同比，我国自主要产毛国澳大利亚进口原毛数量同比增长35.84%，自南非进口同比减少1.60%，自新西兰进口同比增长11.59%（注意：受到新冠肺炎疫情反复和封城影响，2021年南非羊毛市场陆续停拍7周，新西兰羊毛市场连续停拍整整2个月）。除了自欧洲部分国家进口量下跌外，从其他国家进口量均呈上涨态势。

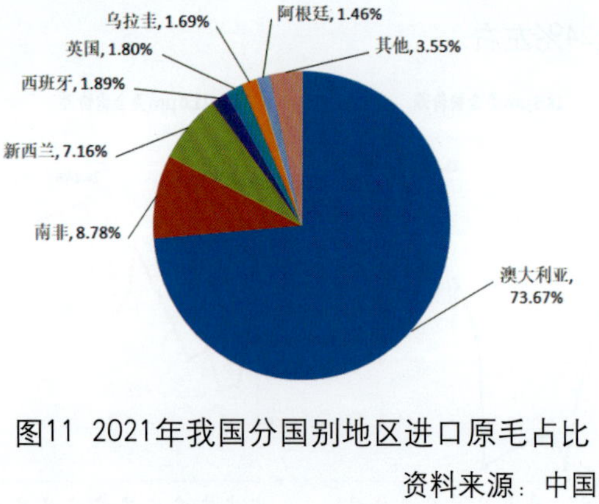

图11 2021年我国分国别地区进口原毛占比

资料来源：中国海关

海关最新数据显示，2021年，我国累计出口毛条2.33万吨，同比增长3.67%，出口总额3.19亿美元，同比增长8.75%。我国毛条出口市场占比情况见图12。我国毛条主要出口国家为意大利、德国、韩国和日本，除了对日本出口量同比下跌27.91之外，其余均呈上涨态势，其中意大利同比上涨12.22%，德国同比上涨12.75%，韩国同比上涨17.36%。

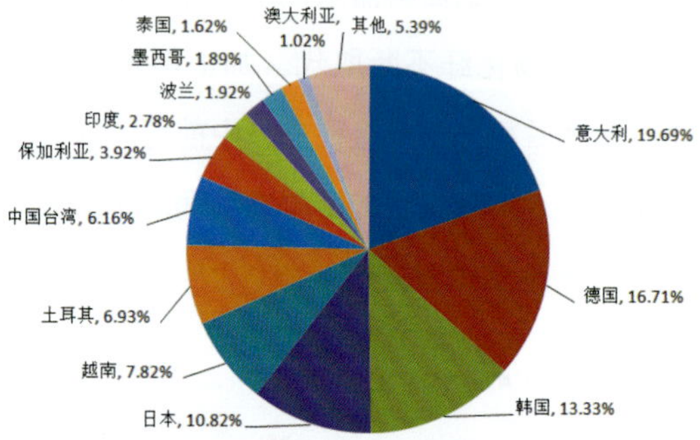

图12 2021年我国分国别/地区出口毛条占比

资料来源：中国海关

从南京羊毛市场综合价格指数上看，2021年羊毛行业整体上半年复苏情况较好，主要是2020年以来国内原料库存基本处于低位，企业信心倍增，采购意愿浓厚。虽然海运费、原料成本高企，但总体来看，企业备货生产积极性较高。但是，七月的新冠肺炎疫情、洪水以及九月份开始的限电等突发因素，导致企业有订单无法生产，能生产时却没有了订单，再加上对内销市场预期值过高，半成品和成品库存开始积压，羊毛价格回落到2020年同期水平，截至2021年12月底，综合指数收于6452分/公斤，同比仅上涨0.8%，见图13。

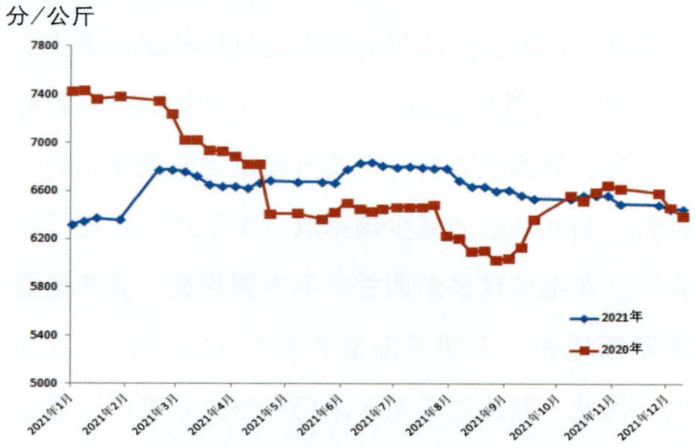

图13 南京羊毛市场综合价格指数走势

资料来源：南京羊毛市场

2022年羊毛市场展望

2021年底，毛纺企业订单较为充足，一些订单较多的厂家可执行订单排期至2022年4～5月，生产积极性较好。同时，多地政府出台就地过年的奖励政策，有利于毛纺企业春节后的复工复产，有效解决劳动力短缺、招工难等问题。

但是，新冠肺炎疫情的走向仍然是2022年最大的变数，毛纺企业仍然需要时刻关注疫情、能源、天气等突发因素。同时，当今社会以绿色环保为主旋律，传统的毛纺企业只有直面变局，加快绿色转型，推动产业循环低碳可持续发展，打造更加完善的创新体系、更高质量的制造体系、更负责任的生态体系，实现碳达峰、碳中和目标，共建人类命运共同体，在推动共同富裕和开放发展中发挥重要作用。

（撰稿人：蒋雅丽　张书勤）

CNTAC

2021/2022 中国纺织工业发展报告

2021/2022 CHINA TEXTILE INDUSTRY DEVELOPMENT REPORT

统计资料

国内统计

国内统计数据资料详见表1～表8。

表1 2021年国民经济主要指标

Table1 Main Indicators of National Economy in 2021

指标名称 Indicators	单位 Unit	数值 Value	比上年增长(%) Percentage Change Over Previous Year
国内生产总值 GDP	亿元 100 million yuan	1143670	8.1
规模以上工业企业实现利润 Gained Profit of Enterprises Above Designated Size	亿元 100 million yuan	87092	34.3
其中：规模以上企业增加值 Added Value of Enterprises Above Designated Size	亿元 100 million yuan	22770	56.0
全部工业增加值 All Industrial Added Value	亿元 100 million yuan	372575	9.6
其中：规模以上企业增加值 Added Value of Enterprises Above Designated Size	亿元 100 million yuan		9.6
其中：国有及国有控股企业 State-owned and State-controlled Enterprises	亿元 100 million yuan		8.0
股份制企业 Stock Enterprises	亿元 100 million yuan		9.8
外商及港澳台投资企业 Foreign, Hong Kong, Macao and Taiwan Invested Enterprises	亿元 100 million yuan		8.9
私营企业 Private Enterprises	亿元 100 million yuan		10.2
其中：采矿业 Mining and Quarrying	亿元 100 million yuan		5.3
制造业 Manufacturing	亿元 100 million yuan		9.8
电力、燃气和水的生产和供应业 Production and Distribution of Electricity, Gas and Water	亿元 100 million yuan		11.4
全社会完成固定资产投资 Total Fixed Assets Investment in the Whole Country	亿元 100 million yuan	552884	4.9
固定资产投资（不含农户） Fixed Assets Investment Excluding Rural Household	亿元 100 million yuan	544547	4.9
全年社会消费品零售总额 Social Consumable Retail Total Amount	亿元 100 million yuan	440823	12.5

续表

指标名称 Indicators	单位 Unit	数值 Volume	比上年增长(%) Percentage Change over Previous Year
全国居民消费价格指数 National Residents' Consumption Price Index	上年=100	100.9	0.9
全国城镇居民人均可支配收入 National Urban Residents' Disposable Income Per Capita	元 RMB YUAN	47412	8.2
全国农村居民人均可支配收入 National Rural Residents' Disposable Income Per Capita	元 RMB YUAN	18931	10.5
全年货物进出口总额 Imports and Exports Total Value	亿元 100 million yuan	391009	21.4
其中：出口总额 Export Total	亿元 100 million yuan	217348	21.2
进口总额 Import Total	亿元 100 million yuan	173661	-0.7
全年货物进出口差额 Favorable Balance of Imports and Exports	亿元 100 million yuan	43687	17.8
国家外汇储备 National Foreign Exchange Reserve	亿美元 USD 100 million	32502	1.0
广义货币供应量(M2)余额 Money Supply (M2) Balance in Broad Sense	万亿元 1,000 billion yuan	238.3	9.0
狭义货币供应量(M1)余额 Money Supply (M1) Balance in Narrow Sense	万亿元 1,000 billion yuan	64.7	3.5
流通中现金 (M0)余额 Balance of Cash (M0) in Circulation	万亿元 1,000 billion yuan	9.1	7.7
金融机构本外币存款余额 Home and Foreign Currency Balance of Deposits of Financial Organization	万亿元 1,000 billion yuan	218.4	10.2
全国总人口 National Total Population	万人 10,000 persons	141260	0.03
全年城镇新增就业人员 Urban Newly-increased Employees	万人 10,000 persons	1269	7.0
城镇登记失业率 Urban Registered Unemployment Rate	%	5.1	0.9 (百分点)

表2　2021年规模以上纺织企业经济指标完成情况汇总表（不含纺织机械制造业）
Table2　Main Indicators of Textile Enterprises Above Designated Size in 2021 (Excluding Textile Machinery Manufacturing)

序号 Number	指标名称 Indicators	单位 Unit	本年累计 Current Year	去年累计 Previous Year	同比(%) Percentage Change over Previous Year
1	企业单位数 Number of Enterprises	户 household	33371	33352	
2	亏损企业数 Number of Loss-making Enterprises	户 household	5741	7639	-24.85
3	亏损面 Proportion of Loss-making Enterprises	%	17.20	22.77	-5.57（百分点）
4	营业收入 Operating Revenue	万元 10,000 yuan	508004245	453205362	12.09
5	营业成本 Operating Costs	万元 10,000 yuan	442583782	396280312	11.68
6	销售费用 Sales Expenses	万元 10,000 yuan	11046112	10125344	9.09
7	管理费用 Management Expenses	万元 10,000 yuan	17574284	16129172	8.96
8	财务费用 Financial Expenses	万元 10,000 yuan	4807221	5185228	-7.29
9	利润总额 Total Profit	万元 10,000 yuan	25997867	20788257	25.06
10	亏损企业亏损额 Total Loss of Loss-making Enterprises	万元 10,000 yuan	3094416	3384538	-8.57
11	资产合计 Total Assets	万元 10,000 yuan	430053535	404443620	6.33
12	其中：流动资产合计 Total Working Capitals	万元 10,000 yuan	238278925	221650051	7.50
13	其中：应收票据及应收账款 Trade and Bills Receivables	万元 10,000 yuan	54007731	50318788	7.33
14	存货 Inventory	万元 10,000 yuan	63756547	56143991	13.56
15	其中：产成品 Finished Goods	万元 10,000 yuan	32547015	28955782	12.40
16	负债合计 Total Liabilities	万元 10,000 yuan	237608659	222576292	6.75
17	出口交货值 Export Delivered Value	万元 10,000 yuan	63663324	59402639	7.17

注 2021年，纺织行业规模以上企业主要经济指标根据国家统计局发布的纺织业、服装服饰业和化纤业数据加总。
Note In 2021, the main indicators of enterprises above designated size in the textile industry have been aggregated according to the data of the textile industry, apparel industry and chemical fiber industry released by the National Bureau of Statistics.

纺织导报®
CHINA TEXTILE LEADER
关注《纺织导报》官方微信
传递纺织科技信息
推动企业价值增长
以全新视野、宏观视角、深刻思想、前瞻观点，发现纺织科技进步所带来的巨大价值和无限潜力，解析技术市场变局，促进价值生产和传递，实现传媒自身价值，构建纺织业交流平台。
欢迎订阅《纺织导报》杂志
纺织导报
CHINA TEXTILE LEADER
Mar. 2017 No.3
HUNTSMAN
天空一望
无际的蔚蓝
订阅热线：010-84463638-8850
更多精彩内容请登录本刊网站：www.texleader.com.cn

表3-1 2021年规模以上纺织企业经济指标分行业完成情况（不含纺织机械制造业）

Table3-1 Industry Main Indicators of Textile Enterprises Above Designated Size by Industrial Sectors in 2021 (Excluding Textile Machinery Manufacturing)

单位：万元
Unit：10,000 yuan

行业 Industrial Sectors		纺织行业（不含纺织机械制造业） The Overall Textile Industry (Excluding Textile Machinery Manufacturing)	纺织业 Textile	纺织服装、服饰业 Garment and Accessory Manufacturing	化学纤维制造业 Chemical Fiber Manufacturing
企业户数 Number of Enterprises		33371	18729	12653	1989
亏损企业数 Number of Loss-making Enterprises		5741	3056	2341	344
亏损面（%） Proportion of Loss-making Enterprises		17.20	16.32	18.50	17.30
营业收入 Operating Revenue	本年累计 Current Year	508004245	257142338	148233569	102628338
	去年累计 Previous Year	453205362	233740084	139178313	80286965
	同比（%） Compared Ratio	12.09	10.01	6.51	27.83
营业成本 Operating Costs	本年累计 Current Year	442583782	225853253	125971299	90759230
	去年累计 Previous Year	396280312	204747510	118419040	73113762
	同比（%） Compared Ratio	11.68	10.31	6.38	24.13
销售费用 Sales Expenses	本年累计 Current Year	11046112	4743241	5404267	898604
	去年累计 Previous Year	10125344	4400434	4912045	812865
	同比（%） Compared Ratio	9.09	7.79	10.02	10.55
管理费用 Management Expenses	本年累计 Current Year	17574284	8231891	7162273	2180120
	去年累计 Previous Year	16129172	7560269	6611775	1957128
	同比（%） Compared Ratio	8.96	8.88	8.33	11.39

续表

行业 Industrial Sectors		纺织行业（不含纺织机械制造业） The Overall Textile Industry (Excluding Textile Machinery Manufacturing)	纺织业 Textile	纺织服装、服饰业 Garment and Accessory Manufacturing	化学纤维制造业 Chemical Fiber Manufacturing
财务费用 Financial Expenses	本年累计 Current Year	4807221	2594045	996889	1216287
	去年累计 Previous Year	5185228	2833278	1203992	1147958
	同比(%) Compared Ratio	−7.29	−8.44	−17.20	5.95
利润总额 Total Profit	本年累计 Current Year	25997867	12030711	7678190	6288966
	去年累计 Previous Year	20788257	11553056	6711393	2523809
	同比(%) Compared Ratio	5209610	477655	966798	3765157
亏损企业亏损额 Total Loss of Loss−making Enterprises	本年累计 Current Year	3094416	1197630	1098927	797859
	去年累计 Previous Year	3384538	1519371	989945	875222
	同比(%) Compared Ratio	−8.57	−21.18	11.01	−8.84
资产总计 Total Assets	本年累计 Current Year	430053535	213600056	114839470	101614009
	去年累计 Previous Year	404443620	202645603	111104259	90693758
	同比(%) Compared Ratio	6.33	5.41	3.36	12.04
其中：流动资产合计 Total Working Capitals	本年累计 Current Year	238278925	123187435	70376258	44715232
	去年累计 Previous Year	221650051	115550560	67201686	38897806
	同比(%) Compared Ratio	7.50	6.61	4.72	14.96

表3-2 2021年规模以上纺织企业经济指标分行业完成情况（不含纺织机械制造业）

Table3-2 Industry Main Indicators of Textile Enterprises Above Designated Size by Industrial Sectors in 2021 (Excluding Textile Machinery Manufacturing)

单位：万元
Unit：10,000 yuan

行业 Industrial Sectors		纺织行业（不含纺织机械制造业）The Overall Textile Industry (Excluding Textile Machinery Manufacturing)	纺织业 Textile	纺织服装、服饰业 Garment and Accessory Manufacturing	化学纤维制造业 Chemical Fiber Manufacturing
其中：应收票据及应收账款 Trade and Bills Receivables	本年累计 Current Year	54007731	29044159	18334874	6628697
	去年累计 Previous Year	50318788	27099860	17733639	5485288
	同比(%) Compared Ratio	7.33	7.17	3.39	20.85
存货 Inventory	本年累计 Current Year	63756547	34907276	18445200	10404071
	去年累计 Previous Year	56143991	31080044	16750878	8313069
	同比(%) Compared Ratio	13.56	12.31	10.11	25.15
其中：产成品 (Include) Manufactured Products	本年累计 Current Year	32547015	17094292	9728388	5724334
	去年累计 Previous Year	28955782	15543860	8937027	4474895
	同比(%) Compared Ratio	12.40	9.97	8.85	27.92
负债合计 Total Liabilities	本年累计 Current Year	237608659	120503932	58501386	58603341
	去年累计 Previous Year	222576292	114090811	55421983	53063498
	同比(%) Compared Ratio	6.75	5.62	5.56	10.44
出口交货值 Export Delivered Value	本年累计 Current Year	63663324	27885810	30502134	5275381
	去年累计 Previous Year	59402639	26623154	28999952	3779534
	同比(%) Compared Ratio	7.17	4.74	5.18	39.58

注 2021年，纺织行业规模以上企业主要经济指标根据国家统计局发布的纺织业、服装服饰业和化纤业数据加总。

Note In 2021, the main indicators of enterprises above designated size in the textile industry have been aggregated according to the data of the textile industry, apparel industry and chemical fiber industry released by the National Bureau of Statistics.

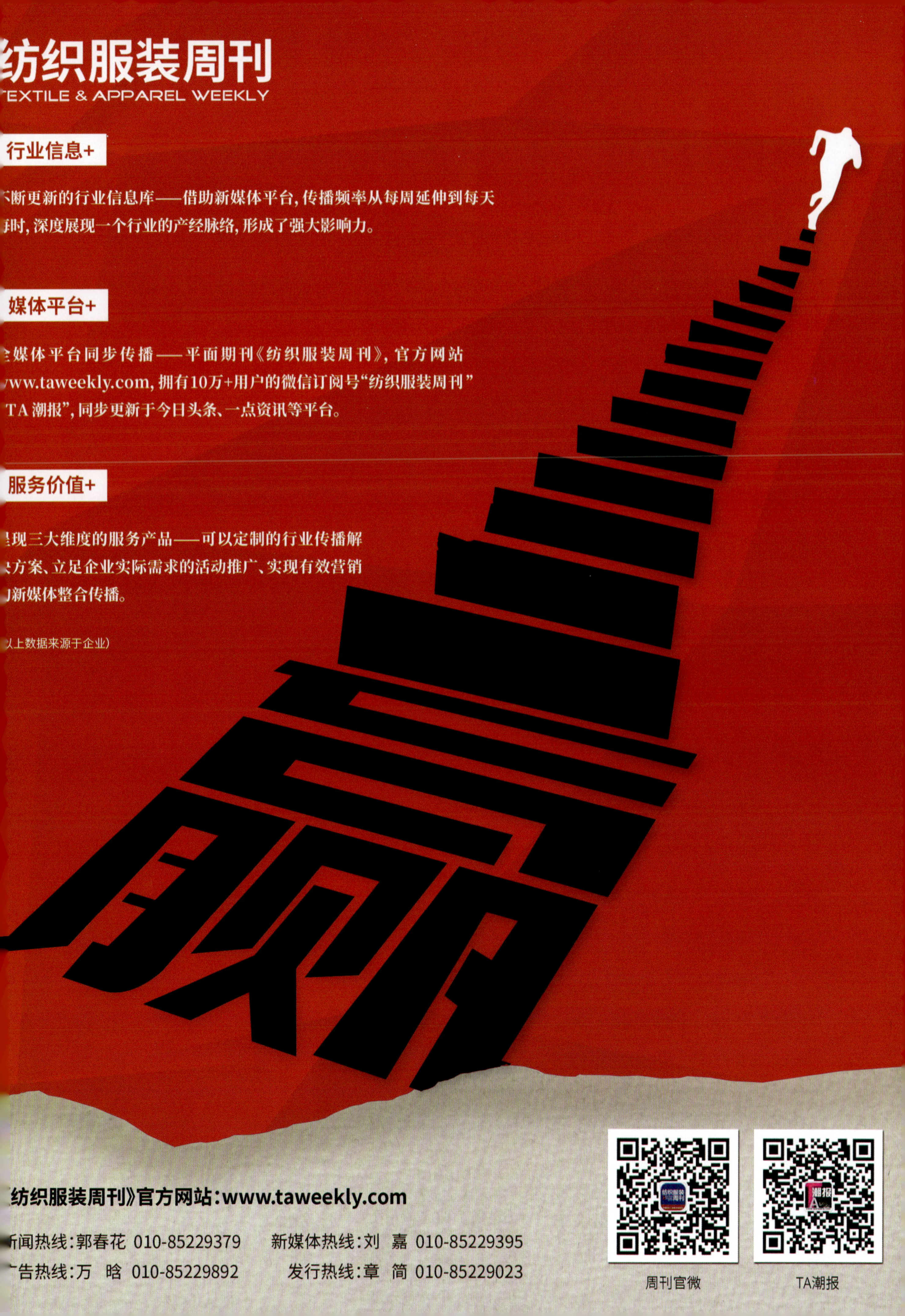
纺织服装周刊
TEXTILE & APPAREL WEEKLY
行业信息+
不断更新的行业信息库——借助新媒体平台，传播频率从每周延伸到每天
时，深度展现一个行业的产经脉络，形成了强大影响力。
媒体平台+
全媒体平台同步传播——平面期刊《纺织服装周刊》，官方网站
www.taweekly.com，拥有10万+用户的微信订阅号"纺织服装周刊"
"TA潮报"，同步更新于今日头条、一点资讯等平台。
服务价值+
呈现三大维度的服务产品——可以定制的行业传播解
决方案、立足企业实际需求的活动推广、实现有效营销
的新媒体整合传播。
（以上数据来源于企业）
《纺织服装周刊》官方网站：www.taweekly.com
新闻热线：郭春花 010-85229379
新媒体热线：刘 嘉 010-85229395
广告热线：万 晗 010-85229892
发行热线：章 简 010-85229023
周刊官微
TA潮报

表4　2021年纺织工业产量增速汇总表（规模以上全行业）
Table4　Main Products Output Rate of Textile Industry in 2021 (Enterprises Above Designated Size)

序号 Number	名称 Products	累计同比(%) Percentage Change over Previous Year
1	纱 Yarn	8.37
2	棉纱 Cotton Yarn	7.25
3	棉混纺纱 Blended Yarn	8.89
4	化学纤维纱 Chemical Fiber Yarn	10.79
5	布 Cloth	7.50
6	其中：色织布（含牛仔布） Yarn-dyed Fabric (Including Denim)	20.17
7	其中：棉布 Cotton Cloth	6.00
8	棉混纺布 Blended Cloth	3.96
9	化学纤维布 Pure Chemical Fiber Cloth	12.71
10	印染布 Dyed and Printed Fabric	11.76
11	绒线（毛线）Wool Yarn	4.18
12	毛机织物（呢绒）Woolen Fabrics	-7.60
13	亚麻布（含亚麻≥55%） Linen Fabrics	11.54
14	苎麻布（含苎麻≥55%） Ramie Fabrics	-7.65
15	蚕丝 Silk	-7.83
16	其中：绢纺丝 Schappe Silk	1.60
17	蚕丝及交织机织物（含蚕丝≥50%） Silk Textile	-2.33
18	蚕丝被 Silk Quilt	21.31
19	无纺布（非织造布） Nonwoven	-3.20
20	帘子布 Cord Fabric	22.48

续表

序号 Number	名称 Products	累计同比(%) Percentage Change over Previous Year
21	服装 Garments	8.38
22	梭织服装 Non-knit Clothes	4.85
23	其中：羽绒服装 Down & Feather Clothes	3.51
24	西服套装 Suits	4.57
25	衬衫 Shirts	-1.57
26	针织服装 Knit Clothes	10.86
27	化学纤维用浆粕 Pulp for Man-made Fiber	-9.43
28	化学纤维 Chemical Fiber	9.07
29	其中：人造纤维（纤维素纤维） Cellulose Fiber	9.54
30	其中：黏胶短纤维 Viscose Fiber	8.01
31	黏胶纤维长丝 Viscose Filament	0.76
32	醋酯纤维长丝 Cellulose Acetate Fiber	-0.80
33	其中：合成纤维 Synthetic Fiber	9.07
34	其中：锦纶 Nylon (Polyamide Fiber)	9.75
35	涤纶 Polyester Fiber	9.46
36	腈纶 Acrylic Fiber	-11.93
37	维纶 Polyvinyl Fiber	4.16
38	丙纶 Polypropylene Fiber	3.73
39	氨纶 Spendex Fiber	10.08

表5-1　2021年纺织工业产量增速分地区汇总表（规模以上全行业）
Table5-1　Main Products Output Rate of Textile Industry by Provinces in 2021 (Enterprises Above Designated Size)

地　区	Region	纱 Yarn	棉纱 Cotton Yarn	棉混纺纱 Blended Yarn	化学纤维纱 Chemical Fiber Yarn
		累计同比(%) Percentage Change over Previous Year	累计同比(%) Percentage Change over Previous Year	累计同比(%) Percentage Change over Previous Year	累计同比(%) Percentage Change over Previous Year
全　国	National Total	8.37	7.25	8.89	10.79
北　京	Beijing				
天　津	Tianjin	-17.81	-47.70		22.15
河　北	Hebei	0.17	-5.95	38.47	21.84
山　西	Shanxi	5.43	-0.13	10.37	19.19
内　蒙	Inner Mongolia	7.91	7.91		
辽　宁	Liaoning	10.98	20.55	29.18	-67.16
吉　林	Jilin	17.93	29.55		9.76
黑龙江	Heilongjiang	20.93			20.93
上　海	Shanghai	29.90	9.95		41.97
江　苏	Jiangsu	8.78	-0.15	19.76	14.65
浙　江	Zhejiang	10.39	13.72	8.13	8.62
安　徽	Anhui	-2.21	-1.57	5.15	-17.70
福　建	Fujian	2.16	4.66	-1.47	3.40
江　西	Jiangxi	1.54	-3.32	12.66	27.36
山　东	Shandong	7.78	6.80	12.00	18.53
河　南	Henan	11.35	12.40	-24.53	19.23
湖　北	Hubei	18.75	12.61	29.59	28.11
湖　南	Hunan	3.78	-0.09	-0.81	71.96
广　东	Guangdong	-0.06	0.46	-38.40	36.91
广　西	Guangxi	12.63	54.20	-22.12	-8.49
海　南	Hainan				
重　庆	Chongqing	63.66	122.84	10.43	40.25
四　川	Sichuan	20.70	5.54	27.74	35.98
贵　州	Guizhou	58.46	36.38	98.79	33.56
云　南	Yunnan	2.69		7.30	6.20
西　藏	Tibet				
陕　西	Shaanxi	1.46	-2.80	22.51	-15.76
甘　肃	Gansu	21.08	21.08		
青　海	Qinghai				
宁　夏	Ningxia	17.97	14.93	27.22	34.38
新　疆	Xinjiang	16.03	20.64	-28.93	5.87

续表

布 Cloth	色织布 Yarn-dyed Fabric	棉布 Cotton Cloth	棉混纺布 Blended Cloth	化学纤维布 Pure Chemical Fiber Cloth
累计同比(%) Percentage Change over Previous Year	累计同比(%) Percentage Change over Previous Year	累计同比(%) Percentage Change over Previous Year	累计同比(%) Percentage Change over Previous Year	累计同比(%) Percentage Change over Previous Year
7.50	20.17	6.00	3.96	12.71
−2.72		−13.20	21.98	
−9.04	20.29	−5.70	−12.72	−29.73
5.92		−8.98	12.37	
−5.13	−27.66	9.87	5.37	−26.81
24.68		24.68		
27.68			78.01	
13.17	114.74	−7.94	8.39	22.29
−0.95	12.21	−1.57	−5.60	3.57
11.51	39.00	15.37	10.45	7.77
8.83	−39.29	6.95	20.14	7.09
3.10		1.91	−6.23	8.30
13.38	26.46	18.44	−11.82	12.30
2.99	30.60	1.12	20.50	6.15
15.43	39.05	12.73	7.65	74.13
14.43		6.57	19.89	54.82
−15.38	−33.78	−21.58	−3.31	
30.73	23.17	10.05	30.70	72.32
20.36	120.84	35.41		
66.31		21.59	130.78	−23.72
−3.62		−10.61	−0.53	23.31
43.53				43.53
−5.59		4.07	−11.21	−28.84
9.31		25.72	−85.42	−43.53
35.83	−90.92	31.83	102.72	−91.33

表5-2 2021年纺织工业产量增速分地区汇总表（规模以上全行业）

Table5-2 Main Products Output Rate of Textile Industry by Provinces in 2021 (Enterprises Above Designated Size)

地 区	Region	印染布 Dyed and Printed Fabric	绒线（毛线） Knitting Wool	毛机织物（呢绒） Woolen Fabrics	亚麻布 Linen
		累计同比(%) Percentage Change over Previous Year	累计同比(%) Percentage Change over Previous Year	累计同比(%) Percentage Change over Previous Year	累计同比(%) Percentage Change over Previous Year
全 国	National Total	11.76	4.18	−7.60	11.54
北 京	Beijing		56.41		
天 津	Tianjin	111.30			
河 北	Hebei	44.25	−6.28	33.33	
山 西	Shanxi	16.45			
内 蒙	Inner Mongolia		2062.08	−98.51	
辽 宁	Liaoning	−16.20	−7.95	0.00	19.26
吉 林	Jilin			11.20	
黑龙江	Heilongjiang				24.17
上 海	Shanghai	24.87			
江 苏	Jiangsu	6.34	−11.38	−5.93	27.56
浙 江	Zhejiang	10.48	36.67	7.74	−4.07
安 徽	Anhui	−42.53	−1.41	−10.96	102.73
福 建	Fujian	11.36	−31.82	−31.17	
江 西	Jiangxi	20.18	14.10	−16.31	
山 东	Shandong	18.88	28.04	6.44	−4.17
河 南	Henan	27.59	12.51	24.19	−13.81
湖 北	Hubei	95.74		−88.43	22.96
湖 南	Hunan	−18.47			
广 东	Guangdong	21.85	11.46	19.73	−57.05
广 西	Guangxi	130.10			65.15
海 南	Hainan				
重 庆	Chongqing	53.93	1.47		
四 川	Sichuan	5.13			
贵 州	Guizhou	28.30			
云 南	Yunnan				
西 藏	Tibet		−5.75	−67.13	
陕 西	Shaanxi	30.90			
甘 肃	Gansu			−3.65	
青 海	Qinghai				
宁 夏	Ningxia				
新 疆	Xinjiang	−20.23			

续表

苎麻布 Ramie Fabrics	蚕丝 Silk	绢纺丝 Schappe Silk	蚕丝及交织物(含蚕丝≥50%) Silk Textile	蚕丝被 Silk Quilt
累计同比(%) Percentage Change over Previous Year	累计同比(%) Percentage Change over Previous Year	累计同比(%) Percentage Change over Previous Year	累计同比(%) Percentage Change over Previous Year	累计同比(%) Percentage Change over Previous Year
−7.65	−7.83	1.60	−2.33	21.31
	2.40			93.55
	12.15			
				13.06
	1.69	−30.74	5.07	2.52
	1.97	7.73	4.63	4.37
	−31.58		−24.90	−74.89
				152.27
45.12	−29.30		49.24	46.50
	−8.89		−1.24	17.41
	26.21	6.89		271.07
−41.79	54.69			−46.04
−41.01				63.58
	17.24	−32.51		38.50
20.80	−14.73	0.15	−0.42	27.27
−4.70	−54.22	47.76	0.55	−2.73
−15.33	2.33	1.71	−12.43	−65.74
	17.25	−72.57		
	−6.68		−2.15	−37.55
	31.82		32.33	−51.58

表5-3 2021年纺织工业产量增速分地区汇总表（规模以上全行业）
Table5-3 Main Products Output Rate of Textile Industry by Provinces in 2021 (Enterprises Above Designated Size)

地区	Region	（非织造布）无纺布 Nonwoven Fabric	帘子布 Cord fabric	服装 Garments	梭织服装 Non-Knit Clothes
		累计同比(%) Percentage Change over Previous Year	累计同比(%) Percentage Change over Previous Year	累计同比(%) Percentage Change over Previous Year	累计同比(%) Percentage Change over Previous Year
全国	National Total	-3.20	22.48	8.38	4.85
北京	Beijing	-15.51		14.48	9.38
天津	Tianjin	-7.89		7.30	-5.83
河北	Hebei	-35.94		1.40	3.06
山西	Shanxi			-20.90	-45.55
内蒙	Inner Mongolia	152.96		14.32	-3.42
辽宁	Liaoning	-15.81		-13.70	-19.09
吉林	Jilin	160.11		8.14	28.00
黑龙江	Heilongjiang	123.69		116.85	265.32
上海	Shanghai	-14.41	-40.13	1.94	-1.66
江苏	Jiangsu	-7.63	29.09	-0.46	-1.72
浙江	Zhejiang	-7.37	18.83	5.73	-1.85
安徽	Anhui	0.20	-57.82	-6.98	-8.75
福建	Fujian	12.14	1.93	16.13	9.77
江西	Jiangxi	11.39		17.04	15.17
山东	Shandong	-2.28	27.19	2.91	-1.60
河南	Henan	-5.84	4.72	5.02	10.22
湖北	Hubei	13.63		22.93	19.85
湖南	Hunan	-3.73		1.89	-5.97
广东	Guangdong	-9.69	35.92	6.13	6.29
广西	Guangxi	-47.18		19.31	-1.12
海南	Hainan	-5.62			
重庆	Chongqing	-8.47		67.26	112.78
四川	Sichuan	-29.09		19.42	14.74
贵州	Guizhou			-28.95	-41.40
云南	Yunnan	-40.29		2.41	-2.47
西藏	Tibet				
陕西	Shaanxi	52.66		46.61	53.14
甘肃	Gansu	-1.43		-0.75	2.21
青海	Qinghai			34.00	36.68
宁夏	Ningxia	-21.43		-28.23	-26.82
新疆	Xinjiang	3.50		-4.01	-9.85

续表

羽绒服 Down & Feather Clothes	西服套装 Suits	衬衫 Shirts	针织服装 Knit Clothes	化学纤维用浆粕 Pulp for Chemical Fiber
累计同比(%) Percentage Change over Previous Year	累计同比(%) Percentage Change over Previous Year	累计同比(%) Percentage Change over Previous Year	累计同比(%) Percentage Change over Previous Year	累计同比(%) Percentage Change over Previous Year
3.51	4.57	−1.57	10.86	−9.43
33.37	−16.52	14.13	21.57	
54.88	−65.72	37.47	36.34	
57.91	−23.82	−43.72	−41.69	2.91
	−18.60	−96.55	12.98	
			27.37	
−77.07	3.06	−30.53	10.98	
−2.39	45.75	27.98	−8.14	
	1.93		45.60	
−44.25	2.89	−14.22	6.46	
1.88	14.06	11.28	0.96	32.92
−20.61	26.96	0.51	9.91	
−2.91	−33.09	−21.86	−4.36	16.96
−35.24	−0.28	−3.21	18.33	32.43
25.73	46.32	49.53	18.73	
39.11	−48.08	−29.13	5.56	−7.45
52.52	11.90	28.16	−8.62	
26.37	5.06	−40.25	33.26	1.75
20.39	3.89	−51.54	7.72	0.96
2.15	18.18	13.49	6.05	
−8.75	47.47	12.90	53.82	
−2.98	46.58	−61.76	11.42	
55.64	27.89	14.21	35.07	−22.42
			−23.61	
	−60.67	−24.79		
815.31	−11.50	30.10	13.30	
	50.82		−62.49	
	110.28	−76.29	−8.74	
	38.24	14.29	−41.77	
−13.51	−19.16	9.29	5.81	11.59

表5-4 2021年纺织工业产量增速分地区汇总表（规模以上全行业）
Table5-4 Main Products Output Rate of Textile Industry by Provinces in 2021 (Enterprises Above Designated Size)

地 区	Region	化学纤维 Chemical Fiber	人造纤维(纤维素纤维) Cellulose Fiber	黏胶短纤维 Viscose Staple	黏胶纤维长丝 Viscose Filament
		累计同比(%) Percentage Change over Previous Year	累计同比(%) Percentage Change over Previous Year	累计同比(%) Percentage Change over Previous Year	累计同比(%) Percentage Change over Previous Year
全 国	National Total	9.07	9.54	8.01	0.76
北 京	Beijing	42.69			
天 津	Tianjin	14.29			
河 北	Hebei	−6.66	−9.27	−9.27	
山 西	Shanxi				
内 蒙	Inner Mongolia	−4.66			
辽 宁	Liaoning	24.45			
吉 林	Jilin	11.28	18.68	36.61	−1.67
黑龙江	Heilongjiang	−10.26			
上 海	Shanghai	−13.97			
江 苏	Jiangsu	7.71	1.28	4.17	1.86
浙 江	Zhejiang	7.11	155.75		
安 徽	Anhui	16.42	48.32	433.62	
福 建	Fujian	18.30	1.09	1.09	
江 西	Jiangxi	20.20	14.46	15.04	
山 东	Shandong	4.70	31.93	40.64	
河 南	Henan	13.28	6.03		5.94
湖 北	Hubei	−1.56	39.59	52.28	0.12
湖 南	Hunan	−33.53	14.14		
广 东	Guangdong	23.58	7.26		
广 西	Guangxi				
海 南	Hainan				
重 庆	Chongqing	14.31			
四 川	Sichuan	−2.07	−2.78	−3.98	6.20
贵 州	Guizhou	−5.63			
云 南	Yunnan	4.87	1.46		
西 藏	Tibet				
陕 西	Shaanxi	−3.49	−6.14		
甘 肃	Gansu				
青 海	Qinghai				
宁 夏	Ningxia	8.21			
新 疆	Xinjiang	25.46	22.57	19.34	

续表

醋酸纤维长丝 Acetate Filament	合成纤维 Synthetic Fiber	锦纶 Nylon Fiber	涤纶 Polyester Fiber	腈纶 Acrylic Fiber
累计同比(%) Percentage Change over Previous Year	累计同比(%) Percentage Change over Previous Year	累计同比(%) Percentage Change over Previous Year	累计同比(%) Percentage Change over Previous Year	累计同比(%) Percentage Change over Previous Year
-0.80	9.07	9.75	9.46	-11.93
	14.85		14.85	
	5.04	-3.52	16.16	-18.56
	-4.66			
	24.45	-61.09	29.02	
	-0.32			0.04
	-10.26			-10.24
	-13.99	22.30	-6.99	-38.55
0.39	8.11	-0.55	8.66	-38.20
	6.74	6.52	6.81	-0.17
	12.47		11.94	6.39
	18.94	15.78	22.17	
	71.17		109.90	
11.97	8.42	17.06	19.86	-15.44
	13.75	15.96	13.02	
	-10.13	2.59	-68.94	
	-34.13	-14.97		
-3.23	39.31	1.15	70.15	
	15.11		23.72	
	-1.52	-20.06	-0.95	
	-5.63		-5.63	
1.46	28.18		28.18	
-6.14	34.66			
	8.21			
	59.00		71.43	

a

表5-5 2021年纺织工业产量增速分地区汇总表（规模以上全行业）

Table5-5 Main Products Output Rate of Textile Industry by Provinces in 2021 (Enterprises Above Designated Size)

地 区	Region	维纶 Polyvinyl Formal Fiber	丙纶 Polypropylene Fiber	氨纶 Spendex Fiber
		累计同比(%) Percentage Change over Previous Year	累计同比(%) Percentage Change over Previous Year	累计同比(%) Percentage Change over Previous Year
全 国	National Total	4.16	3.73	10.08
北 京	Beijing			
天 津	Tianjin			
河 北	Hebei		-9.34	283.25
山 西	Shanxi			
内 蒙	Inner Mongolia	-4.66		
辽 宁	Liaoning			
吉 林	Jilin			
黑龙江	Heilongjiang	-74.13		
上 海	Shanghai		-2.37	
江 苏	Jiangsu		9.75	10.98
浙 江	Zhejiang		-16.05	17.85
安 徽	Anhui	16.45	23.17	
福 建	Fujian	-14.75	-8.06	-0.91
江 西	Jiangxi	17.77	5.52	
山 东	Shandong		6.81	-30.89
河 南	Henan			13.13
湖 北	Hubei		26.74	
湖 南	Hunan			
广 东	Guangdong		5.13	5.85
广 西	Guangxi			
海 南	Hainan			
重 庆	Chongqing	41.41		11.20
四 川	Sichuan			
贵 州	Guizhou			
云 南	Yunnan			
西 藏	Tibet			
陕 西	Shaanxi			34.66
甘 肃	Gansu			
青 海	Qinghai			
宁 夏	Ningxia			8.85
新 疆	Xinjiang		27.70	

注 规模以上企业划分标准为年主营业务收入2000万元及以上工业法人企业。

Note Enterprises above designated size refer to enterprises whose revenue from principle business is over 20 million yuan per year.

资料来源（表1～表5）：国家统计局

Source(Table 1～Table 5): National Bureau of Statistics of China

表6 全国纺织品服装出口贸易总值表

Table6 China's Import and Export Total Value of Textile and Apparel

年度 Year	项目 Item	进出口 Import and Export (亿美元) (USD 100 Million)	出口 Export (亿美元) (USD 100 Million)	进口 Import (亿美元) (USD 100 Million)	贸易差额 Balance of Trade (亿美元) (USD 100 Million)	累计同比(%) Percentage Change over Previous Year		
						进出口 Import and Export	出口 Export	进口 Import
2011年	全国 The Whole Nation	36420.60	18986.00	17434.60	1551.40	22.50	20.30	24.90
2011年	纺织 Textile Industry	2772.80	2541.23	231.57	2309.66	19.35	19.87	13.96
2011年	纺织占全国比重 Textile vs. Nation(%)	7.61	13.38	1.33	148.88			
2012年	全国 The Whole Nation	38667.6	20489.40	18178.30	2311.10	6.20	7.90	4.30
2012年	纺织 Textile Industry	2873.64	2625.63	248.01	2377.62	3.64	3.32	7.10
2012年	纺织占全国比重 Textile vs. Nation(%)	7.43	12.81	1.36				
2013年	全国 The Whole Nation	41603.1	22100.20	19502.90	2597.30	7.60	7.90	7.30
2013年	纺织 Textile Industry	3196.20	2920.75	275.45	2645.30	11.22	11.24	11.06
2013年	纺织占全国比重 Textile vs. Nation(%)	7.68	13.22	1.41				
2014年	全国 The Whole Nation	43030.4	23427.50	19602.90	3824.60	3.40	6.10	0.40
2014年	纺织 Textile Industry	3343.33	3069.58	273.75	2795.83	4.60	5.10	-0.62
2014年	纺织占全国比重 Textile vs. Nation(%)	7.77	13.10	1.40				
2015年	全国 The Whole Nation	39586.40	22765.70	16820.70	5945.00	-8.00	-2.80	-14.10
2015年	纺织 Textile Industry	3176.92	2911.48	265.44	2646.04	-4.48	-4.78	-1.01
2015年	纺织占全国比重 Textile vs. Nation(%)	8.03	12.79	1.58				
2016年	全国 The Whole Nation	36849.30	20974.40	15874.80	5099.60	-6.80	-7.70	-5.50
2016年	纺织 Textile Industry	2942.99	2701.2	241.79	2459.41	-7.36	-7.22	-8.91
2016年	纺织占全国比重 Textile vs. Nation(%)	7.99	12.88	1.52				

续表

年度 Year	项目 Item	进出口 Import and Export (亿美元) (USD 100 Million)	出口 Export (亿美元) (USD 100 Million)	进口 Import (亿美元) (USD 100 Million)	贸易差额 Balance of Trade (亿美元) (USD 100 Million)	累计同比(%) Percentage Change over Previous Year		
						进出口 Import and Export	出口 Export	进口 Import
2017年	全国 The Whole Nation	41044.70	22634.90	18409.80	4225.10	11.40	7.90	15.90
2017年	纺织 Textile Industry	3001.24	2745.05	256.19	2488.86	1.98	1.62	5.96
2017年	纺织占全国比重 Textile vs. Nation(%)	7.31	12.13	1.39				
2018年	全国 The Whole Nation	46230.40	24874.00	21356.40	3517.60	12.60	9.90	15.80
2018年	纺织 Textile Industry	3120.50	2849.71	270.79	2578.92	3.97	3.81	5.70
2018年	纺织占全国比重 Textile vs. Nation(%)	6.75	11.46	1.27				
2019年	全国 The Whole Nation	45753.00	24984.10	20768.90	4215.10	5.70	7.30	3.80
2019年	纺织 Textile Industry	3061.79	2807.05	254.74	2552.31	−1.88	−1.50	−5.93
2019年	纺织占全国比重 Textile vs. Nation(%)	6.69	11.24	1.23				
2020年	全国 The Whole Nation	46462.57	25906.46	20556.12	5350.34	1.53	3.67	−1.03
2020年	纺织 Textile Industry	3142.90	2912.22	230.68	2681.54	6.10	7.24	−6.42
2020年	纺织占全国比重 Textile vs. Nation(%)	6.76	11.24	1.12				
2021年	全国 The Whole Nation	60514.90	33639.60	26875.30	6764.30	30.24	29.85	30.74
2021年	纺织 Textile Industry	3434.20	3156.90	277.30	2879.61	9.27	8.40	20.21
2021年	纺织占全国比重 Textile vs. Nation(%)	5.67	9.38	1.03				

注 2020年、2021年纺织行业进出口统计不含第94章褥垫、睡袋及其他寝具。

Note The import and export data in 2020 and 2021 do not include Chapter 94.

表7　全国纺织品服装分月度进出口贸易总值表
Table7　China's Import and Export Total Value of Textile and Apparel by Month

单位：亿美元
Unit：USD 100 million

年月 Month/Year	进出口 Import and Export	出口 Export	进口 Import	贸易差额 Balance of Trade	1月至当月累计 From January to This Month			
					进出口 Import and Export	出口 Export	进口 Import	贸易差额 Balance of Trade
2020年1月 01/2020	264.02	249.46	14.56	234.90	264.02	249.46	14.56	264.02
2020年2月 02/2020	71.33	48.52	22.81	25.71	335.35	297.98	37.37	335.35
2020年3月 03/2020	176.84	154.30	22.54	131.76	512.74	452.64	60.10	512.74
2020年4月 04/2020	230.18	213.53	16.65	196.88	742.86	666.13	76.73	742.86
2020年5月 05/2020	308.82	295.54	13.28	282.26	1051.60	961.65	89.95	1051.60
2020年6月 06/2020	307.34	290.31	17.03	273.28	1358.81	1251.88	106.93	1358.81
2020年7月 07/2020	332.70	312.94	19.76	293.18	1691.51	1564.82	126.69	1691.51
2020年8月 08/2020	328.49	309.24	19.25	289.99	2020.00	1874.07	145.93	2020.00
2020年9月 09/2020	305.48	283.77	21.71	262.06	2325.48	2157.84	167.64	2325.48
2020年10月 10/2020	267.91	248.45	19.46	228.99	2593.40	2406.29	187.11	2593.40
2020年11月 11/2020	268.02	245.90	22.12	223.78	2861.41	2652.18	209.23	2861.41
2020年12月 12/2020	283.52	262.01	21.51	240.50	3142.90	2912.22	230.68	3142.90

续表

年月 Month/Year	进出口 Import and Export	出口 Export	进口 Import	贸易差额 Balance of Trade	1月至当月累计 From January to This Month			
					进出口 Import and Export	出口 Export	进口 Import	贸易差额 Balance of Trade
2021年1月 01/2021	289.29	266.03	23.26	242.76	289.29	266.03	23.26	242.76
2021年2月 02/2021	212.43	195.65	16.78	178.87	501.72	461.67	40.04	421.63
2021年3月 03/2021	215.86	189.26	26.60	162.66	717.58	650.94	66.64	584.30
2021年4月 04/2021	256.12	232.77	23.35	209.43	973.70	883.71	89.99	793.72
2021年5月 05/2021	264.36	243.20	21.15	222.05	1238.06	1126.92	111.14	1015.77
2021年6月 06/2021	298.83	276.64	22.20	254.44	1536.89	1403.55	133.34	1270.21
2021年7月 07/2021	306.06	282.73	23.32	259.41	1842.95	1686.28	156.66	1529.62
2021年8月 08/2021	326.06	301.23	24.83	276.40	2169.01	1987.52	181.50	1806.02
2021年9月 09/2021	315.93	291.32	24.61	266.71	2484.94	2278.83	206.11	2072.73
2021年10月 10/2021	311.69	289.38	22.31	267.07	2796.62	2568.21	228.41	2339.80
2021年11月 11/2021	311.15	286.59	24.57	262.02	3107.78	2854.80	252.98	2601.82
2021年12月 12/2021	326.42	302.10	24.32	277.79	3434.20	3156.90	277.30	2879.61

注 2020年、2021年纺织行业进出口统计不含第94章褥垫、睡袋及其他寝具。

Note The import and export data in 2020 do not include Chapter 94.

表8-1 2021年纺织原料及制品章类进出口额
Table8-1 Import and Export of Textile Raw Material and Manufactures by Chapters in 2021

单位：亿美元
Unit：USD 100 million

类章 Category and Chapter	全贸易方式 Multi-trade Mode		一般贸易 Normal Trade		进料加工 Import Material Processing		来料加工 Raw Materials on Client's Demand	
	当年 Current Year	同比(%) Percentage Change over Previous Year	当年 Current Year	同比(%) Percentage Change over Previous Year	当年 Current Year	同比(%) Percentage Change over Previous Year	当年 Current Year	同比(%) Percentage Change over Previous Year
一、出口 Export								
十一大类(50～63章) Eleven Categories (Chapter 50～63)	3047.92	8.60	2512.01	6.80	139.14	12.73	25.66	3.07
50章 丝及丝绸 Chapter 50:Silk and Silk Cloth	6.55	28.00	6.43	27.44	0.05	22.09	0	
51章 毛及毛织品 Chapter 51:Wool and Woolen Fabric	19.33	25.20	14.49	34.04	2.00	-8.80	2.29	19.67
52章 棉及棉织品 Chapter 52:Cotton and Cotton Fabric	136.86	24.40	121.69	25.25	9.49	33.06	0	10.35
53章 麻及麻织品 Chapter 53:Bast and Bast Fabric	13.85	50.70	13.18	50.09	0.39	23.19	0	-100.00
54章 化纤长丝及织品 Chapter 54:Chemical Fiber Filament and Fabric	255.84	40.60	232.11	43.63	10.78	15.01	0.20	16.07
55章 化纤短纤织品 Chapter 55:Chemical Fiber Spun Fabric	129.37	28.60	114.19	33.62	4.48	6.21	0.22	23.23
56章 絮、毡、无纺布 Chapter 56:Wadding, Felt, Non-woven Fabric	83.59	2.30	69.73	1.48	3.74	7.05	0.44	-17.67
57章 铺地织品 Chapter 57:Floor Cloth	37.51	26.60	31.01	24.37	1.11	17.90	0.01	28.36
58章 特种织物花边 Chapter 58:Special Fabric Lace	56.46	38.00	48.19	37.92	2.25	23.84	0.06	-13.57
59章 涂层布及工业用布 Chapter 59:Coating and Industrial Fabric	92.96	38.50	81.10	40.10	6.00	18.69	0.14	8.17

续表

类章 Category and Chapter	全贸易方式 Multi-trade Mode		一般贸易 Normal Trade		进料加工 Import Material Processing		来料加工 Raw Materials on Client's Demand	
	当年 Current Year	同比(%) Percentage Change over Previous Year	当年 Current Year	同比(%) Percentage Change over Previous Year	当年 Current Year	同比(%) Percentage Change over Previous Year	当年 Current Year	同比(%) Percentage Change over Previous Year
60章 针织布 Chapter 60:Knitting Fabric	231.10	42.10	194.59	45.06	18.61	12.04	0.13	−2.87
61章 针织服装及附件 Chapter 61:Knitting Garments and Accessories	864.72	39.00	697.62	41.58	28.43	18.31	4.92	10.50
62章 机织服装及附件 Chapter 62:Tatting Garments and Accessories	701.15	12.60	532.07	11.64	33.78	7.66	15.77	−2.69
63章 其他纺织织物 Chapter 63:Other Fabric	418.64	−44.60	355.61	−48.70	18.04	7.15	1.47	35.14
二、进口 Import								
十一大类(50~63章) Eleven Categories (Chapter 50~63)	354.70	20.90	240.47	19.36	44.13	13.63	12.01	8.16
50章 丝及丝绸 Chapter 50:Silk and Silk Cloth	0.92	90.00	0.72	124.80	0.11	23.82	0.05	−0.45
51章 毛及毛织品 Chapter 51:Wool and Woolen Fabric	32.00	39.60	23.95	54.55	3.02	1.15	2.27	8.17
52章 棉及棉织品 Chapter 52:Cotton and Cotton Fabric	105.89	27.90	66.81	14.29	11.70	27.34	0.81	0.56
53章 麻及麻织品 Chapter 53:Bast and Bast Fabric	10.22	26.00	7.93	25.86	0.55	27.54	0.10	5.56
54章 化纤长丝及织品 Chapter 54:Chemical Fiber Filament and Fabric	27.66	24.80	16.60	33.65	7.52	18.27	2.20	11.84
55章 化纤短纤织品 Chapter 55:Chemical Fiber Spun Fabric	18.04	10.90	10.12	2.57	3.72	13.94	1.54	5.19

表8-2 2021年纺织原料及制品章类进出口额

Table8-2 Import and Export of Textile Raw Material and Manufactures by Chapters in 2021

单位：亿美元
Unit：USD 100 million

类章 Category and Chapter	全贸易方式 Multi-trade Mode		一般贸易 Normal Trade		进料加工 Import Material Processing		来料加工 Raw Materials on Client's Demand	
	当年 Current Year	同比(%) Percentage Change over Previous Year	当年 Current Year	同比(%) Percentage Change over Previous Year	当年 Current Year	同比(%) Percentage Change over Previous Year	当年 Current Year	同比(%) Percentage Change over Previous Year
56章 絮、毡、无纺布 Chapter 56: Wadding, Felt, Non-woven Fabric	14.61	-1.60	9.53	-4.61	3.01	-4.63	0.86	12.37
57章 铺地织品 Chapter 57: Floor Cover	1.09	37.40	0.57	33.18	0.04	-5.06	0.01	205.09
58章 特种织物花边 Chapter 58: Special Fabric Lace	4.01	21.50	1.63	31.26	1.45	17.86	0.78	10.39
59章 涂层布及工业用布 Chapter 59: Coating and Industrial Fabric	16.66	13.60	9.35	13.75	5.17	13.27	1.22	10.66
60章 针织布 Chapter 60: Knitting Fabric	11.47	12.60	3.44	22.79	6.09	10.04	1.79	4.98
61章 针织服装及附件 Chapter 61: Knitting Garments and Accessories	46.63	32.70	38.34	29.64	0.28	5.43	0.06	5.87
62章 机织服装及附件 Chapter 62: Non-knit Garments and Accessories	60.72	28.00	49.25	30.12	0.38	8.41	0.21	35.15
63章 其他纺织织物 Chapter 63: Other Fabric	4.78	-66.50	2.21	-73.95	1.07	-21.33	0.11	-13.21

资料来源（表6～表8）：中国海关
Source (Table 6～Table 8): China Customs

《服装设计师》杂志简介

《服装设计师》杂志2001年创刊，由中国纺织工业联合会主管，中国服装设计师协会主办，国内外公开发行的专业期刊。主要内容刊载服装设计相关专业文章，促进服装行业发展。刊物自创办以来始终坚持"权威、专业、时尚"的办刊宗旨，与正确舆论导向保持一致，紧紧围绕时尚产业发展方向发挥窗口作用。

随着时代的变迁，传播方式的转变，期刊的使命向精深化发展。从2020年起，《服装设计师》杂志增加了可供精深阅读的内容占比，增加学术文章的刊载比重，在推动杂志高质量发展的同时，以打造时尚产业产学研交流平台为目标，为中国时尚社群发声提供一个专业的平台，成为引领中国时尚产业发展的理论阵地。

《服装设计师》杂志每月25日出版，全年12期，每期零售价格25元，全年定价300元。

订阅方式：

扫码微店购买

邮发代号：82-463

国内统一刊号：CN11-4548/TS

邮局汇款

地　址：北京市朝阳区酒仙桥路4号
锅炉房正东集团院内B5（100015）

收款人：服装设计师杂志社

银行转账

户　名：服装设计师杂志社

开户行：北京银行酒仙桥支行

账　号：01090332000120109059233

电　话：010-84562288-401

联系人：陈老师

邮　箱：fcmag@fashion.org.cn

2022年度《服装设计师》杂志广告报价

位置	规格（宽×高）/mm	价格/（元/次）
封二	216×291	80000
扉页	216×291	60000
封三	216×291	70000
封底	216×291	80000
内页	216×291	60000
内页跨页	426×291	100000
内页1/2横版	170×120	30000
内页1/2竖版	80×210	30000
内页1/3版	170×60	20000
专题整版	/	20000

2022年度服装设计师杂志微信公众平台广告报价

位置	形式	价格/（元/次）
原创头条	图文	20000
非原创头条	图文（视频）	12000
原创次条	图文	8000
非原创次条	图文（视频）	6000
非原创3条至多条位置	图文	3000
广告植入（三个月为一期共12次）	文底	8000

2022年度服装设计师杂志微博平台广告报价

形式	价格/（元/次）
图\文\视频（不限）	10000

国际统计

国际统计数据资料详见表1～表15。

表1 世界纺织纤维产量及增速

Table1 Worldwide Textile Fiber Production and Growth Rate

单位:万吨
Unit: 10,000 ton

年份 Year	合计 Total		天然纤维 Natural Fibers		化学纤维 Manmade Fibers			
	产量 Output	同比增速(%) y-o-y in(%)	产量 Output	同比增速(%) y-o-y in(%)	小计产量 Output	同比增速(%) y-o-y in(%)	其中合成纤维产量 The Output of Synthetic Fibers	同比增速(%) y-o-y in(%)
2000	5657.3	5.6	2544.0	5.2	3113.3	5.9	2837.5	5.8
2005	7003.2	7.7	2958.6	7.4	4044.5	7.9	3706.2	8.4
2010	8335.3	11.3	3160.3	7.6	5175.1	13.7	4738.3	13.9
2015	10024.7	4.4	3019.7	1.1	7005.0	5.7	6380.4	6.4
2016	10190.6	1.7	3040.4	0.7	7150.2	2.1	6502.6	1.9
2017	10469.1	2.7	3102.2	2.0	7366.8	3.0	6703.6	3.1
2018	10948.7	4.6	3256.1	5.0	7692.6	4.4	7014.1	4.6
2019	11341.1	3.6	3200.5	−1.7	8140.5	5.8	7419.8	5.8
2020	10961.8	−3.3	2875.1	−10.2	8086.6	−0.7	7410.2	−0.1

表2 世界天然纤维及化学纤维比重

Table2 The Proportion of Worldwide Natural Fibers and Manmade Fibers

单位:%
Unit: %

年份 Year	总计 Total	天然纤维 Natural Fibers	化学纤维 Manmade Fibers	
			小计 Subtotal	合成纤维 Synthetic Fibers
2000	100.0	45.0	55.0	50.2
2005	100.0	42.2	57.8	52.9
2010	100.0	37.9	62.1	56.8
2015	100.0	30.1	69.9	63.6
2016	100.0	29.8	70.2	63.8
2017	100.0	29.6	70.4	64.0
2018	100.0	29.7	70.3	64.1
2019	100.0	28.2	71.8	65.4
2020	100.0	26.2	73.8	67.6

表3 世界纺织纤维产量增量及年均增速

Table3 Worldwide Textile Fiber Production Increment and Average Annual Growth Rate

单位：万吨
Unit：10,000 ton

年份 Year	合计 Total		天然纤维 Natural Fibers		化学纤维 Manmade Fibers	
	增量 Increment	年均增速(%) Average Annual Growth Rate(%)	增量 Increment	年均增速(%) Average Annual Growth Rate(%)	增量 Increment	年均增速(%) Average Annual Growth Rate(%)
2000～2005	1432.2	4.6	500.9	3.6	931.2	5.4
2005～2010	1139.4	3.0	9.9	0.1	1129.5	5.0
2010～2015	1720.6	3.8	−97.7	−0.6	1818.3	6.2
2015～2020	937.0	1.5	−144.6	−0.8	1081.6	2.4

表4 世界天然纤维消费量

Table4 Worldwide Natural Fibers Consumption

单位：万吨
Unit：10,000 ton

年份 Year	合计 Total	棉 Cotton	毛* Wool*	麻** Bast**	其他*** Other***
2000	2875.1	1966.7	134.3	326.8	116.2
2005	2958.6	2361.2	121.8	363.0	112.6
2010	3160.3	2530.5	110.4	398.1	121.2
2015	3019.7	2458.8	115.2	328.0	117.7
2016	3040.4	2433.1	113.9	376.8	116.6
2017	3102.2	2484.9	115.4	395.2	106.8
2018	3256.1	2644.0	112.3	392.6	107.2
2019	3200.5	2598.3	106.1	387.7	108.4
2020	2875.1	2277.1	104.3	383.9	109.7

*羊毛为洗净毛；**麻包括亚麻、大麻、黄麻、苎麻及其他麻纤维；***其他包括蕉麻、剑麻、椰壳纤维、木棉、丝、西沙尔麻。

*clean weight；**flax，hemp，jute，ramie and allied fibers；***abaca，agave，coir，kapok，silk and sisal.

资料来源(表1～表4)：纤维年报
Source (Table 1～Table 4)：The Fiber Year 2021

表5 世界棉花产量、消费量及期末库存量
Table5 Worldwide Cotton Production、Use and Endings Stocks

单位:万吨
Unit：10,000 ton

年份 Year	产量 Production	消费量 Use	期末库存 Endings Stocks
2000	1952.7	2021.3	1062.2
2005	2567.8	2501.3	1264.9
2010	2586.9	2480.5	1050.3
2015	2164.7	2441.3	2052.6
2020	2430.3	2566.2	2034.9
2021	2573.3	2562.9	2045.8

资料来源：ICAC
Source：ICAC

表6 世界及主要地区化学纤维产量
Table6 Production of Manmade Fibers by Major Regions in the World

单位：百万吨
Unit：million ton

地区 Regions	年份 Year						
	2000	2005	2010	2015	2018	2019	2020
世界合计 Total	31.1	40.4	51.8	70.0	76.9	81.4	80.9
中国大陆 Mainland，China	6.7	17.6	30.0	47.3	52.8	57.3	59.4
印度 India	1.9	2.3	4.2	5.3	6.2	6.5	5.7
美国 USA	4.2	3.9	2.8	2.9	3.0	3.0	2.7
印度尼西亚 Indonesia	1.4	1.2	1.7	1.8	1.9	2.0	1.7
中国台湾 Taiwan，China	3.2	2.9	2.4	2.0	1.8	1.6	1.4
韩国 Korea	2.8	1.8	1.6	1.5	1.6	1.4	1.2
土耳其 Turkey	0.8	1.0	1.0	1.2	1.3	1.3	1.3
泰国 Thailand	0.9	1.1	0.9	0.8	1.0	0.9	0.9
越南 Vietnam	0.0	0.1	0.2	0.4	0.8	0.9	0.9
日本 Japan	1.5	1.2	0.9	0.8	0.7	0.7	0.6
巴基斯坦 Pakistan	0.5	0.6	0.4	0.5	0.5	0.6	0.4
马来西亚 Malaysia	0.4	0.5	0.5	0.5	0.4	0.3	0.3

表7 世界主要品种化学纤维产量

Table7 Worldwide Production of Manmade Fibers by Major Material

单位：百万吨
Unit：million ton

化学纤维 Manmade Fiber		年份 Year						
		2000	2005	2010	2015	2018	2019	2020
合 计	Total	31.1	40.4	51.8	70.0	76.9	81.4	80.9
涤纶长丝	PES FY	10.7	15.7	24.5	37.4	43.1	45.9	45.9
涤纶短纤	PES SF	8.1	11.1	13.4	15.5	15.5	16.8	17.0
锦纶长丝	PA FY	3.6	3.6	3.8	4.8	5.2	5.2	5.1
锦纶短纤	PA SF	0.5	0.4	0.2	0.2	0.2	0.2	0.3
丙 纶	PP	2.8	3.3	3.0	3.2	3.4	3.4	3.2
腈 纶	PAN	2.6	2.6	2.0	1.8	1.6	1.5	1.3
纤维素纤维短纤*	Cellulosic SF*	2.2	2.9	4.0	5.9	6.4	6.9	6.5
纤维素纤维长丝	Cellulosic FY	0.5	0.5	0.4	0.3	0.4	0.3	0.3
其 他	Others	0.2	0.4	0.6	0.9	1.1	1.2	1.2

* 2005年后包括莫代尔和莱赛尔。

* Since 2005 with modal and lyocell fibers included.

资料来源(表6～表7)：纤维年报

Source (Table 6～Table 7) ：The Fiber Year 2021

表8 全球纺织品、成衣进出口额

Table8 Global Import and Export of Textiles and Clothing

单位：亿美元
Unit：USD 100 million

年 份 Year	出口额 Export			进口额 Import		
	合 计 Total	纺织品 Textiles	成 衣 Clothing	合 计 Total	纺织品 Textiles	成 衣 Clothing
2000	3539.8	1562.6	1977.2	3683.9	1653.3	2030.5
2005	4815.8	2031.1	2784.7	4943.7	2149.1	2794.6
2010	6076.6	2528.4	3548.2	6384.1	2675.2	3708.9
2015	7419.0	2885.1	4533.9	7881.3	3101.7	4779.6
2016	7261.8	2811.6	4450.2	7760.7	3036.4	4724.3
2017	7603.8	2951.1	4652.7	8231.4	3222.4	5009.0
2018	8066.0	3122.1	4943.9	8818.0	3438.2	5379.8
2019	7997.3	3054.8	4942.5	8726.7	3348.1	5378.6
2020	7770.7	3281.1	4489.6	8503.5	3609.3	4894.2

表9 中国纺织品、成衣进出口贸易状况

Table9 China's Import and Export of Textiles and Clothing

单位：亿美元
Unit：USD 100 million

年 份 Year	出口额 Export			进口额 Import			贸易顺差 Trade Surplus
	合 计 Total	纺织品 Textiles	成 衣 Clothing	合 计 Total	纺织品 Textiles	成 衣 Clothing	
2000	522.1	161.4	360.7	140.2	128.3	11.9	381.8
2005	1152.1	410.5	741.6	171.3	155.0	16.3	980.8
2010	2066.9	768.7	1298.2	202.0	176.8	25.2	1864.9
2015	2835.1	1089.3	1745.7	255.4	189.7	65.7	2579.7
2016	2627.9	1046.1	1581.8	231.2	166.8	64.4	2396.7
2017	2670.6	1096.0	1574.6	245.5	172.8	72.6	2425.1
2018	2767.9	1185.8	1582.1	261.7	178.8	82.9	2506.2
2019	2714.6	1196.8	1517.8	246.6	157.2	89.4	2468.0
2020	2957.4	1541.5	1415.9	236.3	141.3	95.0	2721.1

表10 中国纺织品、成衣出口额占全球出口份额

Table10 The Proportion of China's Export Value of Textiles and Clothing to the World

单位：亿美元
Unit：USD 100 million

年 份 Year	合计出口 Export Value of Total			纺织品出口 Export Value of Textiles			成衣出口 Export Value of Clothing		
	全 球 World	中 国 China	中国占(%) Ratio(%)	全 球 World	中 国 China	中国占(%) Ratio(%)	全 球 World	中 国 China	中国占(%) Ratio(%)
2000	3539.8	522.1	14.7	1562.6	161.4	10.3	1977.2	360.7	18.2
2005	4815.8	1152.1	23.9	2031.1	410.5	20.2	2784.7	741.6	26.6
2010	6076.6	2066.9	34.0	2528.4	768.7	30.4	3548.2	1298.2	36.6
2015	7419.0	2835.1	38.2	2885.1	1089.3	37.8	4533.9	1745.7	38.5
2016	7261.8	2627.9	36.2	2811.6	1046.1	37.2	4450.2	1581.8	35.5
2017	7603.8	2670.6	35.1	2951.1	1096.0	37.1	4652.7	1574.6	33.8
2018	8066.0	2767.9	34.3	3122.1	1185.8	38.0	4943.9	1582.1	32.0
2019	7997.3	2714.6	33.9	3054.8	1196.8	39.2	4942.5	1517.8	30.7
2020	7770.7	2957.4	38.1	3281.1	1541.5	47.0	4489.6	1415.9	31.5

表11 2020年全球纺织品进出口国(地区)10强
Table11 Top 10 Exporters and Importers of Textiles in 2020

单位：亿美元
Unit：USD 100 million

出口 Export				进口 Import			
国家/地区 Countries/Regions		金额 Value	占全球(%) Proportion to the World(%)	国家/地区 Countries/Regions		金额 Value	占全球(%) Proportion to the World(%)
全　球	World	3281.1	100.0	全　球	World	3609.3	100.0
中国境内	Mainland,China	1541.5	47.0	欧　盟	EU	874.0	24.2
欧　盟	EU	643.5	19.6	美　国	USA	451.7	12.5
印　度	India	150.4	4.6	越　南	Vietnam	154.8	4.3
土耳其	Turkey	117.0	3.6	中国境内	Mainland,China	141.3	3.9
美　国	USA	113.8	3.5	日　本	Japan	118.1	3.3
越　南	Vietnam	98.0	3.0	英　国	United Kingdom	110.5	3.1
韩　国	Korea,Republic of	77.5	2.4	*孟加拉	*Bangladesh	90.9	2.5
巴基斯坦	Pakistan	71.1	2.2	加拿大	Canada	63.7	1.8
中国台湾	Taiwan,China	70.5	2.1	韩　国	Korea,Republic of	58.1	1.6
日　本	Japan	56.5	1.7	印度尼西亚	Indonesia	53.3	1.5

注 *为预计数。
Note The data with "*" is the estimated data.

表12 2020年全球成衣进出口国(地区)10强
Table12 Top 10 Exporters and Importers of Clothing in 2020

单位：亿美元
Unit：USD 100 million

出口 Export				进口 Import			
国家/地区 Countries/Regions		金额 Value	占全球(%) Proportion to the World(%)	国家/地区 Countries/Regions		金额 Value	占全球(%) Proportion to the World(%)
全　球	World	4489.6	100.0	全　球	World	4894.2	100.0
中国境内	Mainland,China	1415.9	31.5	欧　盟	EU	1678.0	34.3
欧　盟	EU	1254.1	27.9	美　国	USA	824.2	16.8
越　南	Vietnam	280.7	6.3	日　本	Japan	263.2	5.4
孟加拉	Bangladesh	274.7	6.1	英　国	United Kingdom	262.7	5.4
土耳其	Turkey	153.5	3.4	加拿大	Canada	103.5	2.1
印　度	India	129.7	2.9	韩　国	Korea,Republic of	97.3	2.0
马来西亚	Malaysia	97.9	2.2	中国境内	Mainland,China	95.0	1.9
英　国	United Kingdom	82.3	1.8	瑞　士	Switzerland	80.3	1.6
中国香港	Hong Kong,China	79.5	1.8	中国香港	Hong Kong,China	77.5	1.6
印度尼西亚	Indonesia	75.5	1.7	俄罗斯联邦	Russian Federation	77.3	1.6

表13 2020年全球纺织品、成衣出口国(地区)10强

Table13 Top 10 Exporters of Textiles and Clothing in 2020

单位：亿美元

Unit: USD 100 million

排序 Rank	国家/地区 Countries/Regions		合计 Total	纺织品 Textiles	成衣 Clothing	占全球(%) Proportion to the World(%)
	全球	World	7770.7	3281.1	4489.6	100.0
1	中国	China	2957.4	1541.5	1415.9	38.1
2	欧盟	EU	1897.6	643.5	1254.1	24.4
3	越南	Vietnam	378.6	98.0	280.7	4.9
4	德国	Germany	373.0	138.0	234.9	4.8
5	意大利	Italy	320.8	97.3	223.5	4.1
6	孟加拉	Bangladesh	291.5	16.8	274.7	3.8
7	印度	India	280.2	150.4	129.7	3.6
8	土耳其	Turkey	270.5	117.0	153.5	3.5
9	荷兰	Netherlands	196.5	64.6	131.9	2.5
10	西班牙	Spain	164.2	40.2	124.0	2.1

表14 2020年全球纺织品、成衣进口国(地区)前10名

Table14 Top 10 Importers of Textiles and Clothing in 2020

单位：亿美元

Unit: USD 100 million

排序 Rank	国家/地区 Countries/Regions		合计 Total	纺织品 Textiles	成衣 Clothing	占全球(%) Proportion to the World(%)
	全球	World	8503.4	3609.3	4894.2	100.0
1	欧盟	EU	2552.0	874.0	1678.0	30.0
2	美国	USA	1275.8	451.7	824.2	15.0
3	德国	Germany	577.7	193.4	384.3	6.8
4	日本	Japan	380.7	118.1	262.7	4.5
5	英国	United Kingdom	373.7	110.5	263.2	4.4
6	法国	France	359.8	128.0	231.7	4.2
7	意大利	Italy	254.7	98.7	156.1	3.0
8	西班牙	Spain	239.8	63.8	176.0	2.8
9	中国	China	236.3	141.3	95.0	2.8
10	荷兰	Netherlands	210.5	63.1	147.3	2.5

表15 2019~2020年亚洲主要国家(地区)纺织品、成衣出口贸易变化
Table15 The Export of Textiles and Clothing in Asia from 2019 to 2020

单位：亿美元
Unit：USD 100 million

排 序 Rank	国家/地区 Countries/Regions		纺织品出口 Textiles Export		成衣出口 Clothing Export		合 计 Total	
			2020	2019	2020	2019	2020	2019
1	中国境内	Mainland, China	1541.5	1196.8	1415.9	1517.8	2957.3	2714.6
2	越 南	Vietnam	98.0	90.7	280.7	308.9	378.6	399.6
3	孟加拉	Bangladesh	16.8	15.5	274.7	330.7	291.5	346.2
4	印 度	India	150.4	171.9	129.7	171.6	280.2	343.5
5	中国香港	Hong Kong, China	54.4	64.0	82.3	122.9	136.7	186.9
6	巴基斯坦	Pakistan	71.1	77.0	61.8	63.4	132.9	140.4
7	马来西亚	Malaysia	16.4	18.5	97.9	56.8	114.3	75.3
8	印度尼西亚	Indonesia	28.7	36.9	75.5	86.0	104.2	122.9
9	韩 国	Korea, Republic of	77.5	91.4	19.2	19.3	96.7	110.7
10	柬埔寨	Cambodia	2.8	2.0	75.5	83.3	78.3	85.3
11	中国台湾	Taiwan, China	70.5	85.1	6.3	6.7	76.8	91.8
12	泰 国	Thailand	29.9	35.6	46.3	38.9	76.2	74.5
13	日 本	Japan	56.5	65.9	7.0	7.1	63.5	73.0
14	斯里兰卡	Sri Lanka	4.3	3.7	43.5	54.7	47.8	58.4
15	缅 甸	Myanmar	0.6	0.5	46.3	50.5	46.9	51.0
16	阿联酋	United Arab Emirates	13.7	16.9	22.2	27.9	35.9	44.8
以上合计		Total Value of the Above	2233.0	1972.4	2684.8	2946.5	4917.8	4918.9

资料来源（表8～表15）：世界贸易组织
Source (Table 8～Table 15)：World Trade Organization